21世纪新闻与传播学规划教材

传播学基础教程

周庆山 编著

Communication Studies:
Theories and Models

北京大学出版社
PEKING UNIVERSITY PRESS

图书在版编目(CIP)数据

传播学基础教程/周庆山编著.—北京:北京大学出版社,2024.1
21世纪新闻与传播学规划教材
ISBN 978-7-301-34658-7

Ⅰ.①传… Ⅱ.①周… Ⅲ.①新闻学—传播学—高等学校—教材 Ⅳ.①G210

中国国家版本馆 CIP 数据核字(2023)第 225793 号

书　　　名	传播学基础教程 CHUANBOXUE JICHU JIAOCHENG
著作责任者	周庆山　编著
责任编辑	韩月明　董郑芳
标准书号	ISBN 978-7-301-34658-7
出版发行	北京大学出版社
地　　　址	北京市海淀区成府路 205 号　100871
网　　　址	http://www.pup.cn
新浪微博	@北京大学出版社　　@未名社科-北大图书
微信公众号	北京大学出版社　　北大出版社社科图书
电子邮箱	编辑部 ss@pup.cn　　总编室 zpup@pup.cn
电　　　话	邮购部 010-62752015　　发行部 010-62750672 编辑部 010-62753121
印　刷　者	河北滦县鑫华书刊印刷厂
经　销　者	新华书店 787 毫米×1092 毫米　16 开本　23 印张　464 千字 2024 年 1 月第 1 版　2024 年 1 月第 1 次印刷
定　　　价	69.00 元

未经许可,不得以任何方式复制或抄袭本书之部分或全部内容。
版权所有,侵权必究
举报电话:010-62752024　电子邮箱:fd@pup.cn
图书如有印装质量问题,请与出版部联系,电话:010-62756370

目 录

第一章 传播理论概述 ·· 001
 第一节 传播的概念范畴 ·· 001
 第二节 传播学的研究对象和学科特征 ······················ 005
 第三节 传播学的理论渊源 ······································ 008
 第四节 传播学的学科建立与发展 ····························· 022
 第五节 我国传播学理论的形成与发展 ······················· 029
 第六节 传播学的学科发展概述 ································ 035

第二章 传播结构理论 ·· 041
 第一节 传播系统、要素与结构 ································ 041
 第二节 传播系统的结构特征与社会功能 ··················· 054
 第三节 传播过程 ··· 063
 第四节 传播结构与过程的模式分析 ·························· 069

第三章 传播符号理论 ·· 083
 第一节 传播符号的结构与类型 ································ 083
 第二节 符号文本与意义的文化研究 ·························· 089
 第三节 符号互动论 ··· 098
 第四节 符号聚合理论 ·· 104

第四章 传播媒介理论 ·· 108
 第一节 传播媒介理论概述 ······································ 108
 第二节 英尼斯的媒介时空论 ··································· 123
 第三节 麦克卢汉的媒介信息论 ································ 126

第四节　梅罗维茨的媒介情境论 ……………………………………… 131
　　第五节　媒介进化论 …………………………………………………… 136
　　第六节　媒介生态论 …………………………………………………… 142

第五章　传播场域理论 …………………………………………………… 145
　　第一节　传播场域概述 ………………………………………………… 145
　　第二节　人际传播场域理论 …………………………………………… 147
　　第三节　组织传播场域理论 …………………………………………… 175
　　第四节　跨文化传播场域理论 ………………………………………… 192

第六章　传播媒体理论 …………………………………………………… 198
　　第一节　传播媒体概述 ………………………………………………… 198
　　第二节　传播媒体演进概述 …………………………………………… 201
　　第三节　大众传播媒体组织概述 ……………………………………… 209
　　第四节　大众传播媒体的传播者和接受者 …………………………… 216
　　第五节　大众传播媒体组织管理与战略转型 ………………………… 227
　　第六节　大众传播媒体组织规制 ……………………………………… 239

第七章　传播效果理论 …………………………………………………… 259
　　第一节　传播效果研究概述 …………………………………………… 259
　　第二节　社会认知的建构效果理论 …………………………………… 266
　　第三节　态度改变的心理效果理论 …………………………………… 285
　　第四节　积极受众的需求满足效果理论 ……………………………… 304
　　第五节　社会系统的情境效果理论 …………………………………… 309
　　第六节　创新扩散的采纳效果理论 …………………………………… 315

第八章　传播研究方法 …………………………………………………… 325
　　第一节　传播学元理论范式概述 ……………………………………… 325
　　第二节　传播研究的问题确定与方法选择 …………………………… 327
　　第三节　传播学的量化研究方法 ……………………………………… 329
　　第四节　传播学的质化研究方法 ……………………………………… 350

主要引用和参考文献 ……………………………………………………… 359

第一章 传播理论概述

第一节 传播的概念范畴

一、传播的概念

"传播"是一个时下被普遍使用的概念,其含义一般包括两个层面:一个是广义层面的,包括光的传播、疾病的传播、声的传播等;另外一个是狭义层面的,专指信息的传播。在时空维度上,一般将其解释为信息在时间上的传递和空间上的扩散过程。前者是纵向历时性传播,后者是横向跨地域传播。在意义分享的维度上,"传播"强调人们通过分享信息形成意义的共识。

据方汉奇先生考证,汉语中"传播"一词,较早出现于唐代,唐代史学家李延寿著有《北史·突厥传》,其中载有"宜传播天下,咸使知闻"之句。[1] "传播"的英文是"communication",马歇尔·麦克卢汉(Marshall McLuhan)认为,"communication"一词早期主要是作为交通运输的含义被使用的,后来逐步向以电力为媒介的信息迁移。因此,"传播"泛指一切形式的货物运输和信息传输。它们既是隐喻也是交换。[2] "Communication"在中文中基于不同的使用场域,有不同的译法,比如在电信领域译为"通信",在人际关系中译为"交流"或"沟通",还可以翻译成"交通"等概念。

由于传播活动和场景的广泛性和多层次性等特征,其定义也是多维度的,其内涵和外延也有不同的界定。根据美国学者弗兰克·丹斯(Frank Dance)的统计,截止到1976年,关于传播的定义已达126种之多。丹斯分析了一些传播概念的核心要素,将其分为符号类、传递类等15类。这些定义从不同角度、不同侧面揭示了"传播"的内在含义。他从观察层次、发送和接受过程有无意图以及规范性判断三个角度分析了这些定义的

---

[1] 周鸿铎.应用传播学教程[M].中国书籍出版社,2010:173.
[2] 〔加〕马歇尔·麦克卢汉.理解媒介:论人的延伸(55周年增订本)[M].何道宽,译.译林出版社,2019.

差异性。①

对传播的定义反映了不同的研究、分析视角。美国科罗拉多大学传播学教授罗伯特·克雷格(Robert Craig)将传播学分为七个学派,即修辞学派(rhetorical school)、符号学派(semiotic school)、社会文化学派(socio-cultural school)、社会心理学派(socio-psychological school)、批判学派(critical school)、现象学派(phenomenon school)和控制论学派(cybernetic school)。② 这些学派对传播的界定也各不相同,以下分别从修辞理论、符号理论、社会文化理论、社会心理理论、阐释现象学、批判理论和控制理论等角度加以介绍。

(一) 修辞理论视角的传播定义

源于古希腊古罗马时期的演讲和辩论性话语艺术是传播最早涉及的主题,从修辞学意义上来说,传播是一种说服性演说和辩论艺术。因此,"许多人把修辞视为传播的同义词"③。

(二) 符号理论视角的传播定义

符号学派虽然侧重符号的分析,但是其分析的核心是符号的语义和语用价值,并将传播作为其符号发挥表达和阐释意义的核心。从符号理论视角来看,传播事实上是指人们运用符号表达事物意义的过程。

(三) 社会文化理论视角的传播定义

社会文化理论关注人们在社会互动中的传播意义。传播是为了建立一种关系而进行的社会互动行为,代表性理论是芝加哥大学的符号互动论,该理论将传播视为人们的自我形成以及社会建构的重要纽带和中介。如美国芝加哥大学社会学家查尔斯·库利(Charles H. Cooley)认为,传播是人际关系得以形成的基础,又是它得以发展的机理,就是说它是精神现象被转换为符号并在一定的距离空间内得以移动,并经过一定的时间得以保存的手段。④ 克劳斯·延森(Klaus B. Jensen)认为,"人类的所有行为本身都可以视为传播,这些行为也许是带有意图的叙述,或携带意义的偶然行为,又或者介于上述两者之间的灰色地带"⑤。

社会文化理论也启发我们通过分析传播源行为和接受者行为的互动过程来界定传播。不同的传播学者围绕着传播互动行为的传受者有目的或无目的以及是否接收的

---

① Dance F E X. The "concept" of communication[J]. Journal of Communication, 1970(2): 201-210.
② Griffin E. A first look at communication theory[M]. 5th ed. McGraw-Hill, 2003.
③ 〔美〕斯蒂芬·李特约翰,等.人类传播理论[M].史安斌,译.9版.清华大学出版社,2009.
④ 转引自沙莲香.传播学:以人为主体的图像世界之谜[M].中国人民大学出版社,1990.
⑤ 〔丹麦〕克劳斯·布鲁恩·延森.媒介融合:网络传播、大众传播和人际传播的三重维度[M].刘君,译.复旦大学出版社,2012.

情况,把传播行为分成了不同情况,并辨析其中哪些属于传播范畴而哪些不属于。这一分析基本上确定了传播至少不应包括传播者无意识的传播与接受者无意识接收信息的互动行为。这分别包括三种定义模式。第一种是由麦克尔·莫特利(Michael Motley)提出的传送者—接受者模型,他认为传播定义应限于有目的地传给他人并为他们接收的信息。第二种是由彼得·安德森(Peter Andersen)提出的接受者模型,他认为传播应包括所有以任何方式都对接受者有意义的行为,无论它是否具有目的。第三种是小西奥多·克莱文杰(Theodore Clevenger Jr.)提出的传播行为模型,他认为,目的性是很难确定的,传播行为应包括即使是无意图但是也被注意和接收的行为。①

（四）社会心理理论视角的传播定义

社会心理理论强调传播的心理机制。如罗伯特·帕克(Robert E. Park)将传播定义为:"个人由此得以推测他人态度和看法的一种社会心理过程。在这个过程中,人类的理性和道德秩序,取代了仅仅是生理和直觉的生物秩序。"②

（五）阐释现象学视角的传播定义

阐释现象学这一流派将人们的"体验"与"语言""社会互动"等因素联结到一起,因而与传播学之间的关系最为显著。③ 与我们一般理解的传播就是信息传递不同的是,阐释现象学强调了传播是阐释主体对客体符号的主动解读和再创建意义的过程,不能简单将传播视为机械的传递过程。如詹姆斯·凯瑞(James Carey)明确区分了两种不同的看待传播的观点和概念,即"传送"(transmission)和"仪式"(ritual)的传播观。④ 如蒂姆·欧苏利文(Tim O'Sullivan)等指出,广泛地看,传播有两种定义:一是将传播看作一种传递过程;二是将传播看作协商和交换意义。⑤ 而阐释现象学的传播含义显然指的是后者。

（六）批判理论视角的传播定义

批判理论从反思性制度文化角度,对传播加以解释,认为传播本质上是占主导地位的传播主体借助其优势对社会大众产生影响的意义生产、操控和促销的宰制过程,因此是需要反思和质疑的。如约翰·汤普森(John Thompson)认为,大众传播是通过消息或信息传递和存储实现的符号商品制度化生产和扩散。⑥ 陈力丹则在研究马克思主义传

---

① 〔美〕斯蒂芬·李特约翰,等.人类传播理论[M].史安斌,译.9版.清华大学出版社,2009.
② 〔美〕E. M. 罗杰斯.传播科技理学[M].庄克仁,译.台湾中正书局,1988:96.
③ 〔美〕斯蒂芬·李特约翰,等.人类传播理论[M].史安斌,译.9版.清华大学出版社,2009.
④ 王瀚东.敞开传播学研究的思想方法——媒介批评之我见[J].新闻与传播评论辑刊,2001(1):70-77.
⑤ O'Sullivan T, Hartley J, Saunders D, Montgomery M, Fiske J. Key concepts in communication and cultural studies[M]. Routledge, 1994.
⑥ 转引自〔英〕奥利弗·博伊德-巴雷特,克里斯·纽博尔德.媒介研究的进路[M].汪凯,刘晓红,译.新华出版社,2004.

播思想的专著《精神交往论》中将传播视为与物质交换对应的精神交往问题。① 学界也将德国当代哲学家尤尔根·哈贝马斯(Jüergen Habermas)的 *Kommunikations Theorie* 一书译作《交往理论》。

（七）控制理论视角的传播定义

受信息论、系统论和控制论影响，传播被认为是解决信息不对称问题的有效手段，传播的双方必须有信息掌握上的差异（异质），包括空间距离上的差异、时间上的差异、生理上的差异、心理差异以及观念差异，乃至主我和客我的差异。这些差异在传播过程和结构中实现了信息的共享，减少了信息的不确定性。传播活动被视为一个信息传递、要素协调和系统控制的过程。因此，传播是一个信息传递过程，也是信息系统过程和信息控制过程。这一视角侧重从传播活动的要素和环节流程的角度进行界定，并进行结构性描述。

从控制理论的结构功能视角来看，传播是指人类运用符号并借助媒介来表达信息或者获取信息意义的互动行为及媒体组织活动。这个定义全面地揭示了传播者、受传者、信息、符号、媒介、媒体这六个任何传播活动都不可缺少的基本要素。

二、传播的类型

传播作为人类的符号化信息表达行为与交流过程，其主体多元，信息内容丰富，媒介形态多样，传播规模大小不一，不仅反映了信息的交流本质形态，也广泛渗透到一切活动领域并发挥作用，从而建构了一个庞大而复杂的社会系统。这一系统所处的现实情境不同，表现出来的类型、功能也各不相同。

在传播活动或传播过程中，随着结构性要素的变化，传播这个系统可以被划分为不同的层次。不同的情境决定了其结构、要素、形式、功能等。理查德·韦斯特(Richard West)等从传播语境角度将传播分为内向传播、人际传播、小群体传播、组织传播、公众传播、大众传播和跨文化传播等七种类型。② 也有学者将小群体传播、公众传播和跨文化传播归入人际传播，并另补充了国际传播。随着网络和新媒体的出现和发展，传播类型还可以延展到网络传播和新媒体传播。对于网络传播和新媒体传播也有其他一些不同的提法，如数字媒体、自媒体、社交媒体等。事实上，这些划分也并非泾渭分明，很多传播形态也有一定交叉和重合，比如组织传播语境下也存在人际传播，大众传播与网络传播也有重叠，跨文化传播也包括人际传播、大众传播和组织传播等。

---

① 陈力丹.精神交往论:马克思恩格斯的传播观[M].修订版.中国人民大学出版社,2016.
② 〔美〕理查德·韦斯特,林恩·特纳.传播理论导引:分析与应用[M].刘海龙,译.2版.中国人民大学出版社,2007.

基于传播者的属性,传播还可以分为个体传播、组织机构传播、大众媒体传播、国际传播等,其中组织机构传播又包括政党政府传播、商业组织传播、公益组织传播、文化组织传播、教育组织传播、医疗组织传播、科技组织传播、宗教组织传播等。从传播内容分类角度,传播一般包括新闻传播、言论传播、公共信息传播、政治信息传播、文化娱乐传播、商业信息传播、专业知识传播、广告传播等类型。

第二节 传播学的研究对象和学科特征

一、传播学的研究对象

传播学是一门古老而又年轻的学科,作为现代社会科学,其诞生不过百年,但是传播思想和研究却是源远流长,人类传播现象伴随人类的历史而发展,也随之就有了很多对其活动和现象规律的关注和探讨。

由于中文语义的丰富性,传播学也被称为交流学、社会沟通学、精神交往理论、传意学、传通理论等。其中,由于"交流"一词在中文语境中,主要是指人的双向互动性信息传递活动,因此交流学更符合其本质含义,钟坚等人还倡导将"传播学"命名为"社会沟通学"。[1]

此外,传播学在中国港澳地区还被称为传意学、传理学。香港学者余也鲁先生认为,传播学就是传通理论,因为传通等于传播加沟通,传播的学问可以仿照物理学或者心理学加以命名,因此将其称为传理学。[2]

传播学是研究什么的?这是很多初识传播学的人首先会问到的问题。顾名思义,传播学当然是研究传播的,但是这样的解释没有能够充分说明传播学的基本内涵与外延。因为传播固然是传播学研究的对象,但是传播学并不是研究所有的传播现象与问题。传播是一个很广泛的概念,广义上的传播不仅包括信息传输、传递,还包括交通运输以及物理和生物传播现象,比如光传播、花粉传播、病毒传播等。与此同时,狭义上的传播既有人类信息交流,还有技术信号传递、动物之间的信息交流与传播等。而传播学研究的是人类信息传播现象,因此严格来说传播学是人类传播学。

传播学是研究人类信息表达与接收的行为、过程及其社会现象规律的科学。其研究对象主要是人类的传播活动及社会现象规律。传播学研究从微观层面探讨传播的要素、结构、效果、系统及功能,并从传播活动场域层面分析传播在人际交往、组织传播、大众媒体及跨文化交流等方面的应用问题。由于传播现象的复杂性和层次性,还形成了

---

[1] 钟坚,等.社会沟通论[M].浙江教育出版社,1988.
[2] 〔美〕宣伟伯.传学概论:传媒、信息与人[M].余也鲁,译述.海天书楼,1983.

不同的传播学研究流派及分支学科。

当然,目前还没有研究一切信息传递现象的传播学,自然界和生物界的信息传递现象研究留给了自然科学。

二、传播学的学科特点

传播学研究的主要特点如下。

(1) 传播学具有数字人文属性。传统的传播学属于人文社会科学,尽管传播学与一般理工学科意义上的信息科学不同,后者研究的是信息的技术原理,但是随着数字媒体及大数据、人工智能的兴起,传播学具有了"新文科"文理交叉的属性,计算化和智能化研究成为传播学的新属性。

(2) 传播学还具有综合性特征。具体表现如下。第一,传播是人类自然、精神与社会文化行为的统一。人类的传播活动既是一种生理行为,又是精神活动,并在一定社会关系中进行,且受到社会机制的制约,因此传播学研究具有生物、人文和社会科学的特征。第二,传播是信息表达、分享和利用行为的统一。信息传播与物质传递本质的不同在于,传播主体将信息传递出去之后,并非完全脱离主体,而是得到了共享,扩大了影响范围,使得传播者、渠道及信息的接受者建立了系统联系或互动机制。第三,传播是媒介技术材料、媒体组织和社会信息系统的统一。信息的传播依赖负载和传递的工具和材料,人类社会在发展中不断创造新的技术,延伸人的交流功能。与此同时,通过建立专业化的媒体进行有组织的传播活动,传播效益得到了提高。这一传播活动在社会系统中进行了更为广泛的分工和整合,如建立了专门的收集、整理媒介资源的图书馆系统,通过数字化手段进行了信息和媒介的网络化资源建设和服务设施的搭建和融合服务。

传播学还具有多学科综合特点,具体体现在其研究对象和方法上。传播学的研究对象包含很多要素,如信息、符号、文化、人际关系、组织、媒介技术、社会结构等,并形成了大众传播、人际传播、组织与文化传播及数字传播等主要领域。

传播学在研究中往往运用各种社会科学的研究方法,其本身就是在修辞学、符号学、社会文化学、社会心理学、现象学、控制论以及批判理论学术渊源基础上形成的。法国传播学家阿芒·马特拉(Armand Mattelart)等就指出,传播学位于多学科的交叉点上。[①]

鉴于传播学理论的研究范畴的宽泛性,在20世纪80年代后期,一些学者致力于构建一个核心性传播学范畴,传播学的核心知识建构成为重要的学科建设目标。

---

① 〔法〕阿芒·马特拉,米歇尔·马特拉.传播学简史[M].孙五三,译.中国人民大学出版社,2008.

（3）传播学还具有层次系统性特征。这表现为传播学研究对象涉及传播的不同层次，从自我到人际，再到组织机构，以及大众传播和国家传播的各个不同层面，它们构成了一个系统。

（4）传播学具有学科交叉性特征。近年来分支传播学的研究方兴未艾，发展较快。不但大众传播学和人际传播学等分支学科研究的论著不断问世，而且新闻传播学、舆论传播学、广告传播学、文艺传播学、科技传播学、教育传播学、文化传播学、文献传播学以及网络传播学等分支学科也或已有专著问世，或已有专题论文呼吁尽快建立相关分支学科。

传播学的诞生就是跨学科研究的产物，如传播学与图书馆情报学在研究对象上具有很强的渊源关系，美国著名的图书馆学家杰西·谢拉(Jesse Shera)最早将传播学理论引入图书情报学，他的"社会认识论"以及由此引出的图书情报信息交流学说直接借鉴了传播学的相关原理，有力地推动了图书情报学的发展。在我国，北京大学信息管理系教授、文献交流说代表人物周文骏所著的《文献交流引论》[①]是代表性著作。情报学的社会传播学派把情报学的主要研究对象和目标看作情报的传播过程，把情报传播过程作为一种社会现象来研究。其中，泰夫科·萨拉塞维克(Tefko Saracevic)是情报学社会传播学派的主要代表人物之一，其把着眼点放在控制情报传播过程以及与过程有关的情报系统的原理上。张锦在《信息与传播：研究分野与交融》中就指出，信息与传播问题的研究中始终有两个学科重心，一个是传播学，另一个是情报学。以信息（或情报）为基本范畴的信息科学或情报学及其相关学科如图书馆学、档案学，与以传播（或交流）为基本范畴的传播学，都是基于"人类信息传播"的学科，互联网络是情报产业与传播产业的熔炉。[②]

（5）传播学的研究重心具有动态转移性特征。这是指传播学研究根据研究对象的动态发展进行与时俱进的发展与演进，比如如今传播学研究的热点不再是广播电视媒体，而是网络数字媒体，这就是传播学研究动态调整的一个重要特征，这一领域正呈现出蓬勃的生命力，大有一统传播领域并对原有的分类格局重新洗牌之势。

总之，传播学研究未来需要做更多"顶天立地"的工作。其中"顶天"就是要不断凝聚其核心原理和抽象元理论。传播学其实应是人类信息传播学，而不仅仅是新闻传播学，尽管美国的传播学教育是依附原有的新闻学或者演讲学等学科部门并逐步统合和衍生出来的。这一点威尔伯·施拉姆(Wilbur Schramm)已揭示得比较明确，他心目中的"传播学"事实上是整合了人际传播学和大众传播学之后的"人类传播学"，具有最普

---

① 周文骏.文献交流引论[M].书目文献出版社，1986.
② 张锦.信息与传播：研究分野与交融[M].知识产权出版社，2008.

遍的意义。施拉姆指出,"在未来100年中,分门别类的社会科学——心理学、政治学、人类学等——都会成为综合之后的一门科学。在这门科学里面传播的研究会成为所有这些科学的基础"。"它将成为综合之后的新的科学的一个基本学科。"①传播学的理论体系是在分支传播学理论基础上的更高层次抽象,对所有的分支传播学具有统摄作用。分支传播学则应有把握具体类型的传播活动特殊规律的具体理论体系。虽然大众传播学的研究对象与新闻学研究相互交叉,但是它的共生学科就是新闻传播学。因此,两者虽有一定的联系,但又各自独立。这两门学科应取长补短、紧密合作,谋求共同发展。

所谓"立地",就是要面向应用,面向丰富具体而动态多元的实践活动,传播学的生命力在于它在实际社会生活中的应用价值。对传播学的学习、研究和应用,可以提高我们在传播活动中的自觉、自省和批判意识以及增强传播有效性的素养。在各类职业性、专业性传播实践当中,传播学是指导人类交流活动实践的理论方法,也是我们学习新闻传播学、编辑出版学、广告学、公共关系学、人际交流学、舆论学、宣传学、公共传播学、组织传播以及管理沟通乃至信息科学的理论基础。

第三节　传播学的理论渊源

对传播现象和问题的研究具有悠久的历史,早在古希腊、古罗马时期和中国的春秋战国时期,就有与传播密切相关的辩论、演讲等修辞艺术和方法的研究。但是,将这些问题的研究命名为传播学,还是经历了一个漫长的发展过程。传播学发源于演讲、修辞、印刷、出版和新闻研究传统,同时,也是现代社会科学发展的产物,并随着19世纪末20世纪初的政治学、社会学和社会心理学的发展以及信息科学的兴起,在20世纪上半叶,逐步形成一门独立的学科。

长期以来,传播学四大奠基人哈罗德·拉斯韦尔(Harold Lasswell)、库尔特·勒温(Kurt Lewin)、卡尔·霍夫兰(Carl Hovland)和保罗·拉扎斯菲尔德(Paul Lazarsfeld)为传播学的形成做出了关键性的贡献。但是,传播学的创始人不仅包括这些人,还有一些人的研究具有与他们相等同或更大的影响,包括威尔伯·施拉姆、乔治·米德(George H. Mead)、沃尔特·李普曼(Walter Lippmann)、哈罗德·英尼斯(Harold Innis)、马歇尔·麦克卢汉和罗伯特·默顿(Robert Merton)等。这些学者也都是传播学研究的先驱者,而施拉姆则是传播理论的集大成者和学科奠基人。

传播学理论的渊源错综复杂,流派繁多,如前文所述,传播学的学术渊源包括修辞学传统、符号学传统、现象学传统、控制论传统、社会心理学传统、社会文化学传统和批

---

① 中国社科院新闻研究所世界新闻研究室.传播学(简介)[M].人民日报出版社,1983.

判理论传统等七个方面。① 参考这一划分,结合传播学源起的主要学术脉络,基于相关研究的学术共同体及主要研究方法,可进行不同源流的划分。下面将分别介绍传播学的研究渊源和代表人物,主要包括修辞学传统、符号学传统、社会文化学传统、社会心理学传统、控制论传统和批判理论传统。

一、修辞学传统

修辞学是传播学的最早起源,早期的修辞学关注说服问题,旨在阐明辩论和演说的艺术。② 它包括古希腊和古罗马时期的修辞学传统,也包括中国春秋战国时期的修辞学传统。这一传统在关注演讲和辩论中说服别人的言辞艺术的基础上,被不断继承和发展,形成了诸多现代传播理论和方法,并被应用于演说、宣传、广告、选举等领域。

古希腊、古罗马时期的修辞学思想为现代的言语修辞及传播艺术的发展奠定了重要的基础。古希腊在公元前500—前326年进入古典时代,其间,政治、哲学、科学、文化艺术进入繁盛期,表演、演说和辩论成为传播思想、观点和情感的重要方式。当时,在大批政治家、思想家利用这些口头宣传方式的过程中,出现了许多著名演讲和雄辩家,如德摩斯梯尼(Demosthenes),他的演说词结集出版,成为古代雄辩术的典范,形成了专门的技巧——雄辩术。③ 这一传播形式也被视为演说术和修辞理论(techne rhetorica,或简称为"rhetorica")。④ 与他同年出生且同年辞世的亚里士多德(Aristotle)不仅是著名的哲学家,而且提出了推理和论证的科学——逻辑学。他在《修辞学》这部经典著作中,系统探讨了演讲修辞艺术与原则。亚里士多德认为,修辞就是"一种能在任何一个问题上找出可能的说服方式的功能"⑤。据考证,中世纪的大学还一直采用亚里士多德的《修辞学》作为教材,并且将这一古典知识传播到了欧洲。⑥

约公元前510年,古罗马告别了君主制,建立了共和制。共和制晚期的哲学家、政治家、律师马尔库斯·图利乌斯·西塞罗(Marcus Tullius Cicero)也是一位著名的演说家和修辞学家,他著有三部演说修辞著作,即《论演说家》(公元前55)、《布鲁图》(公元前46)和《演说家》(公元前46),这是古代罗马关于演说术的经典著作,对罗马演说术从理论到实践及其发展历史作了详尽的阐述,成为研究古罗马教育和演说术发展历史的重要典籍。⑦ 传承这一演讲修辞的是职业辩护律师马尔库斯·法比乌斯·昆体良

---

① 〔美〕斯蒂芬·李特约翰,等.人类传播理论[M].史安斌,译.9版.清华大学出版社,2009.
② 同上.
③ 支庭荣,邱一江.外国新闻传播史[M].暨南大学出版社,2004.
④ 〔古罗马〕西塞罗.论演说家[M].王焕生,译.中国政法大学出版社,2003.
⑤ 〔古希腊〕亚里士多德.修辞学[M].罗念生,译.生活·读书·新知三联书店,1991.
⑥ 程德林.西欧中世纪后期的知识传播[M].北京大学出版社,2009.
⑦ 胡黎霞.西塞罗与罗马演说术教育[J].历史教学(高校版),2008(5):53-56.

(Marcus Fabius Quintilianus),他不仅发表演讲,还讲授演讲的技巧。他著有《演说术原理》(92—94),承袭并完善了西塞罗的诸多理论观点,系统地提出了雄辩术教育的理论体系。[1]

二、符号学传统

符号学传统从人们使用符号表达精神内容并将其作为指征事物的形式从而建立意义的互动机制这一角度来分析符号、意义和客体的关系。这一领域的符号学研究为传播学研究奠定了重要的理论基础。符号学(semiotics/semiology)理论发源于19世纪瑞士语言学家弗尔迪南·德·索绪尔(Ferdinand de Saussure)和美国哲学家查尔斯·皮尔斯(Charles Peirce)的两大理论体系,这是现代各符号学和语言学学派以及各语言学科的理论基础。索绪尔在一百多年前建议建立一个叫作"符号学"的学科,并认为它将是"研究符号作为社会生活一部分的作用的科学"[2]。索绪尔被誉为现代语言学之父,他研究的范围是语言符号,并进而应用于其他人文社会科学,它的突出特点是强调语言的社会性和结构性。他在《普通语言学教程》中说:"符号学使语言学成为科学。"皮尔斯的符号则是代表世界上任何事物的各种命题,它是人类思维和认知的媒介,是一种"泛符号论"。[3] 1964年法国当代杰出的思想家和符号学家罗兰·巴尔特(Roland Barthes)的《符号学原理》的问世。1969年,国际符号学协会成立。

李幼蒸将当代符号学的研究划分为语言符号学、一般符号学和文化符号学三大类,注重对语言结构、语义结构和话语层面进行分析的各种符号学理论,其研究划入语言符号学。从语言符号分析扩展到非语言符号(包括人工智能符号)分析,则形成了一般符号学(普通符号学),它把与人类生活相关的一切符号和象征现象都纳入符号学的视野。最后,运用符号学的观点和方法来分析社会文化中各种物质、精神和行为现象,各种部门符号学的研究,如建筑符号学、电影符号学、戏剧符号学、意识符号学等,都属于文化符号学的范围。[4]

约翰·费斯克(John Fiske)将符号学定义为:那种关注传播者和接受者如何进行编码和译码、传者如何运用媒介进行传播、传播效果形成与改善、传播影响受者的行为和心理状态的过程的研究。他认为,应把传播研究分为两大派别:一派是关注传播的信息传递行为的过程学派(process school);另一派认为传播是意义的生产与交换,是一种产

---

[1] 李雪.罗马共和国末期至帝国初期雄辩术教育的演变及其影响[J].天津大学学报(社会科学版),2020(1):88-94.
[2] 赵毅衡.重新定义符号与符号学[J].国际新闻界,2013(6):6-14.
[3] 郭鸿.索绪尔语言符号学与皮尔斯符号学两大理论系统的要点——兼论对语言符号任意性的置疑和对索绪尔的挑战[J].外语研究,2004(4):1-5.
[4] 李幼蒸.理论符号学导论[M].社会科学文献出版社,1999.

品,被称为符号学派,它关注的是信息与文本如何与人们互动并产生意义,即文本的文化功能,主要研究方法是符号学。① 特伦斯·霍克斯(Terence Hawkes)认为:从长远看来,符号学和结构主义理论都应被包括在第三个容量很大的学科内,它简单地叫作传播学(communication)。② 由此可以看出,符号学对于传播学理论的形成和发展具有重要的影响。

三、社会文化学传统

社会文化学传统是以社会学以及人物志等分析为其范式特色的,其中包括符号互动论、真实社会建构理论以及言语行为理论等重要的理论分支,当然符号互动论也与符号学传统有所交叉。这一研究传统源于欧洲的社会学研究,并在美国社会学、舆论及宣传研究和加拿大的媒介与社会研究中得以发扬光大,奠定了现代传播学研究基本理论框架和方法论。

(一)欧洲的社会学传统

在传播学的形成与发展过程中,其学术来源与欧洲的人文社会科学密不可分。阿芒·马特拉等认为,最初的传播学理论来自欧洲的社会学研究。③ 埃弗里特·罗杰斯(Everett Rogers)认为,传播学之所以于1900年以后在美国崛起,是因为相当程度上间接地受了19世纪的三位欧洲著名思想家查尔斯·达尔文(Charles Darwin)、西格蒙德·弗洛伊德(Sigmund Freud)和卡尔·马克思(Karl Marx)的有关人类行为和人类社会的革命性思想影响,分别从进化论、精神分析理论和马克思主义哲学中吸收了学术思想。达尔文进化论思想深刻影响了芝加哥大学的杜威、帕克等学者④,在非语言传播、媒体生态等领域也产生了重要影响。弗洛伊德的理论通过批判学派、拉斯韦尔等学者直接影响了传播学领域,并通过霍夫兰产生了间接影响。马克思的思想则直接影响了批判理论,成为其核心主导思想。⑤

此外,欧洲的社会学、社会心理学研究,也为传播学的发展奠定了重要基础。19世纪法国社会学创始人之一加布里埃尔·塔尔德(Gabriel Tarde)对欧洲的媒体进行了社会分析,他的《舆论与群众》(1901)是当时媒体启蒙主义的代表作。⑥《模仿律》(1890)一书则影响了美国传播学研究中的扩散理论和社会学习理论。⑦ 美国芝加哥大学社会

---

① 〔美〕约翰·费斯克.传播符号学理论[M].张锦华,译.远流出版公司,1995.
② 〔英〕特伦斯·霍克斯.结构主义和符号学[M].瞿铁鹏,译.上海译文出版社,1987.
③ 〔法〕阿芒·马特拉,米歇尔·马特拉.传播学简史[M].孙五三,译.中国人民大学出版社,2008.
④ 张智强.达尔文进化论对杜威的影响[J].青年与社会,2020(23):195-196.
⑤ 〔美〕E.M.罗杰斯.传播学史:一种传记式的方法[M].殷晓蓉,译.上海译文出版社,2012.
⑥ 〔日〕佐藤卓己.现代传媒史[M].诸葛蔚东,译.北京大学出版社,2004.
⑦ 〔美〕E.M.罗杰斯.传播学史:一种传记式的方法[M].殷晓蓉,译.上海译文出版社,2012.

学教授、国际社会学学会会长特里·克拉克(Terry Clark)编选了塔尔德的相关研究中的精华,也对塔尔德的传播理论贡献作了系统评述。①

此外,法国社会心理学家古斯塔夫·勒庞(Gustave Le Bon)从 1894 年开始写了一系列社会心理学著作,其中著名的群体心理学著作《乌合之众——大众心理研究》(1895)一书对于解释政治宣传策略和受众靶子论思想也有很重要的参考价值。② 此外,勒庞还著有《民族进化的心理学定律》(1894)、《社会主义心理学》(1898)、《革命心理学》(1912)以及《战争心理学》(1916)等著作。

德国现代社会心理学奠基人格奥尔格·齐美尔(Georg Simmel)提出的"陌生人"概念被视为跨文化传播研究的"基石",他的理论也直接影响了芝加哥学派。他于 1922 年出版了《群体关系网》一书,罗杰斯认为他将有关"个人之间以模式化的信息流动相互联系"的传播网络理论引入了美国。③

德国政治经济学家和社会学家马克斯·韦伯(Max Weber)从社会角度研究新闻传播,提出了"新闻社会学"的概念。④ 这些研究为从社会学视角分析传播提供了重要的理论视野。

(二) 美国芝加哥学派社会学传统

美国的芝加哥学派传统开创了传播学的社会及心理学实证研究取向。该学派具体是指 20 世纪头十年至 30 年代间以芝加哥大学社会学学者为主形成的社会学派,美国芝加哥大学社会学系是美国第一个社会学系。芝加哥学派是 20 世纪美国社会科学研究领域最有影响的学派,对传播学的形成和发展产生了关键性影响。罗杰斯认为,"芝加哥学派的学者建构了一个以人类传播为中心的人格社会化的理论概念体系,要成为社会的存在、人类存在,就需要传播。他们提出了符号互动论的观点,构筑了以媒体效果为重点的大众传播研究模式"⑤。"英尼斯和麦克卢汉在传媒方面的理论在某种意义上讲都可以看作芝加哥学派的后续。"⑥同时,芝加哥学派也影响了美国图书馆学的交流学派的形成,如美国著名图书馆学家、芝加哥大学图书馆学博士谢拉也从社会传播角度研究图书馆学原理,开创了图书馆交流学派的先河,他还在 1956 年成立了文献与传播研究中心。⑦

该学派受齐美尔的影响,并由芝加哥学派的代表人物约翰·杜威(John Dewey)、库

---

① 〔法〕加布里埃尔·塔尔德.传播与社会影响[M].何道宽,译.中国人民大学出版社,2005.
② 〔法〕古斯塔夫·勒庞.乌合之众[M].冯克利,译.中央编译出版社,2005.
③ 〔美〕迈克尔·辛格尔特里.大众传播研究:现代方法与应用[M].刘燕南,等译.华夏出版社,2000.
④ 〔日〕佐藤卓己.现代传媒史[M].诸葛蔚东,译.北京大学出版社,2004.
⑤ 〔美〕E.M.罗杰斯.传播学史:一种传记式的方法[M].殷晓蓉,译.上海译文出版社,2012.
⑥ 胡翼青.试论社会学芝加哥学派与传播学技术主义范式的建构[J].国际新闻界,2006(8):49-53.
⑦ 〔美〕杰西·谢拉.图书馆学引论[M].张沙丽,译.兰州大学出版社,1986.

利、帕克、米德等系统化为"符号互动论"(symbolic interactionism),该理论反对以直觉构成人类个性的基础,主张人类通过与其他人的互动来进行自我认知。他们认为,人们借助与其他人的人际传播而建立意义,强调人类传播的主观主义,即信息接受者以某种特有的方式解释信息的内容,而不是完全实现信源的意图。

这些具有浓厚的文化传播学色彩的美国芝加哥学派的代表人物将传播视为社会的进步力量,认为其可以构建社会道德体系并恢复社会道义,还能够为实现政治一致而服务[1],认为大众传播是美国社会在面临城市社会问题的情况下生存下去的一个可能的手段。丹尼尔·切特罗姆(Daniel Czitrom)指出,"三位美国思想家库利、杜威、帕克,率先开始全盘研究现代传播在社会过程中的影响力。他们每一位都把他们所见传播科技的意涵,置于他们的社会思想中心。他们三人不约而同地视现代传播媒介为重整美国道德和政治共识的主要代理者"[2]。

芝加哥大学哲学家杜威始终认为大众传播在改造社会方面具有强大的潜在力量,新的传播技术将会导致社会价值体系的重构。他认为,社会不仅是由于传播而得以存在,而且完全可以说是在传播中存在。[3]

芝加哥大学社会学系教授帕克在柏林大学师从德国社会学家齐美尔攻读博士学位,他把齐美尔的理论转变成为美国大众传播的经验主义研究,被罗杰斯誉为开创了大众传播研究的学者和这个学派最有影响的成员。[4] 受杜威的影响,帕克率先以社会和文化体制的观点研究报纸的影响。他提出:"报纸是城市范围内通信传递的重要手段。公众舆论正是以报纸所提供的信息为基础的。"[5]1922年,帕克对美国外语报刊的状况进行了调查和内容分析,出版了《移民报刊及其控制》一书,讨论了报刊与公众意见的相互影响问题,还通过分析报刊中的过滤性控制,直接影响到后来勒温提出的把关理论和之后的新闻把关模式,是关于早期美国传播学重要的教科书和读物。[6]

芝加哥大学社会学家库利受杜威的影响,也关注并提出了大众传媒社会影响的观点。他在《人类本性与社会秩序》(1902)一书中认为,人事实上无法在无人的环境下认识自我,因此提出了"镜中我"(looking glass self)的概念。[7] 他最喜欢引用的一句话是"人们彼此都是一面镜子,映照着对方"[8]。而在《社会组织》(1909)一书中,库利专章

---

[1] 单晓红.传播学:世界的与民族的[M].云南大学出版社,2003.
[2] 转引自胡翼青.试论社会学芝加哥学派与传播学技术主义范式的建构[J].国际新闻界,2006(8):49-53.
[3] [美]E. M. 罗杰斯.传播史:一种传记式的方法[M].殷晓蓉,译.上海译文出版社,2012.
[4] 同上.
[5] [美]帕克,等.城市社会学——芝加哥学派城市研究文集[M].宋俊岭,吴建华,王登斌,译.华夏出版社,1987.
[6] [美]罗伯特·E.帕克.移民报刊及其控制[M].陈静静,展江,译.中国人民大学出版社,2011.
[7] 邱泽奇.社会学是什么?[M].北京大学出版社,2002.
[8] 转引自何顺民.自我维度上的传播——功能主义的作用与反思[J].新闻传播,2013(10):12-14.

阐述了传播问题,包括传播的概念、作用、社会关系以及舆论形成中的作用问题等,并"理想化地认为报纸是把亲密直接接触的'初级群体'(primary group)中的观念加以升华为众多'公众舆论'的交流媒介"①。

芝加哥大学社会学家米德是符号互动论的创始人之一。他的观点对现代社会心理学和传播学都产生了很大影响,他的代表作《心灵、自我与社会》(1934)是在他逝世后由他的学生根据课堂笔记整理出来的,这些观点奠定了符号互动论的基础。② 社会学家赫伯特·布鲁默(Herbert G. Blumer)将其以"符号互动论"命名,并将其思想发扬光大。

（三）美国舆论与宣传研究传统

美国舆论学家李普曼结合自己在法国期间关于第一次世界大战宣传的经验撰写了《舆论》(1922)一书,从公共舆论角度分析了媒体对大众社会心理的影响。他提出了两个重要的概念,即"拟态环境"(pseudo-environment)和"刻板印象"(stereotype,也称为刻板成见),借此分析了民意形成过程中的复杂机制,揭示了大众媒体的弊端,民意操控以及大众社会的信息盲区现象。这些观点影响了伊丽莎白·诺尔-诺依曼(Elisabeth Noelle-Neumann)的沉默的螺旋理论,他所揭示的新闻报道对于公众认知导向作用的观点,还对后来的议程设置理论的提出有着深远的影响。因此,该书也被詹姆斯·凯瑞誉为传播学领域的奠基之作。③

宣传学因应用于两次世界大战而蓬勃兴起,随着二战结束而淡出了美国等西方国家的术语概念范畴,但随后出现了传播学的新概念体系,开创这一领域的先驱者是拉斯韦尔。拉斯韦尔16岁就进入芝加哥大学学习,24岁获得政治学博士学位并在芝加哥大学任教,在二战期间曾任美国国会图书馆战时传播研究实验部主任。他的学术兴趣为宣传研究、舆论信息在政治领域的作用和大众媒体的内容分析。他给学生开设了"舆论和宣传"课程。深受弗洛伊德思想影响,他对作为传播工具的广播的宣传性传播效果产生了兴趣。他的博士论文是关于第一次世界大战时期的宣传信息研究问题,论文于1927年出版,即《世界大战中的宣传技巧》一书,其中分别研究了宣传的组织、宣传的符号、宣传的过程和宣传的作用四个主题。④ 拉斯韦尔的研究奠定了宣传传播的理论基础,同时,他作为政策科学的奠基人,也将情报信息作为政策过程的重要内容,将宣传的内容分析作为评估传播来源的政策意图及宣传策略的重要研究范式,为后来的内容分析法提供了经验基础。他认为传播是政府管理舆论不可缺少的手段。⑤

---

① [日]佐藤卓己.现代传媒史[M].诸葛蔚东,译.北京大学出版社,2004.
② [美]乔治·米德.心灵、自我与社会[M].霍桂桓,译.北京联合出版公司,2013.
③ [美]沃尔特·李普曼.舆论[M].常江,肖寒,译.北京大学出版社,2018.
④ [美]哈罗德·拉斯韦尔.世界大战中的宣传技巧[M].张洁,田青,译.中国人民大学出版社,2003.
⑤ [法]阿芒·马特拉,米歇尔·马特拉.传播学简史[M].孙五三,译.中国人民大学出版社,2008.

1948年,拉斯韦尔在《社会传播的结构与功能》一文中,归纳、提炼了传播的结构要素和社会功能。他将传播过程分为五个结构要素,分别为传播者、传播内容、传播渠道、传播对象和传播效果,认为这些要素建构了传播的基本过程模式,也奠定了传播学结构维度的研究框架,即传播学的五大核心研究领域:控制研究、内容分析、媒介研究、受众研究和效果研究。他还将传播的社会功能概括为环境监控、社会协调和文化传承。①

（四）美国哥伦比亚学派实证社会学传统

哥伦比亚大学的社会实证研究形成了著名的哥伦比亚学派,该学派主要指以保罗·拉扎斯菲尔德为代表的社会学方法研究大众传播的研究学派。该学派主要以拉扎斯菲尔德为核心,形成了一个横向的社会科学家网络,包括弗兰克·斯坦顿（Frank Stanton）、伊莱休·卡茨（Elihu Katz）、伯纳德·贝雷尔森（Bernard Berelson）、罗伯特·默顿、赫塔·赫佐格（Herta Herzog）等教师和学生,他们共同开展了具有一定影响的实证研究。②

拉扎斯菲尔德是奥地利籍犹太人,在德国法西斯上台后于1933年移民到美国,任哥伦比亚大学社会学系教授。他于1937年起成为普林斯顿大学广播研究所负责人,该所主要研究广播对于所有类型的听众的基本价值等问题,这个机构后来于1939年迁到哥伦比亚大学,1944年更名为应用社会研究局,由广播研究转向范围更广的传播效果研究。在此期间,他开展了"火星人入侵地球"舆论事件的研究项目,并且与斯坦顿合作开发了"拉扎斯菲尔德—斯坦顿节目分析仪",以测试听众的意见和节目效果,评估新的电视试播节目,因此他是大众传播效果研究的开拓者。③

1941年时,拉扎斯菲尔德和默顿同为哥伦比亚大学社会学系成员,他们相互合作,将理论与方法有机结合,将焦点小组访谈（focused group interview）作为一种开放式调查方法,这种访谈就是在特定情境下（如收听一个广播节目）收集调查对象有关情况的相关资料。从1940年到1945年,拉扎斯菲尔德与贝雷尔森、哈泽尔·哥迪特（Hazel Gaudet）、卡茨等开展了系列研究工作,包括伊里县调查项目和迪凯特的调查研究项目,出版了研究报告《人民的选择:选民如何在总统选战中做决定》（1944）和《人际影响:个人在大众传播中的作用》（1955）,提出了重要的两级传播理论和意见领袖概念,强调了受众的社会关系影响作用。

拉扎斯菲尔德还明确提出了批判研究和经验研究的范式差异问题。为了回应马克斯·霍克海默（Max Horkheimer）的《传统理论和批判理论》（1937）一文,他写了《评行

---

① 〔美〕哈罗德·拉斯韦尔.社会传播的结构与功能[M].何道宽,译.中国传媒大学出版社,2012.
② 支庭荣,张蕾.传播学研究方法[M].暨南大学出版社,2008.
③ 〔美〕E. M. 罗杰斯.传播学史:一种传记式的方法[M].殷晓蓉,译.上海译文出版社,2012.

政的和批判的传播研究》(1941),认为他的经验研究是为政府和大众传媒机构服务的,他认为批判理论具有思辨性,但是缺乏准确性和建设性贡献,他希望这两个学派能够相互借鉴和融合。①

(五)加拿大多伦多学派的媒介与社会学传统

加拿大的多伦多大学是媒介技术决定论的发源地,而这一理念的核心是由加拿大的两位学者英尼斯和麦克卢汉阐发的,此外,加拿大的达拉斯·斯迈思(Dallas Smythe)是媒介政治经济学的重要代表人物,这些学者构成了加拿大多伦多传播学派(Toronto school of communication)。该学派倡导一种在人类文化结构和人类心智中传播居于首位的新理论,通过媒介分析技术对后来的传播学发展产生了重大的影响。后继工作因目前运作的多伦多大学麦克卢汉文化与技术研究所而得以开展,代表人物是戴瑞克·德科柯夫(Derrick De Kerckhove)。②

20世纪20年代,美国学者刘易斯·芒福德(Lewis Mumford)、俄罗斯地理学家皮埃尔·克鲁泡特金(Pierre Kropotkine)和英国生态与规划学家帕特里克·格迪斯(Patrick Geddes)在芝加哥相识,他们共同关注技术的作用问题,认为传播技术是人的扩展和文明史的中心。③ 芒福德1934年在《技术与文明》一书中阐述了这一思想,是多伦多学派技术决定论的渊源。技术决定论认为,在社会文化结构的演化过程中起主导作用的因素是技术而非社会自身,在分析这一技术作用的过程中,则从历史角度分析文化发展过程中的技术影响问题,特别是传播工具的作用,进而提出了媒介技术决定社会文化走向和结构变迁的观点。

哈罗德·英尼斯是一位经济历史学家,毕业于美国芝加哥大学,获博士学位后在多伦多大学任教,是多伦多学派的鼻祖。英尼斯在政治经济学、文明史和传播学诸领域的成就,使他成了世界级的著名学者以及传播学技术学派的先驱。他从经济史研究出发,发现了媒介在社会经济乃至国家控制方面的作用,从时间和空间的维度上分析了不同时期国家文明发展中媒介所具有的属性及作用,从而提出了媒介的时空偏向下的社会文明观。

英尼斯的研究开创了媒介研究的多伦多学派典范,并对麦克卢汉产生一定的影响,从而形成了媒介研究的独特范式。尽管他在相关论著中涉及中国史料的引用和分析方面存在一些偏差和疏忽④,但是他基于媒介史的独特视角和时间与空间进行的经纬解剖是值得借鉴的框架分析方法。詹姆斯·凯瑞指出,在美国还没有其他人这么做的时候,

---

① [美]E. M. 罗杰斯.传播学史:一种传记式的方法[M].殷晓蓉,译.上海译文出版社,2012.
② 陆道夫.多伦多传播学派媒介文化理论初探[J].学术论坛,2004(2):163-167.
③ [法]阿芒·马特拉.世界传播与文化霸权:思想与战略的历史[M].陈卫星,译.中央编译出版社,2001.
④ 于翠玲.传统媒介与典籍文化.[M].中国传媒大学出版社,2006:23-30.

英尼斯为传播研究提供了一种学术探讨模式,这种模式是历史的、经验的、解释的和批判的。①

加拿大媒介学家麦克卢汉于1942年获得剑桥大学博士学位,1946年开始任多伦多大学圣迈克学院教授。② 他于1951年出版了第一部著作《机器新娘——工业人的民俗》;1962年出版了《谷登堡星汉璀璨》,该书是他的三大经典之一,研究的是印刷技术和文化对西方文明的影响。③

1964年,他出版了《理解媒介——论人的延伸》一书,书中提到了26种媒介,其中包括货币、时钟、游戏、武器等,以全新的视角阐述了泛媒介观及其演化定律,以大众媒介,特别是电视为核心,提出了许多具有突破性的观点和理论。④ 这些观点和理论不但引起了学术界的广泛重视,并且在媒介研究领域独树一帜,其思想甚至被冠以"麦克卢汉主义"(McLuhanism)的称号。20世纪70年代,很多大学围绕这个领域开设了相关课程。在多伦多大学有一所麦克卢汉研究中心,美国福德汉姆大学还专门设立了理解媒介研究中心,甚至加拿大有一所高中就以"马歇尔·麦克卢汉都会学校"命名。⑤

麦克卢汉的影响还扩展到了媒体乃至电影界,这使他成为新闻公众人物,1964年12月的《国家》杂志把他列为风云人物。在1977年第50届奥斯卡最佳影片奖作品《安妮·霍尔》中,就设计了主人公在戏院排队时听到后面某人谈论麦克卢汉的情节,麦克卢汉本人也出现在了镜头中。

麦克卢汉的研究不仅普及了传播学思想,更深远地影响了今天数字网络时代的传播学研究。进入20世纪90年代以来,随着计算机网络及新兴媒体的兴起,麦克卢汉思想又一次成为热点,保罗·莱文森(Paul Levinson)以"数字麦克卢汉"(Digital MacLuhan)为主题分析了互联网时代的媒介影响。⑥

尽管麦克卢汉的一些形而上的学说和充满隐喻的观点还有待深入的实证分析,并且他的"只探索不解释"⑦的研究方法也留下了很多学术观点上的争议,但是他作为多伦多学派的代表,影响了非常多的学者,比如约书亚·梅罗维茨(Joshua Meyrowit)、保罗·莱文森、尼尔·波兹曼(Neil Postman)等。美国纽约大学的尼尔·波兹曼早在1955

---

① Melody W H, Salter L, Heyer P. Culture, communication, and dependency: The tradition of H. A. Innis [M]. Ablex, 1981: 37-51.
② 〔加〕莫利纳罗,等.麦克卢汉书简 [M].何道宽,译.中国人民大学出版社,2005.
③ 〔加〕埃里克·麦克卢汉,弗兰克·秦格龙.麦克卢汉精粹[M].何道宽,译.2版.中国大百科全书出版社,2021.
④ 〔加〕菲利普·马尔尚.麦克卢汉:媒介及信使[M].何道宽,译.中国人民大学出版社,2003.
⑤ 〔美〕理查德·韦斯特,林恩·特纳.传播理论导引:分析与应用[M].刘海龙,译.2版.中国人民大学出版社,2007.
⑥ 〔美〕保罗·莱文森.数字麦克卢汉:信息化新千纪指南[M].何道宽,译.2版.北京师范大学出版社,2014.
⑦ 同上.

年就结识了麦克卢汉。1970年,他在纽约大学的教育学院设立了"媒介生态学研究"(media ecology program)的博硕士学位课程,并以此为基础,逐步形成了媒介生态(环境)学学派。

此外,德科柯夫是加拿大多伦多大学麦克卢汉文化与技术研究所的负责人和多伦多学派的学术继承人。他的《文化肌肤——真实社会的电子克隆》(1995)一书[①],曾被评为加拿大第一畅销书,他因此而赢得"媒体预言家"的称号。[②]

达拉斯·斯迈思1907年生于加拿大。1943年,他被任命为美国联邦通信委员会的首席经济学家,主要从事广播电视媒体监管政策研究。1948年,斯迈思来到新成立的伊利诺伊大学传播研究所,讲授"传播经济学"课程。1951年,他提出了"受众商品论"(audience commodity thesis)观点。斯迈思与英尼斯一样,认为经济制度和传播体系之间具有高度的相互依存关系。传播的流动是经济发展的关键因素,传播是各种经济力量的核心。[③]

四、社会心理学传统

传播学研究受众的一种重要方法就是运用社会心理学研究方法,而社会心理学的历史根源包括精神分析理论、行为主义理论和格式塔心理学派[④],其中弗洛伊德是精神分析论的创始人,他提出行为的动机源于强大的内在驱力和冲动,成人行为的根本逻辑是童年留下的未解决的心理冲突,心理学要做的就是理解这种内驱力。

20世纪早期的社会心理学研究与群体动力学这一貌似工程理论实为群体传播理论的学说密切相关。这一领域的代表人物是库尔特·勒温,1933年他为躲避法西斯迫害从德国柏林大学流亡到美国,在艾奥瓦大学任教。1944年,他在麻省理工学院建立了群体动力学研究室,并担任主任。勒温的主要专业领域从个体心理学转向小群体传播,主要关注群体对于个体态度和行为的影响问题。勒温对传播学的贡献很多,其中包括对于人际社会网络的研究,他在研究食用新食品的决策过程中的群体行为时,最早提出了在群体信息传播中的"把关人"(gatekeeper)概念。1947年,他在自己创办的《人类关系》第二期中,发表了《群体生活的渠道》一文,具体阐述了这个观点。后来,这个概念被广泛应用到新闻和信息的选择、加工、制作和传达过程的研究当中,成为揭示新闻传播过程内在控制机制的一种重要理论。

勒温的学生利昂·费斯廷格(Leon Festinger)受到勒温理论的影响,进一步在社会

---

① [加]德克霍夫.文化肌肤——真实社会的电子克隆[M].汪冰,译.河北大学出版社,1998.
② 陆道夫.多伦多传播学派媒介文化理论初探[J].学术论坛,2004(2):163-167.
③ 郭镇之.传播政治经济学理论泰斗达拉斯·斯麦兹[J].国际新闻界,2001(3):58-63.
④ [美]泰勒,佩普劳,希尔斯.社会心理学[M].谢晓非,等译.北京大学出版社,2005.

心理学领域展开研究,并撰写了著名的著作《认知不和谐》,该理论立即在社会心理学、传播学和社会学领域产生了广泛的影响。

耶鲁大学的实验心理学教授卡尔·霍夫兰,二战期间被任命为美国陆军部信息与教育局研究处的首席心理学家(后改任实验研究主任),在美国开创了有关个人态度变化的微观层次研究的学术传统,构筑了说服传播研究的基本方法与框架,揭示了传播效果形成的条件性和复杂性,为否认早期的"魔弹论"效果观提供了重要的依据。

在二战期间,"宣传"这个词逐渐被"心理战"所取代。[①] 1941年,美国政府面临将1500万新征集的平民训练成士兵的巨大挑战,这些新兵需要知道美国为什么参战,谁是美国的敌人,为什么他们应该战斗到死。美军利用电影作为训练手段,制作了7部题为《我们为何而战》的系列片。[②] 霍夫兰的任务是研究军事训练影片对提高士兵士气所起的作用和效果,为此,他们进行了一系列心理实验,研究了劝服与态度改变的效果问题。

战后,霍夫兰回到耶鲁大学主持"传播与态度改变的耶鲁项目",进行了50多次说服实验。1949年,他与同事合作把战时的研究成果整理为《大众传播实验》一书出版。1953年,他又与同事合作出版了《传播与说服》。这些研究注重分析劝服效果的多元变量因素对态度转变的传播效果影响机制问题,形成了传播效果的社会心理学耶鲁学派范式,开创了传播学控制实验研究的先河。他在有关说服的战时研究中还开创了信息学习法(message-learning approach),其中将香农的线性传播模式中的组成部分SMCR(S是信源,M是信息,C是信道,R是信宿)作为其研究中的四个变量,他的每一个实验都涉及这四个部分的变量。

五、控制论传统

控制论传统发源于战后以信息为反馈手段、以系统为机制、以控制为目标的信息论、系统论和控制论集合。这些主要用于解决电子信息通信和系统控制问题的理论,被用于分析社会传播系统的相关问题,从而建构起了社会传播系统控制理论范式。这一传统关注信息的传递过程及要素、系统结构及反馈控制机制等核心命题。

"信息"作为一个科学术语,最早在拉尔夫·哈特莱(Ralph Hartley)1928年发表的一篇题为《信息传输》的论文中开始被使用,文中提出了信息定量化的初步设想。[③] 产生重要影响的则是克劳德·香农(Claude Shannon),他在麻省理工学院获得博士学位之后在贝尔实验室工作,进行诸如电话、收音机、电报、电视等信息的分析工作,并将其称

---

① 〔法〕阿芒·马拉特.世界传播与文化霸权:思想与战略的历史[M].陈卫星,译.中央编译出版社,2001.
② 〔美〕E. M. 罗杰斯.传播学史:一种传记式的方法[M].殷晓蓉,译.上海译文出版社,2012.
③ Hartley R V. Transmission of information[J]. Bell System Technical Journal, 1928, 7(3): 535-563.

为情报(intelligence)。他最初的目标是研究如何减少噪音干扰问题。二战期间,他开展了密码分析和炮火控制问题等研究。1948年,他从电子通信角度,基于传递信息的机制提出了信息的概念及相关传输原理。其后,在1949年与沃伦·韦弗(Warren Weaver)合作撰写的《通信的数学理论》(1949)中,进一步阐述了信息问题,以比特为信息的计量单位,并把热力学中熵的概念与熵增原理引入信息理论,分析了信源的熵、信道的噪音等问题。

信息论研究不仅为电子通信提供了理论和方法支持,同时也揭示了信息传播更广泛的层面,对传播模式及传播过程的研究产生了重要影响。香农与韦弗的信息论传播揭示了电子传播过程中的系统要素,这一模式成为传播学研究中的经典模式。1960年,戴维·伯洛(David Berlo)在《传播过程》一书中发展了这个模式,把传播过程各要素的特征进行了明确的描述。[1]

信息论不仅关注技术层面,也关注语义及效果层面。韦弗区分了三种层次的传播问题:第一层是技术问题,即传播符号如何能被准确地发射;第二层是语义学问题,即被发射的符号如何能准确地传递意图中的意义;第三层是效果或者行为问题,即被接受的意义如何有效地以意图中的方式影响行为。[2]

路德维希·冯·贝塔朗菲(Ludwig von Bertalanffy)是美籍奥地利生物学家,系统论之父,毕业于维也纳大学,获哲学博士学位。他创立了具有广泛影响的一般系统理论。1968年,他发表的重要著作《一般系统理论:基础、发展和应用》就把他的一般系统理论分为狭义的和广义的两种,狭义系统论是对系统及其构成要素的描述和分析的理论,而广义系统论则是与应用学科联系在一起的基础理论。[3]

控制论的创始人数学家诺伯特·维纳(Norbert Wiener)在某种程度上参与了香农开创信息论的工作。他是一位科学天才,10岁时就读哈佛大学,18岁在该校取得哲学博士学位,后来又到剑桥大学师从哲学家和数学家伯特兰·罗素(Bertrand Russell)从事博士后研究工作。1919年,维纳进入麻省理工学院。1948年,他在解决自动控制技术问题时提出了控制论思想,并出版了《控制论——或关于在动物和机器中控制和通信的科学》一书。控制论是关于生物系统和机器系统中控制和传播的科学。[4]

控制论是在实现自然和人工系统有序化调节和控制的目的基础上,基于信息的输入、处理、反馈输出等概念原理建立的科学原理。控制论是信息论和系统论的进一步延伸,按照控制论的原理,无论是在自然、物理还是社会系统的动态运行过程中,都可能出

---

[1] 〔美〕E. M. 罗杰斯.传播学史:一种传记式的方法[M].殷晓蓉,译.上海译文出版社,2012.
[2] 同上.
[3] 〔美〕冯·贝塔朗菲.一般系统论:基础、发展和应用[M].林康义,魏宏森,等译.清华大学出版社,1987.
[4] 〔美〕维纳.控制论——或关于在动物和机器中控制和通信的科学[M].郝季仁,译.2版.科学出版社,2009.

现各种失序现象,导致难以实现其系统目标,需要结合信息反馈机制进行调节和纠偏,这一机制就是控制机制。控制机制中,系统状态输入系统后,经过信息的反馈输出,提供系统状态的参考值,为系统控制提供依据,从而对系统的运行进行再调整,以起到修正偏差的作用。

控制论也从社会分析角度,解释了社会信息系统的控制原理。传播学理论中的很多思想和模式来源于控制论,比如双向互动传播模式问题、传播系统的控制机制问题、传播系统的反馈机制问题等。

六、批判理论传统

批判理论关注的问题包括权力、压迫和特权是如何从人类社会中某些形式的传播中产生出来的。它主要包括马克思主义、法兰克福学派、后现代主义、文化研究、后结构主义、后殖民主义和女性主义等分支。[1]

马克思、恩格斯的精神交往思想是传播理论哲学观的集中体现,陈力丹在《精神交往论——马克思恩格斯的传播观》一书中作了系统梳理和分析。[2] 马克思主义理论和方法影响了欧洲的哲学家和理论家,并形成了具有典型学派意义的批判理论传统。

传播学的批判学派主要包括德国的法兰克福学派和英国的文化研究学派的传播问题研究,前者通常被认为是批判理论的开创者,后者被视为传播批判理论的重镇。[3]

法兰克福学派是由成立于1924年的德国法兰克福大学"社会研究中心"的社会科学学者、哲学家、文化批评家所组成的学术社群。在德国法西斯势力上台后,该中心于1933年迁到日内瓦,1934年又迁到美国,与哥伦比亚大学建立了合作关系。战后于1949年重新迁回法兰克福,成为欧洲新马克思主义和新左翼运动的理论据点。[4]

早在20世纪30年代,法兰克福学派就通过政治经济学、媒介内容的文化分析以及媒体接受等方面的跨学科研究,批判性地分析了传媒及由此兴起的大众文化现象及意识形态影响问题。马克斯·霍克海默是德国第一位社会哲学教授,法兰克福学派的创始人,致力于建立一种社会批判理论。其他主要代表人物还有赫伯特·马尔库塞(Herbert Marcuse)、西奥多·阿多诺(Theodor Adorno)、埃里希·弗洛姆(Erich Fromm)、尤尔根·哈贝马斯等人。

---

[1] 〔美〕斯蒂芬·李特约翰,等.人类传播理论[M].史安斌,译.9版.清华大学出版社,2009.
[2] 陈力丹.精神交往论——马克思恩格斯的传播观[M].修订版.中国人民大学出版社,2016.
[3] 杨击.理论与经验:介入大众文化的两种路径——法兰克福学派和英国文化研究的比较研究[J].新闻与传播评论,2004(1):7-17.
[4] 郭庆光.传播学教程[M].2版.中国人民大学出版社,2011.

第四节　传播学的学科建立与发展

传播学发端于 20 世纪初期的美国,在发展过程中,隶属于英语专业的公共演讲学成为现代传播学科的重要学科渊源。此外,进入 20 世纪之后,欧洲的人文与报学研究传统面临社会科学的新挑战,因此在美国逐步利用社会科学研究方法奠定了传播学的实证传统。到了 50 年代,传播学形成体系,逐步成为一门新兴的学科。1948 年,威尔伯·施拉姆在伊利诺伊大学创办了传播学研究所,并开展了传播学研究生的培养工作,标志着传播学的正式诞生。①

虽然传播学的研究对象有一个漫长的过去,但是学科发展史却十分短暂。现代意义上的传播学是以西方 19 世纪末以来的人文科学、社会科学乃至自然科学为背景,经过近半个世纪的孕育演化,由灿若群星的众多学者共同缔造的。

一、传播学学科的提出

尽管传播学有着悠久的学术思想渊源,但是作为一门学科被明确提出来,则是经过了一个逐步酝酿和积累的过程,很难说是在哪一个具体年份形成的。在这门学科的创建过程中,施拉姆作出了巨大贡献,因此被誉为传播学理论的集大成者和传播学教育的开山鼻祖。

施拉姆在 1930 年毕业于哈佛大学,获得美国文明专业硕士学位,1932 年在艾奥瓦大学获得英语文学专业博士学位,其后担任英语教授,并撰写了一些小说。二战期间,他加入了美国政府的战争信息办公室,也就是美国新闻署前身。1941 年,他帮助富兰克林·罗斯福(Franklin Roosevelt)总统起草对全国的广播讲话,包括著名的"炉边谈话"。从 1942 年到 1943 年,他与拉扎斯菲尔德、拉斯韦尔、勒温、霍夫兰等一起工作,共同从事战争宣传研究,其中包括设计公共传播计划来加强美国战时国家利益的及时传播,为此他建立了一个跨学科的传播研究平台,也在此期间形成了他的传播学观。1943 年,他回到艾奥瓦大学担任新闻学院院长,在此仿照拉扎斯菲尔德在哥伦比亚大学建立广播研究机构的模式建立了传播学研究机构并开设大众传播博士课程。从 1947 年到 1953 年,他在伊利诺伊大学担任第一个可以授予传播学学位的传播学研究所所长并招收博士生,后来成为传播系主任,也是当时世界上唯一的传播学教授和系主任。② 20 世纪 70 年代末到 80 年代初,施拉姆数次访华,是最早向中国介绍传播学的外

---

① 〔美〕E. M. 罗杰斯.传播学史:一种传记式的方法[M].殷晓蓉,译.上海译文出版社,2012.
② 同上.

国学者之一。

罗杰斯如此评价施拉姆的传播学学科贡献:"在过去几十年中,几百个大学传播学系在美国已经被创建起来,大部分从现存的言语学系、新闻学系、图书馆学系和其他强调某种专业的或者人文的传播研究的大学单位中崛起,其他是新建的。今天,传播学是一个得到公认的学术领域,它们都可以追溯到威尔伯·施拉姆的传播学观的理论血统上。"①

二、传播学学科建立的社会背景

传播学形成于20世纪初,并在20世纪40年代逐步建立相关学科领域,它的形成是由许多主观和客观因素促成的。其中包括古希腊、古罗马时期的古典修辞学思想,欧洲的诸多哲学社会科学研究理论以及美国的社会科学研究成果。在传播学理论和学科建立的过程中,这些不同的思想、理论及方法汇聚成了传播学的理论体系,并在美国形成独立的学科领域,而在这一过程中,其学科建立与当时美国特定的社会历史环境密不可分。美国学者迈克尔·辛格尔特里(Michael Singletary)认为传播学形成于美国的社会背景主要包括:一战和宣传战的爆发;报纸的发展势头在一战期间开始减弱;传播技术发展;广告收入激烈竞争;人口快速增长;中产阶级兴起;城市化程度提高;教育普及。② 从客观背景来分析,美国的社会背景无疑为传播学的产生提供了土壤,具体表现为政治、经济、社会文化、媒介和学术环境等几个方面。

(一)政治环境

美国的政治特色之一是选举政治,美国的总统选举同时也是一次广泛而深远的争取民意支持和运用各种传播手段开展传播造势与塑造政治形象的运动,当然也不乏利用传播手段攻击和诽谤竞争对手的揭丑行动。因此,传播媒体一直扮演着举足轻重的角色。随着美国新兴媒体的影响力凸显,很多候选人将竞选手段应用于这些新兴媒体当中。

不仅如此,如何利用大众媒体维持自己的政治权威和形象,也是获胜后的政治家重视的问题。如1933年当选的总统罗斯福就基于美国当时严重的经济危机,利用广播电台发表演讲,宣传新政措施。他通过广播在白宫外交官接待室壁炉旁发表了很多亲切而富有感召力的谈话,如同起居室的壁炉一样重要的媒介在此发挥了很好的作用,这些谈话史称"炉边谈话"。广播给人以信赖的感觉,而事实如何并不重要。③ 这些政治活动中传播策略的应用就催生了研究传播理论并将其应用于政治策略的需求。

---

① 〔美〕E. M. 罗杰斯.传播学史:一种传记式的方法[M].殷晓蓉,译.上海译文出版社,2012.
② 〔美〕迈克尔·辛格尔特里.大众传播研究:现代方法与应用[M].刘燕南,等译.华夏出版社,2000.
③ 〔日〕佐藤卓己.现代传媒史[M].诸葛蔚东,译.北京大学出版社,2004.

在美国的政治策略上,民主选举和制定政策需要通过搜集民意进行充分准备,因此,民意调查机构也在这样的背景下兴起。1928年,美国统计学家和抽样调查方法创始人乔治·盖洛普(George Gallup)发表了博士论文《应用客观方法衡量读者对报纸兴趣的一种新技术》。1935年,他以自己的名字命名了他创立的盖洛普民意研究所。自从1936年以来,美国的主要民意测验机构在进行总统选举预测中,除了在1948年发生过一次错报外,其余各次测验都对总统选举的结果作出了正确的预测。这些成果不仅赢得了全社会的关注,满足了政治家的需要从而获得了政府的支持和肯定,也为政治传播学理论研究奠定了基础。

舆论、宣传与传播媒介的关系问题成为研究热点,因此,1937年,普林斯顿大学公共事务学院创办了《舆论学季刊》,该刊成为最早的研究大众传播的杂志。① 此外,拉扎斯菲尔德所进行的研究选民投票意愿的伊里县调查以及出版的《人民的选择:选民如何在总统选战中做决定》也标志着选举制度与大众传媒研究的开始,其研究方法也被密歇根大学社会研究所采纳来开展美国总统大选全国样本调查。

20世纪上半叶的两次世界大战,造成了人类历史上的严重劫难,但也在客观上为政治传播和实证传播研究创造了条件。因此,研究现代传媒史的日本学者佐藤卓己才强调说,"信息"和"大众传播"分别是第一次世界大战和第二次世界大战社会动员体制下的产物。②

德国在二战期间更是通过各种手段进行宣传战,德国纳粹甚至采取法西斯专制手段进行战争策动与蛊惑。1933—1945年间担任德国国民教育与宣传部部长的保罗·戈培尔(Paul Goebbels)就深刻意识到了说服的力量,他曾经扬言,只要让他控制出版物、广播节目、电影和艺术,他就能够说服德国人接受纳粹思想。③ 他操纵德国宣传机器,疯狂鼓吹战争,宣扬种族主义,编造谎言,成为希特勒宣扬法西斯宣传思想的一个实践者。学者后来将这种操纵舆论以达到不可告人的目的的传播方式称为"戈培尔式宣传"。

一战期间,美国政府就成立了"公共信息委员会",负责国内外的宣传事务,并取得了良好的效果。美国为了研究战争宣传问题,在1937年成立了宣传分析研究所,编撰了《宣传和艺术》一书,重点论述了在战争中如何在宣传上压倒敌人。④ 二战以后,广播和电影甚至参与到了战争新闻直播和战时动员中,成为战时新式武器。1942年6月,美国成立了从事对外宣传的战时情报局,电影被指定为战时重要产业,弗兰克·卡普拉

---

① 〔法〕阿芒·马拉特.世界传播与文化霸权:思想与战略的历史[M].陈卫星,译.中央编译出版社,2001.
② 〔日〕佐藤卓己.现代传媒史[M].诸葛蔚东,译.北京大学出版社,2004.
③ 〔美〕戴维·迈尔斯.社会心理学[M].候玉波,等译.8版.人民邮电出版社,2006.
④ 单晓红.传播学:世界的与民族的[M].云南大学出版社,2003.

(Frank Capra)导演了系列宣传电影《我们为何而战》,这成为后来实验心理学研究的重要范本。① 据调查,在珍珠港受攻击后,罗斯福随即发表对日宣战的演说,广播收听率达到历史最高纪录83%。二战期间,施拉姆参与了美国战时国外宣传的研究,卡尔·霍夫兰还被征召到陆军新闻与教育署心理研究室担任主任,他主持了一系列关于提高士兵士气的宣传效果研究,这些研究为日后的美国传播学效果研究积累了丰富的素材和经验。1946年,罗伯特·默顿则基于美国广播宣传购买国债的效果分析,写成了《大众说服》一书。②

早在1927年,拉斯韦尔就采用了内容分析方法对战争期间的各种宣传资料进行研究,提出了宣传策略与技巧,对第一次世界大战中的宣传策略及其效果进行了全面的分析。二战期间,他任美国国会图书馆战时传播研究实验部主任,开展了战时宣传研究工作,这些研究为后来开展的传播学理论研究奠定了基础。

(二)经济环境

美国是一个竞争激烈的自由市场经济社会,媒体被认为是保证观点传播的自由市场,传播媒介一诞生就成为一种意见商品,比如报纸作为一种商品在市场上销售并形成产业,电子媒体也是如此。早期的广播由于营利模式还不明晰,没有得到很好的重视,然而,后来由于可以通过广告来购买广播时间,广播业得到了迅猛发展。

因此,美国的媒体产业离不开广告业的支持,两者相辅相成,不仅促进了传播产业的发展,也促使各类媒体关注如何更好地经营媒体,这就催生了一种研究媒体经营和传播效果的需求。同时,广告主也需要了解消费者的信息需求,研究如何更好地投放广告,并科学地选择不同的传播策略。

另外,在经济危机下,为了更好地塑造企业形象,避免负面舆论的消极影响,很多企业意识到建立与媒体的良好关系非常重要。1903年曾任美国《纽约时报》记者的艾维·李(Ivy Lee)与他人合作在纽约创办了一家"宣传顾问事务所",这被视为现代公共关系活动诞生的标志。③ 后来,一些大型企业也建立了公共关系部门,这些专业化的传播性机构的建立,不仅搭建了企业与媒体和公众的桥梁,也奠定了传播学的组织传播研究基础。

(三)社会文化环境

按照塔尔科特·帕森斯(Talcott Parsons)的观点④,社会系统是个体的互动体系,文化系统则提供了共享的有意义的符号,从而使社会行动者能够相互沟通。文化系统定

---

① 〔日〕佐藤卓己.现代传媒史[M].诸葛蔚东,译.北京大学出版社,2004.
② 同上.
③ 陈先红.现代公共关系学[M].2版.高等教育出版社,2017.
④ 〔美〕约翰·R.霍尔,玛丽·乔·尼兹.文化:社会学的视野[M].周晓虹,徐彬,译.商务印书馆,2002.

义了一个社会角色及其期望的模式化或制度化体系。他认为,文化借助这些价值与规范来引导社会中个体的行动。

美国社会是典型的移民社会,其文化被比喻为"熔炉文化",1908 年英国作家伊斯雷尔·赞格威尔(Israel Zangwill)发明了"熔炉"这一用来描述多民族融合在一起重构一个新世界的说法。他认为:在美国,旧有的生活方式不再占有一席之地,每个人必须建立起全新的态度和生活方式。美利坚文化将逐渐发展、吸收各种异质的文化因子,包括节日传统和语言。[1]

作为一个多元文化的社会,与很多其他国家不同,美国不是一个依靠世世代代流传下来的文化习俗、传统习惯和共识性规则进行社会沟通和交往的传统社会,而是一种具有多元文化差异的社会形态。因此,不同种族之间的差异乃至冲突成为关注的焦点。在这一社会环境下,人与人之间的关系更多的是基于社会交往形成的陌生关系,而非熟人社会的邻里关系。在这一特定社会结构中,人们之间的社会互动与交往需要寻找更为恰当、有效和规则化的模式,这就需要探索人与人之间的社会沟通机制。

因此,在这样的社会形态下,媒体的社会凝聚和文化建构作用非常突出。一方面,研究多元文化的人际沟通、组织传播成为热点问题,美国芝加哥大学的社会学研究就关注了这一问题,米德等人提出的"符号互动论"试图解释人们之间的沟通关系对于建构多元主义社会的相互理解、融通的重要意义。

另一方面,传播也是社会需求的产物。在 20 世纪初,美国进入了工业化社会,形成了具有一定市场规模的媒体消费群体。同时,人们有了更多的余暇时间,更多的信息需求,需要将报纸、广播、电视等作为主要信息获取渠道和了解社会的重要方式。

历史上每一种新媒介的产生,都是一定社会需求的产物。进入 19 世纪,美国工业化发展开始加速,从 1870 年到 1900 年,美国的人口由 3700 万增加到 7500 万,美国的日报由 489 种增加到 1967 种。而纽约人口 1840 年为 31 万,到 1860 年为 81 万,1900 年则增加到了 344 万。[2] 伴随美国社会都市人口的急剧增加,公共义务教育发展带来更多的消费群体,蜡烛下"读书的市民"成了"消遣的大众","油灯的个人主义"被"电气化的集体生产主义"取代了。[3] 迈克尔·舒德森(Michael Schudson)认为,19 世纪的美国基于社会变迁的需要,产生了对于新闻的广泛需求,特别是具有社会性的政治和商业新闻,这些环境中的变迁使得现代意义上的"新闻"获得了足够的受众,从而导致了现代报纸的产生。[4]

---

[1] 转引自李俊飞.大熔炉、多元文化主义和美国国民身份[J].安徽文学(下半月),2011(1):291-293.
[2] 〔日〕佐藤卓己.现代传媒史[M].诸葛蔚东,译.北京大学出版社,2004.
[3] 同上.
[4] 〔美〕约翰·R.霍尔,玛丽·乔·尼兹.文化:社会学的视野[M].周晓虹,徐彬,译.商务印书馆,2002.

在媒体传播文化兴起之后,如何通过大众媒体,尤其是电影电视塑造美国文化价值和社会模式,成为重要课题,特别是美国文化的影响成为人们关注的重要问题,乔治·格伯纳(George Gerbner)长期从事的培养理论研究即认为,媒体培养出了"共同的世界观、角色和价值观",形成了"主流意识效果"(mainstreaming effect)。

(四)媒介环境

传播产生社会影响以及成为学术关注的焦点,离不开传播媒介产生的影响和对传播媒介认识的学术化。自印刷技术发展之后,人们开始关注出版、新闻、图书馆以及知识社会的问题,形成了关于社会、科学交流的理念和学科认知。19世纪末20世纪初的电子传播技术的兴起及媒介应用更成为宣传、舆论和大众传播思想的重要环境资源。

美国是大众传媒最发达的国家,在19世纪中期就有了面向大众的商业报纸。1893年报业发展催生了新闻学理论,当年,宾夕法尼亚大学首次开设了新闻学课程。1908年,沃尔特·威廉姆斯(Walter Williams)在密苏里大学创立了新闻学院。[①] 随着电子传播技术的发展,美国作为电子传播技术发源地之一,将其迅速应用于电报、电话、广播和电影领域,从而形成了既有社会需求,又有商业前景的大众传播产业。到1926年,美国电影业与汽车业、罐头业、石油业、钢铁业、烟酒业并驾齐驱,成为六大产业之一。随着好莱坞"梦工厂"模式的建立,电影产业在20世纪30年代末至40年代初进入了最辉煌的顶峰时期。[②]

这些媒体的兴起,在美国的政治、经济、社会等各个方面,都产生了前所未有的巨大冲击和影响,引发学者关注,并成为美国各界急迫而重大的研究课题,同时也催生了新兴的就业市场和教育需求。以新闻学和口语传播教育为基本传统的学科发展模式开始面临广播和电影等新媒体的挑战,在洛克菲勒基金会资助下的芝加哥学派以及其他很多学者开始关注大众媒介的影响问题,如霍夫兰对宣传影片的研究、拉扎斯菲尔德对广播效果的研究、佩恩基金研究项目关于电视对儿童影响的研究等。后来有很多大学将自己的新闻学院改称为新闻学与大众传播学院,从而拓展了学科研究范畴。

传统的印刷媒介主要是一种线性的和知识性的信息形态,而随后出现的各类新兴的电子媒体特别是广播和电影则是一种立体的、声形并茂的娱乐性信息形态。如同加拿大媒介学家麦克卢汉所指出的,媒介就是信息。这些新的媒介形态对公众构成了新的信息接触和感官冲击。这一主观感受还由各类新型媒体激发,如1895年12月,法国人卢米埃尔兄弟在巴黎用自己发明的放映机放映了影片《火车到站》,放映时,观众看到火车好像从银幕里驶出奔向他们,非常吃惊,其视觉冲击力可见一斑。广播的出现也

---

① 〔日〕佐藤卓己.现代传媒史[M].诸葛蔚东,译.北京大学出版社,2004.
② 〔美〕雪莉·贝尔吉.媒介与冲击:大众媒介概论(第四版)[M].赵敬松,主译.东北财经大学出版社,2000:213.

使民众的心理承受着新的冲击和不安,甚至产生了恐慌,典型的事例如 1938 年 10 月 30 日万圣节前夜,《火星人入侵地球》广播剧引发的事件。由于听众误认为他们正在面临来自火星人的攻击,因此纷纷采取躲避等行为,引发社会对广播媒体的影响的关注。

与此同时,电影引发的媒介与暴力问题也是延续至今的一个研究课题,在佩恩基金会的资助下,要求建立审查制度的市民组织"电影调查协商会"从 1929 年到 1932 年间就电影对国民生活的影响进行了调查,亨利·弗曼(Henry Forman)在对调查数据进行归纳整理后写成了《电影培养的孩童》(1937)一书,该书出版后引发了新一轮要求进行电影审查的社会运动。

（五）学术环境

近代以来,社会科学逐步采取更为科学的研究手段,摆脱了哲学思辨,进入实证阶段,为传播学的形成和发展提供了方法论和思想基础。20 世纪初期的美国社会科学研究日趋繁荣,社会科学研究在引进欧洲学术思想与方法及成功应用于美国的社会实践之后,形成了现代社会科学思想和方法体系,其中经济学、社会学、政治学、人类学和心理学五大社会科学研究日趋成熟,信息论、系统论和控制论思想也逐渐萌芽。被誉为传播学四大奠基人的学者拉斯韦尔、勒温、霍夫兰和拉扎斯菲尔德,基本上都是这些领域的学者,其中拉斯韦尔被誉为美国现代政治学的创始人,霍夫兰则是社会心理学的代表人物。此外,美国社会科学的繁荣也离不开美国都市化、欧洲移民文化以及美国石油经济的发展。

1913 年,约翰·洛克菲勒(John Rockefeller)注册创立了洛克菲勒基金会,该基金会资助了很多传播学学者的早期研究项目。1939 年 9 月,洛克菲勒基金会资助了由拉斯韦尔和拉扎斯菲尔德等参加的具有传播理论共同体特征的"洛克菲勒传播研讨班",开创了以宣传战和战时动员体制为目的的大众传播学研究。此外,1929 年,佩恩基金会支持了首次媒介研究课题,并形成了 12 个关于媒介影响的研究报告,包括媒介的儿童影响问题。[1]

二战后,欧洲很多知识精英流亡美国,1933 年至 1941 年,13.2 万名流亡者离开纳粹德国来到美国,这种知识分子的迁移是将传播理论的欧洲根源转移到美国的过程中的关键事件。[2] 尽管事实上美国当时鉴于自己的利益反而收紧了移民政策[3],但是毕竟接纳了不少"技术移民",这客观上为美国吸纳了一大批社会科学人才资源,其中包括很多来自欧洲的传播学先驱者,如勒温、拉扎斯菲尔德、阿多诺等流亡学者。他们基于战争宣传研究的需要构成了一个无形学院。甚至有些机构也转移到了美国,如法兰克福

---

[1] 〔日〕佐藤卓己.现代传媒史[M].诸葛蔚东,译.北京大学出版社,2004.
[2] 〔美〕E. M. 罗杰斯.传播学史:一种传记式的方法[M].殷晓蓉,译.上海译文出版社,2012.
[3] 赫铁川.从来就没有什么人权救世主[N].检察日报,2005-9-7(4).

学派的社会研究所原本从属于法兰克福大学,1933年迁移到纽约,与哥伦比亚大学保持着松散的联系,许多批判理论方面的工作就是在这里完成的。

第五节　我国传播学理论的形成与发展

一、我国传播思想渊源概要

中华民族曾经对传播事业作出了巨大贡献,作为四大文明古国之一,其造纸术和印刷术都与传播技术有关,中华文化的传播对世界产生了广泛而深远的影响。肖东发教授在总结我国文献传播的文化特点时概括了十大特点:中国是出现文字最早的国家之一,而且一脉相承,从未中断;中国是出版印刷事业最先发达和最早普及的国家;中国图书文献载体材料众多,是最先发明造纸术的国家;中国是最先发明印刷术,包括雕版印刷、活字印刷、套版印刷三种技术的国家,这些发明的作用无可限量;中国是世界上拥有典籍最多、图书类型最丰富的国家;中国书籍既重视实用,又注意美观,讲究装帧设计,很早就有了成形的书籍制度,而且不断发展演变;中国是最重视藏书的国家之一,古代公私藏书刻书在图书保护方面有不朽贡献;中国很早就建立了图书编纂机构和出版管理制度,编纂了许多部可称为世界之最的巨帙大书;中国已有2000多年图书发行的历史,很早就出现了书业广告、稿酬和版权意识;中国的版本、辩伪、辑佚、目录等治书之学发达,且硕果累累。①

作为有着5000年文明发展史的中国,在漫长的历史发展过程中,形成了很多独具特色的传播形式和技巧,积累了丰富的传播经验、思想和理念,并且深深影响着今天的传播理论研究和实践活动。正如传播学学者余也鲁所言:"中国传播史料的丰富的确是世界之冠。"②

中国历史上的传播活动形式多样,如政治生活中的讽谏传播,教育活动中的私塾、书院、金石碑刻与文献传播,文化活动中的民间艺术和诗词歌赋传播,社会活动中的说客传播和食客传播、中外文化和宗教的传播,军事活动中的烽火传播等。③ 这些活动积累了丰富的传播经验,并形成了初步的传播理论思想。

春秋战国时期是各国争霸的动荡时代,各种思想和观点层出不穷,诸子百家借助各种传播手段进行交流、演说、游说和激辩,使得这个时期的传播思想空前繁荣。先秦诸子对学术思想的主要传播手段是"驰说各地"的口头宣传、"雕琢其章"的文字宣传以及

---

① 肖东发.中国图书出版印刷史论[M].北京大学出版社,2001.
② 郑学檬.传在史中——中国传统社会传播史料选辑[M].文化艺术出版社,2001.
③ 段京肃.传播学基础理论[M].新华出版社,2003.

"画图垂世"的图像宣传。① 先秦时代百家争鸣的古典修辞逻辑思想蕴含了至今仍有借鉴意义的说服技巧与原则,为后人留下了很多传播学文化遗产,如"名辩之学"倡始人邓析(前545—前501)提出的辩论术。史书记载邓析常常"操两可之说,设无穷之辞",他提出的辩论需要针对不同对象的"别殊类"原则至今都有重要的借鉴意义。此外,《鬼谷子》《韩非子》的"难言""说难"两篇、《荀子》的"非相""陈道"两篇和《论语》《墨子》《孟子》等都不同程度地涉及对传播现象的阐释和总结。②

中国春秋战国时期的诸子百家特别是儒家的思想和规范蕴含着丰富的传播原则、沟通哲学和传播策略,影响深远,对我们今天的中国传播哲学、传播伦理、传播模式都产生了重要影响。吴予敏认为,儒家关于传播的见解,大致可以归纳为三个主要方面的内容:第一是人际信息交流和巩固社会秩序的关系;第二是传播行为和人格涵养的关系;第三是传播内容和形式方法的关系。③ 这突出了传播活动的社会作用,指出"言可兴邦,亦可丧邦";强调了传播者应有的权威性,认为身教重于言教。孔子还教育弟子在与他人的交往中,要充分为对方考虑,不应将自己不愿意做的事强加于人,即"己所不欲,勿施于人";同时注重传播的语言技巧,在中国,使用比喻不仅是一种修辞手段,而且是一种重要的说服策略,一种传播特定观点、清除传播障碍的有效方法。④ 中国古人在传播中注重礼仪和规范,如春秋末期的孔子从恢复西周礼制的愿望出发,在《论语·颜渊》中要求人们应做到"非礼勿视、非礼勿听、非礼勿言、非礼勿动",这种思想是非常重要的人际交流原则。

《华夏传播论》一书总结了中国传统文化传播具有的独特特点,即在传播体制上是"定于一尊"的一元格局,在传播取向上是"止于至善"的价值追求,在传播技巧上是"东方智慧"的凝结,在传播媒体上体现的是汉语独特的神韵面貌。⑤ 段京肃总结我国古代传播思想时也指出:"信、达、雅"是传统的中华文化对信息传播活动和作品从内容到形式、从宏观到微观的一种客观而实在的要求和标准;传播者要重视身教重于言教,传播要结合受众实际情况,遵循因材施教原则,在信息内容组合上采用"譬"的比喻性修辞技巧和说服策略;突出传播活动的社会作用为"言可兴邦,亦可丧邦"。⑥

二、传播学学科的引进与发展

现代中国的传播思想和理论既继承了古代传播文化思想,又逐渐从西方的传播理

---

① 郭志坤.先秦诸子宣传思想论稿[M].福建人民出版社,1985.
② 孙旭培.华夏传播论:中国传统文化中的传播[M].人民出版社,1997.
③ 吴予敏.无形的网络:从传播学角度看中国传统文化[M].国际文化出版社,1988.
④ 杜道生.论语新注新译[M].中华书局,2011.
⑤ 孙旭培.华夏传播论:中国传统文化中的传播[M].人民出版社,1997.
⑥ 段京肃.传播学基础理论[M].新华出版社,2003.

论和实践中汲取概念和理念。这一过程随着近代传教士办报,以及近代思想家和新闻实践家如王韬、郑观应、康有为、梁启超、谭嗣同、章太炎等人的实践和传播,影响了近代的中国传播理论与实践。与此同时,20世纪初,无产阶级开始登上政治舞台,无产阶级的先锋队组织、中国共产党的先驱们开始了报刊传播活动,如李大钊、邹韬奋、张友渔等利用报刊传播马克思主义思想,反映了早期知识分子的进步理想和追求。①

裘正义指出,在20世纪初,德国社会学研究中就有了社会心理沟通的研究,在二三十年代传入中国,并使用了心理沟通的概念,到了40年代有关社会学的教科书中已经有了理论研究的介绍,从而形成了传播学的渊源。② 此外,与传播学相关的新闻学、修辞学乃至文献学著作也为传播学的建立奠定了重要的学术基础,如徐宝璜的《新闻学》(1919)为最早的新闻学著作,陈望道的《修辞学发凡》(1932)被学界奉为中国现代修辞学的奠基之作。

1949年新中国成立后,内地(大陆)、香港和台湾地区在社会科学发展历程中走了各自不同的道路,传播学引进的轨迹和步伐也各不相同。相对来说,传播学进入台湾地区要早一些,大概于20世纪50年代末到60年代初,主要研究大众传播,1966年徐佳士教授出版了第一本大众传播中文书。70年代到80年代是大量计量调查研究开始的时期,80年代到90年代则是批判研究和哲学研究开始的时期。③ 1968年,余也鲁等在香港浸会学院(现香港浸会大学)创办传理系,在香港首开四年制传播文凭课程,开新闻、广播及公共关系三个专业,香港传播学进入正规教育阶段。④

在香港的传播学教育和学科发展方面,余也鲁先生于20世纪60年代在施拉姆所在的美国斯坦福大学人文科学学院传播学研究所学习,取得高级学位,1967年创立香港浸会大学传理系(传播学系),任系主任兼社会科学院院长,1975年出任香港中文大学传播学讲座教授兼传播系主任及传播研究中心主任。他在80年代还先后协助厦门大学建立传播专业、华南师范大学建立信息教育传播专业、江西师范大学建立教育传播系(现为传播学院)。如同施拉姆在美国传播学教育领域的贡献,余也鲁先生对于在中国推广传播学教育也作出了开创性工作。

新中国成立后,由于诸多复杂原因,中国与西方交流较少,新闻学理论较多受苏联新闻学理论的影响。20世纪70年代末期,中国实行了举世瞩目的对内改革、对外开放政策,中国的学者才又开始新的跋涉。⑤

---

① 戴元光.20世纪中国新闻学与传播学·传播学卷[M].复旦大学出版社,2001.
② 转引自袁军,龙耘,韩运荣.传播学在中国:传播学者访谈[M],北京广播学院出版社,1999.
③ 袁军,龙耘,韩运荣.传播学在中国:传播学者访谈[M],北京广播学院出版社,1999.
④ 方晓恬,王洪喆.寻访"缺失的一环":冷战、现代化与香港传播研究的起源(1965—1982)[J].新闻与传播研究,2022,29(10):94-109,128.
⑤ 戴元光.20世纪中国新闻学与传播学·传播学卷[M].复旦大学出版社,2001.

传播学在新中国的发展大致可分为六个时期,即萌芽期(1957—1965)、中断期(1966—1976)、引进推广期(1977—1985)、本土化时期(1986—1996)、学科化发展时期(1997—2014)和研究范式调整时期(2015—　)。

(一) 萌芽期(1957—1965)

作为一门学科的传播学引入中国的时间是20世纪70年代后期,但对其介绍却早在50年代就开始了。1956—1957年,复旦大学新闻系的内部油印刊物《新闻学译丛》(第3、5期)发表了介绍"mass communication"的文章(当时将其翻译为"群众交通"和"群众思想交通")。[1] 张隆栋教授也曾在20世纪60年代翻译过施拉姆的《报刊的四种理论》。

(二) 中断期(1966—1976)

在"文化大革命"期间,传播环境发生了较大变化,受到极左思想影响的新闻传播事业不仅没有遵循传播规律,而且被作为政治运动的工具和舆论宣传的手段,无法实事求是地进行研究、分析和推进传播事业发展。这里仅举一例,但仍可见一斑。1971年12月至1972年1月,任教于加拿大萨斯喀彻温大学的达拉斯·斯迈思教授访华。在会晤北大校长时,赠以自己的论文打字稿《大众传播与"文化大革命":中国的经验》。由于当时传播学方面引进的资料匮乏,对于大众传播尚无明确的翻译,鉴于英文"communication"也有"交通"的意思,北大校长周培源教授在转赠这一传播学著作给图书馆时,在文前附言介绍中临时将"mass communication"译作"大规模交通"。[2] 这一莫名其妙的翻译反映了传播学在20世纪70年代初的中国,仍然是一个生疏和模糊的学术领域。

(三) 引进推广期(1977—1985)

1978年7月,复旦大学新闻系资料室编辑出版了《外国新闻事业研究资料》第1期,其中发表了郑北渭翻译的一篇文章《美国资产阶级新闻学:公共传播》,这是中国最早的公开的传播学译文。[3] 1978年10月,日本新闻学会会长、东京大学新闻研究所内川芳美教授访问中国,做讲座介绍了传播学。1979年5月,张隆栋教授发表编译文章《公众通讯的过程、制度和效果》。1982年,余也鲁教授会同施拉姆首次来华交流,推进了传播学的研究和交流,随后还举办了全国首届传播学学术研讨会。1983年,《传播学(简介)》出版,成为风行一时的普及性读物。[4]

(四) 本土化时期(1986—1996)

在这一时期,我国的传播理论研究和教学机构开始逐步有了中国特色的理论研究,

---

[1] 陈力丹.传播学在中国[J].东南传播,2015(7):43-45.
[2] 刘昶.欧洲新闻传播学名著译丛[M].中国传媒大学出版社,2010.
[3] 陈力丹.传播学在中国[J].东南传播,2015(7):43-45.
[4] 戴元光.20世纪中国新闻学与传播学·传播学卷[M].复旦大学出版社,2001:97.

在翻译国外著作的同时,也开始出版自己的传播学著作。1986年居延安撰写了《信息·沟通·传播》一书,1988年,戴元光、邵培仁、龚炜合著的《传播学原理与应用》这一系统性传播学教材出版。

1986年召开的第二次全国传播学学术研讨会,提出了"建立有中国特色的传播学"的目标,传播学中国化的宗旨有了明确表述。① 随着研究的不断深入,系统的中国传播媒介发展史和传播思想史成果开始涌现,形成了既引进国外现代研究成果,又结合中国传统与现实的现代传播学的中国学派。代表性的著作有沙莲香主编的《传播学》(1990)和孙旭培主编的《华夏传播论》(1997),它们被称为"传播学中国化或者本土化比较突出的成果"②。此外还有吴予敏所著的《无形的网络》(1988),尹韵公所著的《中国明代新闻传播史》(1990),关绍箕所著的《中国传播理论》(1994),李彬所著的《唐代文明与新闻传播》(1999),陈国明所著的《中华传播理论与原则》(2004),金冠军、戴元光所著的《中国传播思想史》(2005),于翠玲所著的《传统媒介与典籍文化》(2006),隋岩所著的《符号中国》(2014),谢清果编著的《华夏传播学引论》(2017)等相关著作。

(五) 学科化发展时期(1997—2014)

我国新闻教育有着悠久的历史,如果从1918年成立的北大新闻研究会算起已有一百多年。早在1978年,复旦大学就开设了传播学课程。后来中国人民大学、暨南大学等高校也开设了相关课程。传播学学科建设不断发展,不仅新闻传播学成为一级学科,并且有了专门的院系,传播学也已经有了硕士、博士点和博士后流动站。1997年,传播学正式成为二级学科,为一级学科新闻传播学的重要组成部分。2002年6月中国传播学会(Chinese Association of Communication)在上海成立。

传播学作为交叉学科,也不断结合不同的传播场域和传播主题,开展了相关的专题性研究。戴元光在总结20世纪中国传播学在专题研究方面的成果时指出,其中代表性的成果如邵培仁的《政治传播学》(1991)、《艺术传播学》(1992),孙宝寅的《科技传播研究》(1996),周庆山的《文献传播学》(1997),关世杰的《跨文化传播学》(1995),刘继南的《国际传播》(2000),胡正荣的《媒介管理研究》(2000),戴元光的《传播道德论》(2000)等。③ 此外,相关重要成果还有支庭荣的《大众传播生态学》(2004)等。

随着20世纪90年代互联网传播应用场景的兴起,传播学研究开始逐步关注互联网传播对传播理论和应用的影响,网络传播、新媒体以及手机媒体方面的研究也成为一个热点领域,传播学的研究受到网络技术和多媒体技术应用的冲击和挑战,产生了汇流

---

① 张咏华.中国传播学研究迈向本土化/中国化过程的脉络——从14次中国传播学大会的角度[J].新闻记者,2019(1):63-70.
② 袁军,龙耘,韩运荣.传播学在中国:传播学学者访谈[M].北京广播学院出版社,1999:225.
③ 戴元光.20世纪中国新闻学与传播学·传播学卷[M].复旦大学出版社,2001:164-165.

和新的整合。2010年召开的第十一届中国传播学大会,从主要议题和论文内容来看,联系中国实际探讨全球化与网络化给社会与文化带来的影响与挑战是其核心研究问题。①

(六)研究范式调整时期(2015—)

随着传播学学科建设、人才培养及实践应用的不断深化发展,建立中国特色的传播学学科、话语和知识体系,迎接媒介传播环境变革的机遇和挑战,实现理论创新与实践引领作用势在必行,因此传播学在我国进入了研究范式的调整时期。

中国特色社会主义新闻传播理论形成和发展于改革开放新时期,又深化和贯穿于改革开放的全过程,它既与中国特色社会主义理论血肉相连、是其重要的组成部分,又来源于理论体系、以其为直接的根本指导思想。②

党的十八大以来,习近平总书记对繁荣发展哲学社会科学作出一系列重要论述,提出"着力构建中国特色哲学社会科学,在指导思想、学科体系、学术体系、话语体系等方面充分体现中国特色、中国风格、中国气派"③的要求,为新时代我国传播学繁荣发展指明了方向。在改革开放四十余年的发展历程中,中国共产党新闻思想不断发展,中国新闻实践取得更为丰富的经验,西方传播学理论则提供了广阔的视野。基于这些背景,中国特色社会主义新闻学建构被提上了议程。可以说,中国特色社会主义新闻学的建构是马克思主义新闻思想的中国化逐步成熟并走向理论化建构的结果,也是发展与繁荣新闻学的需要。④

与此同时,大数据、人工智能和融媒体的不断应用,推进了媒体的整合化、智能化和社群化,传播学研究在新场景、新应用和新生态场域下面临新范式革命。计算传播学范式的提出就是一个显著标志。2014年,祝建华等总结了计算社会科学在传播学领域的各种应用。⑤2015年,王成军系统回顾了计算社会科学的发展,认为"计算传播学是计算社会科学的重要分支。它主要关注人类传播行为的可计算性基础,以传播网络分析、传播文本挖掘、数据科学等为主要分析工具,(以非介入的方式)大规模地收集并分析人类传播行为数据,挖掘人类传播行为背后的模式和法则,分析模式背后的生成机制与基本原理,可以被广泛地应用于数据新闻和计算广告等场景"。同年,国内第一本计算传播学相关的图书《社交网络上的计算传播学》出版。⑥

---

① 张咏华.中国传播学研究迈向本土化/中国化过程的脉络——从14次中国传播学大会的角度[J].新闻记者,2019(1):63-70.
② 曹征海.论中国特色社会主义新闻传播理论的建构[J].学术界,2015(9):5-41.
③ 人民日报理论部.构建新时代中国特色哲学社会科学[M].人民日报出版社,2022:15.
④ 叶俊.马克思主义新闻观三种研究范式及其反思[J].新闻春秋,2019(2):48-53.
⑤ 祝建华,等.计算社会科学在新闻传播研究中的应用[J].科研信息化技术与应用,2014,5(2):3-13.
⑥ 许小可,等.社交网络上的计算传播学[M].高等教育出版社,2015.

基于计算传播学、数据传播学、数字人文等研究范式的提出,建设传播学"新文科"范式也成为国家学科建设和人才培养的重要举措。新文科是相对于传统文科而言的,以全球新科技革命、新经济发展、中国特色社会主义进入新时代为背景,突破传统文科的思维模式,以继承与创新、交叉与融合、协同与共享为主要途径,促进多学科交叉与深度融合,推动传统文科的更新升级,从学科导向转向需求导向,从专业分割转向交叉融合,从适应服务转向支撑引领。①

总之,传播学学科建设要融中国传统传播思想资源、西方传播思想资源于一体,加强和完善新闻传播学自身建设,同时又要紧密联系实际,研究中国的新闻传播问题,为传播应用提供理论支持。尽管传播学研究在我国取得了长足的进步,但是距离发达国家仍有很大差距,面对互联网应用突飞猛进的发展,媒介数字经济发展和文化公共服务及文化创意产业体制改革与完善的发展机遇和挑战,传播学研究还需进一步在新场域、新业态等方面有更多理论重构和创新。

第六节 传播学的学科发展概述

一、传播学研究重点的演变

20世纪50年代,现代传播学基本理论体系基本形成,传播学的研究成果突出表现为提出了众多的传播模式,意图通过模式研究分析传播环节和结构,解释传播现象的复杂性。② 与此同时,传播学研究以"效果论"为核心,进行了不断探索,并基于不同时期的社会政治和文化背景而不断拓展其理论深度,从战争期间的宣传分析,到社会多元化发展时期的有限效果理论,再到适度效果时代,以及垄断媒介时代的新强力观;进入互联网及新媒体时期,传播效果呈现出兼具竞合性和交叉性的复杂局面。

同时,随着传播技术与媒介的演变,传播学的研究重点也发生了改变,20世纪60年代传播学的研究重点从广播转向了电视媒体。1964年,麦克卢汉阐述了电视的社会作用。约书亚·梅罗维茨则进一步认为,电视使以前被某些群体垄断的某些种类的信息转而为每一个人所自由获得,从而打破了社会群体的界限,创造了一种单一的观众和一个文化活动场所。③ 与此同时,受众作为"双主体"的重要价值得到强调,发展中国家大众传播发展问题得到关注。④

丹尼斯·麦奎尔(Denis Mcquail)认为,20世纪70年代,传播问题的研究与模式的

---

① 王铭玉,张涛.高校"新文科"建设:概念与行动[N].中国社会科学报,2019-3-21.
② 段京肃.传播学基础理论[M].新华出版社,2003.
③ [美]戴安娜·克兰.文化生产:媒体与都市艺术[M].赵国新,译.译林出版社,2001.
④ 段京肃.传播学基础理论[M].新华出版社,2003.

建立已经从寻求整个大众传播过程的一般理解逐渐转变为研究这个过程中的各个具体方面,如长期的社会文化和意识形态效果、媒介组织与社会和受众的关系、受众选择与反应的社会与心理基础等。① 议程设置、沉默的螺旋、培养分析和知识沟理论四个重要假说在这一时期被提出。这些成果的提出和当时的社会文化背景密切结合,包括水门事件、青少年犯罪暴力问题以及教育平等问题等。②

20世纪70年代开始,特别是80年代,随着媒介高度垄断、媒介产业化的迅速发展以及国际传播冲突的日益加剧,关于媒体的霸权问题、政治经济学和民主法制问题以及国际传播新秩序问题的研究成为热点。特别是联合国国际交流委员会的报告《多种声音,一个世界》得到了重视和充分反映。③ 与此同时,传播学研究也出现了范式危机,并逐步转向关注文化与批判学派的范式平衡问题。如戴维·莫利(David Morley)认为,美国主流传播研究在70年代试图从社会意义的角度理解传播现象。④

进入20世纪90年代,随着互联网技术的发展,社会信息化成为研究的新主题,朱光烈认为,新闻学与传播学发展的历史可以划分为三个阶段,即新闻学阶段、传播学阶段和社会信息研究阶段,其中第三个阶段是以1992年东京大学新闻研究所改为社会信息研究所为标志的。⑤ 同时,新媒介的影响问题又开始受到关注,人们又回想起麦克卢汉在电视新兴媒体出现之后提出的一些重要预言,特别是地球村的概念,同时冷战结束之后,经济全球化也引发了对媒介全球化和文化冲突的思考和关注。如曼纽尔·卡斯特(Manuel Castells)成功预言了21世纪的一些基本特征:以全球化、网络化为代表的新社会文化形态;尽管有很多信息洼地,但是却不断扁平化的社会结构;由电子为基础的多种传播模式的数字化整合的新型沟通系统等。⑥

随着媒介形态爆炸性增加和变异,媒介生态(环境)学研究日益成为一个热点研究领域。事实证明,只要媒介之间存在着一种相互补充的生态关系,它们就可以构成一个竞争性循环、博弈中平衡的生态信息系统,这样的媒介系统将成为我们现时所处的信息化社会的第二精神系统,乃至成为一个反映现代文明的"全球脑"。近年来,计算传播学、数智技术环境下的智能传播的应用与理论研究逐步成为新热点。

二、传播学的整合与核心理论建构

在传播学研究的发展中,最初呈现出来的人际传播学和大众传播学的分野,逐渐又

---

① 〔英〕丹尼斯·麦奎尔,〔瑞典〕斯文·温德尔.大众传播模式论[M].祝建华,译.2版.上海译文出版社,2008.
② 〔日〕佐藤卓己.现代传媒史[M].诸葛蔚东,译.北京大学出版社,2004.
③ 中国对外翻译出版公司第二编室.多种声音,一个世界——交流与社会,现状与展望[M].中国对外翻译出版公司,1981.
④ 明铭.一个诠释性典范:霍尔模式[J].新闻与传播研究,2002(2):23-30.
⑤ 张国良,黄芝晓.中国传播学:反思与前瞻[M].复旦大学出版社,2002.
⑥ 〔英〕曼纽尔·卡斯特.网络社会的崛起[M].夏铸九,等译.社会科学文献出版社,2001.

被新的分支学科肢解,传播学变成了一个无所不包的庞大科学系统,为此,人们开始关注传播学的核心原理问题。传播学学者探索如何将传播学由部类分析模式转变为核心知识理论模式,传播学的理论体系问题不仅有结构层次问题,也有对于传播理论的认识和理解框架问题。美国传播学教授理查德·韦斯特等指出,托马斯·库恩(Thomas Kuhn)认为一个学科发展成熟的标志是通用的模型和范式的建立,但是在传播学领域类似的通用模型并不存在,研究与理论的多样性代表着视角的多样性。韦斯特采用一种独特的方法进行了传播学理论的建构,即选择了 25 个传播学代表性理论,按六个部分进行理论介绍和阐述,这六个部分分别是自我与讯息、关系发展、群体与组织、公众、媒介、文化与多样性[①],以此揭示了传播理论的核心主题和理论关注焦点。

三、传播学研究方法的演变

在研究方法上,传播学研究经历了几个转折期,迈克尔·辛格尔特里认为主要包括以下几个时期:发展时期(19 世纪初—20 世纪 30 年代)——欧洲人文哲学传统;过渡时期(20 世纪 30—50 年代)——从人文向社会科学发展;现代时期(20 世纪 50 年代至今)——现代社会科学。[②] 他指出,20 世纪 50 年代以来,传播学的研究逐渐复杂化以及方法程式化,出现了一些建构性理论模式。[③] 其中,社会心理学方法在传播说服的理论研究中仍然具有重要的影响作用。[④]

陈国明认为,到了 20 世纪 70—80 年代,传播学研究方法出现了几个趋势:第一,科学和人文方法合流,质化与量化相互印证;第二,使用一些独创性方法进行研究,包括进一步采用模式分析等方法研究传播内涵的意义与行为;第三,在研究场域的选择上,渐渐以自然研究法取代严格环境限制的实验方法;第四,在研究设计中,除横断法(cross-sectional approach)之外,也使用纵贯法(longitudinal approach)进行研究;第五,在测量分析中,多变项分析法使用大量增加。[⑤]

21 世纪以来,传播学研究逐步进入"数据密集型"时期,采用大数据、文本分析等方法开展研究成为发展趋势。与此同时,注重国别与区域化及采用马克思主义分析方法成为当下中国传播学研究的重要范式。把论文写在祖国大地上,解决中国实际问题,回答中国现实需要,成为传播学研究摆脱实证"套路"的重要研究范式新路径。

---

① 〔美〕理查德·韦斯特,林恩·特纳.传播理论导引:分析与应用[M].刘海龙,译.2 版.中国人民大学出版社,2007.
② 〔美〕迈克尔·辛格尔特里.大众传播研究:现代方法与应用[M].刘燕南,等译.华夏出版社,2000.
③ 同上.
④ 〔美〕迈克尔·E.罗洛夫.人际传播:社会交换论[M].王江龙,译.上海译文出版社,1997.
⑤ 段京肃.传播学基础理论[M].新华出版社,2003.

四、传播学研究的学科组织发展

传播学研究的重要学科组织发展包括组建研究机构、逐步建立研究院系。20世纪60—70年代，许多美国高校的言语系开始更名为言语传播系，新闻系更名为新闻与大众传播系等，有的高校合二为一，成立了规模更大的传播系或者传播学院。① 目前，在美国3000多所高校中，设有传播学专业的有700多所，约占总数的四分之一。②

传播学教育的整合也颇受关注，如美国的新泽西州立大学就将信息、传播和图书馆学合并，成立一所学院。加拿大多伦多大学的信息学院，不仅设有图书情报学和信息学专业，也有媒介和传播研究专业，并且有个很有特色的麦克卢汉研究资料室。台湾世新大学的模式也是如此，它兼容传统的新闻学教育与传播学方法，并将其拓展到信息管理与网络新媒体领域。陈卫星等总结道："在其课程体系中，除了专门培养新闻操作技巧的业务课程外，其余课程都与社会学、法学、哲学、政治学、性别研究、管理学融合起来，培养学生理解能力和思维方法训练，从不同角度去把握传播的价值和意义。其办学思路是把传播学专业教育内涵扩大之后进行再次细化专业教育。"③

还有如美国的依利诺伊州立大学传播学院的大众传播专业、图书馆学与教育媒体专业、讲演专业、公共关系专业的课程就是典型的大传播概念上的通才培养模式的例子，三个专业不仅可以互通课程，还可兼修学位。其特色课程主要有：人类传播档案与图书馆、图书馆中的儿童读物、青年读物和成年人的读物、图书馆媒介等。④ 这种整合的原因较多，但主要是为了适应信息社会对人才的新要求和学科建设的突破与发展。

从分支学科发展角度来说，传播学界现行的较为标准的学科分类是由国际传播协会制定的，即传播学可细分为大众传播、人际传播、组织传播、传播理论和传播哲学等"亚学科"或者是分支学科，从其中的一些分支学科中又衍生了新的传播学热点领域，如人际传播研究中衍生了跨文化传播与健康传播研究，从组织传播研究中衍生了危机传播研究，从大众传播研究中衍生了发展传播学与国际传播研究，国际传播学也逐步成为传播学研究的分支学科。拉扎斯菲尔德在《舆论季刊》（1952—1953，冬季号）中提出传播学未来的研究方向可能是"国际传播"领域。同时，列奥·洛文塔尔（Leo Loewenthal）提出了"国际传播学学科"的概念。此外，美国的舆论研究协会还成立了一个国际传播分会。⑤

---

① 张国良,黄芝晓.中国传播学:反思与前瞻[M].复旦大学出版社,2002.
② 同上.
③ 陈卫星,赵玉明.展望新世纪的传播学研究和教育[M]//张国良,黄芝晓.中国传播学:反思与前瞻.复旦大学出版社,2002.
④ 李晨辉,李华,钟珊.美国大众传播学教育概况[M].武汉测绘科技大学出版社,1991.
⑤ 〔法〕阿芒·马特拉.世界传播与文化霸权:思想与战略的历史[M].陈卫星,译.中央编译出版社,2001.

组织传播研究则在20世纪50—60年代出现,国际传播协会在20世纪60年代后期设立了组织传播组,传播学到了20世纪70年代,逐步建立了组织传播学的学科体系。①1981年,格林鲍姆和法尔西尼列举了组织传播的主题和内容,试图以传播学体系模式构建组织传播体系。美国学者凯瑟琳·米勒(Katherine Miller)系统地借鉴了管理学、文化理论、批判学派、组织行为学以及传播技术应用的观点,构建了组织传播学的理论框架。②公共关系学于20世纪20年代末到50年代末进入了迅速发展期,其间独立学术刊物和专业教育体系得以创立。③

从学科共同体角度来看,主要的几个流派的研究侧重点各不相同,包括经验学派和批判学派的不同研究取向。当然,很多从事文化或者批判研究的学者继承了英国的文化研究、政经分析以及法兰克福学派的批判传统,更愿意将他们的工作称为"媒介研究"(media studies);还有很多人,为了将研究拓展到比"媒介研究"更广的范围(比如语言的使用、修辞艺术、社会仪式、人际关系之建立等),索性称他们的工作为"传播研究"(communication studies)。④

由于传播学研究的综合性特点,在美国,传播学研究的专业组织也由不同的专门领域分成了不同类型的专业协会,其中主要有美国传播协会(原为演讲传播协会,1997年改为现名)、国际传播协会、世界传播协会、美国新闻与大众传播教育协会等。

五、传播学研究的国际化发展

传播学研究的国际化发展主要基于两个不同的学派范式形成了两个不同的发展路径,一个以美国的经验学派传播学为代表,另外一个以欧洲的文化及批判学派为代表。

传播学在美国的形成发展过程中,逐步影响了欧洲、环太平洋地区,并逐步向拉美、东欧扩展,如二战后在日本转化成了美式的大众传播研究。⑤进入20世纪60年代以后,日本结合本国信息化发展形势,进一步突出了信息社会化传播学研究的实践特色。⑥

欧洲的传播学研究也对美国传播学产生了影响,特别是欧洲传统的社会学、政治学和哲学思想对美国的传播学理论和方法的建立产生了重要影响,很多传播学学者的思想就来自欧洲。二战期间,一批欧洲学者为逃避纳粹迫害来到美国,对美国的传播学产生了直接影响,因此欧美传播学理论与方法相互影响和融合,并给各自的政治和学术文化建构了不同的传播研究范式。

---

① 张国才.组织传播理论与实务[M].厦门大学出版社,2002.
② 〔美〕凯瑟琳·米勒.组织传播[M].袁军,等译.华夏出版社,2000.
③ 肖辉.实用公共关系学[M].北京大学出版社,2001.
④ 〔美〕大卫·阿什德.传播生态学:控制的文化范式[M].邵志择,译.华夏出版社,2003.
⑤ 〔日〕佐藤卓己.现代传媒史[M].诸葛蔚东,译.北京大学出版社,2004.
⑥ 同上。

尽管传播学发源于美国,但是各国的传播学研究还是继承了各自国家的传统并加以发扬,如欧洲基于历史社会环境、哲学传统形成的文化批判学派,加拿大基于政治经济学和经济文化史研究形成的媒介进化学派等。因此,在欧洲和加拿大,传播学研究虽然受到美国传播学的影响而发展起来,但是其学科渊源也各有不同。与美国传播学在社会学、政治学、心理学及信息通信学基础上演变而来不同的是,加拿大传播学最先和政治经济学、人文地理学、经济文化史有着不解之缘。对英国来说,传播学不仅是政治经济学问题,也和文学批评、社会学、政治学相关联。对德国来说,传播学是哲学现象学、解释学、符号学、社会学的派生物。对意大利来说,传播学是语言学、符号学的应用。对法国来说,传播学是解释学、符号学、社会思想及语言学等学科发展融合的结果。[①]

[①] 吴予敏.传播学知识论三题[M]//张国良,黄芝晓.中国传播学:反思与前瞻.复旦大学出版社,2002.

第二章 传播结构理论

传播过程从本质上来看,是一个由各种要素相互作用而形成的动态系统结构,这个系统结构的要素不仅相互影响,还受到外在因素的制约和影响,从而体现出复杂的结构状态。本章就从系统角度分析传播结构,从而揭示传播过程、要素及关系模式。传播结构理论是从系统整体角度,在信息论、控制论和系统论的理论发展基础上,通过模式建构方式来描述和解析传播的要素、结构、关系和特点,分析传播活动的实现过程,揭示传播各要素之间的关系,解释传播系统规律和功能的理论形式。该理论确定了信息传播研究中的基本要素,如信源、信宿、编码、译码、反馈和噪音等,对信息传播的过程、要素、互动、反馈、控制、模式等的研究具有指导意义。

第一节 传播系统、要素与结构

一、传播研究的系统结构观

传播学研究的元理论包括三种,即普遍规律(covering law)取向、规则(rules)取向和系统(systems)取向。其中,系统取向认为"理论"应该是一种无理论框架,这种框架描述某一现象的系统特征,人们具有自由意志但是有时又受到系统条件的限制。系统思维把焦点从个人转向整个家庭、小群体和组织,它有几个基本特征,分别是整体性、相互依赖性、层次性、边界/开放性、校验/反馈和等效性。[①]

系统结构是系统内各要素的关系和组织形式,或者说系统结构是系统内各要素在空间或时间方面相互联系或作用的方式和秩序。进行这一研究的主要是一般系统论(general systems theory)和结构功能主义(structural functionalism)。

系统论是与控制论、信息论同时诞生的一门科学,由生物学家贝塔朗菲首次提出,

---

① 〔美〕理查德·韦斯特,林恩·特纳.传播理论导引:分析与应用[M].刘海龙,译.2版.中国人民大学出版社,2007.

他认为,"系统的定义可以确定为处于一定相互关系中并为环境发生关系的各组成部分(要素)的总体"①。人类的信息传播过程也是作为开放系统存在的,因为这个过程符合系统的特征——具备了各自独立的要素,有明确的信息传播目的,是为了完成信息交流而形成的一个集合体。

结构功能主义从内部结构要素和外部作用关系角度将传播视为一个要素互动和系统功能作用机制。法国人类学家克劳德·列维-斯特劳斯(Claude Levi-Strauss)认为,结构主义是"对于社会、经济、政治以及文化生活模式的研究,研究重点是现象之间的关系,而不是现象本身的性质"②。

"结构"一词有多种解释,安东尼·吉登斯(Anthony Giddens)认为,"结构指的是使社会系统中的时空束集在一起的那些结构化特性,正是这种特性,使得千差万别的时空跨度中存在着相当类似的社会实践,并赋予它们以系统性的形式"③。他的"结构"与让·皮亚杰(Jean Piaget)的"结构"其实是不完全相同的。皮亚杰的结构指的是一个系统内部各要素之间的关系,它具有整体性、自身调整性特征。而吉登斯把结构定义为规则与资源,把规则与资源的生产与再生产定义为结构化。④ 传播结构的分析可以从这个角度将其看作基于特定规则和资源的传播实践系统特征。人类的传播活动借助不同的规则和资源禀赋,形成了不同的稳定系统状态,并在规则和资源变化条件下,实现了多次结构转换和重构,在这个过程中较为稳定的结构形态包括大众传播、组织传播和当下的网络传播,这些传播活动的结构特性突出,要素间形成了组织制度化的规则和模式。如大众传播的组织性特征更为突出,因为大众传媒都是高度职业化、机构化的社会组织。

"功能"一词,则指称一种特定形式的重复性活动对维持社会稳定或平衡所作的贡献。⑤ 结构功能论认为,一个社会最好被设想为由相互关联的部分组成的系统;它是各种互相联系、重复和规格化活动的一种组织形式。这样的社会自然而然地趋向一种动态平衡的状态;如果产生不和谐因素,各种趋于恢复稳定的力量就会出现。社会中至少有某些规格化和重复的行动对其继续存在是必不可少的,这些行动有着满足该系统的关键需求的功能,否则此系统将无法生存。⑥ 传播功能可以从传播系统与外部环境关系角度,分析其传播影响和作用机制。

---

① 〔美〕冯·贝塔朗菲.一般系统论:基础、发展和应用[M].林康义,魏宏森,等译.清华大学出版社,1987.
② 陈香兰.索绪尔与结构主义形成[J].太原大学学报,2005(2):1-4.
③ 〔英〕安东尼·吉登斯.社会的构成:结构化理论大纲[M].李康,李猛,译.生活·读书·新知三联书店,1984:79.
④ 张云鹏.试论吉登斯结构化理论[J].社会科学战线,2005(4):274-277.
⑤ 〔美〕梅尔文·L.德弗勒,桑德拉·鲍尔-洛基奇.大众传播学诸论[M].杜力平,译.新华出版社,1990:35.
⑥ 张国良.新闻媒介与社会[M].上海人民出版社,2001.

二、传播结构的核心要素

传播结构的核心要素是指传播活动和过程中具有显著性、主导性和基础性特征的要素。拉斯维尔就对传播结构进行了要素分析,他在1948年提出了传播结构的五要素,即传播者、传播内容、传播渠道、传播对象和传播效果,这里的传播渠道是将传播媒介和传播方式统一起来进行分析。后来,理查德·布雷多克(Richard Braddock)补充了传播目的和传播场域。此外,香农与韦弗分析了电子信息的传播过程,认为其过程要素包括信源、讯息、发射与接收器、信道、噪音源和信宿等,这些概念对我们分析传播过程结构的核心要素也具有重要的启示意义。1960年,戴维·伯洛①发展了这个模式,对传播过程结构各要素的特征进行了明确的描述。他认为,传播过程是一个复杂的结构体,研究的基本单元就是结构的各个要素及其多元相互关系。其中核心要素包括信息源、讯息、渠道和受传者。

传播活动受到各种社会系统因素的影响,这些也是传播结构中的相关要素。美国学者约翰·赖利(John Riley)和玛蒂尔达·赖利(Matilda Riley)就对社会因素(如传播主体所属的社会群体)进行了分析,德国学者格哈德·马莱茨克(Gerhard Maletzke)则从传播者、媒介和接受者所受影响的角度构建了一个传播结构场域模式。

这里,我们将传播结构的核心要素分为传播主体(传播者和受传者)、信息(符号与意义)、媒介。核心要素之间构成了相互作用和依赖关系。特别是传播者与受传者的互动关系,信息的符号、意义、媒介和媒体之间形成的特定依赖关系。

传播与信息是一个事物的两个方面,传播与信息具有密不可分的关系。世界上没有抽象的信息,也没有抽象的传播。符号和意义构成了信息的内在结构,也是形式与内容的聚合体。意义通过符号以及符号被记录到特定载体媒介上得以传播,形成了信息的传播活动。因此,信息的传播包括四个方面的要素组合。首先是特定的想法、观念、情感等构成的意义。其次,将这些意义进行编码形成符号。再次,将符号记录在特定的物理载体上,这就是媒介。最后,信息的传播还离不开特定的组织渠道,因此就有了媒体,特别是现在流行的社交媒体组织形式。如一本书的语言是符号,书的内容是意义,纸张是媒介,出版社就是媒体。

（一）传播主体

传播主体就是作为传播参与者的传播者和接受者,是传授双方,所以通常把传播的参与者区分为传播者和受传者这样两种角色。但是,实践中当接受者接收到信息以后,

---

① Berlo D K. The process of communication: An introduction to theory and practice [M]. Holt, Rinehart and Winston, 1960.

一般要直接或间接地把他的感受表达出来,这时接受者又成了反馈信息的传播者,而原来的传播者则又成为反馈信息的接受者。

传播者与受传者不是孤立的个体,也并非一个传递意义,一个接受意义,如同传递一个篮球一样。事实上,两者借助文本符号系统共同构建和生成了传播符号的意义,因此,传播者与受传者是一体化的过程,两元主体互动形成意义,代表人物为阐释学派和批判学派学者。德国学者沃尔夫冈·伊瑟尔(Wolfgang Iser)阐述了语用学问题、作品系统的功能主义模式、阅读现象学以及文本和读者之间的相互影响问题。①

第一,传播者在不同的传播场域中扮演着不同的角色。在组织传播中,传播者扮演着组织的角色;在大众传播活动中,传播者代表各类具体的传播专业人员,也从根本上代表着传播组织机构,即传播媒体。

传播者是信息的收集、处理、编码和传递者。传播者既包括一般传播者,也包括职业传播者,如教师、政府新闻发言人、市场营销人员等。此外,传播者又可以分为个体传播者、组织机构的传播者和大众传播者,其中个体传播者在当今自媒体环境下,成为重要的传播主体。政党、学校、图书馆等组织机构也都是传播信息的重要机构,是政治理念、科学知识和文献资料的传播者。大众媒体的传播者基于系统化的专业传播活动,形成了较为固定的组织形态,标志着传播者的职业化、制度化和角色固定化,但是随着互联网技术特别是移动互联网技术的应用,自媒体乃至社会媒体传播结构中,传播者与接受者一体化,两者的直接关系又进入了新的传授互动关系状态。

第二,受传者是传播内容的具体指向对象。受传者在传播过程中注意、接触、接受和理解信息,是信息符号的解码者。受传者接受信息的来源包括人际渠道、组织渠道、社会渠道、大众媒体渠道及网络新媒体渠道等,它有被动接受信息的情况,但更多时候是主动选择获取信息,如通过数字电视主动搜寻喜欢的电视节目和网络信息、下载新媒体应用软件等。与此同时,受传者还是信息的再传播者,通过点评、分享等实现再传播。

(二) 信息

据许亮、赵玥考证,"信息"一词最早出自唐代王晙于公元715年所作的《请移突厥降人于南中安置疏》,其中谓:"若置之朔塞,任之来往,通传信息,结成祸胎,此无策也。"意思是任由突厥的投降之人在朔方一带活动,他们可能会与突厥旧部通传军事信息,从而埋下里应外合、一同谋反的祸根。② "信息"的英文"information"源于拉丁语"informatio",表示传达的过程和内容。

香农与韦弗将信息界定为减少不确定性的物质与能源的形式,其计量单位为比特。

---

① 〔德〕沃·伊瑟尔.阅读行为[M].金慧敏,等译.湖南文艺出版社,1991.
② 许亮,赵玥."信息"词源新探[C]//图书馆、情报与文献学研究的新视野(6)——中国社会科学情报学会2012年学术年会论文集.中国书籍出版社,2013:34-39.

1948年,维纳指出:"信息就是信息,既非物质,也非能量。"他还认为,信息是在我们适应外部世界,并且使这种适应为外部世界感觉到的过程中,同外部世界进行交换的内容的名称。①

信息作为传播的核心要素,具有如下特征。

(1)信息客体的自然与社会双重属性。基于传播内容的属性,信息可分为自然信息和社会信息两大类:自然信息指宇宙间、自然界客观存在或随机发生的各种生命信息、动植物界信息、物质物理信息;社会信息则是人类和社会维系生存、生产和发展过程中所产生、传递和利用的信息。传播学主要研究的是社会信息交流领域,关于无机界和自然信息交流的研究一般属于物理学或者生物学的研究范畴。

(2)信息的主客观属性。信息分为主观信息和客观信息。主观信息属于人们认识现实的意识,是融入现实的思想意识和上层建筑;客观信息属于客观外在的现实事物的属性,揭示现实事物。② 我们可以将新闻等告知性信息视为客观信息,把言论、宣传等信息看作主观信息。与此同时,在界定诽谤性信息还是评论性信息时,可以参照前者的客观性事实信息属实与否进行判断,而后者则是一种主观评价,不涉及属实与否的传播问题。

(3)信息传递的纵向时间性和横向空间性。信息可以在空间上从一点转移到另一点,也可以在时间上从某一时间向另一个时间纵向传递,这在一定意义上被看作信息的存贮。如图书资料的收藏便是一代代传递信息的活动。

(4)信息的依附性。信息必须依附某种物质载体而存在,否则信息无法独立交流,信息依附媒介载体实现了其存储和传递功能。信息借助符号和媒介作为中介来表情达意,其中,符号是信息的表现形式。当然,按照迈克尔·巴克兰德(Michael Buckland)的观点,信息既包括作为过程的信息,也包括作为知识的信息,还包括作为实物的信息,即信息是有信息性的物质。③ 从这个意义上来说,信息和媒介合二为一,媒介不仅是载体,其本身也蕴含着信息,同时也就意味着媒介不仅是介质,而且本身就是实体信息。比如文物、古代建筑,既是媒介本身,也蕴含着历史文化信息。

(5)信息传递的载体选择性。由于信息具有载体可转换性,因此,同样的内容可以采用不同的载体进行传递,使符号可以在不同载体之间或不同运动形式之间转换。如印刷文字、视音频资料可以转换为数字化资料进行传递。

(6)信息形态的多元属性。一般来说,信息包含信号、数据、知识、情报乃至智慧感知等多层属性。数据、信息、知识和智慧的关系被描述为DIKW链模型,即数据(Data)、

---

① 〔美〕维纳.控制论——或关于在动物和机器中控制和通信的科学[M].郝季仁,译.2版.科学出版社,2009.
② 〔澳〕柯克.增值信息服务:信息职业教育的培养目标[J].周庆山,译.图书馆学刊,1993(6):12-17.
③ 〔美〕迈克尔·巴克兰德.信息与信息系统[M].刘子明,肖唐金,译.中山大学出版社,1994.

信息(Information)、知识(Knowledge)、智慧(Wisdom)四个英文单词的首字母缩写,将这四个概念纳入一个金字塔形的层次体系。在当前数字媒介环境下,信息的媒介形态、信息的呈现和表达形式、信息传播结构的要素变化都对信息要素的分析提出了新的挑战,数字化的信息呈现出数据化、智能生产、语义可理解、数据信息可视化等新特征。

(三)媒介

媒介是信息的载体,具有生物或物理属性。媒介与其他几个核心要素即渠道、符号、信息、媒体等概念容易混淆,这里我们需要作一个区分。首先,作为存储、记录载体的媒介与非实体介质的信息是不同的。信息是意义表达的中介,但是信息需要依附在物理实体上,这个实体就是媒介,媒介与信息的关系如同一本书的纸张和里面的内容的关系,其中内容又包括符号和意义。因此,媒介只是承载符号的工具,仅仅具有载体意义,本身基本没有实际信息含义。如纸张是文字符号的载体,我们不能将纸张与纸上的符号编码系统文字混为一谈。当然,也有一些媒介负载信息的方式是难以明确将信息和载体分开的,比如出土文物或者古代建筑其实也可以被看成具有信息传播功能的媒介,而这类媒介的物理形态本身就包含着历史信息,再比如宋版书或者故宫的建筑等。其次,具有生物或物理属性的物质实体性的媒介与具有抽象流通方式的渠道是不同的。媒介是实体性载体,而渠道则是载体流通的实际方式或抽象表述,如交通运输是书刊的流通渠道,图书馆可以看成媒介的流通渠道,版权贸易博览会也是抽象化的媒介流通渠道。最后,我们还需要将媒介和媒体区分开,媒介主要是指信息传播的载体,而媒体一般是指信息传播的组织。媒体包含着组织机构、人员、媒介技术及流通渠道和传播平台等一系列资源,如电视机是一种媒介,而电视台则是一种媒体。

三、传播结构的相关要素

除了传播的核心要素外,传播结构中还包括一些其他相关要素,共同构成传播的系统结构,这些要素包括传播目的、传播关系、传播技巧、传播渠道、传播障碍、传播场域、信息反馈等。

(一)传播目的

传播目的是驱动传播者进行传播活动的意图、需求和动机的统称,一般隐含于传播行为中。传播活动在很多情况下是有意图的影响、劝服和宣传行为,目的不同,传播的对象、方式、态度等也不相同。

个人传播者和组织传播者的目的各不相同。在个人传播者方面,按照马斯洛的需求层次理论,不同层次的传播目的,从基础的生理层面的传播目的到实现自我的传播目的。个人传播者具有独特的社会或个人动机,人们在传播过程中可以达到表达自我或满足自我需求、建立社会联系、协调心理状态等各种个人与社会性的利益需求,如人际交流,包括利用个人通信工具的交流(用手机进行网络聊天等),就是个人利益驱动机制下建立的交流形态。

组织形式的传播媒体的传播目的包括政治目的、文化目的和经济目的等。如政治竞选、政党宣传就是一种出于政治目的的传播活动。广告、公共关系以及产业化运营则是一种经济驱动力,信息通过商品化包装,再通过知识产权的购买、销售与衍生开发来实现信息的文化或者内容产业运营。从一般概念上看,这是信息的传播与接收过程,但在传播的经济关系上,这表现为文化产品的生产、产权分配与产品消费的产业化流程与组织活动。因此,这些传播活动一般都要进行精心策划和符号制作,并通过大量的资金投入来实现其传播目标。

(二)传播关系

传播关系是指传播者与传播对象之间的社会联系、状态。特别是在人际传播过程中,传播者与传播对象的地位、角色、信任与密切程度、利益关系以及互动反馈等社会文化因素都会影响传播行为和过程的效果、形态和方式运用。比如传播者与传播对象之间地位上的不平等也可能使得双方难以进行坦诚和自由的交流,过度地考虑仪式性和社会规则也会造成一定的理解隔阂。此外,传受者之间如果相互不信任乃至处于冲突关系中,传播往往不容易达到沟通理解的效果。

(三)传播技巧

传播活动要达到有效效果,就需要在传播构思和编码之前做好传播的规划准备并合理控制传播流程,积极运用传播手段和方法进行传播,这其中所运用的策略、战术和手段就是传播技巧。传播技巧是传播者基于不同的传播方式和方法达到不同效果和目标的方法应用和经验积累。

传播技巧包括口语表达的流畅性和感染力,文字表述的生动性和逻辑性,这不仅需要各种理论方法和修辞艺术,还需要天赋、阅历和经验积累。媒体传播的策略和艺术性,是实现传播效果的重要手段。我国先秦时期以邓析、惠施、公孙龙为代表的名家学派,对自己参与社会辩论以及在著书立说过程中提出的异于他人之见(包括常识之见)进行解说、论证时,运用了异彩纷呈的方法和技巧。[①] 此外,《韩非子》的"难言"和"说难"两篇,还有《荀子·非相篇》都是论述传播技巧的文献。比如,采用隐喻的方法,即用具体的、感性的形象来隐喻抽象的观点或道理,来使他人接受某一观点。韩非子就用楚人卖珠的故事隐喻说明办事不能舍本求末、轻重倒置的道理。

政治宣传、广告营销等领域都非常重视传播技巧运用。1937年,鉴于不断增加的

---

① 郭桥.名家辩术体系初探[J].社会科学战线,1997(6):72-77.

宣传运动造成的公众自我判断力受到干扰的情况,美国学者科特利·马瑟(Kirtley Mather)等成立了宣传分析研究所(The Institute for Propaganda Analysis)。该所研究者阿尔弗雷德·李(Alfred M. Lee)与伊丽莎白·李(Elizabeth B. Lee)在1939年编辑出版了《宣传的完美艺术》一书,提出了七种常用的宣传手法,具体如下。

1. 美化法(glittering generality)

又称粉饰法,即把意图宣传的对象与一个具有美化效果的符号或词语联结起来,用以使人未经验证就接受、赞许某物。① 广告当中经常采用这种方法进行营销推广。美化法不仅可以将一个富有想象力的字眼用在具有联想关系的事物上,产生独特的传播效果,还可以创造一些新词,同样起到积极效果。如美国公共关系学者理查德·雷尔马(Richard Laermer)就建议在谈话和写作中使用一些新的表述,让人们使用并牢记于心。比如,研究女性和多样性的《实现多样性》一书的作者玛丽莲·洛登(Marilyn Loden),就创造了一个新的表述"玻璃天花板"(glass ceiling)来描述女性在工作中不得不面对的障碍,尤其是那些接近顶层职位的女性。由于生动体现了现今公司文化的形象,"玻璃天花板"得到了大众的广泛认可。②

2. 恶名法(name-calling)

又称污名化,即给一种观点或事物贴上坏标签加以丑化,使人们不经验证就对某种观点反感并予以谴责。③ 这种手法在政治宣传和对敌宣传中经常使用,而在广告宣传中一般禁止使用这种不正当竞争行为。恶名丑化通过符号引发意义联想,从而让人产生负面评价,如希特勒被称作"大独裁者"和纳粹,当我们今天把某人称为"新纳粹"时,自然就会使人们联想到可怕的希特勒,从而对这个人产生反感和厌恶之情。

3. 印证法(testimonial)

也叫典型示范法或现身说法,是指请某个受尊重、有经验或被迫害的人对受传者讲解自己的经历、遭遇或经验教训,以印证某个观点、产品或人物是好是坏的一种宣传方法。这种方法常见于产品推广中,即通过邀请某人介绍自己的购买体验和评价,以增加产品的可信度,这也是一种通过名人代言发挥意见领袖作用的方法。

4. 转移法(transfer)

也称假借,即将某种受人尊敬的权威、具有象征性的标记或公认的信誉加之于另一

---

① 〔美〕沃纳·赛佛林,小詹姆斯·坦卡德.传播理论:起源、方法与应用[M].郭镇之,徐培喜,等译.5版.中国传媒大学出版社,2006.
② 〔美〕理查德·拉尔默.公关前沿[M].邢伟,译.中信出版社,2006.
③ 〔美〕沃纳·赛佛林,小詹姆斯·坦卡德.传播理论:起源、方法与应用[M].郭镇之,徐培喜,等译.5版.中国传媒大学出版社,2006.

事物之上,以使后者更易为人接受。其目标就是将某种观念、产品或其他事物与人们赞赏的东西联系起来。如总统候选人穿着山姆大叔的外套进行广告宣传,就使用了象征物转移法。①

5. 平民法(plain folks)

又叫角色扮演法。即说话人通过扮演平民角色,来获得广大普通公众的认同的一种角色认同方法。在政治宣传中,特别是在竞选活动和商业推广活动中,一些政治候选人常常表明自己出身于平民百姓,以此争取选民的支持。

6. 洗牌作弊法(card stacking)

是指选择并运用事实或谬误、与自己观点一致的或正好相反的论据、合乎逻辑的或违背逻辑的论断,以使某个观点、方案、人物或产品处于最有利的或最不利的情况之下。我们经常批评的"报喜不报忧"的做法就是一种洗牌作弊的方法。②

7. 乐队花车法(band wagon)

该方法利用了人们的从众观望心理。如同观看花车游行一样,人们往往会受到载有乐队的花车行进产生的鼓动效应的影响,从而产生追随性态度和行为。参加者只要跳上了这台乐队花车,就能够轻松地享受游行中的音乐,并被欢乐的气氛裹挟。应用这一方法时,常常会将某一宣传的内容作为一种主流内容或者暗示其受到广泛的接受,从而使受传者产生如果不参与其中就会落后或者被孤立的感受。

传播需要实用性劝服策略。勒温的学生多温·卡特赖特(Dorwin Cartwright)通过研究美国人战时购买国债的情况,提出了劝服需要有更加具体明确的劝服策略,包括讯息要唤起注意,进入受传者的认知结构,让受传者意识到有利无害,采取行动简便、具体、直接。③ 奥托·莱平格尔(Otto Lerbinger)在《劝服性传播设计》一书中,综合提出了刺激—反应设计、引发动机设计、认知性设计、社会性设计和性格性设计五种劝服设计策略。④

(四)传播渠道

如同河水需要河道一样,信息传播同样需要一个通道,这个通道就是传播渠道,如通过口语并借助空气这个渠道实现传播。此外,戏剧表演、公开会议和演讲等也是这样的渠道,还有借助各种媒介和流通机制传播的渠道,如书和报刊就是借助纸张印刷并通

---

① 〔美〕沃纳·赛佛林,小詹姆斯·坦卡德.传播理论:起源、方法与应用[M].郭镇之,徐培喜,等译.5版.中国传媒大学出版社,2006.
② 董天策.传播学导论[M].修订本.四川大学出版社,1995.
③ 同上.
④ 董璐.传播学核心理论与概念[M].2版.北京大学出版社,2016.

过发行渠道来实现传播的,而电子信息则借助技术手段将信号传输到接收机器如收音机、电视机等来实现传播目标,目前的网络和新媒体内容则是通过有线或者无线设备传输到计算机或者手机终端来进行传播。从宏观来看,社会信息传播还离不开一些信息流通的再分配系统,如图书馆系统将文献信息进行二次加工、整序并进行组织化的流通和传播,这种基于公益性服务宗旨的传播,促进了传播平等与共享。

(五) 传播障碍

在信息传播过程中,会有一些干扰因素致使传播产生阻滞、信息流失、变形乃至错误等问题,这些问题就是传播障碍。香农与韦弗将其视为噪音因素。传播障碍既可能来自传受双方,也可能来自传播渠道,比如电子信息通道的干扰源,还可能来自传播过程所处的外部环境。

传播障碍涉及生物的、心理的、物理的、技术的和社会的因素,这些因素又涉及传播主体自身障碍、传播语言符号障碍、传播渠道障碍、传播环境障碍等几个方面。

1. 传播主体自身障碍

包括传播者和受传者的生理障碍、心理障碍等因素。生理障碍主要是指人们因为生理残障形成的传播障碍。比如盲人或聋哑人、近视人群、弱视人群等在视觉和语言沟通等方面存在着交流障碍,老年人由于眼花、耳背等因素,在利用各类媒体信息方面存在诸多不便和困难。

心理障碍是指人们存在心理沟通的精神困难及心理偏见等因素造成的障碍,如有人会面临社交恐惧,不敢公开表达观点,说话脸红、口吃等问题,甚至因精神因素而难以与他人有效交流,从而造成特殊的社会交流障碍。

心理偏见因素一般是指人们常常存在心理认知上的盲目崇拜和认知偏见,它们常常影响人们对信息的正确判断和接受利用。如在文献出版传播过程中一般会有一个"波敦克效应"(podunk effect)。这是美国科学社会学家杰里·加斯顿(Jerry Gaston)提出的一个假说,即声望较低和处于边远地区的大学或者机构的文献成果往往得不到公平承认或接受,存在一种普遍的社会心理,即一个机构的名望和在社会中的位置往往是判断文献作者水平的标准,从而对某些作者的作品构成一种传播障碍。[1]

1968年,默顿在《科学》杂志上撰文指出,在科学界普遍存在"马太效应"(Matthew effect),即越有名的科学家越容易得到同行的承认和奖励。"对于已有相当名望之科学家的特殊贡献,所给予的承认不断地大大增加,而对未成名的科学家所给予的承认却显

---

[1] [美]杰里·加斯顿.科学的社会运行:英美科学界的奖励系统[M].顾昕,等译.光明日报出版社,1988.

得吝啬",这种荣誉背景的增强作用是马太效应的核心。① 周文骏教授认为,文献传播的马太效应不仅阻碍了文献的均衡传播,也不利于文献的收集和服务。② 当然,马太效应也有积极影响,因为知名科学家如果需要进行创新传播和推进变革,可以借助意见领袖的话语权实现创新的迅速扩散和推动具有积极意义的事务的进展。

2. 传播语言符号障碍

语言符号障碍是指因语言的各种维度的差异性形成的阻碍因素。主要包括自然语言障碍、社会文化语言障碍、术语语言障碍和检索语言障碍等。

（1）自然语言障碍。不同民族使用不同的语言,人们一般用"巴别塔之误"指这一障碍。"巴别塔"出自《圣经·旧约·创世纪》,其中描述了人类希望联合建造一个通往天堂的被称为"巴别塔"的高塔计划,上帝为了阻止这一计划,就让人类说不同的语言,使之相互之间不能沟通,导致建造计划告吹,人类自此各散东西。自然语言障碍影响了跨文化的人际传播、组织传播及国家传播,也成为科学交流的障碍,如我国及日本、德国、法国等国的学者的研究论著主要是用非英语的本民族语言撰写发表的,难以在国际上迅速流动传播,需要进行翻译来疏通障碍,增加了交流成本。

针对语言障碍问题,波兰籍犹太人眼科医生拉扎鲁·柴门霍夫（Lazarz Zamenhof）1887年在印欧语系的基础上创立了一种"国际普通话",旨在消除国际交往的语言障碍,一般称为世界语。柴门霍夫公布这种语言方案时所用笔名是"Doktoro Esperanto"（意为"希望者博士"）,又称为"Esperanto"。由于世界语使用人数较少,国际交流障碍问题仍然难以解决。

（2）社会文化语言障碍包括方言障碍、古代语言与现代语言之间的障碍等。其中,方言障碍是指同一民族语言基于不同地域和传统等形成的区域语言的沟通障碍,比如我国不同地域使用着差别颇大的方言口语,尽管国家推广普通话,但方言还是经常被用来作为人际交流的重要手段,甚至还发生了粤语使用和普通话使用之争。古代语言和现代语言之间的障碍主要体现为阅读古文献过程中存在的障碍。

（3）术语语言障碍是专业学术交流上的障碍。术语（terminology）是在特定学科领域用来表示概念的称谓的集合。为了更好地消除这一障碍,国际标准化组织和国际电工委员会都设有专门的术语委员会,负责组织和协调这方面的工作。我国也成立了全国科学技术名词审定委员会。

（4）检索语言主要是一种人工语言,是通过对文献进行主题分析及符号标引形成

---

① Merton R K. The matthew effect in science: The reward and communication systems of science are considered [J]. Science, 1968(159): 3810.

② 周文骏.文献交流引论[M].书目文献出版社,1986.

的一种独特的语言符号系统,其目的是便于人们进行文献资料的查找和检索,主要用于图书馆及档案馆等机构。近年来,检索语言也广泛应用于互联网检索等领域。文献的检索语言系统本身的局限性,比如系统涵盖资料的主题性不足或者系统标引局限等问题都会造成检索不到文献。此外,用户本身若不能正确使用检索语言系统,也会形成障碍。

信息必须能被编码、解码、传输和理解。语言在交流系统中的差异也正在成为交流知识的障碍。因此,需要改进信息交流和获取的技术来突破语言障碍,语言工程的创新正在为综合手写和口述语言的处理技术和增强它们的易用性提供基础。如声控的查询系统,多种语言信息服务和计算机辅助翻译等新应用,可以消除文本阐释方面的解码障碍。[1]

3. 传播渠道障碍

传播渠道障碍主要是指信息在传播过程中受到的各种干扰阻滞,这些障碍可能造成交流迟滞、错误乃至中断等。如口语交流中的自然噪音干扰、电子传输中的噪音、电视广播信号的干扰、互联网断网等。

4. 传播环境障碍

传播环境障碍是指传播系统中的政治、法律、经济、文化、教育等因素形成的阻碍因素。

(1)政治因素既有积极的一面,也有限制、禁锢甚至打压传播的情形,如政治、观念和习俗也会造成对传播信息的干扰、压制障碍。中国封建社会的焚书、禁书、大兴文字狱等禁锢手段,就严重阻碍了信息自由传播。

(2)法律虽然有着积极作用,但是对保护传播者产权利益的考虑也间接地制约了传播信息的共享效益。

(3)经济因素主要表现为其对于传播条件、技术及消费能力等方面的制约,经济落后就会影响传播活动。

(4)文化环境作为价值取向、伦理规范、宗教信仰、艺术观念和民族习俗等元素的整体,会对传播产生制约作用,特别是不同文化之间的交流会存在很多障碍。

(5)教育环境的影响表现为如传受者受教育程度低造成的误读、曲解等,教育落后将制约人们的交流能力和接受知识的素养,形成知识鸿沟。

上述因素既可能单独发挥制约作用,也可能综合产生影响,如经济环境和受教育程度会综合影响人们的信息接受水平。按一般观念,传播媒介的普及及其信息量的不断增加,将会在传播条件改善的基础上,带来社会信息共享和社会信息平等,在提高整个社会文化水平的同时,缩小社会各阶层、群体之间的差距。但是,"知识沟"理论研究表

---

① 周庆山.情报交流研究的文本阐释学取向引论[J].情报理论与实践,2002(2):84-87.

明,经济地位和受教育程度低的受众群体接受信息的情况与经济地位和受教育程度高的群体存在较大的差异。随着信息技术的飞速发展,知识差距不仅没有缩小,反而不断扩大,并形成了新的"数字鸿沟",信息富有者和贫困者之间的差距正在扩大。由于缺乏与信息文本有关的语言掌握和编码能力,经济地位和受教育程度低的群体在获取知识方面会受到限制。因此,不仅要在促进社会经济地位平等上做出更多的努力,还要提高信息的可接受性,大众媒体内容的可读性或可视听性也应是一个评价信息传播有效性的重要指标。新闻的可读性研究中有很多从指标测评角度分析文本信息的可读指数,它们都以英语句子的平均长度和词的平均音节作为分析元素,并提出了各自的测量公式。如罗伯特·冈宁(Robert Gunning)1952年提出了著名的"迷雾指数"(gunning fog index),又称"冈宁指数",指对抽象而深奥难懂的词汇采用的测量方法,迷雾系数越大,其可读性越弱。①

（六）传播场域

场域是空间及环境属性的概念,与实体化空间的概念相比,场域更多情况下指的是抽象化场景或语境。传播场域指的是基于不同的传播任务和条件,传播活动发生的场合、场景或情境的形态类型总称。传播活动的参加者、空间和反馈等因素不同,其场域特征和属性也各不相同。传播场域具有情境约束性,情境为传播活动发生在不同条件、背景、境况中的交流事件或情形。任何传播活动,总是在特定的社会组织机制,特定的时空背景、场合与社会大环境之中发生的,具体而言,传播行为活动基于不同的动机、需要以及传播行为的参与人所处的集体、组织、制度、规范、语言、文化等,具有不同场域的人际传播、机构的组织传播以及跨文化传播等形态。

传播的基础是内向交流,在不同的场域中,形成了二人交流、小群体交流、组织交流、公众交流以及大众传播等形态。周晓明认为,这些交流之间相互联系,逐次包容。②这一观点比较切合我们对传播场域中不同类型的传播形态的层次化和相互交融性的分析。

（七）信息反馈

传播过程是一个循环过程,其中完成这一闭环的要素是反馈。传播系统结构中的反馈要素在不同传播系统中的响应时间和发挥的作用各不相同,如在人际沟通中,反馈的响应时间比较及时,而大众传播系统的反馈响应时间较为滞后。在互联网媒体系统环境下,反馈环节逐步成为重要的闭环交流要素,一些技术性媒体如今日头条等,已经开发出基于用户浏览点击偏好的反馈推送机制。

---

① Gunning R. The technique of clear writing [M]. McGraw-Hill, 1952.
② 周晓明.人类交流与传播[M].上海文艺出版社,1990.

第二节 传播系统的结构特征与社会功能

一、传播系统的结构特征

传播系统的结构是基于各个要素的信息互动及关系语境形成的独特形态。瑞士学者让·皮亚杰把结构当作结构主义的决定性特征,认为结构是一个由多种转换规律组成的整体,具有整体性、转换性和自我调节性三个基本属性。传播系统的结构更有其独特性,具体来说,传播系统的结构具有如下几个基本特征:①

1. 整体性(wholeness)

整体性是系统的核心特点。结构的各个组成部分按一定的关系来构成整体,人类的信息传播过程有明确的信息传播目的。传播具有多种不同的要素,这些要素发挥的是"一加一大于二"的整体性作用,而不是部分之间的简单叠加。系统内部各要素之间以及系统与环境之间是有机联系和相互作用的,共同构成系统的整体。

2. 相互依赖性(interdependence)

系统要素之间都是相互联系的,表现为相互依赖关系,系统中每一个要素的变化都会影响其他要素,进而对系统结构产生影响。因此,要从相互联系、相互制约的角度去分析结构要素及其相互联系。如作品作为文本成为作者和读者的中介,三者在交流中相互依存,其中任何要素的变化都会引起其他要素和系统的变化。系统的要素不同,功能也就不同,如人际传播与大众传播系统的要素不同,因此其系统功能差别也很大。②

3. 层次性(hierarchy)

传播系统具有不同的层次范围,层次不同,系统的属性、结构、功能也会有一定的差异,传播系统的层次性表现为信息传播环节上的层次结构,如信息采集、加工处理、传递、接收与反馈机制等,同时表现为不同的规模及范围的交流场域层次,即从自我到大众构成了一个不断扩大的系统层级,层次分别表现为自我传播、人际传播、小群体传播、组织传播、大众传播和国际传播。

4. 边界性(boundaries)与开放性(openness)

传播系统结构自身有其内涵与外延,从而形成了不同类型的传播结构,这就是边界性。这些边界性场域既有显性属性,也有隐性属性,从而将不同的系统区隔开来。与此

---

① 〔美〕理查德·韦斯特,林恩·特纳.传播理论导引:分析与应用[M].刘海龙,译.2版.中国人民大学出版社,2007.

② 周晓明.人类交流与传播[M].上海文艺出版社,1990.

同时,系统建立了限制自身的结构边界,而所有人类系统的边界都或多或少具有可渗透性,这就是系统的开放性特征。传播系统的开放性表现为其与外界环境的交换性特征,在系统结构中,信息输入与输出如同水流,形成活化的信息池,从而实现信息与外在社会系统之间的交换,系统每时每刻都处于物质、能量和信息的交换、流动之中。也正是这种开放性,保证了系统的生命力。[1]

5. 动态性(dynamicity)

传播结构的动态性表现为传播结构要素不是处于静止状态,而是不断发生各种各样的变化,从而发挥其系统功能和实现其目标。这一动态结构通过要素间相互作用以及发生物质、能量和信息的交换得以发展。这一结构的各个部分甚至可以相互转化,比如传播者与受传者的角色就是可以相互转化的。

6. 保持平衡(homeostatic)和形态适应(morphological adaptation)

大多数系统是有目的的有机体,活动受到总目的的控制,为了达到目的,系统会对自己的行为作出相应的调节,以便最终实现目标。所有的系统都会通过校验(calibration)和反馈(feedback)保持平衡。

系统理论认为,系统会定期检查所有行为是否处于允许的范围之内,并且对系统进行调整,校验之后得出的需要进行调整的信息就是反馈。[2] 这两个过程就是为了使系统随时保持一种稳定性和持久性状态。如果系统根据反馈结果需要保持现状,就是保持平衡;如果系统根据反馈结果需要调整,就是形态适应。[3] 这种自我调节和平衡的过程就是系统的控制过程。在信息传播的系统结构中,信息经过不同的要素体,都会受到一定的调整与修正,并且会在反馈环节中得到总体调节,从而实现其自组织功能。

7. 合目的性(finality)

传播系统及其要素构成了一个关系紧密、层次有致的组织结构,这一结构形成了围绕特定目标的组织秩序。系统基于特定目标进行组织性建构,如果在目标实现过程中,系统出现了一些偏离目标的状态,这些状态会通过反馈被识别和调整,使系统保持一种合目的性的行为状态。如传播的内容没有达到预期效果或者被舆论批评,系统会进行评估并加以调整。

8. 等同结果(equifinality)

也称为等效性,是指传播系统虽然内部结构有一定的差异性,但是能够达到一样的

---

[1] 〔美〕理查德·韦斯特,林恩·特纳.传播理论导引:分析与应用[M].刘海龙,译.2版.中国人民大学出版社,2007.

[2] 同上.

[3] 同上.

效果。如采用电视媒体和采用网络媒体传播,虽然其系统结构差异明显,但同样可以达到传播效果。因此,贝塔朗菲认为,开放式系统的目标状态可以通过许多潜在的手段达到。① 可以用不同的方法及从不同起点出发去实现目标,正所谓殊途同归,条条大路通罗马。

二、传播系统的社会功能

系统的功能是要素、结构和环境共同作用的结果。② 功能是指系统在环境中发挥的作用和效果,如果说系统内的要素关系构成了系统的结构,那么系统的要素结构与环境的关系则表现出系统的功能属性。

传播的社会功能研究受到结构功能主义(structural functionalism)思想的影响,这一思想发轫于 19 世纪的社会有机体论。奥古斯特·孔德(Auguste Comte)将自然生物有机体的结构与功能类比为人类社会结构与功能,系统性地阐述了结构功能主义社会学的初步思想。概括来看,结构功能主义的基本理论框架是:第一,社会拥有一个类似生物有机体的结构;第二,结构之中存在部分—整体的关系,各个部分承担自己相应的功能,维护社会整体的良好运行;第三,各个部分同时受到整体的制约,受限于其在整个结构之中所处的位置;第四,除非社会整体发生变化,否则各个部分不可能独立体现和提供整体所需要的条件。③

随着传播的大众化和系统化,传播对社会的影响也越来越受到关注,特别是传播对于宣传、舆论等方面的社会影响成为研究的焦点问题。李普曼基于传播系统的舆论机制分析了其建构拟态环境的功能。拉斯韦尔则从传播的结构角度分析了其要素及功能机制。他对传播现象进行了抽象分析,从整体系统结构角度将传播的核心要素进行了梳理,并阐明了其要素结构化所具有的社会功能,主要包括环境监测功能、社会协调功能和社会遗产传承功能。④ 1948 年,拉扎斯菲尔德和默顿认为传播的功能有三种,即地位授予功能、重申社会准则功能和麻醉性功能。⑤ 施拉姆在拉斯韦尔和查尔斯·赖特(Charles Wright)的论述的基础上,把传播的功能分为政治功能、经济功能和一般社会功能,认为传播通过社会雷达、管理、传授和娱乐等途径发挥功能。⑥

此外,传播功能研究也与传播效果研究密切相关,很多传播学学者在传播效果的实

---

① 〔美〕冯·贝塔朗菲.一般系统论:基础、发展和应用[M].林康义,魏宏森,等译.清华大学出版社,1987.
② 苗东升.系统科学精要[M].2 版.中国人民大学出版社,2006:29.
③ 乔纳森·特纳.社会学理论的结构[M].华夏出版社,2001.
④ Lasswell H D. The structure and function of communication in society[M]// Bryson L. The communication of ideas. Instiude for Religious and Social Studies, 1948: 37-51.
⑤ Lazarsfeld P F, Merton R K. Mass communication, popular taste, and organized social action[M]// Bryson L. The communication of ideas. Institude for Religious and Social Studies, 1948: 95-118.
⑥ 〔美〕威尔伯·施拉姆,威廉·波特.传播学概论[M].何道宽,译.2 版.中国人民大学出版社,2010.

证分析中,提出了许多涉及传播效果的功能理论,比如格伯纳等学者的电视的培养效果理论、伊丽莎白·诺尔-诺伊曼的沉默的螺旋理论等就既分析了传播媒介的功能,又通过实证分析,探讨了这一功能实现的效果。

(一) 传播的社会认知功能

社会认知的方式有很多种,亲身体验、观察固然是直接有效的认知信息途径,但是我们很难做到对任何地方以及任何事物都能够亲历亲验,因此传播系统就发挥了提供社会现实信息认知的重要功能。

拉斯韦尔认为,媒体传播不仅能够反映环境状态,还具有环境监测(environmental surveillance)功能,即针对社会中发生的各种事件和现象进行及时、客观、真实及全面的报道,发挥着公众社会环境观测和预警的社会信息反馈功能。媒体传播信息如同气象部门提供天气信息。著名美国报人约瑟夫·普利策(Joseph Pulitzer)有一句传世名言:"记者是国家之舟驾驶台上的瞭望者,他记录下每一艘过往的帆船,记录下晴朗天空的地平线上每一处使人感兴趣的印迹。他报告国家之舟可以拯救的漂流者。他透过迷雾和风暴注视前路并提前发出警告。他不是在考虑自己的工资或者雇主的利润。他站在船头密切关注着信赖他的人民的安全和幸福。"[1] 这段话就是对传播的环境监测功能的绝好注脚。对于人们的社会生活来说,媒体让我们能随时感知到社会中的风云变化,如同社会雷达,及时扫描社会信息进行监测和预警。从这个意义上来说,环境监测通过解决信息的不对称和信息不足带来的不确定性问题,提供了一种社会性认知机制。

(二) 传播的社会整合功能

社会整合功能是指传播系统作为社会网络的纽带,可以通过对信息的调适,引导和影响社会成员形成共识并集合起来共同行动,该功能也可以被看作传播系统的议题设置、社会动员、社会协调及社会控制功能。

延森曾指出,传播"扮演着人类行动与社会结构相互协调的角色"[2]。传播的社会整合功能在大众传播过程中通过议程设置来实现,社会公共生活中存在许多有待解决的议题,例如环境保护、就业、社会公平等。在众多的议题当中,对哪些加以报道和突出,体现着媒体对当前各项议题及其重要性的判断,以及对其报道的优先顺序的认识,并影响着公众对于这些议题的重要性的判断,从而影响公共舆论和公共政策。

拉斯韦尔认为,传播系统具有社会协调(social coordination)功能,即在社会环境发生变化的条件下,社会系统需要及时应对这一变化,如自然灾害、社会动荡、战争动乱

---

[1] 原文刊载于《北美评论》1904年5月,转引自吴斐.从"耳目喉舌"和"社会瞭望者"看中美新闻观的差异[D].浙江大学,2009.

[2] 〔丹麦〕克劳斯·布鲁恩·延森.媒介融合:网络传播、大众传播和人际传播的三重维度[M].刘君,译.复旦大学出版社,2012.

等,需要通过对社会成员进行信息的议程设置、特定信息的传播,推动形成共识性意见和解释,以达到凝聚共识、形成社会合力以及避免矛盾冲突乃至社会动荡的目的。这一作用机制其实也是媒体的一种引导、动员、激励和宣传功能的体现。

麦奎尔认为,"大众媒介能将分散的个人关联到共享的国家、城市或地方经验,是推动新型社会凝聚的一股潜在力量。大众媒介还可能为新的民主政治和社会改革运动提供支持"[①]。他进一步阐述并认为传播在社会协调过程中具有"动员功能",即在政治、战争和经济发展以及(有时候是)宗教等领域为实现社会性的目标而进行宣传。[②] 这可以看作对拉斯韦尔的社会协调功能的具体分析,当然,动员作用也需要各方面的协调配合,不是仅靠大众传媒就能独立完成的。

1986年,詹姆斯·贝尼格(James Beniger)提出了一种强调信息传播技术作为社会控制手段的理论。他认为,控制革命起源于工业革命带来的整个社会物质经济运转速率的大幅度提高对于社会控制的挑战。在这场革命中,采集、储存、处理和传播信息的技术与经济形式集中出现了许多变化革新,标志着人类运用信息能力的相应大飞跃。没有控制革命,由工业革命加速的物质经济运转就不可能有序地进行。当今以电脑技术为核心的信息传播新技术的突飞猛进,可以说是这场控制革命的继续。[③] 他把自动控制、通过统计资料进行质控和通过市场反馈进行统计控制等大批量生产领域中的现代控制手段,电信传输技术如电报、传真、电话等,现代广告业、大众传媒、办公自动化硬件设备、电脑技术等,都视为服务于控制革命的技术手段。[④]

(三) 传播的社会遗产传承功能

拉斯韦尔认为,传播具有社会遗产传承(transmission of social heritage)功能。该功能是指通过传播将特定的社会观念、传统习俗、独特技艺以及特定的信仰等传递给后人,将传统与现代融合,建构共同的价值信念及行为模式,从而实现民族及社会精神的延续。

在人类社会发展进程中,记忆、知识、思想和习俗等内容通过传播不断积累、传承与迭代,而媒体不仅存储这些内容,还通过纵向历时性传承和横向共时性共享,发挥着重要作用,提高了社会的文明高度。社会遗产传承也是文化的传承与发展过程,人类的经验和知识要得到广泛传播,在很大程度上依赖传播媒介。因此,传播对文化的形成、发展和演变起着至关重要的作用。

---

① [英]丹尼斯·麦奎尔.大众传播理论[M].徐佳,董璐,译.6版.清华大学出版社,2019.
② 同上.
③ Beniger R. The control revolution: Technological and economic origins of the information society [M]. Harvard University Press, 1986.
④ 张咏华.媒介分析领域的重要理论成果——贝尼格的"控制革命"论评析(上)[J].新闻大学,2000(3):18-22.

(四) 传播的社会规范功能

传播系统通过提供信息,对社会人物和事件进行报道,赋予人物以公共知名度,能够提高个人、团体的社会影响力和声望,并提升公众对社会问题以及社会运动的认可度。褒奖性传播使得公众在认知层面提高注意力和关注度,从而授予个人和集体声望并增强其权威性。这些曝光度较高的人物也就自然成为公众人物或者媒介人物。通过针对事件进行曝光,针对不良现象进行谴责和批评,引发公众关注,一些问题或活动就成为媒介事件,从而树立形象或影响政策制定及决策行为,发挥舆论监督作用。

拉扎斯菲尔德和默顿将这一功能概括为地位授予功能和重申社会准则功能。地位授予功能是指一个人或群体重要得足以突出于大众,其言行重要得足以引起媒体的重视,由于媒体使这样的个人或群体的地位合法化,因而赋予了他们相应的地位和声望。[①] 当然,大众媒体既可以提高某个社会人物或者组织的声望、地位,同样也可以对其不符合社会准则和规范的行为予以报道、批评。媒体不仅能够使一个人或者机构成为受公众关注的明星、模范或者知名品牌,也可以使其成为被舆论谴责、讨伐的对象。因此,这一功能与地位授予的积极功能相比,具有消极的社会地位降低功能,但是所要达到的目的都是维护社会秩序、准则和制度规范。

(五) 传播的社会教育与娱乐功能

施拉姆认为,传播的社会功能表现为社会雷达、操纵、指导和娱乐,其中,指导在外向方面是指寻求知识,传授知识,在内向方面表现为学习功能,这就是传播的社会教育功能的具体体现。在20世纪,以电视为代表的大众媒体在美国日益成为重要的社会信息源,产生了重要的社会影响。美国社会心理学家尤里·布朗芬布伦纳(Urie Bronfenbrenner)指出,后院变得越来越小,校园变得越来越大。换句话说,年轻人变得越来越社会化而远离家庭和教室。他的研究表明,尽管家庭和教堂曾经是战前青少年社会化的首要场所,但从20世纪60年代中叶开始,媒体和同辈人对青少年的影响已经同家庭和教堂不相上下了。[②]

拉斯韦尔的学生及同事查尔斯·赖特强调,大众传播除了具有环境监测、解释与规范、社会化等功能之外,还具有娱乐功能,即通过传播使人获得一种满足感与快乐感。[③] 这一功能表明,传播活动既是一种达成其他目标的工具,同时也是一种文化形态,借助这一形式,人们可以得到休闲,满足精神愉悦和调节的需要。在这一过程中,传播也成

[①] 〔美〕沃纳·赛佛林,小詹姆斯·坦卡德.传播理论:起源、方法与应用[M].郭镇之,徐培喜,等译.5版.中国传媒大学出版社,2006.
[②] Baran S J, Davis D K. Mass communication theory: Foundations, ferment, and future [M]. Thomson, 2003.
[③] Wright C R. Functional analysis and mass communication revisited [M]// Blumler J G, Katz E. The uses of mass communications: Current perspectives on gratifications research. Sage, 1974: 197-212.

为大众文化的重要组成部分。

（六）传播的社会经济功能

传播活动作为信息交流手段,能够服务经济活动,促进市场营销和商品流通,推动形成庞大的广告产业,正如英尼斯所言,"传播的改善加速了市场和工业的发展,印刷工业之后兴起了工业革命"①。与此同时,传播活动自身也成为经济组织的重要组成部分,并逐步成为重要的产业。1962 年,美国经济学家费里茨·马克卢普（Fritz Machlup）出版了奠定其信息社会理论基础的《美国的知识生产与分配》一书,将图书、杂志、广播电视、艺术创作、娱乐等宣传媒介视为知识产业的重要组成部分。② 1977 年,美国学者马克·波拉特（Marc Porat）在《信息经济》一书中正式提出"信息产业"的概念,将信息产业同传统的农业、工业、服务业并列,称之为"第四产业",突出了信息传播活动在国民经济发展过程中举足轻重的作用。③

对于传播的经济功能,施拉姆作了系统分析,他认为传播建立的经济信息的收集和扩散机制推进了经济发展,也是知识产业的重要组成部分。在当今社会,媒体不仅是经济体系的重要组成部分,而且变革了经济模式,建构了以信息技术为核心的互联网新生态。在这一演变、发展过程中,传播与经济高度融合,形成了以数字经济为主导的经济结构。

（七）传播的社会进化与变革功能

对于传播的社会进化和变革功能,有不同的观点。其中有一类观点认为,传播是驱动社会进化和变革的核心动能。秉持这一观点的不仅有传播学家,如英尼斯和麦克卢汉,还有社会学家丹尼尔·贝尔（Daniel Bell）、卡斯特等人。

英尼斯的媒介时空偏倚性作用理论,强调了不同属性的媒介,或偏向时间,或偏向空间,都对社会进化和发展产生了重要的影响。麦克卢汉对媒介影响社会的分析成为媒介进化论的典型代表,他认为媒介对社会进化的影响表现为其延伸了人类的自身功能,并形塑了社会。他指出:"电光的威力,可以转换它渗进和接触的一切时间、空间、工作和社会,研究媒介的学者只需思索一下它的这种威力,就可以掌握解读媒介威力的关键,一切媒介都要重新塑造它们所触及的一切生活形态。"④

贝尔以技术为中轴,将社会划分为前工业社会、工业社会和后工业社会三种形态,强调了信息与传播技术的发展是这三类社会形态变迁的根本动力,信息和知识则是后

---

① ［加］哈罗德·伊尼斯.传播的偏向[M].何道宽,译.3 版.中国大百科全书出版社,2021.
② ［美］弗里茨·马克卢普.美国的知识生产与分配[M].孙耀君,译.中国人民大学出版社,2007.
③ ［美］马克·尤里·波拉特.信息经济[M].袁君时,周世铮,译.中国展望出版社,1987.
④ ［加］马歇尔·麦克卢汉.理解媒介:论人的延伸（55 周年增订本）[M].何道宽,译.译林出版社,2019.

工业社会的主要结构特征。①

卡斯特自20世纪80年代以来,发现了信息技术尤其是网络技术所带来的社会结构的变迁与当代社会系统之重塑,建立了网络社会理论。卡斯特认为,网络社会既是一种新的社会形态,也是一种新的社会模式,它已成为现代社会的普遍技术范式,它使社会再结构化,改变着我们社会的形态。②

(八)传播的社会功能异化问题

传播发挥的功能既有积极的、有效的,也会出现消极乃至负面效应,这是一种功能异化现象。传播功能异化是指传播系统发挥的作用既有积极的、正向的和符合传播者意愿的结果,也会产生消极、负向和适得其反的结果,正如病人服药,有积极的治疗效果也会有副作用一样。这一异化影响也被称为功能失调、功能障碍或负功能现象。具体表现如下。

1. 媒体的社会认知功能异化问题

媒介构造的拟态环境有别于真实环境。

首先,大众传播的信息只是有限地再现了真实世界的情况,内容只是现实中涌流出来的无限信息的极少一部分,必然不可避免地产生片面性。这一片面性可能会导致过分强调风险而引起社会恐慌的问题。③

李普曼认为,由于人们不能直接了解事实真相,仅凭"拟态环境"获取信息,导致"刻板印象"下的片面认知和态度,对于舆论的形成产生了负面影响。因此,他指出:"新闻和真相根本就是两回事,且我们必须对两者作出明确的区分,新闻的作用是就某一事件向公众发出信号,而真相的作用是将隐藏的事实置于聚光灯下,在不同的事实之间建立联系,并绘制一幅可令人对其作出反应的现实图景,只有在各种社会条件呈现为可感可触形态的情况下,真相和新闻才会协调一致。"④

其次,大众传播的信息往往经过"把关人"的有意安排,从而使现实世界在人们头脑中的"影像"得到不同程度的改变。特别是其中的媒介人物、媒介事件往往带有人为夸大的成分,同时媒体在提供信息方面主观地设置议题。提出议程设置理论的马克斯韦尔·麦库姆斯(Maxwell McCombs)就指出,"新闻媒介的议程设置作用,就应该推进何

---

① 〔美〕丹尼尔·贝尔.后工业社会的来临——对社会预测的一项探索[M].高铦,王宏周,魏章玲,译.商务印书馆,1984.
② Castells M. The rise of the network society[M]. Blackwell, 1996.
③ 〔美〕沃纳·赛佛林,小詹姆斯·坦卡德.传播理论:起源、方法与应用[M].郭镇之,徐培喜,等译.5版.中国传媒大学出版社,2006.
④ 〔美〕沃尔特·李普曼.舆论[M].常江,肖寒,译.北京大学出版社,2018.

种议程而言,还是一个严肃而涵盖广泛的伦理问题"①。

最后,大众媒体信息的传播是一种间接性社会认知,难以直接产生现场化情境感受,过量传播反而导致接受者的麻醉性消极对待和漠不关心。信息超载使得人们对各种信息表现麻木,减少了人际交往等社会活动。拉扎斯菲尔德和默顿也认为:"大众传播可以算是最高尚、最有力的一种社会麻醉品。其麻醉作用可能十分有效,中毒的人甚至都不了解自己的病端。"②

日本东京信息大学校长林雄二郎指出,在电视画面和音响的感官刺激环境下长大的一代,在这种封闭、缺乏现实互动的环境中养成了孤独、内向和以自我为中心的性格,社会责任感较弱。③ 日本传播学学者中野牧也认为,电视一代的内心世界就像一个"罐状"的容器,这些人则是"容器人"。④ 这可以说是"社会麻醉"的一种表现。

2. 传播的整合功能异化问题

麦奎尔指出,大众传播具有双重性,原则上存在离心和向心两种趋势,"一个人想要的社会控制对另一个人来说可能是对自由的限制,一个人的自由主义对另一个人而言可能意味着不守规矩或者疏离。因而第二个维度可被称作规范的维度,尤其是在评估大众传播的两个相反趋势之时"⑤。戴安娜·克兰(Diana Crane)认为:至少在美国,大众传播活动并不一定会促进有关价值、规范和行为的共识:社会凝聚力正在减弱而不是增强。无论是虚构的还是非虚构的信息,其广度、多样性和数量都极为不稳定,完全不可能吸收人们日常的生活经验,因此受众并没有完全集中注意力在大众媒体上。另外一种悲观的想法可能是,个体自身与其传播的内容相互认同的同时,个体的差异性导致社会成员彼此更为疏离和分化而非整合。⑥ 美国社会学家罗伯特·帕特南(Robert Putnam)认为,看电视会导致人们参与社会活动的意愿下降,明显表现在投票、参加政治集会、去教堂甚至参加打保龄球等活动上。⑦

3. 媒体的社会传承功能异化问题

主要是减少了亚文化群体的多样性,促进了大众社会的形成,信息单一、文化同质

---

① 〔美〕马克斯韦尔·麦库姆斯.议程设置:大众媒介与舆论[M].郭镇之,徐培喜,译.2版.北京大学出版社,2018.
② 吴文虎.传播学概论[M].武汉大学出版社,2000.
③ 程忠良.媒介融合时代新闻教育不可或缺的四种能力培养[J].今传媒,2010(5):125-127.
④ 杨逐原.媒介化社会中真正的"容器人"[J].消费导刊,2010(4):253.
⑤ 〔英〕丹尼斯·麦奎尔.大众传播理论[M].徐佳,董璐,译.6版.清华大学出版社,2019.
⑥ 〔美〕戴安娜·克兰.文化生产:媒体与都市艺术[M].赵国新,译.译林出版社,2001.
⑦ 〔美〕沃纳·赛佛林,小詹姆斯·坦卡德.传播理论:起源、方法与应用[M].郭镇之,徐培喜,等译.5版.中国传媒大学出版社,2006.

化问题严重,标准化的文化发展阻碍了文化的创新发展。①

4. 媒体的社会规范功能异化问题

首先,媒体的舆论性社会规范的强化,可能强化了遵从,阻碍了社会变革和创新,将刻板成见固定化。其次,授予地位功能还会导致制造虚假事件、形象或人格偶像的问题。②

5. 媒体的娱乐功能异化问题

娱乐过度发展会导致受众的沉迷和麻木,人们在享用媒介提供的舒适和方便的同时,渐渐地丧失了对于自身的存在和价值判断的敏感力,而受制于媒介,甚至丧失了社会互动能力。美国人将那些手里拿着遥控器蜷在沙发上,同时不停地吃炸土豆片的电视观众称为沙发土豆(couch potato),形象地描述了电视给人们的生活方式带来的不良影响。赛佛林等也认为,媒体娱乐会鼓励逃避和追求享乐,降低大众品位,阻碍高雅艺术发展。③

电视所导致的沉迷和依赖已经为人所诟病,迅速成长与壮大的网络新媒体,却以更为立体的方式俘获着受众。在这一过程中,媒体泛娱乐化趋势更为明显,造成更为严重的娱乐依赖综合征、信息窄化、茧房效应和自我强迫。

第三节 传播过程

传播的过程表现为内向交流和社会化传播过程两个方面。其中信息的内向交流是人类最基本的传播活动,是一切传播活动的前提和基础,在此基础上进一步实现了信息传播的社会化过程。

一、内向交流过程

内向交流(intrapersonal communication)也称为内向传播,是作为主体的我(I)与作为客体的我(Me)之间的非社会化自我信息交换的一个过程。人类自身就是一个自足的信息交流系统,我们每个人不仅通过自己的语言和非语言器官与外部主体交流信息,也在自我信息系统内部实现信息的循环过程,借助听觉、视觉、嗅觉、触觉、味觉等器官不断采集信息,这些信息经过大脑处理和加工后再通过传播器官显示和表达出来,形成

---

① 〔美〕沃纳·赛佛林,小詹姆斯·坦卡德.传播理论:起源、方法与应用[M].郭镇之,徐培喜,等译.5版.中国传媒大学出版社,2006.
② 同上.
③ 同上.

了一个自我传播过程。

从本质意义角度来说,内向交流是主我和客我之间的内省对话,我们在自我认知和思维活动中,会将自身作为一个客体对象加以思考和对话。这其中,认识主体就是主我,认识对象就是客我。

符号互动论代表人物库利与米德对自我的来源问题进行了开拓性的研究,强调自我是社会的产物,是习得的而不是天生的。一个脱离社会孤独成长的人是不能形成自我的,因为自我需要社会经验及其反馈信息。[①] 库利指出,一个人的自我观念是在与其他人的交往中形成的,他人对自己的评价、态度等,是反映自我的一面"镜子",个人通过这面"镜子"认识和把握自己。这就是"镜中我"理论。

内向交流既是一个内在信息的循环过程,同时也是个人内在信息与外部信息的社会化的交换连接过程。在内向传播过程中,传播者在表达信息之前,首先要完成一个内在的信息传播准备过程,传播活动特别是社会化的传播活动都是在被自我认知和产生概念及推理并形成思想的前提下才能完成,从而真正实现传播效果并通过反馈实现信息循环。

二、社会化传播过程

内向交流是传播主体的内在信息流程,也是社会外化传播的起点和终点,传播主体只有通过外化的社会互动,才能达到实现自我认知和建立社会联系的目的。信息社会化传播是人与人之间、人与群体之间、群体与群体之间以及利用专业化传播组织建立社会交换系统的信息传播活动。1963年,美国社会学家约瑟夫·本斯曼(Joseph Bensman)和伯纳德·罗森伯格(Bernard Rosenberg)也指出,"幼婴在新生儿期,通过啼哭的方式与他人建立起一种基本的社会关系,通过妈妈的反应,学得了他自己行动的意义,由此可以看到,社会化是建立在传播交流意义和价值基础上的"[②]。

拉斯韦尔通过五要素模式分析了传播的过程和要素,香农与韦弗则提出了电子传播过程模式,戴维·伯洛综合分析了传播过程的要素,并指出传播过程是动态的,并且没有始终、没有界限,本质是要素及其关系的互动。[③] 事实上,在这个过程中,不同的渠道、形态、手段具有不同的流程和要素,但是在抽象意义上,这是一个符号信息的采集、编码、加工、传递、解码、反馈的循环过程。

---

① 詹启生,乐国安.百年来自我研究的历史回顾及发展趋势[J].南开学报,2002(5):27-33.
② 〔美〕克莱德·克鲁克洪,等.文化与个人[M].何维凌,高佳,何红,译.浙江人民出版社,1986.
③ Berlo D K. The process of communication: An introduction to theory and practice [M]. Holt, Rinehart and Winston, 1960.

（一）信息采集

信息的传播需要有信息来源，信息来源一般为客观物质世界的属性与运动状态，也包括对来自传播媒介上的信息的获取和利用。采集的信息不一定马上可以转化为传播的信息，很多时候，采集是一个过程，比如观察、识别和思考，形成相应的自我认知和知识积累，并为今后的传播奠定基础。

信息采集也是一个信息筛选过程，需要结合传播的目的、策略以及对象特征来进行选择。信息采集过程包括新闻采访、图书出版的稿件征集、文学创作中的采风、学术研究中的调研等工作，还包括将传统媒介上的内容进行数字化以提供网络化服务等活动。此外，图书馆也需要通过文献采集来补充馆藏，以提供二次传播服务。

（二）符号编码

符号编码是一个信息传播前的符号选择和创作过程，即运用特定的交流规则，将意欲表达的精神内容和意义内涵进行符号化的选择和组合，从而构建一个符号系统。这也是将采集的信息或者头脑中的想法进行符号化的组织和表述的过程，符号编码的结果是具有一定含义的符号系统。

符号系统既包括语言符号系统，也包括非语言符号系统。在语言符号系统中，符号规则体现为语法，符号材料就是词汇，而符号系统则是由词汇组合构成的文本篇章整体；而非语言符号系统是指可以表达出一套特定含义和信息的各种物体、人体的动作姿态与表情以及时间空间运用等符号意义形式。语言符号系统是较为成熟和有规则的符号系统。费尔迪南·德·索绪尔认为在语言状态中一切都是以关系为基础的。这种关系表现为两个向度，即横组合关系(syntagmatique)和纵聚合关系(paradigmatique)。[1] 这也是信息的组合和选择关系，符号系统的结构也体现为这两种关系。[2]

从表达的角度看，运用言语进行信息交流就是选择受传者能够接受的语言符号体系并且根据该体系的运用规则将语言符号组合为实际内容的符号形式的过程。在这个过程中，一方面是对符号系统进行选择，包括对符码的选择以及对语言和非语言符号的选择，语言符号又包括不同民族语言、地方语言以及社会语言，与此同时还有语体选择问题，包括书面语和口语、公文语体和科技语体，以及文艺语体等；另一方面，是对符号进行组合，包括符码的顺序、符码的结构布局等。[3]

符号选择特别是语言选择对于语义的准确表达有决定性作用。从语义学角度来

---

[1] 〔瑞士〕费尔迪南·德·索绪尔.普通语言学教程[M].沙·巴利,阿·薛施蔼,阿·里德林格,合作编印.高名凯,译.商务印书馆,1980.

[2] 董天策.传播学导论[M].四川大学出版社,1995.

[3] 同上.

看,语言的特性主要有以下三种。① 第一,语言是静态的,客观实际是动态的。选择一个词表现动态的客观实际是困难的,如每个人对于幸福的理解不同,同一个人在不同时期的理解也不同。第二,语言是有限的,客观实际是无限的。语言发展到今天,已经成为一个相当复杂的符号系统。但即便是这样,构成语言的词汇、短语、句式和文本都是有限可数的;但对它所表达和描绘的客观实际来说,却永远是不够用的。第三,语言是抽象的,而实际是具体的。当我们表述一个事物的时候,我们会用一个词语符号去概括或指代它。但是,实际上,不同的交流主体对于这个符号有不同的理解和认识,特别是在描述一些具有主体阐释性的事物的时候,比如我们虽然都用"幸福"或者"痛苦"描述自己的感受,但是每个人的幸福和痛苦的实际意义千差万别。与此同时,现实中对事物概念的描述也存在着对同一含义的不同层级的符号表述。语言的抽象程度越高,就与它所表述的具体事物距离越远。经过不断抽象,事物的个性越来越少,同类事物的共性则越来越多,概括性也就越强。日本学者早川一荣将其视为一个"抽象阶梯",阶梯越高,语言越抽象,但是语言越抽象,越容易遭到误解。② 比如我们去市场,如果只对卖蔬果的人说"我买水果",是无法表达清楚的,更不能说"我买生物",而是要具体说买苹果或者橘子,甚至要明确指出是哪一种苹果或橘子。

在口语表达或者文字书写的过程中,语言类群中的词语被选择后线性排列出来,词语的意义是由这种历时性的符号关系决定的。因而,语序不同,言语所表达的意义就可能截然不同。比如在中文规则中"我吃饭"与"饭吃我"含义明显不同,而在日语表达中,可以把宾语放在谓语前面形成类似中文的倒装句表达形式。

电影传播的声像语言也是类似的过程。蒙太奇是电影创作的主要叙述和表现手段,即将一系列在不同地点、从不同距离和角度、以不同方法拍摄的镜头排列组合(剪辑)起来,叙述情节,刻画人物。运用电影符号组合手段还有独特的组织形式和结构。如美国电影导演昆汀·塔伦蒂诺(Quentin Tarantino)1994年拍摄的电影《低俗小说》就采用了非传统的线性叙事结构方式,将6个不同的故事情节不分首尾进行剪辑并衔接,使得人物和情节互有交叉和重现,形成一种独特的电影叙事风格符号系统。

罗曼·雅各布森(Roman Jakobson)对两种失语症患者(大脑受损伤而造成的语言障碍)进行观察发现,这两种失语症患者分别在进行语言的选择(隐喻)和组合(转喻)方面遇到障碍,前者被他称为"相似性错乱"。在这种病人身上,只保留着语言的组合或句段方面的能力,患者在命名、下定义、使用同义词以及选择语词方面均遇到障碍,除非他目睹正在下雨,否则甚至不能做出"下雨了"这样简单的判断。他不能在大量的语

---

① 李彬.传播学引论[M].高等教育出版社,2013.
② 同上。

言库存中挑选出一个合适的词,却会大量使用替代性联想词语,如用叉代替刀、以烟代替火等。而另一种患者恰恰相反,雅各布森称之为"邻近性混乱"。这种失语症患者失去了"把词语组织成更高级单位的句法规则"的能力,他们的语句颠三倒四,毫无秩序,语句的句法功能完全丧失,这种病人的句子常是由互不联属的个别语词构成的。但病人依然保持选择的能力,所以他们的言语主要局限在"具有隐喻性质的相似性替换词语"上,如用"火"来代替"煤气"等。①

(三)符号加工

原始信息是一种初始的、零散的、无序的乃至真假混淆的符号,符号加工就是对原始信息资源进行整序、编辑、修改乃至融合等把关工作,使之变成格式化、条理化、准确、适宜传播的符号系统。在人际传播过程中,加工还包括传播者在表达之前在头脑中的预先加工过程,在出版编辑活动中具体是指审稿与校对、加工整理、整体设计等内容。在网络传播环境下,符号加工还包含运用一些软件技术进行文字、图像以及视音频符号的处理。

符号加工还包括对于传播后的作品进行演绎形成新作品,这些演绎性加工包括改编、注释整理、翻译、汇编等工作,如将小说改编成影视剧本,将古籍作品注释整理成今文作品,将外文或中文翻译成相应的中文或外文作品,将多部作品汇集成新的作品等。此外,图书馆在进行文献传播活动之前,需要对文献信息进行分类、著录、排架等一系列加工、整序和管理工作,使得分散的知识单元体系化和可检索,提高信息的利用效率。

(四)符号传递

符号传递是将采集和加工后的信息通过各种渠道形式传播出去的过程,从狭义上说,是指信息符号通过特定的媒介被记录、存储和传播的过程。早期信息记录手段落后,很多信息是通过传抄方式进行传递的,难免有遗漏错讹之处,因此需要进行校勘、核对。广义上,符号传递包括信息以及媒介成品在社会中通过信息传播机制实现产权或者所有权的转移过程,渠道形式包括人际交流的渠道、电子信息传播渠道、市场流通传播渠道、公共流通传播渠道等。

(五)符号解码

符号解码是一个信息被接受、阐述和理解的过程,是传播对象解码信息的环节。信息的接受过程既有被动接受,也有主动寻找或选择,并且接受信息不一定都是共时性接受,也包括历时性接受,比如我们阅读古籍就是在不同时代之间建立起来的一个历时交流关系。

---

① 罗钢.叙事文本分析的语言学模式[J].北京师范大学学报(社会科学版),1994(3):8.

信息的接受过程包括需求、注意、选择、理解、记忆等环节。总体来看,如果说信息创作是一个编码过程,那么接受信息的过程就是一个解码过程,这个过程是一个对符号系统的解读阐释。这个符号系统就是文本讯息,是以标准化的编码形式表达整体意义的符号系统。阐释,英文为"hermeneutic",从希腊语的"hermes"一词演化而来,指的是对信息的传达和解说。阐释具有认知、理解、解释和翻译的意思。[①] 在这个过程中,要首先把握讯息的语法信息,进而理解其语义信息,最后寻找其语用信息,将符码还原成具体的信息内容,重建其意义。语义信息是建立在语法信息基础上的,受符号规则的制约,阐释比较容易。语用信息则不受符号规则的制约,是隐含在语义信息之中的深层结构,建立在传受双方此时此境中互相关系的基础之上,所以阐释时往往仁者见仁智者见智。

事实上,接受信息的活动不是一种指向客体世界的对象性活动,而是一种主体间的交流活动,如文献传播中的接受是作者、作品、读者构成的交流系统,是建立在主体(作者与读者)通过对象(作品)而相互关联沟通的基础之上的。阐释文本是一个自我交流过程,受众通过文本与潜在的存在于文本符号系统中的传播者进行对话,将人与文本的关系变成人与赋予文本意义的人的心灵沟通和灵魂对话关系。[②]

英国文化研究学者斯图亚特·霍尔(Stuart Hall)就大众对传媒产品的接收、消费的具体情况进行了深入研究,归纳了受众对媒介讯息的三种解读形态:一是同向解读或优先式解读(preferred reading),即按照媒介赋予的意义来理解讯息;二是妥协式解读或协商式解读(negotiated reading),即部分基于媒介提示的意义、部分基于自己的社会背景来理解讯息;三是反向解读或对抗式解读(oppositional reading),即对媒介提示的讯息意义作出完全相反的理解。[③]

除了这三种形式的解读,还有征引式解读、加工式解读等,比如征引式解读中,引文现象就充分体现了文献受众通过阐释文献并将其引入自己的著述活动而形成的一个科学交流系统。加工式解读包括改编、注疏、翻译等,如翻译过程是一种阐释与创作相互结合的过程,更能体现出文献受众与文本隐含的作者的对话交流的人文特质,其间包括整理、排列、加工、创造及延伸原著的基本意义,以达到"信、达、雅"的目标。[④]

(六)信息反馈

反馈又称回馈,是控制论的基本概念。信息反馈是指一个系统在运行过程中,在运行状态中通过传感采集将状态信息传递到控制端,以指导控制者进行系统状态识别和

---

① 周庆山.文献传播学[M].书目文献出版社,1997.
② 同上.
③ 转引自郭庆光.传播学教程[M].2版.中国人民大学出版社,2011.
④ 周庆山.文献传播学[M].书目文献出版社,1997.

判断的过程机制。在传播的信息接收过程中,受传者在接收信息后,一般会向传播者发送自己的评价性或者确认性信息,这个过程就是信息反馈过程。

在信息传播过程中,信息的反馈既有积极正面的也有批评负面的。这两种情况都会对传播者产生影响:正面的反馈信息表明对传播者的肯定性评价,从而给传播活动带来积极影响,反之,则会影响传播的效果,引发传播者对传播活动的修正、调节甚至中止。因而,信息反馈发挥着传播的社会控制和二次把关作用。如文献评论是文献传播的社会监督形式,评论家则是"把关人",他通过对文本的描述和评价,对传播的可能效果与影响加以分析、预测,以此影响和引导受众的消费与利用。不恰当的或固守传统的批评,或许会成为文献传播的严重障碍,反之则是一种宣传手段,可起到广告的作用。[1]

此外,从反馈的发生和响应时间方面来看,在传播过程中存在着并时反馈与延时反馈两种不同的反馈方式。[2] 并时反馈也称共时反馈,是一种与信息传递行为同时发生并为传播者同时接收的反馈,如面对面以及网络聊天等传播性质的交谈、会议和演讲等,戏剧或者舞蹈表演等场合都存在并时性反馈。延时反馈也称为滞后反馈,是一种滞后于交流行为,或为传播者延时接收的反馈,一般大众传播信息活动都是延时反馈。

第四节 传播结构与过程的模式分析

用模式化的方法来研究传播过程,就是把传播过程的各要素及其相互关系用文字或图像的形式抽象为一种模式来加以分析研究,其结果便体现为传播模式。传播模式就是将传播现象通过文字、线条和图示的方式进行理论描述的一种概括方法,类似地图或者解剖图。

信息的传递、接受与反馈构成了一个完整的传播过程。这个过程具有结构性和系统性特点,传播系统是由传播者、受传者、信息以及传播参与者的各种行为所构成的整体,传播系统内各要素的关系、组织形式、作用的方式及机制则构成了这个系统的结构。传播的要素本质是变量,其不同组合会形成不同的传播结构,因此传播系统及其结构异常纷繁复杂。所以,要把握传播过程规律,最为有效的途径就是采用模式分析方法。

丹尼斯·麦奎尔等指出:"模式主要是思想的辅助工具,特别适用于传播研究。传播行为在某一特定的关系结构中采取的是可预见的或重复出现的形式,并且对这一结构具有不易观察到的影响。因此,模式的引人之处在于能够画出一些线条来表示我们已知确实存在但无法看到的联系,并能用其他的手段来显示关系的结构、局部解剖图、

---

[1] 周庆山.文献传播学[M].书目文献出版社,1997.
[2] 董天策.传播学导论[M].四川大学出版社,1995.

强度和方向。"①

模式分析本身是一种经过选择和演绎的结构理论形式,包含着对传播结构各部分的理论归纳。它在帮助了解传播现象的抽象概念层次结构的同时,还形象地描述了传播现象的各个组成部分及相互作用关系,能让我们更好地认识不同部分之间的内在联系、避免陷于纷繁的细节而看不清其本质,从中获得对传播活动宏观的把握和全面的抽象。

模式分析被广泛应用在传播学领域,几乎所有的传播学理论都可以从模式角度加以描述概括和展示,这里我们仅侧重从传播一般结构过程的角度对其作概要介绍。模式分析对传播现象及结构的认识也是一个不断积累、深化和发展的探索过程。在探索传播的基本结构模式过程中,认识角度不断由静态到动态、由要素性到结构性、由表象到抽象得以深化和发展;从将传播结构看作各个孤立要素的简单线性组合,发展到将传播结构视为具有复杂、互动、多元和社会化特征的系统机制,也不断认识到传播系统结构的双向循环、互动、交互乃至动态螺旋性特征。随着互联网和人工智能不断发展,对传播模式的探索正进入全新的时代。

一、要素结构与线性模式

(一) 拉斯韦尔的 5W 模式

拉斯韦尔在 1940 年就提出了传播的模式问题,发表在洛克菲勒基金会传播研讨班的一份报告上。报告论证指出,联邦政府应该在战争即将到来的紧急情况下,采用诸如内容分析、调查和专题小组研究等方法加强传播研究。这个观点也成为战时华盛顿以传播效果为中心的研究的一个基本框架。②

1948 年,拉斯韦尔正式发表论文,进行了传播结构和功能的分析,提出了传播结构五要素模式,将传播结构分为五个部分:谁(Who)——说什么(says What)——通过什么渠道(in Which channel)——对谁(to Whom)——产生了什么效果(with What effects)。由于这五个环节的英语单词各自都包含一个英文字母 W,因此通常被称作 5W 模式。见图 2-1。

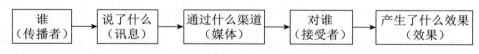

图 2-1 拉斯韦尔的 5W 模式③

---

① 〔英〕丹尼斯·麦奎尔,〔瑞典〕斯文·温德尔.大众传播模式论[M].祝建华,译.2 版.上海译文出版社,2008.
② 〔美〕E. M. 罗杰斯.传播学史:一种传记式的方法[M].殷晓蓉,译.上海译文出版社,2012.
③ 〔英〕丹尼斯·麦奎尔,〔瑞典〕斯文·温德尔.大众传播模式论[M].祝建华,译.2 版.上海译文出版社,2008.

这个模式不仅解释了传播的结构要素及过程,而且为传播研究提供了一个建构模式,即据此可以将传播问题分为控制分析、内容分析、媒介分析、受众分析和效果分析五个基本领域。拉斯韦尔指出,"对于传播过程的科学研究趋向于这些问题中的一个。研究传播者('谁')的学者研究发起和影响传播行为的因素,我们把这个研究领域定义成为控制分析。关注'说什么'的学者从事内容分析。那些关注广播、新闻、电影和其他传播渠道的学者进行媒介分析。如果主要关注的是媒体到达的人群,我们就说是受众分析。如果问题是对受众的影响,那么就是效果分析"①。

当然,这个模式也是有局限性的,表现为其对于传播过程的描述具有直线性和孤立性的特点,这是因为强调了传播者的主动性及传播结果。尽管拉斯韦尔也分析了传播中的双向互动及传播回路问题②,但是没有将其视为核心要素。虽然5W模式比较好地解释了大众媒体的传播过程,但在其中,传播被表述为一种直线型过程。1958年,理查德·布雷多克就在《"拉斯韦尔公式"的扩展》一文中,在5W模式中添加了情境和动机这两个环节,把它变成了7W模式,当然这个模式还是一个线性模式。③ 见图2-2。

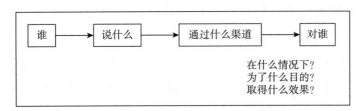

图 2-2　布雷多克 7W 模式④

(二) 香农—韦弗的信息论传播模式

1949年,即5W模式问世之后的第二年,香农与韦弗提出了一个信息论传播模式。他们从通信电路原理角度探讨传播,提出了一个包括信源、讯息、发射器、信道、噪音、接收器和信宿等要素的传播模式。见图2-3。

图 2-3　香农—韦弗的信息论传播模式⑤

---

① Schramm W, Roberts D F. The process and effects of mass communication [M]. University of Illinois Press, 1971: 84-99.
② 刘海龙.一篇存在争议的传播学奠基文献[J].国际新闻界,2009(2):9-14.
③ 〔英〕丹尼斯·麦奎尔,〔瑞典〕斯文·温德尔.大众传播模式论[M].祝建华,译.2版.上海译文出版社,2008.
④ 同上.
⑤ 同上.

这个模式较好地解释了电话、广播、电视等进行信息传播的过程和原理,还将信息分解为发送的信号、接收到的信号以及还原后的讯息,由此形成了信息传递过程中的信息编码、符码传递和接收以及信息解码的结构形式。同时,将电子传播媒介一分为三,即发射器、信道和接收器,更好地解释了信道和媒介的关系,即电子信息传播不仅包括负载信号的信息通道,还包括接收讯息的设备,如收音机或者电视机。

当然,这一模式也能够解释其他一些电子通信活动,如飞机与地面指挥系统之间的通信交流。飞机在准备起飞、滑行、起飞、平飞、准备降落和降落之后,都需要与地面指挥系统和塔台建立通信传播联系。其中,要和塔台交流来选择在哪个跑道起飞,起飞后如果发现异常(飞机需要紧急迫降、返回机场、实施降落等)要与地面和塔台联系选择(降落时间和具体跑道),在这个过程中,飞机上发射的信号就被机场管制中心的接收器接收到。这个模式还揭示了信息传递过程中存在的干扰性噪音问题。显然,电子信息传递会受到很多物理干扰,影响传递效果,比如电台和电视节目的信息噪音问题,飞机的通信信号及雷达信号由于云雾和自然物理屏障而无法成功传递。这是5W模式没有涉及的一个重要因素,启发我们对传播中的障碍因素加以关注。

(三) 戴维·伯洛的传播过程模式

1960年,戴维·伯洛进一步对信息论模式的核心要素的具体形态特征和影响因素进行了扩展分析,对传播过程各要素的特征进行了明确的描述。他将传播过程分解为四个要素,即 SMCR 模式。其中,S(Sender)代表信息源,M(Message)代表讯息,C(Channel)代表通道,R(Receiver)代表接受者。这个模式说明了影响信息源、接受者和讯息实现其传播功能的条件,说明信息传播可以通过不同的方式和渠道来实现。[①] 这个模式的缺陷是没有分析其中的反馈机制。1977年,他修正了这个模式,将反馈结合纳入传播过程。[②] 见图2-4。

图 2-4　伯洛模式图

---

① Berlo D K. The process of communication: An introduction to theory and practice [M]. Holt, Rinehart and Winston, 1960.

② Ibid.

(四)乔治·格伯纳的传播过程模式

1956年,乔治·格伯纳将传播过程从传播者前移到事件及感知过程,并将传播过程视为一个事件发生、感知、传递和再次被感知的过程,建构了传播过程的总体模式。与拉斯韦尔的传播模式不同的是,格伯纳的传播模式不是来源于传播者,而是来源于事件,传播的内容不是在传播者那里直接形成的,而是通过对事件的选择和加工形成的。

在这个传播模式当中,传播过程是:一个事件(E, Event)发生,引发了某人或机器(M, Man or Machine)的感知并作出反应,从而形成了被感知事件(E^1);在某种场合下,借助某种工具,比如所控制的媒介,制作了包含形式和内容的讯息(SE, Statement Event);接着,表述的讯息(SE)有可能被另一个传播代理人(M^2)所感知,讯息(SE)将被感知为SE^1。见图2-5。

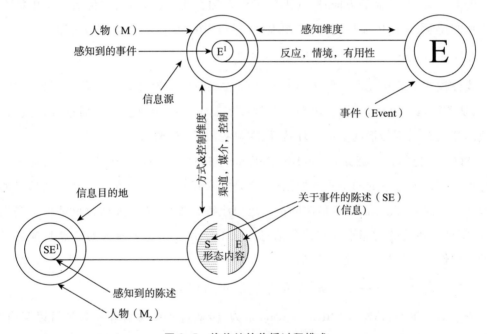

图 2-5 格伯纳的传播过程模式

格伯纳模式强调传播源于一个客观事件的发生,并在被人或机器感知后,形成传播源,因此事件和传播源是有差异性的两个要素。这一点揭示了,传播者对事件的感知及将其制作成讯息进行传播,会对事件本身有很大影响,也会影响到传播对象对事件的认知,从而解释了关于感知与生产的性质及二者相互作用的问题。[①]

尽管这个模式只是一个单向线性的描述,但是它仍然具有较强的解释性意义。麦奎尔指出,在社会层次上,假设E是潜在的新闻或者就是事实,M代表大众媒体,SE代

---

① 〔英〕丹尼斯·麦奎尔,〔瑞典〕斯文·温德尔.大众传播模式论[M].祝建华,译.2版.上海译文出版社,2008.

表媒介内容,M^2代表媒体受众,那么,我们就可能会提出一个问题:事实本身与媒体对事实的报道之间是否一致以及媒体受众理解媒体内容的程度如何?[①] 由此可见,该模式能够对媒体传播的各个因素之间的影响关系作出更为深入的分析与描述,并揭示人类传播过程是一个主观的、有选择性的、多变的和不可预测的开放系统。[②]

二、双向互动循环模式

香农—韦弗模式主要应用于工程问题,并且没有突出传播的互动性。无论是拉斯韦尔模式,还是香农—韦弗模式,传者、受者的身份似乎都是固定不变的。事实上,互动性是传播活动重要的特征,从"操作性的定义"角度来看,包括四项互动性指标:接近性(与他人的社会关系的接近程度);感官的激活;所感知的速度;远程呈现。其中包括互动性的五大维度:传播的方向;时间上的灵活性和交换中的角色;在传播环境中拥有一席之地的感觉;(对传播环境的)控制程度;感知到的目的(基于交换或说服的)。[③]

(一)梅尔文·德弗勒的控制论模式

线性模式的分析无法解释传播要素之间的双向互动性和动态性角色互换等特征。因此,从20世纪50年代初起,出现了一批以控制论为指导思想的传播过程模式,这些模式的特色是强调传播的双向循环特征,明确提出了"反馈"的机制。

1966年,梅尔文·德弗勒(Melvin DeFleur)在香农—韦弗模式的基础上,提出了传播过程中与信道有关的两个重要要素,一个是大众媒介,一个是反馈。这表明信息的信道包括大众媒介,此外信宿将信源的信息还原成特定含义,之后又通过反馈渠道提供给信源,实现了传播的动态平衡和传受信息含义的一致性。这个模式的特点是描述了传播的双向性和循环性。[④] 见图2-6。

(二)奥斯古德—施拉姆的传播单位互动模式

查尔斯·奥斯古德(Charles Osgood)认为,传播过程中传者和受者是可以互换的。施拉姆在此认识基础上于1954年提出了一个传播单位互动模式。该模式将每个传播活动看成一个包含多重身份的传播单位主体围绕讯息的编码、释码和译码进行的互动过程。这个模式更具有互动机制的解释性意义,如人际沟通中彼此互换角色的传播单位,传播者与接受者角色具有同一性和交替互换性,淡化了传播者与接受者的固定角

---

① 〔英〕丹尼斯·麦奎尔,〔瑞典〕斯文·温德尔.大众传播模式论[M].祝建华,译.2版.上海译文出版社,2008.
② 同上。
③ 〔英〕丹尼斯·麦奎尔.大众传播理论[M].徐佳,董璐,译.6版.清华大学出版社,2019.
④ 〔英〕丹尼斯·麦奎尔,〔瑞典〕斯文·温德尔.大众传播模式论[M].祝建华,译.2版.上海译文出版社,2008.

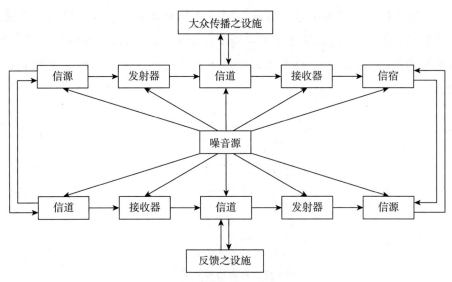

图 2-6 德弗勒传播模式①

色,也描述了信息传播过程的循环性。② 见图 2-7。当然,即使是大众传播过程,也同样存在着双向互动关系,只不过其中传播者具有主导性而接受者具有被动性而已。

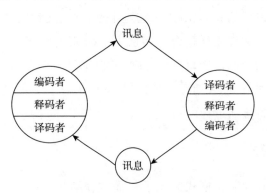

图 2-7 奥斯古德—施拉姆传播模式③

(三) 弗兰克·丹斯的螺旋模式

传播模式的循环性的表述,也会引起误解。从本质上看,人类的传播活动不是一个被动的直线过程,而是一个复杂的,动态的,具有主动性、创造性和继承性的双向互动过程。弗兰克·丹斯指出,"传播经过一个完全的循环,不折不扣地回到它原来的出发点。这种循环类比显然是错误的"④。为此,他提出一个螺旋模式,以弥补这个缺陷。

---

① 〔英〕丹尼斯·麦奎尔,〔瑞典〕斯文·温德尔.大众传播模式论[M].祝建华,译.2版.上海译文出版社,2008.
② 同上.
③ 同上.
④ 同上.

见图2-8。这个模式为某些用循环方式无法描述与解释的传播现象提供了新视角,反映了传播的动态发展特征,说明传播是不断深化知识信息的过程,现时的传播内容将影响到后来的传播结构和内容。这个模式揭示了传播过程中各种不断变化的要素、关系和环境。

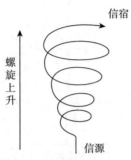

图 2-8　丹斯的螺旋模式①

由这个模式可以引申出我们探索知识的过程,探索知识的过程就是这样一个不断修正不断逼近真理的过程,传播双方的传播内容总是不断累积和增加的。传播不是简单的重复性循环,而是要在传受主体之间进行意义的不断修正。与此同时,这个模式还解释了文献信息的知识循环和创新过程,在这个过程中,文献的知识螺旋链是依靠引文关系建立起来的。一篇文献往往包含许多前人的研究成果,形成了知识的一次循环传播,其他作者看到这篇文献后,撰写新的文献,开启了另一个螺旋式知识传播,知识被不断扬弃、继承、迭代和创新,进入动态循环过程,从而形成了一个以文献出版、文本引用、知识创新为线索的动态传播过程。

三、社会系统模式

如果说线性模式和控制论模式完成了传播过程结构分析史上的两次飞跃,基本上解决了传播的内部结构要素问题,那么第三次飞跃就是解决传播的外部结构和系统性结构问题。

麦奎尔认为,很多传播模式的分析将传播视为一个"过程"的传输模式,这种分析很大程度上基于科技和组织因素,而忽略了人的因素。因此,除了传输模式之外,传播还应至少包括三种其他模式,即仪式或表达模式、用于展示和关注的宣传模式、媒体话语的编码与解码的接受模式。② 这几种模式并非简单分析传播的工具性、渠道性和普遍性,还提出了传播的社会性、文化性、意义互动性和社会中介性等广泛而又具有文化批判性的议题和对应模式。

---

① 〔英〕丹尼斯·麦奎尔,〔瑞典〕斯文·温德尔.大众传播模式论[M].祝建华,译.2版.上海译文出版社,2008.
② 〔英〕丹尼斯·麦奎尔.大众传播理论[M].徐佳,董璐,译.6版.清华大学出版社,2019.

（一）赖利夫妇的社会系统模式

约翰·赖利和玛蒂尔达·赖利夫妇在《大众传播与社会系统》一文中，将传播过程置于社会系统架构下进行分析，强调了传播者与接受者分别受制于初级群体和较大社会结构的约束机制问题。[①] 见图 2-9。

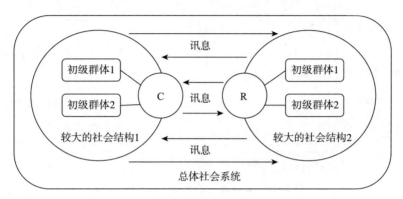

（C=传者，R=受者）

图 2-9 赖利夫妇的社会系统模式

传播活动不是在"真空"环境下完成的，而是与社会结构有着密切联系。该模式没有在内在流程方面作具体描述，而是强调了传播是各种社会系统中的一个系统，其中提出了传播的三个社会要素：初级群体，如家庭、亲戚、好友等；较大的社会结构，即关系比较松散的次属群体，如工作单位、学校、社团等；总体社会系统，即民族、国家乃至世界等隶属群体。其中，较大的社会结构1包括传播者（C, Communicator），初级群体1和2，传播者代表其中一个群体；较大的社会结构2包括接受者（R, Receiver），初级群体1和2，接受者代表一个群体；而较大的社会结构1和较大的社会结构2又是总体社会系统的一部分，传播者和接受者是在一个更大的社会情境中进行活动的，而非独立存在。

（二）马莱茨克的大众传播场模式

1963年，德国学者马莱茨克从社会心理学角度提出了一个大众传播过程的场模式，该模式是一个多因素影响传播者、媒介和受众的过程模式。马莱茨克将这种传播过程比拟为物理磁场一样的各种约束力的影响机制，并对传播的多种要素之间的复杂互动关系进行描述。见图 2-10。

在这个模式中，马莱茨克在传统核心要素（传播者、讯息、媒介和接受者）的基础上，分别分析了传播者、媒介和接受者各自的属性以及他们之间的相互影响因素。

---

① Riley M W, Riley J W. A sociological approach to communications research [J]. Public Opinion Quarterly, 1951(3): 444-460.

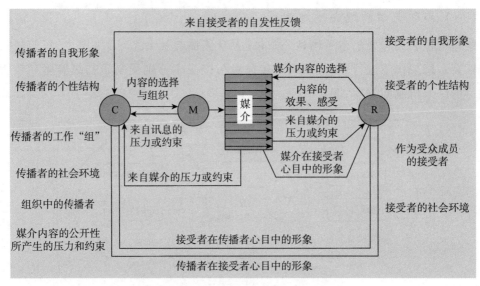

图 2-10 马莱茨克的大众传播场模式①

其中,传播者受到其选择的传播内容以及信息制作方式的影响。在决定如何组织和制作讯息时,传播者要面对来自讯息的压力或约束,需要根据内容的类型来制作讯息。与此同时,传播者还要面对来自媒介的压力或约束,每种媒介特性都对传播者提出了独特的要求。传播者还会受到来自接受者的自发性反馈以及讯息内容公开后可能的公众压力的影响。此外,传播者还受到内在的自我形象和个性结构方面的因素、传播者的合作群体和媒体组织的因素以及传播者所处的社会环境因素的影响。

在接受者方面,讯息的接收过程受到媒介的内容独特性的影响,媒介的特性也会对接受者构成压力或约束。接受者同时还受到媒介形象的影响,比如媒介的知名度和可信性因素。接受者还会受到自我形象和个性结构等内在因素的影响,以及接受者自身的受众成员归属感及其所处的社会环境的间接影响。

在核心要素互动方面,不仅传播者需要考虑讯息和媒介的影响,并形成相互制约关系,而且传播者与接受者之间也存在着对方心目中的期待性形象的相互影响。传播者在制作讯息过程中会思考接受者的情景,而接受者同样也会对不同的传播者有不同的印象,并影响其接受效果。

马莱茨克的传播模式揭示了大众传播系统要素的多样性、关系结构的复杂性以及传播系统的相互依赖性。麦奎尔认为,该模式如此详尽,可以作为从社会心理学角度分析大众传播过程相关因素的一份清单。②

---

① 〔英〕丹尼斯·麦奎尔,〔瑞典〕斯文·温德尔.大众传播模式论[M].祝建华,译.2版.上海译文出版社,2008.
② 同上.

(三) 斯图亚特·霍尔的编码—解码模式

随着对于传播问题的分析日趋深入,模式分析已从面对整个传播过程,转向研究更为宏观的传播影响因素及更为抽象的制约因素,而且从文化研究和符号学角度出发的抽象分析也建构了传播模式的新视角。20世纪70年代由斯图亚特·霍尔提出的编码—解码模式(Encoding-Decoding Model)就是在这个方面的一个发展。

霍尔从传播活动背后的意义建构与阐释角度出发,结合基于社会系统的传播者符号主观编码和不同社会结构限定下的接受者差异化解码的意义重构特征,进行了要素描述和抽象阐释。他认为,应将信息的传播和接收过程放在一个"主导的复杂结构"中来思考,这个结构是政治经济学意义上的,指的就是传播中相连而各异的诸多环节,即"生产、流通、分配—消费、再生产—生产",它们"在一种话语的语义链范围之内通过符码的动作而组织起来"。①

在这一模式中,传播者的传递过程被描述为意义的编码化生产端,并基于自身的知识结构、生产关系以及技术基础结构等主客观因素进行符码生产,而受众被描述为意义的解码和消费端,并基于知识结构、生产关系以及技术基础结构进行符码的解读和利用。见图2-11。

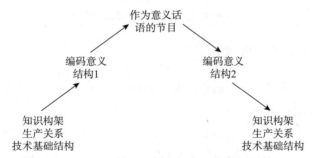

图2-11 斯图亚特·霍尔的编码—解码模式②

(四) 田中义久的大众传播总过程模式

日本学者田中义久从马克思和恩格斯的"交往"概念出发,把人类的交往分为三种类型:一种是与人的体能(生物学、物理学意义上的能量,包括作为人的体能之延伸的热能和电能)有关的"能量交往";一种是与人类社会的物质生产相联系的"物质交往";一种是与精神生产相联系的精神交往,即"符号(信息)交往"。符号(信息)交往过程也就是传播过程,它是建立在前两种交往的基础之上的,与社会的生产力、科学技术、生产关系和意识形态保持着普遍联系和相互作用的关系。在阶级社会中,社会传播还是一定

---

① 于文秀.注重对大众的本体研究——斯图亚特·霍尔的编码/解码理论[N].中国社会科学报,2010-10-19(8).
② 图来源于〔英〕斯图亚特·霍尔.编码,解码[M]//罗钢,刘象愚.文化研究读本.中国社会科学出版社,2000.

的阶级结构的体现。① 该模式不拘泥于传播内在结构要素关系,而是从自然与社会大系统结构角度,从作为思想主体的接受者与作为大众传播组织的传播者之间存在的物质、动能及信息交换关系角度出发,分析了物理世界、动能世界和精神世界这三个基本要素的互相影响与作用。这提示我们对于传播的理解不能仅仅从传播要素本身去分析,还要从传播关系中的各种社会物质基础、技术条件和复杂的社会结构等角度进行分析,这些场域性因素,对于传播主体的传播立场和态度、传播内容的价值观、传播媒介的使用与控制以及传播对象的理解、接受与效果均产生着各种各样的影响。见图 2-12。

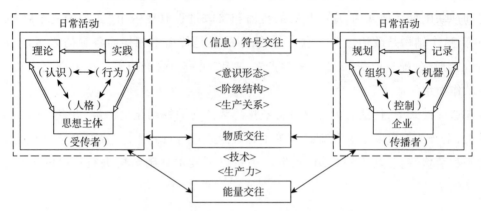

图 2-12　田中义久的大众传播总过程模式②

四、互联网环境下的传播模式

随着网络传播的兴起,对互联网及移动终端传播这一新兴传播形态的模式分析与建构进入一个新的探索时代。

荷兰电子传播专家贾恩·包德维克(Jan Bordewijk)等在1986年就提出了信息传播新模式,他们将发布者主体(信息中心或用户)及控制形式(用户控制信息中心控制)分为四种基本形式,即训谕(allocution)模式、注册(registration)模式、咨询(consultation)模式和对话(conversation)模式。③ 见表 2-1。其中,训谕是指大众传播形式的传播方式;咨询是指通过数据库或网络搜索获取信息的模式;注册是指对使用者传播行为的记录和反馈信息;对话则是平等交流的模式。延森认为,这一模式揭示了不同传播模式的交流权利问题,其中从训谕模式到对话模式,反映了传播自由权利,而咨询模式和注册模式则反映了可访问性权利以及数字痕迹隐私保护权利等议题。④

---

① 郭庆光.传播学教程[M].2 版.中国人民大学出版社,2011.
② 转引自郭庆光.传播学教程[M].2 版.中国人民大学出版社,2011.
③ [英]丹尼斯·麦奎尔.大众传播理论[M].徐佳,董璐,译.6 版.清华大学出版社,2019.
④ [丹麦]克劳斯·布鲁恩·延森.媒介融合:网络传播、大众传播和人际传播的三重维度[M].刘君,译.复旦大学出版社,2012.

表 2-1　包德维克等的传播新模式

	信息库发布信息（集中式）	用户发布信息（分散式）
信息库控制发布程序：时间和主题的集中式控制权	训谕模式	注册模式
用户控制发布程序：时间和主题的分散式控制权	咨询模式	对话模式

麦奎尔认为，"训谕模式得以发展，不仅拜电话及新的通信媒介所赐，还与录像录音设备的普及以及有线及卫星电视频道的增加有关。新媒介也极大地赋能了个人之间'对话式的'或互动的传播。'注册'则变得更真实且更可能发生，即使它无法取代其他模式的传播流。'注册'可被视为电子时代监控力量的延展"①。

不同于大众传媒组织机构化的传播特征，自媒体强调传播者的主动性和传播内容的个性化。活跃于自媒体平台的网民，有机会主动选择、排除和重组信息，将传播关系从传者和受者关系变成了两元主体互动关系，实现了对人的主体性重构。其传播方式由大众传媒的"教堂传播"发展为"集市传播"，在信息传播控制方面，则体现出先"出版"后"过滤"的特点。②

自媒体的信息是由普通民众生产的，注重对话、协作和平等，谢恩·包曼与克里斯·威里斯将其称为互播（intercast）、社会网络（social internet）传播、点对点（peer to peer）传播，参与者以个人而非隶属于某一组织的身份参与信息传播，并能在信息传播的过程中随时改变传受角色，新闻可以不经过媒体组织这一传统的新闻传播中间人的（mediator）过滤直接到达受众。具体见图 2-13 所示。③

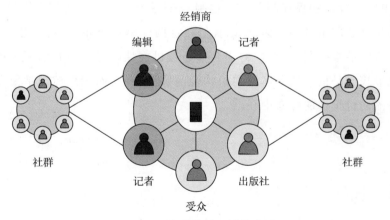

图 2-13　自媒体的互播模式图

---

① ［英］丹尼斯·麦奎尔.大众传播理论[M].徐佳,董璐,译.6 版.清华大学出版社,2019.
② 申金霞.自媒体的信息传播特点探析[J].今传媒,2012(9): 94-96.
③ 转引自申金霞.自媒体的信息传播特点探析[J].今传媒,2012(9): 94-96.

信息传播新模式及其之后的发展并未考虑新媒体环境中个体角色的变换及其理论意涵。信息传播新模式本身并未讨论个体对媒介中心的控制问题。韦路等提出"控制辩证模式"来展现这种互动性,以求更加准确地阐明个体与媒介中心之间的复杂关系。① 见图2-14。

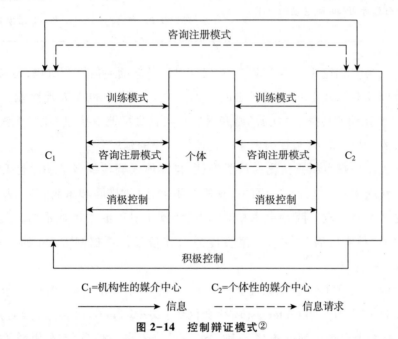

图2-14 控制辩证模式②

在这个模式中,控制辩证模式旨在说明媒介中心(C_1、C_2)之间,个体与"机构性的媒介中心"(C_1)、"个体性的媒介中心"(C_2)之间的控制辩证关系。"消极控制"是个体控制 C_1 的主要手段,"积极控制"是 C_2 控制 C_1 的主要手段。因为咨询模式和注册模式都是指一种主动获取信息的行为,所以我们将这两个模式合并为"咨询注册模式"。个体对媒介中心的消极控制、个体性的媒介中心对机构性的媒介中心的积极控制已然成为现实。消极控制是信息从个体流向机构性的媒介中心,而积极控制是信息从个体性的媒介中心流向机构性的媒介中心。③

---

① 韦路,方振武."控制辩证模式":信息传播新模式的发展与转向[J].国际新闻界,2017(8):82-102.
② 同上.
③ 同上.

第三章 传播符号理论

第一节 传播符号的结构与类型

一、符号的概念和特征

关于符号的概念有很多不同的观点,苏珊·朗格(Susanne Langer)认为,符号是一种刺激因素,它所指示的是另一种事物的存在。① 有学者认为,符号是携带意义的感知。意义必须用符号才能表达,符号的用途是表达意义。②

美国哲学家、符号学家查尔斯·莫里斯(Charles Morris)在1946年提出了符号学三分野的思想,即语构学、语义学和语用学。③ 他认为,符号学分支学科应由语构学(syntactics,又译为句法学)、语义学(semantics)和语用学(pragmatics)组成。④ 由此可见,符号的组织、意义生成以及符号的应用具有同等重要的作用。

符号具有事物概化性、约定性、文化规范性、中介性等特征,具体体现在以下方面。

第一,符号是人们对事物进行概念化形成的结果。在人们对事物的认识过程中,形成了客观事物—概念含义—符号相互关联的语义三角关系。1923年,查尔斯·奥格登(Charles Ogden)等在《意义的意义》一书中解释了这三者之间的语义关系,并认为这是语义学的基本研究框架。其中,概念或思想(concept/thought)、所指物(referent/thing)、符号或词(symbol/word)三者之间形成了相互作用和相互联系的三角关系。语义三角理论从索绪尔的符号学思想中借鉴了"概念"这一术语作为"意义"的另一表达,前者对后者的主要发展在于把人的因素考虑其中;由此,"概念"(concept)也可以是"思想"

---

① Langer S K. Philosophy in a new key: A study in the symbolism of reason, rite, and art[M]. 3th ed. Harvard University Press, 1957.
② 赵毅衡. 重新定义符号与符号学[J]. 国际新闻界, 2013(6):6-14.
③ Morris C S. Language and behavior[M]. Prentice-Hall, 1946.
④ 王铭玉. 从符号学看语言符号学[J]. 解放军外国语学院学报, 2004(1):1-9.

(thought)。出于不同的研究目的,索绪尔把概念视为构成符号本身的两个要素之一,而语义三角理论将概念视为不同于符号本身的思想媒介,符号经由概念通达外在世界。这一关系使得符号具有联系事物的联想性特征。符号可以形成联想意义、识别意义、规范意义、解释意义、附加值意义等,如我们在2008年5月12日以后看到"512"这个一般性的符号就会联想到汶川地震纪念日,一些驰名商标标识如"可口可乐"的符号成为具有几百亿美元高附加值的无形资产,而术语符号则是科学交流的规范化符号形态。

第二,符号具有约定性。解码需要对符码有约定的理解和共识。公元前3世纪战国时期,荀子就提出了"约定俗成的语言原则",他指出,"名无固宜,约之以命,约定俗成谓之宜,异于约则谓之不宜。名无固实,约之以命实,约定俗成,谓之实名"[①]。

每个人的头脑中都流动着各种思想、情感以及意欲表达的内容,这些内容是无形的,也是无法被人们准确感知的。正如索绪尔所言,"思想"在没有被词汇语言表述之前,"只是一团没有定形的、模糊不清的浑然之物","思想本身好像一团星云,其中没有必然划定的界线。预先确定的观念是没有的。在语言出现之前,一切都是模糊不清的"。[②] 因此,表达信息需要建立一个约定俗成的交流规则,其中需要对表达的内容进行编码,而编码形成的符码就是符号形式。而解读意义就是解码的过程。

第三,符号具有文化规范性。索绪尔对语言进行了界定,描述了符号的特征:"语言是一种约定俗成的东西,是一种社会制度,同时又是一种表达观念的符号系统。"[③]可见,符号是规范性表达系统。他认为,语言学可以成为符号学的标准模式,因为在语言中符号的任意性和约定俗成的性质表现得最明显。可见,符号是人类表达意义的一个重要信息表现形式。同时,基于一种传播规范的符号系统也为后世利用其符号形式来分析其表达的意义和精神提供了一个重要的条件,不论是信息的表达还是信息的接受,都离不开符号系统。

在符号的意义规范过程中,大众传媒作为最具影响力的信息系统,对客观事物的描述结果,极大地影响了人类语言和意义,对于符号含义的确立、引申、替换、稳定以及受众对符号含义的体验和理解起着十分重要的作用。因此,1980年,梅尔文·德弗勒将传播符号的规范作用归纳为立意功能、引申功能、替代功能和稳定功能等四个主要方面。[④]

第四,符号具有中介性。符号就是人们将自己内在的精神内容或者意义通过一种

[①] 转引自〔清〕王先谦.荀子集解[M].中华书局,1988.
[②] 〔瑞士〕费尔迪南·德·索绪尔.普通语言学教程[M].沙·巴利,阿·薛施蔼,阿·里德林格,合作编印.高名凯,译.商务印书馆,1980.
[③] 同上.
[④] 转引自〔美〕梅尔文·L.德弗勒,桑德拉·鲍尔-洛基奇.大众传播学诸论[M].杜力平,译.新华出版社,1990:300-301.

方式表现出来的替代物。符号作为交流和思考的中介体,在客观事物与意义概念之间搭建了桥梁。正如英尼斯所言,"人进行思考,用的是符号而不是物体,这种思想过程也超越了具体的经验世界,进入概念关系"[1]。

从结构主义角度来看,符号其实是人类意义交流的中介,其具体形式就是符码,符号的交流活动主要是通过编码和解码完成的。我们将符号定义为:人类通过编码和解码用以表达和解读意义的信息符码形式。

二、符号的符码和意义

符号从结构上来说表现为形式上的符码和内容上的意义两个方面,符码的形式和意义的内容构成了信息,因此符号是一种信息符码形式。人类传播活动从广义上来说,就是将需要表达的内容通过一定的形式表达出来,这个形式可能是文字、图形、声音或是现在流行的短视频,不论是哪种形式,都是一种符号系统,这些符号系统代表着特殊的意义。

符号学是研究如何表达意义和如何阐释意义的学问,其中意义(meaning)是核心命题。意义就是一个符号可以被另外的符号解释的潜力,解释就是意义的实现。[2] 意义可以从人类的社会互动、沟通过程及实践效果层面上加以分析。人类的交流内容本身是看不见摸不着的无形物,具有精神意识层面的特征,而要实现沟通和理解,就需要通过符号活动和媒介中介进行传播和共享,其中意义是最核心也是最难以传递和理解的部分。这也决定了符号学意义的复杂性、动态性和多元性。意义可以界定为:人类对事物的认识及赋予概念含义并以符号形式传递和交流的精神内容。信息的符号都具有内在含义的内容,这个内容就是意义。

符号的意义在于将无形的意义变成可以被感知、被阐释、被识别的声音、图形、图像,甚至味觉、触觉和知觉等。意义没有体积和重量,无色无味,只有通过传播者的编码变成符号后,才有了中介性意义,并被接受者认知和理解,因此也就具有了信息的传播意义。

三、传播符号的分类

符号可以分为不同的类型,索绪尔较早从语言学的角度对符号进行了分类。他将符号分为语言符号和非语言符号。语言符号广义上包括口语语言、文字语言、图像语言等。

---

[1] 〔加〕哈罗德·伊尼斯.帝国与传播[M].何道宽,译.3版.中国大百科全书出版社,2021.
[2] 赵毅衡.重新定义符号与符号学[J].国际新闻界,2013(6):6-14.

美国符号学家皮尔斯从符号自身、符号与对象关系、符号在阐释中的作用三个方面将符号划分为三组九种符号，并加以组合，划分出十大类六十六种符号类型。其中，根据符号与对象之间的关系，把符号分为图标（icon）符号、指示（index）符号和象征（symbol）符号三种类型。[1]

图标符号是模拟具体事物的一种符号形式。皮尔斯根据图标符号的抽象程度及各种相似特征（包括模仿、类比和对应）所占成分的多少，把图标符号分成三类：肖像（image）、图表（diagram）和隐喻（metaphor）。在三类图标符号中，符号和对象联系的直接性从肖像到图表、从图表到隐喻，逐渐递减。[2] 其中，隐喻的抽象程度最高。隐喻必须由人们解释和理解，如黄色龙袍的形象隐喻皇权。指示符号是指通过特定标志表示出某个特殊情形的方式，如交通标志线等。象征符号是指可以抽象表示一个特定意义的符号形式。如国旗是国家主权的象征，用天平表示法律的公正等。[3]

苏珊·朗格则首先从结构角度将符号区分为一般性符号（动物心理的基础）和象征性符号（人类独特的心灵基础），然后提出了人类的两种符号范畴，分别是推理性符号（严格地说就是语言）和表征性符号（或表现性符号，即语言之外的其他一些形式）。[4]

四、语言符号和非语言符号

（一）语言符号

语言符号的研究在语言学领域有着成熟的研究成果。人与人之间要进行信息交流，必须运用传播符号将要传递的信息进行编码，使信息转化为以符号序列形式出现的讯息。只有通过这种符号化行为，信息交流才能实现。

在人类所用的符号系统之中，语言是人类交流中最为典型、最为重要的符号系统。语言符号形成了规范化的文化规范乃至经济运行规则系统。亚当·斯密（Adam Smith）于1761年撰文指出，语言是人们进行社会交往和经济交易的重要工具和手段。比如我们将交易契约通过合同语言进行固化，形成经济约定和规则。语言构成了人之为人的主要维度，不了解语言，不研究语言在人类社会形成和市场机制运作中的作用，就难以对人类"经济世界"的内在秩序及其变迁机理有一个到位的理解和把握。[5]

---

[1] Peirce C. Logic as semiotic: The theory of signs[M]//Innis R E. Semiotics: An introductor anthology. Indiana University Press, 1985.

[2] 张凤,高航.语言符号的任意性、象似性与理据——索绪尔的任意性观点和皮尔斯的象似性观点解读[J].山东外语教学,2005(5):6.

[3] 同上.

[4] [美]林文刚.媒介环境学——思想沿革与多维视野[M].何道宽,译.2版.中国大百科全书出版社,2019.

[5] 陈柳钦.用规则来解释规则,用语言来解释语言——西方语言经济学的缘起和发展[N].中国社会科学报, 2011-4-19(13).

语言符号是由"能指"(signifier)(也叫符号具)和"所指"(signified)(也叫符号义)构成的,"能指"是指语言的具体形式形态,"所指"是指语言所内含事物的含义。语言具有形式和内涵的双重性,其表现形态就是人类创造的声音和文字形式,其内涵就是人类试图表达和被解释、理解的意义。

在世界范围内,语言文字的起源和形态各不相同,包括元音和辅音的音素文字在世界范围内广泛传播后,便形成了基本稳定的两大系统——象形文字与拼音文字。[①]从英尼斯的媒介时空偏倚的分析视角来看,象形文字作为时间偏向的媒介,更利于知识和经验在时间坐标上传播、继承,有助于宗教的发展;而拼音文字则适合在空间维度上传播、推广,有助于帝国的扩张。[②]

中国古代最早的文字甲骨文就是以象形为基础发展起来的,因此具有"书画同源"的基本特征。中国文字具有独特的模拟事物的意象符号特点,因此它不仅具有交际功能,也是中华民族的文化记忆和文化艺术表现形式。比如,中国的诗词歌赋、曲艺、书法乃至春联等都是中国文字的一种独特意蕴、表达形态。从这个意义上来说,秦始皇统一了文字,为汉语言的交流奠定了基础,并且推动了中国文化的保存、延续和发展。[③]

(二)非语言符号

人类也借助非语言符号来进行交流,包括各类物品的使用、人体自身的表情姿态等的运用、语言的伴随性发声、时间和空间的运用等。朱迪·伯贡(Judee Burgoon)根据符号涉及的行为对非语言符号进行了分类,将其分为身体语言(躯体活动)、辅助语言(对语音的利用)、空间关系感觉(对空间的利用)、外貌表现、肤觉(对触觉的利用)、时间观和人造物。[④]

伯贡归纳了非语言符号的几个特征:(1)模拟性而非数字性,数字性语言符号如数字或者字母一般彼此之间没有联系,但是非语言符号可以模拟事物的象形意义;(2)一部分非语言符号具有图像特征或者说是形似性,如用手势来表达事物形状;(3)某些特定的非语言符号具有普遍意义,尤其是那些用于表达感情或者威胁别人的符号,如微笑就是一个具有普遍性的面部语言符号;(4)非语言符号使得多个不同信息的同时传播成为可能,如身体语言可以同时传递各种不同的乃至相互矛盾的信息;(5)非语言符号可以引发不受思维控制的无意识反应和自发性行为。如在遇到令人感到难堪的情形时我们会脸红或者下意识地吐舌头等。[⑤]

[①] 张虹.文字传播与文明:基于两种文字系统的起源、发展和特征[J].新闻战线,2019(2):39-41.
[②] 同上.
[③] 沙莲香.传播学:以人为主体的图像世界之谜[M].中国人民大学出版社,1990.
[④] 〔美〕斯蒂芬·李特约翰,等.人类传播理论[M].史安斌,译.9版.清华大学出版社,2009.
[⑤] Burgoon J K. Nonverbal signals [M]// Knapp M L, Miller G R. Handbook of interpersonal communication. 2nd ed. Sage, 1994: 344-390.

洛雷塔·马兰德罗(Loretta Malandro)等归纳出非言语交际具有的六大功能:(1)补足(complementing):如在体育比赛中获胜后队员之间的相互拥抱与拍肩,就是在语言之外补充表达庆贺和鼓励的含义。(2)抵触(contradicting):当你不喜欢对方的时候,尽管语言表达是礼貌和友好的,但表情可能会表现出不悦。(3)重复(repeating):如你问商家水果多少钱一斤,对方回答"2元",同时又伸出两个手指头来表示这个价格,这就是一种重复。(4)协调(regulating):比如你在和他人交谈的过程中,可能会基于对方的反应,通过点头来表示理解和积极回应,这样就起到了管理和控制交流的协调作用。(5)替代(substituting):比如聋哑人实际上是通过手语作为替代语言来进行交流的。(6)强调(accenting):比如通过挥拳头来强调一种意见表达的激烈程度。[①]

基于不同的研究内容,非语言符号研究形成了不同的分支领域,分别是:体触学(haptics),研究身体接触所传达的信息;身体语言学(kinesics),研究表情、手势和姿态动作等身体运动表达的信息;声音学(vocalics 或 paralanguage),研究口语表达的音调、非言语声音等;时间学(chronemics),研究人们利用时间的方式及其内在的意义信息;空间关系学(proxemics),研究人际距离及空间使用方式及其表达的意义信息。[②] 下面对身体语言学和空间关系学作简要介绍。

1. 身体语言学

身体语言学,也称态势语言学或者行为解析学,其创始人是雷·伯德惠斯特尔(Ray Birdwhistell)。他将身体作为符号形态的载体进行了解析分析,在《身体语言学与语境》一书中,他列举了七个关于身体语言的理论命题:(1)一切身体运动在传播语境下都具有潜在的意义。(2)由于行为具有一定的组织性,因此身体行为可以被系统分析。(3)尽管身体活动受到生理局限,但是在交流中身体活动可被视为社会系统的一部分,不同的社群使用不同的身体语言。(4)人们会受到其他人的明显身体活动的影响。(5)可通过研究来分析身体活动在传播中的作用方式。(6)身体语言学研究发现的意义,一方面依赖研究的行为,另一方面有赖于采用的研究方法。(7)身体活动的运用具有个人特点,但同时也是与其他人共享的社会系统的一部分。[③]

2. 空间关系学

空间关系学,也称为人际距离学或人体领域学,主要研究空间作为交流符号的运用问

---

① 〔美〕洛雷塔·A.马兰德罗,拉里·巴克.非言语交流[M].孟小平,单年惠,朱美德,译.北京语言学院出版社,1991.
② Moore N. Nonverbal communication: studies and applications[M]. Oxford University Press, 2009.
③ Birdwhistell R L. Kinesics and context: Essays on body motion communication [M]. University of Pennsylvania Press, 1970.

题。它脱胎于动物行为学,主要强调人人都具有肉眼所没有察觉到的各自的势力范围。①

爱德华·霍尔强调了空间作为信息传递手段的特殊性。他在《无声的语言》一书中指出,"空间传递信息,空间变化赋予交流特定的调子,两个人交谈时,身体的移动和距离的改变成为交流中必不可少的要素"②。他归纳了三种不同类型的空间形式:第一种是固定特征的空间,包括不可移动的墙和房间。第二种是半固定特征空间,包括家具等可移动的东西。第三种是非正式的空间,属于个人的领地,是随着人的活动而不断变换的周围环境,它决定了人际传播中参与者之间的身体距离。③ 如在英美文化中,人们用四种类型的身体距离表达不同的意义:亲密距离(0英尺—18英寸或者0—45厘米)、个人交流(18英寸—4英尺或者45厘米—1.2米)、社交场合(4英尺—12英尺或者1.2米—3.6米)和公共场合(12英尺或者3.6米以上)。④

伯贡把个人空间定义为:个体周围无形的、多变的、界定了个体更喜欢的与他人的距离的空间范围。⑤ 她认为,非语言的空间符号表达在人际交往中具有重要的象征意义,并提出了期望违背(违反预期)理论(expectancy violations theory)。理论早期关注的是身体距离、目光语言等非言语交际行为,后来又拓展到会话控制、印象控制乃至跨文化交流等领域。⑥ 该理论认为,预期对人们的互动模式、对对方的印象以及互动结果构成重大影响。因此,违反预期会唤醒并分化接受者的注意力,将更多注意力转移到违反者以及违反者的行为意义本身。如果违反的效价为正,传播者可以借助意想不到的行为,提升他们的魅力、可信度和影响力。如果违反的效价为负,传播者则应以社会认可的方式行事。⑦

第二节 符号文本与意义的文化研究

符号文本作为文化形态客体,对于分析文化的生产、传播、消费及影响有重要的意义,其中对于文化的批判性分析具有重要影响。这些理论既从宏观政治经济领域分析了传播符号文本与媒介霸权的关系,也从微观角度阐释了文本编码、解码的核心机制。

---

① 刘文荣,等.身态语言[M].百花文艺出版社,2002.
② 〔美〕爱德华·霍尔.无声的语言[M].何道宽,译.北京大学出版社,2010:175.
③ Hall E T. The silent language [M]. Doubleday & Company, Inc., 1959.
④ 〔美〕斯蒂芬·李特约翰,等.人类传播理论[M].史安斌,译.9版.清华大学出版社,2009.
⑤ Burgoon J K. A communication model of personal space violation: Explication and an initial test[J]. Human Communication Research, 1978, 4(2): 129-142.
⑥ Burgoon J K, Hale J L. Nonverbal expectancy violations: Model elaboration and application to immediacy behaviors[J]. Communication Monographs, 1988, 55(1): 58-79.
⑦ 〔美〕埃姆·格里芬.初识传播学:在信息社会里正确认知自我、他人与世界[M].展江,译.北京联合出版公司,2016.

戈尔丁等就将符号意义的研究作为传播的文化研究范式加以界定,他引述格雷厄姆·默多克(Graham Murdock)的观点加以说明,即"主要关心意义的建构——意义是如何在特殊的表达形式中产生的,它又是如何在日常生活实践过程中被持续地协商和解构"①。与此同时,符号的创造就是将人类内在意义表达出来的过程,而我们对于符号的使用和解读、阐释过程就是一个发现意义的过程。因此,传播符号的文化研究涉及符号文本与意义解读之间的结构关系问题,在符号文本的研究领域,形成了一些重要的文化批判理论,主要包括结构主义符号学、阐释学、后现代主义和现象学等。

一、符号与意义的主体间性

按照一般理解,符号与意义是一一对应的关系,但是由于符号的生产、传播、接收和理解对应不同的主体,他们对于符号意义不能完全进行客观的解读。因此,存在传播的符号意义和接收理解之间的差异性,具体表现在以下几个方面。

(一) 传播者的意义不一定都能正确表达

从符号意义的形式和内容角度来看,由于语言是静态的、有限的和高度抽象的,实际是动态的、无限的和丰富多彩的,因此符号与意义之间的距离是客观存在的问题。日本学者早川一荣认为,语言抽绎程度有高低之分,抽绎的程度愈高,它与具体实际的依存关系就愈间接。语言能在许多不同抽象层次上活动。他提出了"语言的抽绎阶梯"的概念,阶梯愈往上,被摒弃的细节就愈多,离具体实际就愈远。语言的抽象特性,能大大加快信息处理工作的速度。"财富"一词就可以包括牛、房屋以及其他许多东西,可是问题也出在这里,语言的抽象层次越高,可能引起的误会便越多,能理解和接受的人便越少。因此,要实现有效传播,必须把所说的话在对方能明白的抽象范围内陈述,并在这个范围内的各层次上移动。要在具体事例的基础上去概括,得出抽象的结论,然后再回到具体事例中去说明,针对听众,选定最合适的抽象层次,用最节省的抽象字眼去表达,这是成功运用语言交流的秘诀。②

(二) 受传者可能产生诠释差异和文化误读

诠释差异和文化误读一方面表现为对符号理解的差异性,另一方面表现为特定历史和空间的情境制约。同样的符号语词不仅具有纵向的理解抽绎差别,也在横向上,基于不同人的认知理解,有一定的语义差异。这其中包括选择性理解和错误性理解等方面。为了对针对这些符号的语义理解进行测量,奥斯古德与乔治·苏吉(George Suci)、珀西·坦南鲍姆(Percy Tannenbaum)在《意义的测量》一书中,提出了语义差异量表

---

① 张国良.20世纪传播学经典文本[M].复旦大学出版社,2003.
② 李彬.传播学引论[M].高等教育出版社,2013.

(semantic differential scale)态度测量方法,以形容词的正反意义为基础,包含一系列形容词和它们的反义词,在每一个形容词及其反义词之间有7—11个区间。我们对观念、事物或人的感觉可以通过所选择的两个相反形容词之间的区间反映出来,被测者根据对词或概念的感受、理解,在量表上选定相应的位置。[①]

他们把意义空间分为三个层面,构成三维语义空间:第一是评判因素,如好与坏、贵重与无价值、公平与不公平、诚实与虚伪等。在这个层面的两种评价之间的若干等级线上,显示出一个人对某字词或指代物喜欢或不喜欢的程度。第二是效能因素,如有力的与无力的、强壮的与衰弱的、重的与轻的、坚固的与柔软的等。这个层面代表人对字词或指代物所体会到的强弱程度。第三是活动因素,如主动的与被动的、快的与慢的、活动的与静止的、动态的与静态的、变化的与重复的等。这个层面表示人们对某字词或指代物活动状况的认识。[②]

受传者的接受和理解也受到传播情境对意义的制约。情境是对特定的传播行为直接或间接产生影响的外部事物、条件或因素的总称,如时间、地点,广义上还包括社会文化环境等,这些因素都会对意义的解读产生影响。古代作品在今天的阐释过程中就因为时过境迁而不容易从同样的文本中找到原来作者想传达的意义。

二、结构主义符号学

结构主义最早起源于索绪尔,他对语言和言语的区分,以及对符号、能指和所指概念的辨析的影响远超出语言领域。从结构主义角度来看,语言相当于整体的结构框架,是一个客观存在的"物质性"结构,个人被动地接受。而言语则代表着鲜活的个人,是个人表达的"语言",带有浓厚的个人色彩。[③]

结构主义符号学应用结构主义理论与方法分析文化的符号现象,集中分析文化的社会"结构"(一种持久的模式),以此来探寻它们是否分享一种共同的代码。如克劳德·列维-斯特劳斯的结构主义传统表明,类别化的文化传统先存在于个体,业已存在的类别化规定了社会生活中的活动。[④] 该理论认为,"外在的"既定标志和符号模式,是独立于任何个体或受众的。在这一方法论的极端类型中,个体不会制造意义,相反,是结构化的意义制造了个体。也就是说,这些意义制造了我们理解世界和作出选择的方式。[⑤]

---

① Osgood C E, Suci G J, Tannenbaum P H. The measurement of meaning [M]. University of Illinois Press, 1957.
② 邵培仁.传播学 [M].3 版.高等教育出版社,2015.
③ 耿亚平.社会理论中的结构主义[J].学理论,2020(1):51-53.
④ [美]约翰·R.霍尔,玛丽·乔·尼兹.文化:社会学的视野[M].周晓虹,徐彬,译.商务印书馆,2002.
⑤ 同上.

丹尼尔·达扬(Daniel Dayan)和卡茨以结构主义类型分析方法研究了传媒事件的共同特征,如查尔斯王子与戴安娜王妃的婚礼、第一次登月探险、水门事件听证会等,这些事件各不相同,但是都有"电视仪式"的共同特征,它们让大众能看到社会秩序的转换时刻,由此在仪式上重新确认了社会秩序,对于整个社会而言,仪式通过电视直播承担了"宗教性"功能。[1]

三、符号意义的文本主体阐释理论

一直以来,"文本"被广泛理解为意义的载体。斯坦利·费什(Stanley Fish)提出了一个具有影响力的观点,即"文本即有意义的话语"并不存在于教室或图书馆,或者任何具体地点。文本以一种虚拟形式存在于读者的头脑中,以及读者彼此交往而形成的阐释社群中。这引发了人们对于文本、意义和信息作为一种关系结构的重新界定。

文本阐释的文化理论强调了受众阐释主体的重要作用,结构主义符号学认定了客观地解读文本的可能性。但是,阐释学认为,受众作为主体能够积极地赋予其所见的客体以意义,客观解释是不可能的。[2]在这个意义上,阐释学被认为试图理解文化客体(如一幅照片、一场电影、一次舞蹈)的意向性意义(intended meaning),旨在揭示文化客体生产的思想与意图。这与结构主义符号学不同,结构主义符号学考察的是文化客体自身所有符号之间的联系,而不考虑其创造者的意图。[3] 因此,如何去把握一个媒体内容的符号意义成为阐释学研究的重要内容。

(一)符号文本的阐释学分析

阐释学也称解释学,广泛应用于文化社会理论的分析领域,用以分析文化客体的符号与文本意义。在古希腊语中,阐释的意思是解释或诠释(interpretation),其原来的意思是译解(translating),后来指对《圣经》的解释。[4] 中国古代的典籍注疏也有类似的含义。

阐释学从古典解经学到近代进一步发展为哲学阐释学和文化研究理论。哲学阐释学的发展使阐释学理论日益成熟、系统、完善,并且形成了各种不同的阐释学流派,主要代表人物包括德国著名学者弗里德里希·施莱尔马赫(Friedrich Schleiermacher)、马丁·海德格尔(Martin Heidegger)、汉斯·伽达默尔(Hans Gadamer)、恩斯特·卡西尔(Ernst Cassirer)和哈贝马斯等。

法国学者保罗·利科(Paul Ricoeur)认为,阐释学讨论的是诸如文化艺术等符号含

---

[1] 〔美〕约翰·R.霍尔,玛丽·乔·尼兹.文化:社会学的视野[M].周晓虹,徐彬,译.商务印书馆,2002.
[2] 同上.
[3] 同上.
[4] 同上.

义复杂的系统意义,实际上这是一种文化的阐释。哈贝马斯强调了阐释者交流中的文化意义问题,他认为,所谓阐释学就是对人文范畴所决定的以及决定人文范畴的精神活动的一种方法透视及重建。他的阐释理论也被称为"作为交流理论的阐释学"①。

传播符号在交流中是通过文本化的符号系统构成的意义语篇结构,它是人类交流主体之间的中介。"文本"(text)一词原是西方文艺理论中的重要术语,是指按照一定语言规则结合而成的大于句子的语言组合体,或者指语言组合体中不同语言学层次上的结构组织本身。②

在当代符号学和阐释学研究中,文本超出了语言现象的范围,其广义上将文化形态甚至整个精神世界都看成一个文本。从传播学的角度来分析,文本可被视为传播媒介的内容和阐释对象,在语言符号文本系统方面,一般是以标准化的编码形式表达整体意义的符号系统。

文本意义阐释是受众在利用媒介信息的过程中,对媒介内容进行选择、阅读、解构、体验、认知、反馈等一系列从文本符号获得意义的社会行为、实践活动和心理过程。③ 符号学家雅各布森的"符号六因素论"说得非常透彻。他指出,任何符号文本都包含六个因素,即发送者、文本、对象、媒介、符码与接收者。当其中一个因素成为文本的主导时,就会导向某种相应的特殊意义解释。④

霍尔借鉴了索绪尔关于语言符号任意性的著述,分析了媒介信息的重新概念化问题。语言是一个符号系统,而符号是由能指(书面文字或空气中的语音)和所指(能指所表示的思想)组成,在索绪尔看来,能指和所指之间的关系是任意的,除了约定俗成外没有必然的联系,意义是一个不稳定的特性,它有赖于其在各种话语构建里的表达。⑤ 因此,不能认为文化意义完全存在于文化的客观性中,或者认为它存在于个体文化使用者的孤立意识中。⑥ 文化符号系统的意义是动态的,具有主体阐释性和互构性。

(二) 文本意义的现象学分析

现象学方法论中,研究符号文本的主要意义在于强调人们的主体性意义赋予。20世纪早期的现象学家埃德蒙德·胡塞尔(Edmund Husserl)试图为真实的知识建立基础,而不是预设或假定。⑦

现象学理论认为,首先,文化客体"外显"(电影或音乐会)并不自行表现出意义,因

---

① 转引自周庆山.文献传播学[M].书目文献出版社,1997.
② 周庆山.文献传播学[M].书目文献出版社,1997.
③ 同上.
④ 赵毅衡.符号学:原理与推演[M].南京大学出版社,2011:177、233-236.
⑤ 〔英〕尼克·史蒂文森.认识媒介文化:社会理论与大众传播[M].王文斌,译.商务印书馆,2001.
⑥ 〔美〕约翰·R.霍尔,玛丽·乔·尼兹.文化:社会学的视野[M].周晓虹,徐彬,译.商务印书馆,2002.
⑦ 同上.

为不同的人会关注其不同方面。因此，人们外在地赋予文化以意义，而不是内在地理解文化的意义。其次，在很大程度上，人们如何赋予文化意义有赖于自身的知识储备和即时的情境。因此，对文化客体的解读不是被动领会过程，相反，读者基于各种考虑，积极参与制造意义的过程。最后，现象学有助于消除因分析的区别造成的文化生产者、文化客体和受众之间的分离，现象学不是将这三者视为相互影响又各自分离的存在，而是把文化客体视为一种特殊的交互主体关系中联系生产者与受众的中介。[①] 该理论提出了阐释者两元主体互动性特征，改变了以往注重传播者本位或者作品本位的观念，强调了文本符号系统的独立自在性和文本阐释的主体间性，揭示了文本意义的双重建构特征。

沃尔夫冈·伊瑟尔的接受理论，最直接地将现象学引入文学批评。伊瑟尔认为，文学作品并非一个对每个时代的每个观察者都以同一面貌出现的自足的客体，也不是形而上学地展示其超时代本质的纪念碑。文学作品像一部乐谱，要求演奏者将其变成流动的音乐。只有阅读才能使文本从死的语言物质材料中挣脱出来，而拥有现实的生命。[②]

我们以传播知识为主要载体职能的文献传播来分析文本阐释观念与传统传播和接受观念的差别。见表 3-1。[③]

表 3-1　传统媒介作品观与文本阐释观的比较

传统媒介作品观	文本阐释观
媒介是记录信息的物质载体	媒介是立足于传播与阐释的文本符号系统，载体是一种相对传播形式
媒介内容是自足的系统，是自我相关的	媒介文本在受众理解中复活，传播者、媒介、受众是一个整体，文本是被编织与被阐释的中介
著者是媒介内容之父	著者是媒介内容之父，受众则是再生之父
著作与阅读相互分离	著作与阅读通过文本而联结成意义对话结构，著作即阅读，阅读即阐释性交流
读者总是媒介传达的意义的被动接受者	文本通过受众阐释达到视界融合并超出视界
传播是一个线性模式，是从作者到读者的传递过程	传播与接受是文本联结结构的统一过程，呈螺旋式上升的关系型模式，意义不断被更新和创造
著作是严肃的，与读者的解读与赋予意义无关	文本是著者与受众进行心灵对话并消除误解的桥梁
媒介是著者思想的外壳，是储存思想的容器	作品具有真诚性、开放性和人文性，是未完成的交流活动的中介，它始终等待阅读

---

① [美]约翰·R.霍尔，玛丽·乔·尼兹.文化：社会学的视野[M].周晓虹，徐彬，译.商务印书馆，2002.
② 王岳川.后现代主义文化研究[M].北京大学出版社，1992.
③ 周庆山.文献传播学[M].书目文献出版社，1997.

从表 3-1 我们可以看出，文本阐释是一个自我交流过程，受众通过文本与潜在地存在于文本符号系统中的传播者进行对话，将人与文本的关系变成人与赋予文本意义的人的心灵沟通和灵魂对话关系。主体（著者与受众）通过对象（文本）交流，成为传播最基础、最核心的形式。文本意义的阐释过程并不完全是一个线性积累的过程，最初的积累会衍生出一整套联想，这些联想将被用来阐释新的阅读内容，并反过来改变最初的联想和理解。媒介文本唤醒了受众的期待，受众期待被激发或重新定向，受众不仅是接受者，也是再创造者，从而实现作者与受者的双向建构。[1]

受众在创造新文本的过程中引用已有文本的过程也可被视为一种文本征引性交流，我们现在通过自动聚类可以分析出作者引用文献的网络，这个网络就是一个文本主体的交流网络和交流意义范式，尤其是在科学文献交流领域，这一引文网络体现了围绕一个学术研究命题建立的无形学院和意义共同体范式。

（三）大众媒体符号的文化批判分析

符号在传播媒体中出现，经过了一个符码的编码过程，这个过程是一种意义的重构过程，对这一重构的媒体批判，是符号传播学的重要内容。其中包括对媒体报道背后操纵意义的分析以及媒体的性别符号的女性主义批判等。

罗兰·巴尔特认为，符号有两个层次的含义：明示义（denotation）和隐含义（connotation）。前者是符号明显外在的意义，后者是符号在其所依托的社会文化背景之中引申的意义，后者在前者的基础上产生，稳定程度相对较低。他以"玫瑰"为例，说明了"玫瑰"一词能指作为植物的玫瑰，也就是其明示义，也能指代爱情的象征，这就是隐含义。[2] 巴尔特还无情地剖析了法国大众传播媒介创造的"神话"，揭露了它为自身的目的而暗中操纵代码的行径。[3]

传播内容一般会以一种较为明显的性别倾向性符号来表达潜在的意义结构，这一现象受到了女性主义研究者的关注。女性主义理论家从一开始就致力于区分"生物性别"（sex）和"社会性别"（gender），前者是生物学的范畴，后者是一种社会建构。[4]

1978 年，美国传播学女学者盖伊·塔奇曼（Gaye Tuchman）等联合出版了论文集，第一次集中地就媒介与妇女形象问题进行了深入广泛的研究，标志着"性别与传播"研究浮出水面，正式成为传播学研究的一个分支。[5] 1986 年和 1987 年是"媒介与女性研究"开始向"媒介与性别研究"转变的一个阶段。研究成果强调两性地位与作用的性别

---

[1] 周庆山.文献传播学[M].书目文献出版社,1997.
[2] 〔法〕罗兰·巴尔特.符号学原理[M].王东亮,等译.生活·读书·新知三联书店,1999.
[3] 〔英〕特伦斯·霍克斯.结构主义和符号学[M].瞿铁鹏,译.上海译文出版社,1987.
[4] 〔美〕斯蒂芬·李特约翰,等.人类传播理论[M].史安斌,译.9 版.清华大学出版社,2009.
[5] 陈阳.性别与传播[J].国际新闻界,2001(1):59-64.

意识,明显取代了单纯强化女性意识或妇女地位的研究思路。①

女性,当然其实也包括男性符号化表现,反映了传播者对于性别化的社会角色的一种立场和态度,比如女性角色一般表现为妻子、母亲和家庭主妇。因此,广告片中常常将公司总裁设计成为成功的男性,而秘书则是年轻漂亮的女性,传达着男性占据优势地位的片面形象。约翰·费斯克以某食用油广告为例,分析了广告文本中女性形象背后体现出的多重意义及社会文化背景因素。他把符号的意义分为三个层次:表面意义(denotation)、深层意义(myth)、潜在意义(ideology)。在电视广告的画面中,一位妇女在厨房里做饭,旁白的广告词是"某某食用油,有利老公健康"。广告的表面意义就是妻子表示某种食用油比较好,但广告也隐含着深层意义,即女性作为家庭主妇在家庭的厨房里活动,其活动目的是满足男性的胃口和需要,以得到男性的肯定评价为荣。潜在意义就是以父权制为主导的社会现实,男优女劣,男主女从。这深刻地揭示了广告表面意义之后隐藏的意义。②

性别符号研究继承了批判理论的思想和方法论,并从性别化受众分析进入媒介符号呈现的意义结构分析领域,建构了符号研究的新范式。如谢丽斯·克拉马雷(Cheris Kramarae)提出的失声群体理论(muted group theory),就对这一问题作了特定分析,并指出由男性创造的语言有助于限制、贬低和排斥女性。女性在公共场合不善表达,是由于她们一直使用由男性制定的语言和规则。如果女性不再沉默,男性就无法继续维系在社会中的优势地位。③

四、后结构主义符号学

人们对大众传媒的认识经历了几个时期,最初是对于大众传媒作为文化世界(文化工业的世界)的发现。继而是对于大众传媒作为权力世界(传媒世界即意识形态权力的世界和政治经济权力的世界)的发现。然后,是对于大众传媒作为文本世界的发现,之后是后现代主义(post-modernism),将传媒作为游戏世界。后现代主义的传媒研究是将相对"确定"变成了不确定,传媒也从文化世界、权力世界、文本世界转向了游戏世界,显然意在消解此前的意义世界。④

从20世纪60年代到70年代,结构主义符号学不得不依靠系统确定符号意义,然而,这一封闭框架已容不下符号学的多元性以及其他开放式符号学体系。结构主义者

---

① 张敬婕.性别与传播研究30年发展轨迹[M].妇女研究论丛,2009(6):81-86.
② 陈阳.符号学方法在大众传播中的应用[J].国际新闻界,2000(4):46-50.
③ [美]埃姆·格里芬.初识传播学:在信息社会里正确认知自我、他人与世界[M].展江,译.北京联合出版公司,2016.
④ 潘知常.批判的视境:传媒作为世界——西方传媒批判理论的四个世界[J].东方论坛,2007(3-4).

纷纷自我突破为后结构主义者。① 结构主义符号学认定客观的解释文本的可能性,但由于不同解读的基础是存在于文本中的复杂意义和被抑制的意义,对于这一点的认知促使文本分析中的结构主义向"后结构主义"转变。后结构主义的解释延续了结构主义对于文本结构中公共主题意义的关注,而不是像阐释学那样追寻文化生产的意图。②

后结构主义符号学并不是对结构主义假设的完全否定,而是对其拓展和超越,蕴含意义解构(deconstruction)的后现代主义意识。雅克·德里达(Jacques Derrida)的解构理论对后结构主义的发展起到了关键作用。他于20世纪60年代中后期提出的解构主义理念,质疑并拆解符号本文之封闭性,消解结构主义二元对立模式,确立符号表意之不可终极性与开放性等原则。③ 在德里达、巴尔特、米歇尔·福柯(Michel Foucault)等解构主义者看来,"结构"根源于对永恒意义和恒定结构的先验性设置,其本身往往无法逃离权力中心的控制和话语制约,因此需要对这种抽象结构进行消解,最终使得"社会从所有那些作者、创造支配性话语的知识权威们的观念束缚中挣脱出来"④。

在结构主义的符号学看来,文本被理解为赋予思想内容以形式的过程,从而成为结构化的符号形态。但随着互联网和数字技术的出现,传统的文本符号实现了"再符号化",并激发了对于文本解构化的互文性关注和探讨。互文性理论来源于俄罗斯文学家米哈伊尔·巴赫金(Michael Bakhtin)和法国学者茱莉娅·克里斯蒂娃(Julia Kristeva)等学者,该理论认为,"文本所具有的短暂性,这一点不同于任何先验性内容或形式。不论是文学作品还是其他讯息,它们都不是一个基本的或稳定的意义空间。文本之所以有意义,并不在于其自身,而是由于它与其他文本的联系"⑤。延森也认为,约翰·费斯克区别了互文性的两个维度,即横向互文和纵向互文。横向互文是传统意义上的意义跨越历史的迁移,它留存于艺术与大众媒体的隐喻和文字当中;而纵向互文则包含受众,受众本身成为媒介,并进一步对文本进行反馈和讨论。在数字环境下,互文性成为一系列超文本性的超链接形态。链接使得先前对于发送者或接受者而言或多或少的随机联系变得清晰,可供人们检索和修改。⑥

---

① 赵星植.21世纪以来重要符号学新流派的发展趋势[J].西南民族大学学报(人文社科版),2019(8):184-191.
② 〔美〕约翰·R.霍尔,玛丽·乔·尼兹.文化:社会学的视野[M].周晓虹,徐彬,译.商务印书馆,2002.
③ 赵星植.21世纪以来重要符号学新流派的发展趋势[J].西南民族大学学报(人文社科版),2019(8):184-191.
④ 〔美〕乔治·瑞泽尔.后现代社会理论[M].华夏出版社,2003:174.转引自方毅华.现代主义思潮对我国大众传播的影响[J].现代传播(中国传媒大学学报),2007(2).
⑤ 〔丹麦〕克劳斯·布鲁恩·延森.媒介融合:网络传播、大众传播和人际传播的三重维度[M].刘君,译.复旦大学出版社,2012.
⑥ 同上.

第三节 符号互动论

符号互动论,又称象征互动论。该理论的核心问题是关注主体基于符号的互动及建构意义的机制。20世纪初,约翰·杜威等实用主义哲学就指出,意义是通过互动创造的。拉尔夫·拉罗萨(Ralph LaRossa)等指出,符号互动理论"本质上提供了一个帮助我们理解人类如何与他人共同创造符号世界,这些世界又如何反过来影响人类行为的理论框架"①。

符号互动理论由美国社会心理学家、芝加哥大学教授乔治·米德创立,并由他的学生布鲁默于1937年正式提出。布鲁默等发展了米德的思想,他在1969年出版了论文集《符号互动论:观点和方法》,明确提出了"符号互动论"这一术语,并推动形成了芝加哥学派和衣阿华学派,它们在研究方法等问题上形成了不同的看法。20世纪六七十年代美国社会学学会主席欧文·戈夫曼(Erving Goffman)进一步提出了著名的拟剧理论。

一、符号互动论的理论要点

芭芭拉·莱尔(Barbara Lal)对符号互动论的要点作了总结:(1)人们是按照他们对所处的情境的主观理解来作出决定和实施行动的;(2)社会生活是由互动过程而非结构组成的,因此社会生活处于不断变化之中;(3)人们是通过其所属群体共享的符号意义来理解他们的体验的,语言是社会生活中最重要的部分;(4)世界是由社会性客体组成的,这些事物都获得了一定的命名和意义,而这些意义是由社会决定的,意义是在社会群体之间的互动过程中得以创建和维持的;(5)人们的行为是以他们的阐释为基础的,通过阐释,人们对相关事物和行为进行思考和界定;(6)每个人的自我都是一个有意义的客体,与所有社会性客体一样,自我是通过与他人进行社会性互动得到定义的。②

我们从这些理论要点中,可以得出如下主要论点:人类心灵的独特之处在于,它具有理解和使用象征符号的能力;人类具有通过他人的角度反思自己的能力;社会是人类创造的社会关系网;意义通过符号规则下的自我和社会阐释形成社会共识。

二、符号互动论的分析架构

乔治·米德在1934年出版的《心灵、自我与社会》一书中,建构了符号互动论的理论基础。他认为,我们用符号生成我们对意识的经验(心灵或译为心智)、自己的理解

---

① 〔美〕理查德·韦斯特,林恩·特纳.传播理论导引:分析与应用[M].刘海龙,译.2版.中国人民大学出版社,2007.

② 〔美〕斯蒂芬·李特约翰,等.人类传播理论[M].史安斌,译.9版.清华大学出版社,2009.

(自我)以及宏观社会秩序的知识(社会),意义是在社会群体之间的互动过程中得以创建和维持的,人们根据特定情境中产生的象征性意义来行动。"心灵""自我""社会"和"意义"是理论中四个最为核心的概念,它们互相交叉,相互联系,构成了符号互动理论的分析架构,用以解释人类使用符号进行社会沟通,并界定自我、建立互动关系网的能力,以及如何通过符号互动创建、界定并维持共同的意义规则。

(一) 心灵:使用象征符号的能力

米德将"心灵"定义为"使用具有共同社会意义的象征符号的能力"。人与人通过交流能够建立心灵的沟通与理解,沟通的媒介就是符号。在交流中能够借助对方的符号表达来了解对方的态度,也会获得对方关于自己的态度和情感,从而达到认知他人与认识自己的目的。因此,心灵建构了自我与他人共享的意义系统。

米德认为,人类心灵的独特之处在于,它具有理解和使用象征符号(尤其是语言)的能力。动物只能"本能地"和"未经思考地"行动。除极少数特例以外,动物无法反省式地思考。"人类进行特有的概念性思考过程需要社会激励和对抽象符号系统的揭示。"当个体能够懂得常规姿态(尤其是语言)的含义,通过这些姿态来领会、理解他人,并想象性预演可选择的行动方案时,他就具有了成熟的心灵。[1]

心灵对于社会互动中的意义理解起到重要作用,并建构了思想概念体系。米德认为,"思想"形成于自我内部交流,其中个人对于符号的解释会被他自己的思考修正。通过思想可以完成的重要活动是角色扮演,即通过象征性的想象把自我变成他人的自我,就是站在他人的角度想问题的能力,或称为"换位思考"。[2]

(二) 自我:他人镜中的映像

米德强调,自我不仅是自我意识的过程,也是一个社会互动过程。他指出,"对于沟通来说至关重要的是,符号应当在一个个体的自我之中导致它在另一个个体那里所导致的反应。与此同时,自我是通过玩耍和游戏活动表现出来的"。因此,"自我"是由社会建构得来的。"自我本质上是一种社会结构,是从社会经验中产生出来的。"自我意识是在与他人的互动中产生,并在自我的主我与客我的沟通中实现自我意识的社会化。其中,客我是社会性的,主我是本性的,主我是有机体对其他人的态度作出的反应,而客我则是一个人自己采取的一组有组织的其他人的态度。[3]

(三) 社会:人类创造的互动关系网

社会是由互动着的个人构成的,在互动中人们进行角色扮演,相互沟通、解释, 调

---

[1] [美]乔治·赫伯特·米德.心灵、自我与社会[M].霍桂桓,译.北京联合出版公司,2013.
[2] [美]理查德·韦斯特,林恩·特纳.传播理论导引:分析与应用[M].刘海龙,译.2版.中国人民大学出版社,2007.
[3] [美]乔治·米德.心灵.自我与社会[M].霍桂桓,译.北京联合出版公司,2013.

整自己的动作,指导和控制自我。社会互动机制不是物理的机械化过程,而是系统性的,其结构就是交流机制,人类通过建立各种层次的交流系统实现社会机制的创制、维持、变革和进化发展。[1]

库利将传播定义为:人与人的关系赖以成立和发展的机制。[2] 米德也将传播定义为"一种互动,即使在生物层面上,否则无法形成共同行为"[3]。从这些定义可以看出,传播是社会成员沟通的桥梁和纽带,没有传播和交流,社会就会处于无法协调和达成共识的混乱无序状态。因此,社会关系机制来源于人类的互动交流活动,自我在互动中进行沟通和社会行动,其中主我和客我的思维过程的有意识调整,就变成了整个社会过程的组成部分。

人类的发展离不开社会化过程,与父母的接触、交流,进入幼儿园、学校,毕业后走上工作岗位,直到退休后的晚年生活,都离不开社会交流互动过程。因此,社会也是人类自我意识和心灵发展的重要影响机制。

尤瓦尔·赫拉利(Yuval Harari)也认为,人类的特质就是人有心灵,有意义之网,动物只能想象实际存在的东西,而人可以想象主体间性的东西。他们具有真实而强大的力量,如国家、公司、法律等,通过虚构的故事组织大规模协作,这就是人类的力量。动物都活在客观实体和主观体验两重现实中,而人类的世界有第三重现实,关于金钱、神、国家、公司的故事。[4] 在这个过程中,参与者运用符号给自己和他人的行为赋予一定的意义,各种不同的社会机构便是由参与者之间的互动所构成的。比如,美国的法庭系统就是建立在法官、陪审团成员、律师、证人、书记员、记录员之间的互动基础上的,他们用语言来进行交流和互动,法庭就是要对所有参与者的行为进行阐释,除此之外,它没有任何意义。其他社会机构,如学校、教会、政府等都是如此。[5]

社会互动将形成独特的群体身份意识。米德借助儿童游戏过程的例子指出,在游戏中,将会形成由那些参与同一过程的人的态度所形成的组织共同体,这个共同体被称为一般的他者(generalized other,或译为概化的他者)。[6] 一般的他者指的是社会群体中或整个文化的观点和看法,这个共同体的态度就是整个社会群体的态度[7],是社会中人们进行内向互动的参照系,社会个体据此形成和发展自我意识,并按照他者的观点来评价自身和塑造自我形象,构建身份。而那些与个人较为亲近的人则成为意义重大的他

---

[1] 胡荣.符号互动论的方法论意义[J].社会学研究,1989(1):7.
[2] Dance F E X. The "concept" of communication [J]. Journal of Communication, 1970(6): 201-210.
[3] 〔美〕乔治·赫伯特·米德.心灵、自我与社会[M].霍桂桓,译.北京联合出版公司,2013.
[4] 〔以〕尤瓦尔·赫拉利.未来简史:从智人到神人[M].林俊宏,译.中信出版社,2017.
[5] 〔美〕斯蒂芬·李特约翰,等.人类传播理论[M].史安斌,译.9版.清华大学出版社,2009.
[6] 〔美〕乔治·赫伯特·米德.心灵、自我与社会[M].霍桂桓,译.北京联合出版公司,2013.
[7] 〔美〕理查德·韦斯特,林恩·特纳.传播理论导引:分析与应用[M].刘海龙,译.2版.中国人民大学出版社,2007.

者(significant other),他们作出的响应会对个人产生巨大影响。① 而这一他者化意识就是一个符号的标签化过程。

在米德的"镜中我"的自我理念中,"标签"对于自我概念和行为有着强大的影响,标签化自我形象对行为有重要影响,社会互动中形成的自我意识会影响到自我的激励性或者消极性行为。现代心理学家把因期待而引发某些非同寻常的结果的现象称作皮格马利翁效应(Pygmalion effect),具体是指对他人的期望支配着某人的行动。这一名称来自希腊传说中的人物皮格马利翁的神奇故事。皮格马利翁将雕塑的少女像命名为伽拉泰亚(Galatea),并期待这个少女像会成为自己的爱人。他通过向爱神阿弗洛蒂忒(Aphrodite)倾诉,得到帮助使少女像获得生命,并与她结为夫妻,开始了幸福生活。

美国著名心理学家罗伯特·罗森塔尔(Robert Rosenthal)等通过实证研究验证了这一效应。他对小学一至五年级全体学生进行了一次言语能力与思维推理能力的测验,分别从各个年级随机抽取了20%的学生,并将名单交给了老师,谎称这些学生成绩优良,暗示他们有更好的学习潜质。其实这些学生只是全体学生的一个随机样本,其表现并不优于另外80%的学生。八个月以后,罗森塔尔等再一次对全体学生进行测查,结果发现,这20%的学生普遍显著提高了成绩。他认为这与皮格马利翁的故事所蕴含的道理相似。因此,他将其称为皮格马利翁效应,即人们基于对某种情境的认知而形成的期望或预言,会使该情境产生适应这一期望或预言的效应。②

皮格马利翁效应表明,人们的自我内化的标签化意识,会让自我积极努力,成为自己或他人所期待的人。这也启发我们在儿童教育过程中,应通过鼓励而非贬低或者简单斥责的方式让他们改变自己。与此同时,各种符号运用障碍导致的社会互动障碍也会影响到人们在社会化过程中的互相理解和正确认同。如很多精神疾病患者常被某些人简单标签化为"疯子"或者"痴呆",也就是米德所称的"一般的他者",但是事实上,只是心理和病理上的障碍限制了他们的符号互动能力。在很多时候,他们与正常人一样生活,只是他们的思维和大脑有些生理和心理上较为明显的缺陷而已。通过命名化归类的符号互动具有区隔、歧视和误导性,会导致社会问题,因此,埃姆·格里芬(Em Griffin)指出,"骂人具有破坏性,因为侮辱性词语迫使我们在一面扭曲了的镜子里看自己。这种怪诞的形象不容易被清除"③。

(四) 意义:在互动中创建和维持

意义不是固定的和先验的,而是在人们的互动中创建和发展的。从现象学角度来

---

① 〔美〕斯蒂芬·李特约翰,等.人类传播理论[M].史安斌,译.9版.清华大学出版社,2009.
② 戴海崎.皮格马利翁效应的心理学原理浅析[J].江西师范大学学报,1985(4):64-67.
③ 〔美〕埃姆·格里芬.初识传播学:在信息社会里正确认知自我、他人与世界[M].展江,译.北京联合出版公司,2016.

说,意义是主观阐释和体验的结果。符号受到阐释者的解释和界定,并得以建立社会关系。意义不仅需要通过互动参与者自我解释,还需要得到社会的认同,达成意义共识。因此,符号互动需要借助一定的规则,人们依靠规则进行符号互动,并借以进行意义沟通和界定。

人们的符号互动规则影响了我们的社会关系。米德强调意义的主体间性基础(intersubjective basis of meaning),也就是说,只有当人们分享在互动中交换的关于符号的共同解释时,意义才会存在。布鲁默在继承了米德、库利等学者的思想的基础上,强调人际互动传播是意义产生的根源,符号互动创造、维持和改变社会结构。布鲁默把事物分为三种类型:物质的(东西)、社会的(人)和抽象的(思想)。人们如何对这些事物作出界定,取决于他们如何采取行动。① 事物本身不具有客观的意义,它是人在社会互动过程中被赋予和创造的,人们根据他人赋予某个事物的意义决定如何对他人采取行动,而意义也会在解释中得到修正。他解释说,关于意义的起源有三种看法:第一种看法认为意义是物体本身固有的,我们需要做的就是在事物中识别意义;第二种看法认为个人把自己心目中的某个事物的意义赋予了这个事物;第三种看法认为意义产生于人们之间,意义不是事物所固有的,它不预先存在于自然状态中。意义是一个社会产物或者说意义是"通过人们互动时的定义活动产生和形成的"②。

人们通过符号给事物界定意义反映了他们会以何种方式对该事物采取行动,比如有些房地产商开发的商品房特意宣传为"海景房",是因为人们借助符号来联想其意义。符号被赋予了各种不同的抽象意义,比如校徽是学校的标识符,国旗是国家主权的象征。符号意义还具有文化情境性。比如,中国人认为红色代表吉祥如意,因此在婚庆场合中,各种红色符号被赋予了红火热烈喜庆的意义。格里芬也举例说,"小猫"(kitten)这个词本身并没有任何小的、柔软的或者可爱的意思。只有通过与他人对话——符号互动——我们才认定其意义并发展其论域(universe of discourse)。③

意义被建立起来需要通过自我阐释和社会阐释的结合,社会就依靠这一意义系统进行社会行为,比如政治理念、宗教信仰、文化核心价值观等。社会共识性对于社会成员的集合性、凝聚力有重要影响。布鲁默认为,高级社会群体的行动主要由高度稳定的、重复出现的模式所组成。这些模式具有全体参与者共享的既定意义。④

---

① 〔美〕斯蒂芬·李特约翰,等.人类传播理论[M].史安斌,译.9版.清华大学出版社,2009.
② 〔美〕理查德·韦斯特,林恩·特纳.传播理论导引:分析与应用[M].刘海龙,译.中国人民大学出版社,2007.
③ 参见〔美〕埃姆·格里芬.初识传播学:在信息社会里正确认知自我、他人与世界[M].展江,译.北京联合出版公司,2016.
④ 〔美〕斯蒂芬·李特约翰,等.人类传播理论[M].史安斌,译.9版.清华大学出版社,2009.

二、戈夫曼的拟剧理论

戈夫曼在《日常生活中的自我呈现》(1956)一书中,将戏剧比拟引入社会学,进行人类交流活动的隐喻分析,对作为传播者的行为主体如何进行印象管理进行阐述,提出了"拟剧理论"(dramaturgy),后经《隔离场所》(1961)、《烙印》(1963)、《日常接触》(1963)、《互动分析》(1967)和《框架分析》(1974)等一系列著作得以完善。他的这些研究成果影响了后来的美国传播学教授约书亚·梅罗维茨。1985年,梅罗维茨结合麦克卢汉的媒介理论出版了《消失的地域——电子传播媒介对社会行为的影响》一书,提出了媒介情境理论。[1]

受到符号互动理论的影响,戈夫曼将社会互动看成自我呈现的过程,并将社会隐喻为一个表演场域,把人们的日常活动比拟为剧场的表演,重视符号化角色在互动中的作用,认为人们在生活中的角色如同舞台上的演员,将人们之间的符号互动看作一门表演艺术,认为人们在表演性的角色互动中力求给彼此以及观众留下积极印象。他还认为,真正意义的自我来自对个体在日常生活中所表现的种种行动所反映出来的意义的提取。[2]

拟剧理论的特点是运用了一些戏剧表演领域的概念、语言,包括:表演者和观众;常规程序和剧中角色;产生效果和达不到效果的表演;提示、舞台设置和后台;戏剧表演的需要、技艺和策略。[3]

戈夫曼认为,每个个体都分为表演者和角色两部分。其中,表演者是易受干扰的印象制造者,潜心于富于人性的表演工作,角色则是一种美好的形象。表演就是图谋显示出他的精神、力量以及其他各种优良的特性。[4]

日常自我呈现的表演需要"舞台设置",包括舞台设施、装饰品和布局,以及布景道具等。与戏剧表演类似,社会生活也分为舞台的前台和后台。前台就是个体表演中以一般和固定的方式有规律地为观察者定义情景的那一部分,是个人在表演期间有意无意使用的、标准化的表达性装备;而后台是指那些被竭力抑制、与表演相关但与表演促成的印象不一致的行为发生的地方,可能有损于它所要造成的印象的那些行动。[5]

---

[1] Meyrowitz J. No sense of place: The impact of electronic media on social behavior[M]. Oxford University Press, 1985.
[2] 周梅,李桂平.人际互动中的戏剧理论——解读《日常生活中的自我呈现》[J].经济研究导刊,2010(12):210-211.
[3] [美]欧文·戈夫曼.日常生活中的自我呈现[M].冯钢,译.北京大学出版社,2008.
[4] 同上.
[5] 同上.

戈夫曼将交流表演模式视为表达控制的维持。当一个人扮演一种角色时,必定期待观众认真对待自己在他们面前建立起来的表演印象。① 表演所要求的表达一致,指出了在我们的人性化自我和社会化自我之间一个至关重要的差异,即我们也许只是反复无常的情绪和变幻莫测的精力所驱使的动物,但作为一个社会角色,在观众面前表演,必须保持相对稳定的状态。② 这个表演控制过程就是印象管理(impression management)。

印象管理依据印象传达的有效与否,可被划分为成功表演和补救表演两大类。其中,成功表演又可以细分为三小类:理想化表演、误传性表演和神秘化表演。理想化的成功表演为严格遵循社会公认的准则或客观的社会期望的表演;误传性的成功表演指传达与事实不合的虚假印象的表演;神秘化的成功表演即通过保持社会距离以引起和维持观众敬畏的表演。

戈夫曼认为,表演者的印象管理也会采取一定的防卫措施和对于观众的保护措施,以期表演能够顺利进行。防卫性的补救表演包括戏剧忠实、戏剧素养和戏剧缜密三点措施。保护性的补救表演包括以下两条措施:一是自觉离开自己未受邀请的领域;二是观众对表演者的表演给予适当的反馈,如抑制所有可能会导致失礼的言行,而在表演者出现疏漏时,观众予以圆通的"疏忽"和善意的体谅,以帮助表演者摆脱困境。③

第四节 符号聚合理论

按照符号互动论的观点,语言符号的共同意义可以把人们聚合到一起,那人们是如何运用符号来创制结构,从而通过发挥聚合作用来增强影响力的呢?符号聚合理论(symbolic convergence theory)就试图回答这个问题。该理论由很多相关的理论分支构成,主要包括两个理论分支,一是肯尼斯·伯克(Kenneth Burke)的认同修辞理论(identification rhetoric theory,也被称为戏剧主义理论),另一个是欧内斯特·鲍曼(Ernest Bormann)等提出的想象主题分析(fantasy theme analysis)理论。

一、认同修辞理论

认同修辞理论是通过建构独特的修辞模式来谋求人们对其的认同接受的一种修辞分析理论。伯克强调,修辞学的核心不再是前人所说的"说服",而是"认同"。该理论

---

① 〔美〕欧文·戈夫曼.日常生活中的自我呈现[M].冯钢,译.北京大学出版社,2008.
② 同上.
③ 张梅.从角色表演到角色外活动——对戈夫曼《日常生活中的自我呈现》的框架性分析[J].东南传播,2010(7).

认为受众拥有主观能动性，能够参与话语建构，修辞是一个双向过程。"认同"在于期望修辞者能够充分考虑其受众的所思所想、所言所为，这样的修辞才是完美的，是双方能够心领神会的符号互动过程。① 在建构这一理论框架的时候，他提出了行为、同质性、认同感、交流和修辞等核心概念，并在此基础上提出了五元分析模型。

第一，伯克区分了行为（act）和动作（motion）。前者是有目的性的、自发的活动，后者是无目的的无意义行为，如物体和动物只有动作没有行为。伯克认为，人类具有运用符号的行为能力，现实是以符号为中介进行传递的。他认同米德的主张，即语言是行动的工具。因为人们在行动过程中需要社会性合作，所以语言塑造了行为。②

第二，每个人都具有各自的本质性（substance），当两个人的本质性具有较多重叠时，就具有了较强的同质性（consubstantiality）。一个有意义的符号是通过同质性而获得共享意义的。

第三，在同质性较强的情况下，也就有了较强的认同感（identification），认同感就是双方的本质的重叠区域。认同感越强，双方的分歧就越小。认同不是非此即彼的过程，而是程度大小的问题。③ 伯克指出，"只有当我们能够讲另外一个人的话，在言辞、姿势、声调、语序、形象、态度、思想等方面做到和他并无二致。……我们才能说得动他"。换句话说，修辞者只有通过充分考虑受众的接受背景，表现出和他们近似或一致的特点，才有可能达到影响受众态度的目的。④

第四，认同建立在交流的基础上，交流可以增加或者减少认同。虽然两个人都会经历某种程度的认同或者分歧，但只有在认同大于分歧的情况下，交流才会成功。当然，也有一种情况，即尽管彼此存在明显的分歧，但处于社会底层的人通常还是会认同处于上层的人。伯克认为，这种认同表现为人们的个性或领袖崇拜，这种现象被他称为"神秘化作用下的认同"（identification through mystification）。⑤

第五，为了提高交流的成功率，需要采取一定的修辞手段，达到较强的认同感。为此，伯克提出了一种分析符号行为策略的方法，即戏剧性五元模型（dramatic pentad）。它们被用于揭示符号行为的结构和功能，借以分析一个演讲者对特定的受众使用何种修辞策略。该模型的五个元素分别为行为（act）、场景（scene）、执行者（agent）、方法（agency）和目的（purpose）。其中，执行者就是场景中的表演者，方法就是执行者用来实

---

① 田起帅.象征、戏剧与修辞——肯尼斯·伯克传播思想研究[J].新闻传播，2018(14)：89-90.
② 〔美〕斯蒂芬·李特约翰，等.人类传播理论[M].史安斌，译.9版.清华大学出版社，2009.
③ 〔美〕理查德·韦斯特，林恩·特纳.传播理论导引：分析与应用[M].刘海龙，译.2版.中国人民大学出版社，2007.
④ 田起帅.象征、戏剧与修辞——肯尼斯·伯克传播思想研究[J].新闻传播.2018(14)：89-90.
⑤ 〔美〕斯蒂芬·李特约翰，等.人类传播理论[M].史安斌，译.9版.清华大学出版社，2009.

施行为的方式或工具,包括交流的渠道、设备、机制、信息策略、讲故事、道歉等。此后,他又加入了第六个元素,即态度(attitude),使其成为六元模型,态度指的是执行者合理定位并采取的适当方式。在使用这个模型分析符号的互动时,需要梳理出其中的这些要素,并确定一个要素与其他要素之间的比例关系,即戏剧率(dramatistic ratios),借此分析元素之间的关系,找到占主导地位的元素,比如是强调行动者的作用还是强调环境的作用。[1]

二、想象主题分析理论

伯克的理论突出强调了符号修辞策略在提高认同感方面的作用,欧内斯特·鲍曼等学者则进一步针对如何使用符号修辞策略形成群体意识进行分析,侧重分析在小群体传播中,群体成员的符号聚合的想象性主题对于传播效果具有的重要作用,这一领域的代表性研究成果就是想象主题分析理论。该理论的代表人物为欧内斯特·鲍曼、约翰·克里甘(John Cragan)和唐纳德·希尔茨(Donnald Shields)等。鲍曼是明尼苏达大学著名修辞学家,符号聚合理论代表人物之一。他在1972[2]、1973[3]、1976[4]、1982[5]、1985年[6]的作品以及其他众多论著中分别对这一理论进行了研究。

鲍曼认为,"想象是指一种对事件具有创造性或富于想象力的解释,用以满足心理或修辞上的需求"[7]。在群体交流活动中,往往会出现一个共同关心的交流主题,群体往往在这个主题的牵引下作出相应的交流行为。世界上的大部分事实都围绕着人类的想象主题展开。[8] 怀有共同的想象使个体集合转化为一致的群体,当群体成员自发地建立起想象链条,以显示对共同主题积极而一致的反应时,符号聚合就产生了。[9] 该理论

---

[1] 〔美〕理查德·韦斯特,林恩·特纳.传播理论导引:分析与应用[M].刘海龙,译.2版.中国人民大学出版社,2007.

[2] Bormann E G. Fantasy and rhetorical vision: The rhetorical criticism of social reality [J]. Quarterly Journal of Speech, 1972, 58(4): 396-407.

[3] Bormann E G. The eagleton affair: A fantasy theme analysis [J]. Quarterly Journal of Speech, 1973(2): 143-159.

[4] Bormann E G. Fetching good out of evil: A rhetorical use of calamity [J]. Quarterly Journal of Speech, 1977(63): 130-139.

[5] Bormann E G. Fantasy and rhetorical vision: Ten years later[J]. Quarterly Journal of Speech, 1982, 68(3): 288-305.

[6] Bormann E G. Symbolic convergence theory: A communication formulation [J]. Journal of Communication, 1985, 35(4): 128-138.

[7] 〔美〕埃姆·格里芬.初识传播学:在信息社会里正确认知自我、他人与世界[M].展江,译.北京联合出版公司,2016.

[8] 宋昭勋.组织文化的幻想主题分析:理论架构与分析步骤[C].中国传播学论坛会议论文集(2003中国传播学论坛暨CAC/CCA中华传播学术研讨会),2004(1):293-299.

[9] 〔美〕埃姆·格里芬.初识传播学:在信息社会里正确认知自我、他人与世界[M].展江,译.北京联合出版公司,2016.

的命题假设是,人们有关现实生活的形象受到故事的引导,这些故事反映了人们对事物的看法,是在小群体的符号互动中创制出来的,并且在人与人之间、群体与群体之间形成了一个一个的"故事链"。①

人们通过共享想象性主题形成了修辞性视野(rhetorical vision),它是对事物过去、现在和未来的状态的看法,这些看法可以通过符号来建构,并把人们聚合到一起,针对现实达成共识,从而获得认同感。如果一个公共演说人运用共享的想象性主题吸引了听众,那就说明这场演说是成功的。因此,修辞性视野具有创制群体意识的作用,它们使人们逐渐认识到观察事物的特定方式。如果群体中首先具有修辞性视野的人能够形成意识,那么通过传播,这种意识会扩散,得到越来越多的成员的支持。这种传播被称为"意识唤起型"传播,如果修辞性视野得到广泛传播,其发挥的就是意识维持功能,在此情况下,想象性主题起到了保持群体成员对意识的支持的作用。修辞性视野并非只是叙述性的故事,还包含某种深层结构,后者体现并影响了我们对现实的认识。想象性主题通过建构独特的修辞性主题,吸引人们关注其中的独特修辞想象,从而建立群体意识,起到说服性传播的效果。如美国放映的电影《超人归来》,被影评人认为其实际指涉的是基督复活的故事,建构了美国文化中的修辞视野,成为追随者的行动指南。②

---

① 〔美〕斯蒂芬·李特约翰,等.人类传播理论[M].史安斌,译.9版.清华大学出版社,2009.
② 同上.

第四章 传播媒介理论

第一节 传播媒介理论概述

一、传播媒介的含义、属性和类型

(一) 传播媒介的含义、属性

"媒介"一词为传播活动及研究中的常见用语,但在传播学研究使用这一术语之前,媒介一般具有更广泛的含义。在古代,媒介多指中间人、婚介媒人、介绍人、交换性工具等。据考证,"媒介"一词较早见于西晋学者杜预的《左传·桓公三年》注解,其中提到,"会于嬴,成昏于齐也","公不由媒介,自与齐侯会而成昏,非礼也。"①这里提及的媒介是指婚嫁媒人。《旧唐书·张行成传》载:"观古今用人,必因媒介。"此处所提的"媒介"则是推举人、介绍人的意思。②

"媒介"的英语表述常用"media",它也是"medium"的复数形式。这个名词在16世纪后期开始使用,到17世纪初期演变出中介工具的含义,其意义仅仅限定在传达工具的层面,而且媒介概念强调了其物质性、心灵性、宗教性的中介作用。到了18、19世纪,其含义的外延逐渐扩展,出现了将报纸理解为一种媒介的观点。整个20世纪所认知的媒介则指的是把发送者的讯息传送给接收者的工具。③直到1960年,"媒介"才成为一个用于描述实现跨时空社会交往的不同技术与机构的术语,并进而受到特定学术领域的关注与研究。④

媒介的含义很广泛,并且与符号、信息有着密切的联系。麦克卢汉认为,媒介是人

---

① 转引自梁之磊,孟庆春."媒介"概念的演变[J].中国科技术语,2013(3):60-62.
② 梁之磊,孟庆春."媒介"概念的演变[J].中国科技术语,2013(3):60-62.
③ 〔日〕吉见俊哉.媒介文化论:给媒介学习者的十五讲[M].苏硕斌,译.群学出版社,2009.
④ 〔丹麦〕克劳斯·布鲁恩·延森.媒介融合:网络传播、大众传播和人际传播的三重维度[M].刘君,译.复旦大学出版社,2012.

体的延伸,表明媒介在广义上具有更为广泛的意义。当然,在严格意义上界定媒介的含义是不现实的,媒介环境学奠基人尼尔·波兹曼认为,"所谓媒介的定义就是培养基的一种物质,能够使培养的微生物生长的一种物质,媒介是文化能够在其中生长的技术,换句话说,媒介能够使文化里的政治、社会组织和思维方式具有一定的形态"①。从这个定义来看,媒介既有现实物理载体形式的表象,又具有抽象化的隐喻内涵。

对媒介的表述更多需要根据上下文语境去分析其特定意义,比如大众媒介一般也泛指大众媒体,与此同时,媒介也可以泛指传播的形态以及符号、信息、记录手段和技术以及物理载体的综合体,如我们将电视称作媒介,并非仅仅指电视荧屏这一工具,还包括电视里的画面、影像和声音内容。尽管分析电视媒介主要还是分析这种技术呈现形式的特殊性,但是,我们也无法将媒介的物理介质和内容完全分开。

为了将媒体、媒介和符号进行相对性区分,这里给出一个相对性的定义,即媒介是承载、传递和交流信息的生物或物理介质。这个定义主要强调了媒介不同于其他传播的核心要素的三大属性。一是信息载体属性。媒介承担着信息的负载、存储等工具职能,因此也被称为信息载具,这一点也正是媒介与信息、符号的不同之处。二是媒介的生物或物理介质属性。媒介一般是指人类利用物质材料的信息记录、存储、处理和交流的特征,而选择、创造、创新的一种生物或物质材料工具。其中,生物介质包括人体自身,如面部表情或身体姿态;而物质介质包括天然的(石头、竹简)和人工创造的(纸张介质以及声光电磁等现代新媒体材料)等。三是媒介的中介属性。这一属性也将媒介与符号信息区别开来。媒介传递符号信息,没有媒介,信息的交流就无法实现,即使是面对面交谈,也需要借助空气这一天然媒介才能将声音传播出去并使之被听到。媒介的中介性可以让不同时代的信息进行跨越时间的历时性交流,也可以跨越空间实现实时交流。

(二)传播媒介的类型

媒介一般根据其使用场域和功能分为人际传播、组织传播、大众传播及网络传播等形式。其中,人际传播媒介包括面对面交谈时借助的空气媒介、非面对面传播时所用的电话等。丹麦学者延森认为,人的身体也是人际交流的重要媒介,他指出,人的身体"是面对面交流活动得以实现的物质平台"②。组织传播媒介包括公文、书面通报、宣传栏、闭路电视乃至新型交流工具如微信等社交群组。大众传播媒介是指面向社会公众进行开放性传播的媒介,如书籍、报纸、杂志、广播、电视、电影等。网络与新媒介包括网络、手机以及电磁频谱等虚拟空间媒介形态。当然,网络与新媒介与上述媒介互有融合。

---

① 〔美〕林文刚.媒介环境学——思想沿革与多维视野[M].何道宽,译.2版.中国大百科全书出版社,2019.
② 〔丹麦〕克劳斯·布鲁恩·延森.媒介融合:网络传播、大众传播和人际传播的三重维度[M].刘君,译.复旦大学出版社,2012.

计算机互联网在刚刚兴起的时候属于新业态,因此被称为新媒介。尼古拉斯·尼葛洛庞帝(Nicholas Negroponte)当时强调,大众媒介(尤其是数字媒介)将重新被定义为发送和接收个人信息和娱乐的系统。① 今天,计算机互联网已经经历了不断的迭代更新,因此新媒介就是对媒介演变的一个界定,是与旧媒介相对而言的一个概念。过去,广播相对于报纸杂志就是新媒介,后来电视成了新媒介,今天手机成了新媒介,今后穿戴设备也可能成为一种新媒介。

麦奎尔将新媒介按照渠道相似性,并依据应用、内容和情境类别进行了划分,将新媒介分为人际传播媒介(如移动电话或电子邮件)、互动游戏媒介(计算机游戏和虚拟现实装置等)、信息搜索媒介(互联网搜索引擎及移动信息服务等)、媒体参与式媒介(网络社区和社交媒体等)、广播电视替代性媒介(用以收听或收看广播电视节目的新媒介)。②

二、传播媒介形态演化发展概述

传播媒介形态变化的历史与人类历史一样漫长,并伴随着人类文明演进而不断发展。传播活动的基本要素包括人的传播主体性结构,如生物性表达器官和精神内容、使用的传播符号以及记录信息的技术和制造的媒介材料等,这些方面伴随着交流的需要和生产力的发展不断演进,推动了传播效能的不断提高。

在这个过程中,口语交流发展到书面语言,又发展到各类物质材料的文献,再到电子和数字媒介,与此同时,信息记录手段也从抄写刻画发展到印刷,并且发展到使用电子技术和数字信息技术作为记录和传播手段,纸张媒体遇到了前所未有的严峻挑战。如今的网络不仅能够跨越时空实现交流互联,而且逐步形成了一个高度智能化的社会交流系统,网络空间不仅成为一个"全球脑"③,而且正在成为虚拟化的社会空间,微博、微信、知乎、抖音等各类社交媒体的应用也使得交流产生了广泛的社会影响。

在这一漫长的过程中,各种不同的传播形态如同一个个支流汇入干流,使得河流越变越宽广。媒介形态的变化既有物理结构的变化,也有符号形态的变化以及记录手段的变化,这些变化既有自身功能演化的内在逻辑,也受外在社会因素的影响,媒介的发展有不同的分期标准。如林文刚(Casey Man Kong Lum)从媒介环境学角度将媒介历史分为口语时代、文字时代、印刷时代和电子时代。④

如果从媒介属性角度来考虑,可以将媒介演化发展的时期分为原始媒介、纸张媒

---

① 张虹,熊澄宇.源流与趋向:"新媒介"研究史论要[J].全球传媒学刊,2019(1):61-81.
② 转引自〔英〕丹尼斯·麦奎尔.大众传播理论[M].徐佳,董璐,译.6版.清华大学出版社,2019.
③ 王京山.网络传播演进与"全球脑"的形成[J].北京印刷学院学报,2007(1):45-48.
④ 〔美〕林文刚.媒介环境学——思想沿革与多维视野[M].何道宽,译.2版.中国大百科全书出版社,2019.

介、印刷媒介、电子媒介、网络数字媒介等时期。

(一) 原始媒介传播时期

在早期的人类发展历史过程中,由于没有发明文字,尚不能进行文字交流,因此,人们采用一种原始而简单的方式进行交流,这种交流主要是口语方式,同时辅之以非言语符号系统,如身体语言或者物品等。口语传播时代的媒介是声音语言符号形态,口语交流基本上是一种声音符号系统借助空气媒介的传播,是一种"说和听"的传受互动关系,这种交流的内容难于保存,不像现在可以通过录音和录像技术将其保留。

原始媒介传播时期,人们还采用烽火信号传递信息。如秦汉时期,通过修建一连串的烽火台,绵延上千里,以此来迅速地传递敌情动向。直到明代,仍存在通过烽火信号传递信息的方式。比如烟台的名称就源于烟台山,明洪武三十一年(1398),为防倭寇侵扰,当地军民于临海北山上设狼烟墩台,也称"烽火台"。发现敌情后,昼则升烟、夜则举火为报警信号,故此地简称烟台。[1]

口语传播的符号形态在远古时代难以保存和远距离传递,因此文字的产生并记录于文献载体,开创了一个人类文明的新时代。人类文明通过特定的符号记录并传递,积累了历史文明印记。文字传播不需要单纯依赖大脑记忆和口语交流,克服了声音的即逝性,可以保存信息于物质载体上,为文明的传承创造了重要条件,而且将文字记录于文献载体进行知识交流,突破了口耳相传的空间局限,开创了文献传播的先河。

加拿大学者埃里克·哈弗洛克(Eric Havelock)认为,口语和书面传统塑造的是不同的文化。所有人类文明都依赖一种文化的"书籍",也就是储存信息以便再次使用的容器。在荷马之前的时代,希腊人的这种文化"书籍"是存在于口语记忆中的。而到了柏拉图的时代,上述储存文化的方法被改变了,信息以字母记录的方式储存,相应的结果是眼睛取代了耳朵成为服务于这个目的的主要器官。[2]

我国最早的文字是殷墟甲骨文,据考证,它基本成型于商代后期(约前14—前11世纪),其主要媒介载体就是甲骨。[3] 兽骨、青铜器、陶器、石头、木块、竹简、丝织品等都曾是用作记载文字的媒介材料,其中竹简被作为主要的文献交流媒介材料加以使用,并以刀为工具凿刻,曾是记录文字的主要方法之一。钱存训在《书于竹帛》中指出:"竹简和木牍是中国最早的书写材料,在中国传统文化上,简牍制度有其极为重要和深远的影响。不仅中国文字的直行书写和自右至左的排列顺序渊源于此,即使在纸张和印刷术发明以后,中国书籍的单位、术语,以及版面上所谓的'行格'的形式,也是根源于简

---

[1] 邓云.开埠对近代烟台社会的影响探析[J].西安社会科学,2009(2).
[2] 转引自梁颐.媒介环境学学术地位堪比麦克卢汉——西方著名思想者埃里克·哈弗洛克研究[J].东南传播,2013(10):6-9.
[3] 王锦贵.中国文化史简编[M].3版.北京大学出版社,2015.

牍制度而来。"①

后来,由于丝织品比较昂贵、竹简比较笨重,并且不好书写,在魏晋时期,人们用纸张替代了竹简。纸本文献不但轻便易携带,而且便于保存,使用笔墨书写,远比使用刀具凿刻省力、简单。

(二) 纸张媒介传播时期

汉代造纸术兴起后,传播活动不像先秦时期主要局限于口头传播。由于利用著述方式进行的交流记录便于保存和传递,因此交流效率大大提高。而到了魏晋时期,随着纸张作为传播载体"逐步取代笨重的木简和昂贵的缣帛"②,传播成本不断降低,效率也不断提高。

邢义田教授认为,如果有汉代竹简本的《史记》(这部书有 526 500 字),那么将可能有四五十公斤重,体积为今天白文本《史记》的 250 倍。③ 正是文字与这些简易轻便的书写工具、材料的结合,让人类进入了以文字进行信息交流的纸张媒介传播时代。

当然,传播离不开记录文字的工具与材料。这一时期的文字记录文献手段还比较落后,一般用毛笔等书写手抄方式传播。相较于后来的印刷,中国汉代官府用于传递朝政动态、政治情报的原始形态的报纸《邸报》,就是以手抄文书的形式出现的。④

(三) 印刷媒介传播时期

手抄文字传播方式虽然比口语传播能够发挥更多的功能,但是这一记录手段仍然难以满足大量内容的复写需要,其制作成本也较高。隋唐时佛教广泛传播,需要大量复制佛教经卷,出现了职业抄写佛经的人,一般被称为"经生",其抄写的字体则被称为"经生书"。由于抄写经文费时费力,为了提高传播效率,唐代时发明并应用了雕版印刷作为媒介信息的记录手段。⑤ 密教的全面兴盛和从印度传入中国的佛像捺印技术是雕版印刷产生的文化和技术背景。⑥ 因此,雕版印刷的出现是宗教文化需求的体现。

古代的印刷技术及媒介应用催生了古代的文献出版业,伴随着当时社会经济与文化的发展,唐代已经有了原始报纸的雏形,即进奏院官吏将京师动态和消息写成的报告"进奏院状"。当然,当时的报纸形态主要还是不定期的手抄传播媒介。这个时期还兴起了适应佛教文化交流的雕刻文献的传播,以及书院学术演讲活动,一直延续了一

---

① 钱存训.书于竹帛:中国古代的文字记录[M].上海书店出版社,2003.
② 孙旭培.华夏传播论:中国传统文化中的传播[M].人民出版社,1997.
③ 转引自张春海.简帛学:国际显学伴随隐忧[N].中国社会科学报,2011-3-30(3).
④ 吴文虎.传播学概论[M].武汉大学出版社,2000.
⑤ 曹之.雕版印刷起源说略[J].传统文化与现代化,1994(1):87-91.
⑥ 辛德勇.论中国书籍雕版印刷技术产生的社会原因及其时间[J].中国典籍与文化论丛,2014:173.

千多年。①

到了宋代,毕昇发明了胶泥活字印刷,但这种活字极容易破碎,此后又发明了木活字印刷等。我国发明的印刷术还渐渐传向亚洲其他国家及西方国家。印刷术的发明为通过印刷形式进行文献传播提供了技术条件。

早期的文献一般采用卷轴的方式阅读、使用,雕版印刷技术发明并加以应用之后,尽管大多还是手抄形式,但由此有部分原始报纸开始装订成册。宋代的报纸"朝报"已经有印刷版出现。此外,随着雕刻技术的发展,在官方刻书之外,还形成了私人刻书和书坊刻书。宋代政府开始对文献传播事业进行管制,具体措施包括颁发"禁止擅镌"的诏令,管制涉及谋反、不同政见、违反儒家经义等类的书籍。② 尽管封建专制下的传播制度和思想是封闭的和政府控制的,但仍继承了大量古代文献遗产。

从现有研究来看,元代没有办过中央一级的政府官报,但是民间信息活动很活跃。③ 元刻书最多的是各路的儒学、书院、郡学、儒司,地方刻书需要中央下令或审批。因此,肖东发教授认为,这种检查制度,很有可能使一些有价值的思想因其未合官方口味而失去了出版刊行的机会,这对文化传播无疑是一种限制和禁锢。④

(四)电子媒介传播时期

20世纪是电子传播的世纪,人类电子技术方面的一系列进步,极大地推动了大众传播业的发展。电子媒介的兴起源于19世纪后期,其中包括电影和电子传播系统。

作为一种传播媒介,电影自出现迄今已有100多年。美国发明家托马斯·爱迪生1891年发明了可以单独观影的活动影像机器,其局限性是无法投放到幕布上。1894年4月,他发明的放映机开始在纽约公开进行商业运营。1895年12月28日,卢米埃尔兄弟在巴黎的一家咖啡馆中,第一次用他们发明的电影机放映了一些短片,并进行售票公映,这一天也标志着电影发明阶段的终结和电影时代的正式开始。⑤

电子传播分为有线传播和无线传播。在有线传播方面,1844年,美国工程师萨缪尔·莫尔斯(Samuel Morse)发明了电报机,开通了从华盛顿到巴尔的摩的电报线路。1858年,横跨大西洋的海底电缆铺设完成。1876年,生于英国后移居加拿大和美国的发明家亚历山大·贝尔(Alexander Bell)发明了电话机,开创了人类利用电流传送声音的先河。而为了实现无线传递,1895年,俄国物理学家亚历山大·波波夫(Alexander Popov)第一次展示了他发明的无线电接收机。1896年3月24日,波波夫在圣彼得堡大

---

① 戴元光.20世纪中国新闻学与传播学·传播学卷.[M].复旦大学出版社,2001:45-46.
② 肖东发.中国图书出版印刷史论[M].北京大学出版社,2001.
③ 刘笑盈.中外新闻传播史[M].3版.中国传媒大学出版社.2017.
④ 肖东发.中国图书出版印刷史论[M].北京大学出版社,2001.
⑤ 〔法〕乔治·萨杜尔.世界电影史[M].徐昭,胡承伟,译.中国电影出版社,1995.

学向俄国理化学会的同事作了收发无线电报演示,他采用莫尔斯电码,在两座相距250米的建筑物之间发送了电文"亨利希·赫兹",以表达对这位第一个检测验证了电磁波的科学家的敬意。这是世界上第一份有明确内容的无线电报。[1] 与此同时,意大利科学家伽利尔摩·马可尼(Guglielmo Marconi)也在英国研制成功无线传递电信号的通信装置,经过多年的试验,1897年,他在伦敦成立马可尼无线电报公司。无线技术的发明使通信摆脱了对导线传递信号的依赖,为广播、电视、无线网络和手机媒体的诞生创造了条件。

在声音传播的基础上,人类进一步发展了声像传播技术,这就是电子扫描技术的发明和运用。早在19世纪,人们就开始讨论和探索将图像转变成电子信号的方法。1923年,美籍俄裔科学家维拉蒂米尔·斯福罗金(Vladimir Zworykin)发明了能够进行电子扫描的光电摄像管。1925年10月2日,英国科学家约翰·贝尔德(John Baird)在伦敦的一次实验中创造了第一台机械电视机,实现了图像的动态画面远距离传输。这是电视的雏形,因此他被称作"电视之父"。1937年,电子式电视系统成为主流,到1960年,电视已经进入90%的美国家庭。[2] 1962年,欧美实现了卫星转播电视节目。1964年4月东京奥运会和1969年7月美国宇航员乘"阿波罗"号宇宙飞船登上月球,都采用了卫星电视直播。

(五)网络数字媒介传播时期

20世纪中叶,计算机的发明和随后出现的网络技术应用是网络数字媒介发展的重要基础。20世纪80年代开始,计算机逐步成为重要的信息采集、处理和交流工具。这一时期,计算机交互界面通过美国微软公司视窗的应用变得既丰富又便捷,而通过TCP/IP开放协议实现的信息高速公路则使计算机及后来的手机等终端设备变成了数字化的信息媒介。

作为信息传输载体和介质的计算机及网络设备首先是一个技术概念,计算机技术的应用使得信息的形态数字化,计算机也从一般性的计算机器变成了传播媒介,这种传播形态一般被称为"以计算机为媒介的传播"(computer-mediated communication)。但是随着其交流形态和功能的发展,它逐步成为一种重要的交流媒介。网络传播是一种超越传统大众传播,融合传统人际传播、组织传播、大众传播特点并具有以往的传播所不能实现的强大功能的新型传播。

当然,随着手机传播技术的发展,特别是5G应用使得手机也成为数字信息传播的另一重要手段。信息传播不仅借助网络,还借助电磁频谱,打破了传统的地缘政治、区

---

[1] 张箭.波波夫与无线电[N].中国社会科学报,2011-3-3(4).
[2] Baran S J, Davis D K.Mass communication theory: Foundations, ferment, and future [M]. Thomson, 2003.

域经济、属地文化的概念,形成了虚拟的以信息为主导的国际政治、贸易和文化的全新空间。

1994年,中国科学院高能物理研究所网络(IHEP)和中关村地区教育与科研示范网络(NCFC)正式接入国际互联网。1995年,邮电部宣布向公众提供互联网信息服务,网络发展由封闭性的科研教育网络阶段进入开放性的公共网络阶段。2022年中国互联网络信息中心(CNNIC)第49次《中国互联网络发展状况统计报告》显示,截至2022年6月,我国网民规模为10.51亿,互联网普及率达74.4%,较2021年12月新增网民1919万。网民使用手机上网的比例达99.6%。而1997年11月发布的第1次《中国互联网络发展状况统计报告》显示,当时的上网用户仅为62万人。

网络传播走过了几十年的风雨沧桑,其间出现了很多数字传播新形态,其中代表Web 2.0的博客、播客,以Youtube为代表的网络视听内容的兴起以及微博的出现和SNS形态的发展,不仅催生了一种独具个性和民主化的社交媒体文化新业态,也极大地冲击着纸质媒介和电子媒介,传播形态也呈现出一种媒介融合的大趋势,各国纷纷提出三网融合的新媒介传播生态格局。

三、媒介发展新趋势

(一) 媒介融合化趋势

媒介进化过程是一个不断将已有的媒介类型化功能进行技术整合和集成的过程,早在20世纪60年代,麦克卢汉就用"媒介杂交"(the hybrid of two media)这个概念来描述媒介的相互渗透和融合化问题。他认为:"两种媒介杂交或交会的时刻,是发现真相和给人启示的时刻,由此而产生新的媒介形式,因为两种媒介的相似性使我们停留在两种媒介的边界上。这使我们从自恋和麻木状态中惊醒过来。媒介交会的时刻,是我们从平常的恍惚和麻木状态中获得自由解放的时刻,这种恍惚麻木状态是感知强加在我们身上的。"[1]1978年,美国麻省理工学院的尼葛洛庞帝使用了"融合"(convergence)一词来描述媒体产业的相互交融趋势。尽管在20世纪七八十年代,计算机、广播、出版三个产业仍然处于分离状态,但尼葛洛庞帝已觉察到了信息技术领域所发生的变化,作出了"这三个产业将会逐渐融合"的大胆预言。他用三个重叠的圆圈来描述计算机、出版和广播三者的技术边界,认为圆圈的交叉处将成为成长最快、创新最多的领域。[2]他把这个领域描述为:通过增加视觉的丰富性(娱乐产业)、信息的深度(出版产业)、计算的内在互动性(计算机),来塑造人性化界面和人工智能。利用计算技术把三者整合为一,

---

[1] [加]马歇尔·麦克卢汉.理解媒介:论人的延伸(55周年增订本)[M].何道宽,译.译林出版社,2019.
[2] 王金会.媒介融合环境下广播业的发展[J].中国传媒科技,2007(2):38-41.

形成一个感性的、丰富的、深奥的、互动的系统,这个系统就是今天我们所说的多媒体,它使媒体实验室被公认为多媒体的发源地。①

根据欧盟1999年通过的《电信、媒体与信息技术绿皮书》所述,融合指不同的网络平台能够传输基本相同种类的服务,或者指电话、电视和个人电脑等用户端设备的一体化。② 随着互联网数字技术广泛应用于媒介技术领域,互联网技术的应用不仅整合了不同的符号形态、内容呈现方式以及负载信息的传播渠道和工具,而且还实现了各类设备的连接和融合,呈现出前所未有的媒介全面融合化状态。

丹麦学者克劳斯·延森认为,媒介融合是三种不同维度媒介平台的融合,即作为人际交流媒介的人的身体、经典的大众传播媒介以及以数字化信息传播技术为核心的平台,三者互相叠加和广延,从而实现了交流和传播跨越不同的物质技术和社会机构的开放式迁移。③ 基于这一观点,吴飞认为,媒体融合应该是人类元传播的回归。④ 在数字传播时代,出现了影像"再媒介化"(remediation)趋势,指的是新媒介从旧媒介中获得部分形式和内容,有时也继承了后者中的一种具体的理论特征和意识形态特征。⑤ 美国学者安德鲁·纳齐森(Andrew Nachison)认为,媒介融合是指印刷、音视频和互动数字媒介的战略、组织、运营和文化上的整合。⑥

媒介融合在内容呈现方式上表现为将现有手段整合,一个是图文声像影资源属性融合,另一个是跨介质呈现融合。以往,媒体分文字媒体、声像媒体,现在则通过全媒体形态传播各类符号信息。在介质上,从PC端到手机端、PAD端,再到目前的VR和AR,都是跨介质的呈现方式的变化。以广播电视为例,现在是通过机顶盒进行内容选择,也就是OTT-TV模式。这是"Over The Top TV"的缩写,借用了篮球术语中"过顶传球"的喻义,是一种通过公共互联网面向电视传输的视频和互联网应用融合的服务,它强调服务与物理网络的无关性,其接收终端为互联网电视一体机或机顶盒电视机。⑦ 也就是说,通过机顶盒设备实现互联网内容越过电视网络传输互联网内容的服务模式,通过用户界面将服务中提供的视频类内容传输到电视屏幕上进行播放。

---

① 徐清华,胡维佳.从理念到实体——美国麻省理工学院媒体实验室的创建[J].世界教育信息,2009(4):67-70.
② 广电总局网络中心."三网融合"不等于广电与电信的"对称准入"[J].广播电视信息,2001(8):9-11.
③ 〔丹麦〕克劳斯·布鲁恩·延森.媒介融合:网络传播、大众传播和人际传播的三重维度[M].刘君,译.复旦大学出版社,2012.
④ 吴飞.如何理解媒介融合?——从两家报纸宣布停刊说开去[EB/OL].(2015-12-31)[2023-9-18].https://net.blogchina.com/blog/article/2878566.
⑤ 〔丹麦〕克劳斯·布鲁恩·延森.媒介融合:网络传播、大众传播和人际传播的三重维度[M].刘君,译.复旦大学出版社,2012.
⑥ Nachison A. Good business or good journalism? Lessons from the bleeding edge[R]. A Presentation to the World Editors' Forum, 2001.
⑦ 刘洋. OTT TV 的发展阶段和业务模式研究[J].互联网天地,2013(2):56-60.

(二) 媒介平台化趋势

各类媒介在互联网连接的基础上逐步从垂直纵向化信息媒介孤岛变成了相互连接的各类媒介信息集成平台,媒介的信息传播被互联网信息内容服务商(Internet Content Provider, ICP)进行整合和集成化,构成一个综合而又丰富的信息交换枢纽,借助这一中介系统实现了各类信息主体的内容创造与分享,各种媒介的融合与交汇,各种资源的集成与协同,各类需求的供应与对接。平台面对的不再是单一的用户,而是由信息提供者、信息中介者、信息代理者和信息接受者等组成的一个多边市场。

媒介平台架构中有三大要素支持它的运行,那就是界面、接口和规则。界面是平台内外和各个模块共存对接的一个空间;接口就是为各模块提供的接入平台的端口;规则是各模块之间、模块与平台之间发生关系的一套方法,它是平台中各方主体作出决策的依据。①

媒介的平台化趋势对传播媒介的功能属性定位、传播价值特征、媒介的传播结构模式等都产生了很大影响。传播媒介平台化使得媒介不仅具有负载和传递媒体信息的基本属性,还具有了提供各种社会活动和经济交易等信息服务的功能,如 BAT(百度、阿里和腾讯)既是信息传播中介,也是信息检索、文化娱乐、商品交易和社群通信等功能的综合工具;平台化媒介的传播价值不仅体现在媒介的信息内容负载和传递价值上,也增加了平台用户规模集聚价值、社会关系链价值和信息服务价值。媒介传播平台汇聚了各种媒介、技术、信息和内容形态的要素资源并加以集成,其结构模式也从单一类型媒介的垂直化封闭性循环模式发展到多品类立体化开放协同跨界的蜂巢型结构模式。

(三) 媒介场景化趋势

媒介的场景化是指媒介建构了一个全新的时空结构,即传播信息的"实时在线"和"情境到达"。早在 20 世纪 60 年代,麦克卢汉就断言:"电子的速度会取消人类意识中的时间和空间,即使事件一件接一件,也不存在任何延迟的效果。"②互联网技术应用于媒介的传播,不仅在传播内容上实现了超链接化,也在交流的实时性和交流场景化上实现了虚拟化的"实时在场",从而打破了传统的时空限制,将距离和时间缩小到几乎为零,通过"脱域(或抽离)机制"把社会关系从地方性的场景中抽离出来,并在无限延伸的全球时空地带中"再嵌入"。③

媒介的时间性和空间性随着媒介生态的变化而变化,并对人们的接受行为及社会形态产生影响,我们经常关注新媒体与旧媒体的差异,这其中常常会将时空结构作为分

---

① 谭天.基于关系视角的媒介平台[J].国际新闻界,2011(9):83-88.
② 转引自黄红生.论信息技术对世界的祛魅与返魅[J].科学学研究,2007(4):623-627.
③ 黄少华.论网络空间的社会特性[J].兰州大学学报(社会科学版),2003(3):62-69.

析要素。比如,我们认为互联网传播的实时性强,并且其提供的信息空间广阔而丰富。电视出现之后,也因其可以实时直播事件发生的场景,而成为每个家庭的生活必需品。这个生活用品在家庭中占据重要的空间,控制着我们的黄金时间和仪式时间,如春节晚会、奥运会开幕式等。此外,电视这个媒介还被形象地描述为一扇打开现实世界的窗口,有些电视节目中还会刻意搭建一个与家庭观众交融的演播空间,坐在家里的观众可以通过与电视的虚拟联系形成一个交流空间。

媒介的实时在线化趋势日益凸显,以往的实时在线功能主要通过电视直播方式,但是并非交互性的,而互联网技术应用下的实时在线可以实现低成本的实时交互性交流、直播和开展各种应用,比如在线教育、在线法庭、在线游戏娱乐等交流。

媒介空间的情境化到达趋势主要表现为通过如 AR 技术和 VR 技术应用的虚拟场景和全景直播、远程直播等建立的情境化空间,构成全新的媒介"元宇宙化"虚拟空间。媒介的网络化将信息的交流从实体空间拓展到虚拟社区,形成了线上线下融合的传播模式。从空间维度来说,物理空间与虚拟空间的融合日益加深,所谓线上线下、新闻、娱乐、视音频、私人通信、公共信息与商业信息的融合,以及传统媒体与新媒体融合都有这样的趋势。

与此同时,时间的碎片化利用和空间的私有化趋势日益突出,网络空间的崛起,使现实社会中的这种公共空间和私人空间的"二元分离状态"①第一次真正实现了改变。由于网络媒体的移动化及时间空间的弥漫性传播特点,空间与时间的"边界重置"(boundary rearrangement)②变得可能。

在移动互联网时代,媒介的时间和空间结构转化为社会关系的时间和空间结构,并使得公共的时间和空间结构与私有的时间和空间结构进一步融合。由于传播者不再局限于在特定时间传播信息,因此信息内容传播者从"物传媒体"向"人传媒体"转化。以互联网为代表的新媒体的崛起,推动了从"媒介即讯息"到"新媒介即关系"的传播结构转变。③ 以微博和微信为代表的在社会关系网络基础上搭载娱乐、游戏、传媒功能的新型文化平台不断兴起,从而"将公共活动与责任镶嵌在家庭的时间节奏之中,私人的关系也被整合进公共领域中"④。

(四)媒介等同化趋势

媒介与人类之间的关系是一个双向互构的过程,人类把媒介看作理解事物和世界

---

① 黄少华.论网络空间的社会特性[J].兰州大学学报(社会科学版),2003(3):62-69.
② Green N. On the move: Technology, mobility, and the mediation of social time and space[J]. The Information Society, 2002(4): 281-292.
③ 陈先红.论新媒介即关系[J].现代传播(中国传媒大学学报),2006(3).
④ Green N. On the move: Technology, mobility, and the mediation of social time and space[J]. The Information Society, 2002(4): 281-292.

的一种联系对象,并将其意念化为现实世界的真实对象。正如麦克卢汉所强调的,"电影的诞生使我们超越了机械论,转入了发展和有机联系的世界。仅仅靠加快机械的速度,电影就把我们带入了创新的外形和结构的世界"①。美国斯坦福大学教授巴伦·李维斯(Byron Reeves)和克利夫·纳斯(Clifford Nass)通过对受众与电视、计算机以及其他高科技媒体的互动方式的研究,指出人们像对待真人实景一样对待媒介,媒介等同于真实生活。人与电脑、电视和新媒体的互动,在本质上是社会性和自然的。② 他由此提出了媒介等同理论。

媒介等同性表明,人们的交流并没有因为有中介性工具的区隔而受到阻碍。相反,中介性工具扩大了交流的视域,构建了新的场域,因为"人类的大脑是在一个只有人类具有丰富的社会行为的世界里进化的,在这个世界里一切可以被感知的物体都是真实的物理存在。任何一个看起来像是现实中的人或地点的事物都是真实的"③。

媒介等同理论强调媒介不仅等同于人们的现实客体对象,而且本身已经成为人们的一个真实世界的镜像。随着互联网技术应用的不断发展,这个虚拟空间越来越被视为一种真实存在。这一真实存在化场景被称为"元宇宙"(metaverse),"元宇宙"一词起源于1992年尼尔·斯蒂芬森(Neal Stephenson)的科幻小说《雪崩》。在这部小说中,人类作为数字化身,在一个使用真实世界隐喻的三维虚拟空间中相互作用,并与软件代理交互。④ 美国科幻作家威廉·吉布森(William Gibson)第一次将这一媒介等同化场域以"赛博空间"(cyberspace)命名。他强调,媒介建构了一个虚拟化的空间形态,他将青少年在电子游戏厅里借助屏幕打游戏机的情景,视为一种人机交互的新空间。他发现,沉溺于计算机游戏的人最后都不能自拔,把想象的游戏空间视作真实的存在。"他们开始相信,屏幕之中另有一个真实空间,这一空间人们看不到,但知道它就在那里。"⑤吉布森把这一空间命名为"赛博空间"。霍华德·莱茵戈德(Howard Rheingold)也于1993年提出了虚拟社区(virtual community)的概念⑥,虚拟社区日益等同我们的现实空间的交流形态,人们在虚拟社区有着交流规则和社会交往关系。2003年,林登实验室(Linden Lab)推出的虚拟游戏平台"第二人生"通常被描述为第一个元宇宙,因为它将社交媒体的许多方面整合到一个持久的三维世界中,用户被表示为一个数字化身。

媒介等同理论还揭示了媒介对于利用用户的人性化交互设计的重要意义,媒介本身突破了纯粹的"客体"(或工具)范畴,被赋予了有生命力的能动的交往对象身份,它

---

① 〔加〕马歇尔·麦克卢汉.理解媒介:论人的延伸(55周年增订本)[M].何道宽,译.译林出版社,2019.
② 〔美〕巴伦·李维斯,克利夫·纳斯.媒体等同[M].卢大川,等译.复旦大学出版社,2001.
③ Griffin E. A first look at communication theory[M]. 5th ed. McGraw-Hill, 2003.
④ Grimshaw M. The oxford handbook of virtuality[M]. Oxford University Press, 2014:702.
⑤ 胡泳,范海燕.黑客:电脑时代的牛仔[M].中国人民大学出版社,1997.
⑥ Rheingold H. The virtual community: Homesteading on the electronic frontier[M]. MIT Press. 1993.

"活"在人们的主观世界里,并现实地左右着人们和它的交往。① 保罗·莱文森也指出了媒介进化的人性化趋势,他指出:"人类技术开发的历史说明,技术发展的趋势越来越人性化,技术在模仿甚至是复制人体的某些功能,模仿或复制人的感知模式和认知模式。"②"这种技术体现的理念能够延伸、反映、复制或取代心智功能和认知过程。"③也就是媒介延伸了人体功能,并进而成为拟人化的朋友。近年来淘宝、小米、百度等推出的智能伴侣如天猫精灵、小米小爱、百度小度等,就可以和主人沟通聊天,提供智能服务,按主人的吩咐播放新闻、报时、播报天气、播放音乐等,这些机器通过不断迭代学习,能够认知、理解人类的需要并成为人性化的媒介伴侣。

（五）媒介智能化趋势

麦克卢汉指出,媒介是人体的延伸。在媒介延伸人体功能上,首先是四肢和五官的延伸,最后是大脑神经系统的延伸。这就意味着媒介越来越将人的智慧头脑通过算法和芯片等人工智能技术叠加到媒介中,形成了智能媒介这一新的媒介物种。

移动设备特别是智能手机,通过多种传感器,自动采集包括位置、温度、重力、光强度等各类信息,通过机器学习等人工智能技术实现了信息的个性化算法推荐和智能信息推送。传统的新闻采编、创作也可以通过算法实现智能机器人新闻的撰写、智能化信息分类加工处理、数据可视化、智能推送以及动态交互。

四、传播媒介理论发展概述

媒介研究兴起于媒介技术的广泛应用带来的社会影响的分析,其分析方法和基础包括文明史、技术进化的决定论与社会变迁等诸多方面,并在此基础上,从媒介的时空属性的社会影响、媒介情境、场域及环境影响、媒介进化等方面进行了深入分析和研究。

在分析文明史与技术发展的关系方面,芒福德的研究对媒介技术影响研究产生了重要影响,他于1934年完成了其技术史和技术哲学的名著《技术与文明》。美国学者克里斯汀·尼斯卓姆(Christine Nystrom)认为,芒福德的这一论著是媒介环境学的奠基之作。④ 他对人类文明的分期划分是建立在技术发展基础上的,倡导技术有机论,认为技术是生物学意义上的延伸,媒介是无形的环境。⑤ 这些观点影响了后来的英尼斯和麦克卢汉的媒介研究。

---

① 梅琼林,张晓."媒体等同"——从效果研究到理论建构[J].社会科学研究,2006(5):193-196.
② 〔美〕保罗·莱文森.软利器:信息革命的自然历史与未来[M].何道宽,译.复旦大学出版社,2011.
③ 〔美〕保罗·莱文森.思想无羁[M].何道宽,译.南京大学出版社,2003.
④ 转引自〔美〕林文刚.媒介环境学——思想沿革与多维视野[M].何道宽,译.2版.中国大百科全书出版社,2019.
⑤ 同上.

媒介研究从多个不同源流逐步汇聚，从而形成了一个独特的研究领域和理论谱系，其中英尼斯和麦克卢汉的研究对媒介理论的影响深远。由于英尼斯和麦克卢汉当时任教于加拿大多伦多大学，而且具有共同的研究范式，因此这一范式也被称为加拿大的多伦多学派范式。

齐特罗姆认为，传播学有三种主要研究传统：第一种是芝加哥学派的传统，代表人物如库利、帕克等，他们探索现代媒介的整体性质；第二种是影响研究传统，代表人物如拉扎斯菲尔德，这个传统产生了当代占主导地位的经验主义范式；第三种就是英尼斯和麦克卢汉的历史取向传统，它考察的是媒介对社会和心理组织的影响。这也是多伦多学派研究传统的一大特色。他们提供了一种方法论框架，梅罗维茨将媒介理论定义为"不同传播媒介创造的不同文化环境的历史研究和跨文化研究"①。

英尼斯从经济史学和政治经济学角度分析媒介的社会作用，强调了新的媒介技术对人类文明发展的重要性，强调了技术决定着社会的权力。他分析了媒介的时间和空间偏向属性，阐明了其平衡机制对社会稳定的影响。

麦克卢汉进一步将时空结构看作传播形塑社会的主要结构方式。他不仅强调了时钟发明与印刷术发明一样具有媒介变革意义，同时也关注了电子时代的时间与空间结构变化形成的特定社会模型，并将这一模型形象地比喻为"地球村"，其对世界的影响是时间在升值，空间在贬值。他指出，"通过实现社会组织的机械同质化和书面文化的同质化，美国早已完成了它的共同市场。在电力时代时空压缩和相互联系的推动之下，欧洲正在享受一定程度的团结"②。

这一范式研究的后继工作由多伦多大学麦克卢汉文化与技术研究所的德科柯夫接棒，他著有《文化肌肤——真实社会的电子克隆》一书，其中讨论了电子媒介对人类社会产生的最终塑造作用。③

媒介技术影响分析被视为一种技术决定论思想。技术决定论（technological determinism）从注重技术对社会的影响角度，强调了技术对社会的影响是具有主导性的影响。于光远先生认为，技术决定论"通常是指强调技术的自主性和独立性，认为技术能直接主宰社会命运的一种思想。技术决定论把技术看成人类无法控制的力量"④。技术决定论并非简单强调技术的绝对性，而是一种技术导向研究模式，既强调了技术的决定性，也主张技术与社会的互动性和人文性。

---

① 〔美〕林文刚.媒介环境学——思想沿革与多维视野[M].何道宽，译.2版.中国大百科全书出版社，2019.
② 〔加〕马歇尔·麦克卢汉.理解媒介：论人的延伸（55周年增订本）[M].何道宽，译.译林出版社，2019.
③ 陆道夫，戴瑞克·德科柯夫.媒介文化观述略[J].广东技术师范学院学报，2003（3）：22-26.
④ 徐梓淇，刘钢.从媒介的发展看技术与社会的关系——兼论技术决定论与社会建构论的贫困[J].社科纵横，2010（1）：225-226.

从媒介理论角度来看,如果主张社会组织和运作的变革紧随主导媒介的变革,那么持这种主张的学者就被称为技术决定论者,与之相反的观点就是社会建构论。从这一点来说,英尼斯应该属于技术决定论者,麦克卢汉或许也是如此,因为他们都认为媒介技术塑造了不同社会的社会结构,这是一种明显的因果关系的结构。①

社会建构论与技术决定论不同,该理论认为技术发展的方向和速度是受社会制约的,经济、文化、政治等各种社会因素才是技术更迭的动力。所谓社会建构意指技术的发展不是一个固定的、单向的过程,而是一个充满偶然并包含诸多因素的过程。任何技术都负载一定的社会政治价值和伦理价值,技术的特质及其影响并不完全由技术本身的客观性决定,而是取决于许多相关社会群体的解释框架。但究竟哪种解释被采纳,则取决于技术开发的主体所处的社会政治、经济、文化制度的选择机制。②

随着对媒介进化应用和发展的不同规律的探索,人们逐渐开始从社会建构主义角度分析媒介发展中的社会制约因素和影响问题,其中包括探讨人类传播技术工具的发明创新,分析媒介的进化扩散规律,探讨这些新的媒介扩散应用的价值、影响和动力机制,如德国学者鲁道夫·斯道博(Rudolf Stober)提出媒介进化的社会制度因素影响问题、保罗·莱文森提出人性化补充问题等。此外,欧洲兴起的批判学派也从马克思主义理论角度分析了媒介的政治与资本控制和媒介的文化属性等问题,如媒介意识形态霸权问题、媒介意识形态化问题、媒介信息崇拜问题等。

媒介理论研究还试图建构一个综合性的研究领域,借以平衡技术决定论和社会建构论,这就是媒介生态学,也称为媒介环境学。该领域综合分析了媒介的各种理论来源,并借鉴了生态学和文化哲学等相关理论,分析了媒介技术及其发展史与人类社会变迁和文明发展史的关系、媒介与人之间的互动关系,以及媒介进化视角下的媒介共生机制。

媒介生态学在技术的产生与发展、技术与社会的关系、技术作用于社会的方式以及开放性的结论和多样化的未来这四个方面都与技术决定论有很大的不同。③其代表人物就是美国纽约大学的尼尔·波兹曼,他深受芒福德、哈弗洛克、英尼斯和麦克卢汉的影响,并在此基础上有新的突破。1985年,波兹曼提出"媒介即隐喻"的命题。他认为,一切媒介都是隐喻,因为它们都有自己的偏向,我们把特权赋予一种媒介而不是其他媒介就是一种偏向的表现,这种偏向透露出的信息就是有关我们自己和我们时代的信息。④

---

① 转引自〔美〕林文刚.媒介环境学——思想沿革与多维视野[M].何道宽,译.2版.中国大百科全书出版社,2019.
② 徐梓淇,刘钢.从媒介的发展看技术与社会的关系——兼论技术决定论与社会建构论的贫困[J].社科纵横,2010(1):225-226.
③ 李明伟.知媒者生存:媒介环境学纵论[M].北京大学出版社,2010.
④ 〔美〕林文刚.媒介环境学——思想沿革与多维视野[M].何道宽,译.2版.中国大百科全书出版社,2019.

总体来看,媒介研究的视角、方法和理论异彩纷呈,难以细致归类和明确其理论核心,但是这些理论突出了媒介的一些重要属性解释和理论启示。代表性的理论主要包括英尼斯的"媒介时空论"、麦克卢汉的"媒介信息论"、梅罗维茨的"媒介情境论"、以保罗·莱文森为代表的"媒介进化论"、以尼尔·波兹曼为代表的"媒介生态论"等理论。

第二节 英尼斯的媒介时空论

加拿大媒介学家哈罗德·英尼斯于1950年和1951年分别在《帝国与传播》《传播的偏向》等论著中,提出了媒介的时空偏倚(the bias of communication)理论。

一、主要理论观点

(一) 传播媒介的总体影响分析

英尼斯在分析人类社会经济发展的历史进程时,把社会中占主导地位的媒介技术作为划分文明历史时期的重要标志。"他把传播置于人类历史运转的轴心位置进行探索","该理论认为,一切文明都有赖于对空间领域和时间跨度的控制,与之相关的就是传播媒介的时、空倾向性,因而文明的兴起与衰落和占支配地位的传播媒介息息相关"[1]。

英尼斯的媒介思想具有媒介时空观特色,他强调"时间观念和空间观念,反映了媒介对文明的重要意义"[2]。因此,他将媒介的时间和空间属性看成影响社会政治、经济和文化的重要手段。在媒介本身时间和空间属性变化的过程中,这些手段发挥作用的方式呈现出不同的强度(或称倾向性),从而对社会产生不同的影响和结果。这一时空结构性影响的分析范式,为我们深入理解媒介与社会的关系提供了一种分析尺度和框架。

(二) 传播媒介的偏向性

英尼斯提出了传播媒介的时空偏向性这一论点,他认为,媒介技术形成了新的政治权力分配机制,权力包括对空间和时间的控制。传播系统构建了时间和空间关系,也就形塑了社会组织的结构。他从媒介与权力机构的关系入手,分析了媒介的不同偏向对于权力机构的影响。从历史上看,存在着两种媒介或传播形式的偏向,导致了两种不同的帝国。[3]

他认为,所谓媒介的时间偏向或空间偏向的含义是,"对于它所在的文化,它的重要

---

[1] 张咏华.媒介分析:传播技术神话的解读[M].2版.北京大学出版社,2017.
[2] [加]哈罗德·伊尼斯.帝国与传播[M].何道宽,译.3版.中国大百科全书出版社,2021.
[3] [法]阿芒·马特拉,米歇尔·马特拉.传播学简史[M].孙五三,译.中国人民大学出版社,2008.

性有这样或那样的偏向"。根据媒介的特征,某种媒介可能更加适合知识在时间上的纵向传播,而不适合知识在空间中横向传播,尤其是该媒介笨重而耐久,不适合运输的时候;它也可能更加适合知识在空间中横向传播,而不适合知识在时间上的纵向传播,尤其是该媒介轻巧而便于运输的时候。①

传播媒介的性质往往在文明中产生一种偏向,这种偏向或有利于时间观念,或有利于空间观念。只有在很罕见的间歇期,另一种媒介的影响才能抵消其偏向。② 偏向时间的媒介,其性质耐久,羊皮纸、黏土和石头即为其例。偏向空间的媒介,耐久性比较逊色,质地却比较轻,更适合广袤地区的治理和贸易,有利于集中化但分层性质不明显的行政体制。③

结合英尼斯的相关著述内容,这里将英尼斯的时间偏向和空间偏向的观点进行整理以了解这两类媒介的差异。见表4-1。

表4-1 时空偏向媒介对比表

时间偏向的媒介	空间偏向的媒介
材料笨重、耐久,如羊皮纸、黏土、石头、雕塑、圣地建筑等	材料轻巧,便于运输,难以保存,如莎草纸,现代电报、广播
有利于基督教帝国传承	有利于广袤地区的治理、贸易,有利于政治帝国扩张
注重宗教道德组织、世袭性贵族,强调非集中化的连续性、持久性	注重政治组织、武装力量,强调集中化、控制性
宫殿、神庙等宗教场所	图书馆
偏重口头传统的史诗	偏重书面传统的法典
石刻、象形文字、泥版书楔形文字	原始拼音文字
希腊文化	罗马帝国
超越了记忆中物体范围的纵向传播	超越了熟悉的地方范围的横向传播

英尼斯的媒介偏向性是个相对的概念,而且是就时间跨度或空间领域控制方面的取向而言的。例如,文字印刷媒介被视为空间偏向的媒介,这是相对于传播范围仅限于声音可达之处、无法向空间延伸的口语传播手段而言的,并不是说文字印刷媒介与信息的长久保存无关。也正因为这一相对性,关于媒介偏向性的分析也存在着一定的局限性和不确定性。

---

① 〔加〕哈罗德·伊尼斯.传播的偏向[M].何道宽,译.3版.中国大百科全书出版社,2021.
② 同上.
③ 同上.

(三) 传播媒介偏倚性的负面影响与平衡

在英尼斯的媒介理论中，媒介成为行使社会和政治权力并改变社会体制的重要手段。它不但开创了交往的新形式，发展出新的知识结构，而且还经常转移权力中心，社会权力的竞争离不开寻求新的传播技术形式的竞争。由技术决定的知识垄断控制了各种社会团体间的政治权力的分配。[①]

英尼斯还认为，每种传播媒介都可能造成知识垄断，而新的媒介的出现可以打破旧的垄断。如印刷机的出现打破了中世纪西方教会垄断知识的格局，使《圣经》成为普遍可得的印刷品，这在某种程度上削弱了教会势力，使权力中心向国家政权转移。他对高度垄断的媒介机构对知识的垄断性经济行为深感忧虑，认为"知识的机械化正迅速造成信息超载，而后者正在破坏人类的创造性思维。人类的创造性思维有赖于口语传统，而这个传统正在消失"[②]。

随着围绕印刷技术形成的媒介环境被电视媒介打破并形成新的垄断，麦克卢汉和波兹曼继承了英尼斯的这一分析模式，批判了电视媒介的知识垄断和对人类感知、思维的负面影响。由此可见，英尼斯奠定了媒介文化分析的理论基础。

媒介的时间偏向与空间偏向之间的平衡对社会稳定产生了积极影响，因此，英尼斯"把时间和空间倾向视为辩证统一，一味地向时间倾斜或向空间倾斜会造成社会不稳定，一个稳定的社会离不开维护时间倾向和空间倾向之间的平衡机制。他的这个观点还贯穿在对文明史的分析当中，并认为，代表媒介时间倾向的口语传统与代表媒介空间倾向的书面传统的失衡是导致希腊文化最终衰落的影响因素"[③]。

二、英尼斯媒介理论评价

英尼斯的媒介理论原本是他的政治经济学特别是经济发展史研究的一个副产品，但是这些研究成果却奠定了传播媒介研究的理论基础。他重点关注了两个重要议题，"分别是社会体制变迁的原因和社会经济生活稳定的条件"[④]。他在探索这些问题的答案的过程中，发现了传播媒介的影响力，并由此开拓了传播学研究的新领域，因此，尼尔·波兹曼将他誉为"现代传播学之父"。[⑤] 从他对媒介分析的独特视角和独到见解来看，这一评价并不过分。

英尼斯的学术生涯的时空坐标正是西方工业国家完成工业社会转型、进入媒介信

[①] [法] 阿芒·马特拉,米歇尔·马特拉.传播学简史[M].孙五三,译.中国人民大学出版社,2008.
[②] 张咏华.媒介分析:传播技术神话的解读[M].2版.北京大学出版社,2017.
[③] 同上.
[④] 同上.
[⑤] 转引自[美]林文刚.媒介环境学——思想沿革与多维视野[M].何道宽,译.2版.中国大百科全书出版社,2019.

息化社会的特定历史时期,他敏锐地觉察到了未来传播体系作为信息社会的核心工具和资源的新趋势。他从经济史学和政治经济学角度解析了媒介的结构特征和作用机制,侧重宏观研究、整体分析和演绎分析,大量引用史料和史学论著,在引经据典方面显示出其渊博的知识,其著作具有百科全书式的特点,这一传统也被麦克卢汉继承。

第三节　麦克卢汉的媒介信息论

加拿大多伦多大学教授马歇尔·麦克卢汉是媒介信息论的代表人物,他主张,媒介不仅是简单的传播工具,还是具有丰富信息形态的社会变革形塑器。它延伸了人类的自我信息功能,建构了人与信息交流关系的新生态结构,并进一步影响了人类的信息行为模式和心理结构。他的这些观点继承了英尼斯的媒介技术决定论思想,并借鉴了芒福德的媒介生态观思想,也受到俄罗斯地理学家克鲁泡特金和英国生态与规划学家格迪斯的启发——从20世纪初到20世纪20年代这两位学者先后影响了社会学的芝加哥学派。①

麦克卢汉的理论概念及观点非常丰富,他的媒介概念泛指各类信息传播工具、交通工具乃至技术文明。何道宽列举了他的一些产生了重要后续影响的概念和观点,包括"地球村""媒介是人的一切外化、延伸和产出""媒介即讯息""电子媒介是中枢神经系统的延伸""热媒介与冷媒介""西方文化的局限性"以及人类历史的"部落化—非部落化—重新部落化"等。②

麦克卢汉的媒介理论有三个前提假设:媒介的影响渗透在社会的每一个行动和行为之中;媒介决定着我们的感知,决定着我们的经验结构;媒介把世界联系在一起。③ 围绕这三个基本假设,他提出了三个重要的理论命题:首先,媒介广泛存在于我们的社会生态之中,我们无法摆脱媒介的影响;其次,媒介具有比其内容更为重要的社会功能,媒介就是讯息,不同的媒介属性(冷媒介或者热媒介)提供不同的信息利用和交流的尺度、模式;最后,媒介把世界联系在一起,组成了一个政治、经济、社会和文化系统,形成了一个地球村。

一、麦克卢汉的主要媒介论点

(一)泛媒介中介观

麦克卢汉所说的"媒介"不限于传播媒介的范围,而是包含了各类具有社会中介属

---

① 支庭荣.大众传播生态学[M].浙江大学出版社,2004.
② [加]埃里克·麦克卢汉,弗兰克·秦格龙.麦克卢汉精粹[M].何道宽,译.2版.中国大百科全书出版社,2021.
③ [美]理查德·韦斯特,林恩·特纳.传播理论导引:分析与应用[M].刘海龙,译.2版.中国人民大学出版社,2007.

性的物品,其中既有信息交换的中介,也包括进行物质交换的交通渠道和工具,如道路、货币、轮子、汽车等。他自己也曾坦言,"我们在本书中所关注的,是一切形式的货物运输和信息传输,它们既是隐喻,也是交换"①。从麦克卢汉列举的例子中也可以看出,他的讨论涉及的媒介范畴是泛化的媒介,包含诸多具有连接人与人之间的信息的功能、相关中介性功能的工具和事物。因此,他更倾向于一种"中介理论"(mediation theory)。②

媒介不仅是信息的载体,更是人类认识、连接与融合社会的重要桥梁,麦克卢汉认为,广义上的媒介还包括了道路与交通工具、服装、钟表和其他技术及文明应用,与此同时,媒介就是信息。这一泛媒介观,阐明了媒介技术应用对于人类文明发展进步的重要作用,从而奠定了技术与文明相互影响的媒介思想基础。

(二)媒介是人的延伸

麦克卢汉的《理解媒介——论人的延伸》一书副标题中的"人的延伸"体现了他对媒介延伸性功能的深刻思考。他认为,"媒介是人类感官的延伸,人类感官也是我们个人精力的基本支出,而且它们成了我们每个人的知觉与经历"③。媒介延伸有三个阶段,"在机械时代,我们完成了身体的空间延伸。今天,经过一个多世纪的电力技术的发展之后,我们的中枢神经系统又得到了延伸,以至于能够拥抱全球。就我们这颗行星而言,时间差异和空间差异早已不复存在。我们正在逼近人类延伸的最后一个阶段——从技术上模拟意识的阶段。在这个阶段,创造性的认识过程将会在群体中和总体上得以延伸,并进入人类社会的一切领域,正像我们的感官和神经系统凭借各种媒介而得以延伸一样"④。

麦克卢汉分析媒介的延伸功能,主要是为了说明中介性技术这一媒介属性具有建构人与技术工具之间的互动关系机制的作用。人类创造了媒介工具,这一工具被赋予了人类的交流功能,又放大了人类自我的功能属性,并反过来作用于人,从而建构了人与媒介生态的互构机制。在这一机制中,人类与媒介之间相互调试和修正。麦克卢汉认为,"任何发明或技术都是人体的延伸或自我截除。这样一种延伸还要求其他的器官和其他的延伸产生新的比率,谋求新的平衡"⑤。由此我们不仅可以将媒介的功能发挥看作人类自然交流功能的延伸与模拟,还需要认识到媒介的反作用的影响,从而揭示媒介与人的生态关系。

---

① 〔加〕马歇尔·麦克卢汉.理解媒介:论人的延伸(55周年增订本)[M].何道宽,译.译林出版社,2019.
② 戴宇辰."在媒介之世存有":麦克卢汉与技术现象学[J].新闻与传播研究,2018(10):82-96.
③ 张国良.20世纪传播学经典文本[M].复旦大学出版社,2003.
④ 〔加〕马歇尔·麦克卢汉.理解媒介:论人的延伸(55周年增订本)[M].何道宽,译.译林出版社,2019.
⑤ 同上.

(三) 媒介就是信息

传播学研究的重点在于信息内容的性质及其影响,但是在麦克卢汉看来,这种分析方法分割了信息内容与其媒介载体的整体关系。他认为,施拉姆的电视影响研究是一种文献研究方法,没有分析媒介性质问题,因此他提出将媒介与讯息进行整体分析的视角,并认为媒介性质比媒介传送的信息内容更为重要,因为"过程分析与内容分析在弄清这些媒介的魔力或潜在威力方面,都不可能提供任何线索"①。

在麦克卢汉看来,媒介即信息,即"任何媒介(亦即人的任何延伸)对个人和社会的任何影响,都是由新的尺度产生的,我们的任何一种延伸或者任何一种新技术,都要在我们的事物中引进一种新的尺度"②。"媒介即信息,因为是媒介对人的协作与活动的尺度和形态发挥着塑造和控制的作用。"③这一观点强调了媒介具有与信息内容同等重要的影响和作用。

他在1967年出版了《媒介即讯息》一书,一反媒介与讯息的传统区分,从功能和效果方面阐述了媒介的信息意义。他认为,媒介所传送的信息不如媒介(或传播渠道)本身重要,媒介可以改变我们对他人、自己和世界的判断。他并没有否定内容的重要性,内容更容易吸引我们的注意力。但是,虽然讯息影响了我们的意识,但是媒介却主要影响着我们的潜意识。④

他强调了媒介演化过程中,媒介与内容的相互转化性以及媒介与内容的整体性同步影响的意义。他认为,"任何媒介的'内容'都是另一种媒介。文字的内容是言语,正如文字是印刷的内容,印刷又是电报的内容一样"⑤。所以,他认为,"媒介的影响之所以非常强烈,恰恰是另一种媒介变成了它的内容,一部电影的内容是一部小说、一个剧本或一场歌剧"⑥。因此,不能片面地将媒介与内容割裂开来。他还指出,"一旦序列性让位于同步性,人就进入了外形和结构的世界。……对专门片段的注意转向了对整体场的注意"⑦。因此,媒介并非简单的信息通道,而是一种信息的形态,比如黑白电影和彩色电影对于观众来说,显然具有信息意义上的差异性和不同的符号象征作用。

(四) 媒介的冷热属性

为了说明媒介影响产生的机制,麦克卢汉根据媒介在使用过程中的不同特点将媒

---

① 〔加〕马歇尔·麦克卢汉.理解媒介:论人的延伸(55周年增订本)[M].何道宽,译.译林出版社,2019.
② 同上.
③ 同上.
④ 〔美〕理查德·韦斯特,林恩·特纳.传播理论导引:分析与应用[M].刘海龙,译.2版.中国人民大学出版社,2007.
⑤ 〔加〕马歇尔·麦克卢汉.理解媒介:论人的延伸(55周年增订本)[M].何道宽,译.译林出版社,2019.
⑥ 〔加〕埃里克·麦克卢汉,弗兰克·秦格龙.麦克卢汉精粹[M].何道宽,译.2版.中国大百科全书出版社,2021.
⑦ 〔加〕马歇尔·麦克卢汉.理解媒介:论人的延伸(55周年增订本)[M].何道宽,译.译林出版社,2019.

介划分为"热媒介"与"冷媒介"。他认为,区别冷热媒介的基本原理是,"热媒介只延伸一种感觉,具有'高清晰度'。高清晰度是充满数据的状态。从视觉上说,照片具有'高清晰度'。卡通画却只有'低清晰度',原因很简单,因为它提供的信息非常之少。电话是一种冷媒介,或者叫低清晰度媒介,因为它提供的清晰度少的可怜,大量的信息还得由听话人自己去填补,与此相反,热媒介并不留下那么多空白让接受者去填补或完成。因此,热媒介要求的参与程度低;冷媒介要求的参与程度高,要求接受者完成的信息多"①。

从媒介的特性上看,不同的媒介在清晰度、信息量和参与程度上是不同的。就拿漫画与照片来说,漫画清晰度低,提供的信息量小,需要欣赏者调动想象力进行大量的补充,才能完整地理解其中的含义,也就是说参与程度高,所以漫画是冷媒介;而照片清晰度高,提供的信息量大,人们无须再多作"补充",意思就已经很明确,也就是说参与程度低,所以说照片是热媒介。

(五)地球村:媒介建构的新时空形态

媒介延伸也促成了社会结构的发展与变化,其中最大的影响在于对时空认知的变化,空间紧缩,时间升值。麦克卢汉认为,在这个过程中形成了"地球村庄化",这个概念是在他所著的《谷登堡星汉璀璨》一书中作为一章的标题提出来的。他指出,"新型电子条件下的相互依存性,把世界重新塑造成为一个地球村的形象"②。这个概念成为一个广泛使用的名词,后来他与其他作者合作出版了著作《地球村里的战争与和平》(1968)和他去世后才出版的《地球村》(1989)。

他从媒介的社会联系角度,强调了媒介对于联系不同空间的人群和观念的强大力量;特别是不同国家之间的隔阂被打破,物理距离缩小,信息交流更为便捷。随着互联网社会的逐步发展,我们生活的社会越来越像他所比喻的"处处是中心,无处是边缘"的"地球村",他的很多在当时被视为奇谈怪论的预言正变成现实,这进一步验证了其理论的预见性。莱文森将麦克卢汉提出的地球村分为传统的地球村和赛博空间的地球村两类概念:前者包括广播地球村(儿童的村落)和电视地球村(窥探者的村落);后者则是全人类共同参与的村落,只要人们掌握了选择信息的正确方法,即可将无穷无尽的信息顷刻理出头绪。③

---

① 〔加〕马歇尔·麦克卢汉.理解媒介:论人的延伸(55周年增订本)[M].何道宽,译.译林出版社,2019.
② 〔美〕保罗·莱文森.数字麦克卢汉:信息化新千纪指南[M].何道宽,译.2版.北京师范大学出版社,2014.
③ 刘建明.新闻学前沿:新闻学关注的11个焦点[M].清华大学出版社,2005.

二、麦氏父子的媒介定律

麦克卢汉最初的研究侧重分析媒介的产生机制及作用效应,但是随着对媒介的分析的不断深入,他更希望建构一个媒介分析的基本框架,用以解释和分析不断进化和多元共存的媒介生态,进而形成媒介科学的基本定律。[1] 因此,他提出了媒介的四元定律,虽然这一观点在他生前未能发表,但是最后由他的儿子艾里克·麦克卢汉整理出版,书名为《媒介定律:新科学》(1988)。[2] 该观点认为,任何人造物(human artifacts)的社会文化效应都包含四个方面。第一,强化(enhancement):该媒介强化或者提升了什么?第二,过时(obsolescence):它取代了什么或者使什么事物过时?第三,再现(retrieval):它使哪些之前过时的事物得到再现?第四,逆转(reversal):当被使用到极致之后,它会产生或者变成什么事物?麦克卢汉认为这四个方面共时性地起作用,也就是说,当一个具体媒介被使用之后,它会在这四个方面同时产生影响。[3]

麦氏四元定律为后来的学者建构媒介生态(环境)学(media ecology)提供了理论来源,麦克卢汉还在1978年的一次演讲中提出了媒介生态学的思想,"媒介生态(环境)学有这样一层意思:如果印刷文字或书写词语处在危险之中,另一种媒介就可以拯救它,或支持它。我们不能够让它像脏水一样从下水道流走而不提供对抗的力量"[4]。

三、麦克卢汉理论的评价分析

麦克卢汉的媒介理论延续了英尼斯媒介理论的多伦多学派范式,建构了媒介理论分析架构,提出了媒介结构和功能理论,不仅预测和解释了当今的媒介形态特征与趋势,也为媒介进化及媒介生态研究奠定了重要基础。

麦克卢汉声称自己无意于建构任何理论体系,只提供一种洞察媒介和社会的方式。但他的这种非理性、非科学主义的研究方式,因与主流的理性、实证的研究方法大异其趣而被学界视为异端。[5] 从《谷登堡星汉璀璨》一书开始,麦克卢汉就展现出其方法的反文本与反逻辑特征,这种写作风格是一种"马赛克"拼图风格。[6] 但是,莱文森借用唐

---

① 戴元光,夏寅.莱文森对麦克卢汉媒介思想的继承与修正:兼论媒介进化论及理论来源[J].国际新闻界,2010(4):6-12.
② McLuhan M, McLuhan E.Laws of media: The new science [M]. University of Toronto Press, 1988.
③ 转引自戴宇辰."在媒介之世存有":麦克卢汉与技术现象学[J].新闻与传播研究,2018(10):82-96.
④ 转引自〔美〕林文刚.媒介环境学——思想沿革与多维视野[M].何道宽,译.2版.中国大百科全书出版社,2019.
⑤ 董薇.从麦克卢汉到莱文森——围绕《数字麦克卢汉》一书谈媒介环境学派理论的承嬗离合[J].视听,2014(12):55-57.
⑥ 〔美〕林文刚.媒介环境学——思想沿革与多维视野[M].何道宽,译.2版.中国大百科全书出版社,2019.

纳德·坎贝尔(Donald Campbell)的"进化认识论"为麦克卢汉辩护：人的知识演进须经历三个阶段——提出新思想（"生成"阶段）；经受批评、检验和讨论（"选择"阶段）；"传播"阶段。麦氏的理论是新思想生成阶段，具有重要的原创意义。虽然他并没有创造出任何媒介传播的理论，但是他的隐喻和研究是供他人建构理性阐释的原材料和构件。①

詹姆斯·莫理逊(James Morrison)也认为，麦克卢汉是一位媒介生态学家，他努力造就一种意识，使人们考虑多半情况下浑然不觉的电子技术的影响。这一点与蕾切尔·卡森(Rachel Carson)类似，在《寂静的春天》里，卡森揭露了人类无意之间用杀虫剂造成的环境问题，她用大量案例证明，滥用杀虫剂尤其是 DDT 是高级野生动物不断减少的原因。没有她的拓荒工作，美国在 20 世纪 70 年代成立环境保护局是难以想象的。麦克卢汉就是一个技术环境保护主义者，他不提倡通俗文化和电视，就像卡尔森不提倡 DDT 一样，而他的研究方法的源头是文学批评，因此其方法具有独特性，是有人文传统的。②

麦克卢汉的思想和学术影响没有随着历史的发展而减弱，相反却日益成为传播学思想的溯源之处。在麦克卢汉工作过的加拿大多伦多大学校园里，有专门收藏他的书籍的资料室，还有以他的名字命名的加拿大驼鹿雕塑、研究机构等。信息技术革命以及后来的互联网兴起带来的媒介新思考带动了麦克卢汉思想的复兴和被重新发掘。盖里·沃尔夫(Gary Wolf)1996 年在《连线》杂志中写道："麦克卢汉又重新变得重要起来。"③

第四节　梅罗维茨的媒介情境论

1985 年，莱文森的同窗、美国传播学家约书亚·梅罗维茨出版了《消失的地域：电子媒介对社会行为的影响》一书。在书中，梅罗维茨既吸收了以英尼斯和麦克卢汉为代表的媒介塑造独特的社会文化的作用理论，也借鉴了美国社会学家戈夫曼的拟剧理论，他在情境中导入媒介变量，并加以融合，提出了媒介情境论。④

---

① 董薇.从麦克卢汉到莱文森——围绕《数字麦克卢汉》一书谈媒介环境学派理论的承嬗离合[J].视听，2014(12):55-57.
② 〔美〕林文刚.媒介环境学——思想沿革与多维视野[M].何道宽，译.2 版.中国大百科全书出版社，2019.
③ 〔美〕理查德·韦斯特，林恩·特纳.传播理论导引：分析与应用[M].刘海龙，译.2 版.中国人民大学出版社，2007.
④ 〔美〕约书亚·梅罗维茨.消失的地域：电子媒介对社会行为的影响[M].肖志军，译.清华大学出版社，2002.

梅罗维茨认为,麦克卢汉的媒介理论清楚地阐明电子传媒是通过何种机制引发广泛的社会变化的,而且"麦氏将媒介描绘成感官的延伸,并且宣称新媒介进入某种文化后就会改变这种文化下的人们的感官平衡,并改变他们的意识。但是麦克卢汉没有给出具体的理由来解释为什么具有不同感官平衡的人会有不同的行为"①。为了对此进一步解释,他借鉴了戈夫曼的社会情境与社会角色关系理论,来分析媒介影响下的社会角色及行为变化。梅罗维茨认为:"戈夫曼和麦克卢汉二人的优势和劣势是互补的。戈夫曼侧重研究了面对面的交往,而忽视了媒介对于他所描述变量的影响和作用。而麦克卢汉侧重媒介的效果,却忽略了面对面交往的结构特征。"②

梅罗维茨的媒介情境论将媒介、情境以及社会角色和行为模式作为核心概念,提出了媒介影响情境并进而影响交流行为的理论模式。他提出了三个相互联系的论点:一是媒介建构了超越自然和社会场所的信息情境;二是电子媒介整合了自然与社会情境;三是电子媒介情境的变化影响交流的社会角色和行为模式。

一、媒介建构了超越自然和社会场所的信息情境

梅罗维茨首先将戈夫曼对于传统意义上的物理场所情境的分析作了拓展,强调了基于信息的流动特征建构的情境意义,从而将物理环境和媒介环境结合起来进行了融合分析。他指出,物质环境与媒介环境不是两个分支,而是一个统一体,地点场所与媒介均促成了人们之间的信息互动与社会信息流动的特定形式③。在此基础上,他继承了英尼斯和麦克卢汉的媒介结构理论,强调媒介并非仅仅是两个或者两个以上的环境中的人之间进行信息交流的手段,它们本身就是环境。④

梅罗维茨认为,人们的交流行为受到不同情境的约束和影响,体现出差异性和适应性。他指出,真正不同的行为需要真正不同的情境,谁被包括进某一情境,谁被排斥在外,这是规定情境形式及与此相适应的行为形式的界限之关键因素。如公司总经理甲发现该公司的部门经理乙在工作中有不少疏忽之处,于是将乙叫到自己的办公室进行个别交谈,对其进行了批评。从情境角度而言,甲对乙的指责的恰当性,不仅在于甲的地位是乙的上司,还在于乙自身的下属不在场,后一点同前一点一样重要。⑤

---

① [美]约书亚·梅罗维茨.消失的地域:电子媒介对社会行为的影响[M].肖志军,译.清华大学出版社,2002.
② 同上.
③ 张国良.20世纪传播学经典文本[M].复旦大学出版社,2003.
④ 张咏华.媒介分析:传播技术神话的解读[M].2版.北京大学出版社,2017.
⑤ 同上.

媒介环境决定了信息交流的基本形式,传统的自然环境构成的情境对人们的社会互动产生重要的影响,也是人际面对面沟通的一种重要情境。但是,随着媒介的广泛应用,媒介建构了更为丰富、复杂的信息情境,在新的信息情境中,人们的交流方式也会受到影响,因为"绕过对信息流动的传统的物质限制,媒介可以影响情境的定义。例如,尼克松发现,总统办公室里的一架录音机使他的私人密室谈话被人们当成公开声明来评价"[①]。

戈夫曼的拟剧理论强调,作为不同区域的前台行为和后台行为具有情境分割作用,并界定了不同的表达内容。但是,梅罗维茨认为,媒介信息环境如同地点一样,促成一定的信息流通形式。[②] 他说,"在我们这个时代,突然关闭麦克风、打开收音机或接听电话,却类似于环境与行为在房门被打开或关上、围墙被砌起或拆除时发生的变化"[③]。

二、电子媒介整合了自然与社会情境

梅罗维茨对电子媒介的情境整合作用进行了分析。他认为,电子媒介使得原来的交流场所和空间被整合到一个更为广域的范围里,过去界限分明的角色或空间的划分变得模糊起来。例如,"许多美国人不再'知道自己的位置',因为传统的环环相扣的'空间'被电子媒介拆分得七零八落。不论你现在身处哪里——在家、在工作场所还是在车里——你总可以和他人联系或被联系"。他认为,"媒介作为一种信息系统可以改变一系列社会环境,这种改变通过引进和广泛使用一种新的传播媒介,就可以重新建构一系列情境,并要求产生一系列新的社会行为"[④]。

梅罗维茨认为,由于电子媒介的普及,情境形式正在发生变化,表现在两个既有区别又互相联系的方面。一方面,电子媒介的广泛应用正在促成一系列旧有情境界限被打破,致使一些旧的不同情境合并;另一方面,电子媒介的普及正在使有关情境的旧有方式的联结和结合消失,导致新的分离。[⑤] 下面对这两方面进行简要介绍。

第一,梅罗维茨认为,电子媒介的广泛应用正在促成一系列旧有情境界限被打破,使一些旧的不同情境合并,同时也带来了传播内容的新问题。

电子媒介通过对以往物理空间的信息场景进行整合,打破了基于不同空间所要求的受众读者群体特定区隔与界限,合并后的新空间既能够让不同场景下的受众群体跨越边界共享信息,同时也产生了因为缺乏传统空间所保障的交流私密性和屏蔽性而出

---

① 张国良.20世纪传播学经典文本[M].复旦大学出版社,2003.
② 张咏华.媒介分析:传播技术神话的解读[M].2版.北京大学出版社,2017.
③ 张国良.20世纪传播学经典文本[M].复旦大学出版社,2003.
④ 同上.
⑤ 张咏华.媒介分析:传播技术神话的解读[M].2版.北京大学出版社,2017.

现的问题。特别是在传统印刷品流通空间方面,这一问题更为突出。比如在美国,基于分级出版的纸质书刊,有些不适合青少年接触,一般会通过物理空间的区隔来限制未成年人浏览、借阅和购买。但是在诸如电视媒介这样的电子媒介环境下,则无法采用这样的限制措施将不同群体区隔开来,这就为未成年人接触不良信息提供了可能。因此,电视节目的制作与传播需要顾及其对青少年可能产生的各种影响。

第二,电子媒介的普及打破了物质自然场所和社会场所之间的联结,引起了社会场所与自然场所情境的分离。

梅罗维茨认为,虽然口语文化和印刷文化差异很大,但是物质自然场所和社会场所的联结却是它们的共同特点。在电子媒介出现之前,人们有足够的理由忽视物质自然场所和社会情境之间的差别。地点场所界定了大多数社会信息系统。某一特定场所—情境在空间和时间上都是同其他场所—情境分开的,时间和空间距离界定了其不同的情境。随着电子媒介的发展,不同场所之间的分界线仍具有一定的界定社会情境的功能,但那仅仅限于信息仍能通过对物质接触的限制而受到限制的程度。虽然许多社会信息依然只能通过进入某一特定场所或通过面对面会见而接触到,但是传播媒介的变化已大大削弱了接触信息同进入地点场所之间的一致性。当家中有了电话、收音机或电视时,空间的隔离、孤立和入口处的警卫把守对信息流动已不起作用。①

梅罗维茨认为,电视媒介的出现,意味着专家与普通人、后台和前台之间界限的模糊,公众人物的"前台"表现与他们的后台活动形象开始竞争。② 他指出,电视使得原来属于各个社会层面内部的场景被推到了前台,从而整合了信息系统。由于电子媒介的传播具有具体、形象和动态地体现事件进展的特性,因此通过电视,人们可以观察到私人行为,从而混淆了公共经历和私人经历之间的界限。他把这一现象称为原来的私人情境并入公共情境。③

这一现象在当下的时代更为突出,在把手机中的照片上传到网络成为日益普遍的现象时,经常会出现很多私人聚会场合的照片、音视频被放到各类朋友圈和网络上的现象,导致很多私人活动公开化,引发了不少争议和纠纷。

三、电子媒介情境变化影响交流的社会角色和行为模式

电子媒介的情境变化,影响了交流模式和传播者与受众的关系,电子媒介的整合性体现为对以往不同社会角色成员的重新聚合。当人们借助电子传播媒介从事传播活动

---

① 张咏华.媒介分析:传播技术神话的解读[M].2版.北京大学出版社,2017.
② 〔美〕约翰·R.霍尔,玛丽·乔·尼兹.文化:社会学的视野[M].周晓虹,徐彬,译.商务印书馆,2002.
③ 张咏华.媒介分析:传播技术神话的解读[M].2版.北京大学出版社,2017.

时,他们所处的自然场所已无法决定他们的社会场所和地位。由于电子传播媒介造成的社会情境形式的变化,人们的社会角色形式也在变化。以往特点分明的、不同情境的界限之混淆,导致了社会角色界限的相应混淆。由于电子媒介将很多种不同类型的人聚于相同的地方,过去明确的很多角色开始混淆,如将政治领袖降低到一般人的层次。[①]因此,人们需要重新调整自己的交流模式,对于传播者来说,以往的传播方式需要结合新传播场域的传播对象进行调整。

梅罗维茨将电视和传统印刷媒介进行比较,分析了电子媒介带来的这一影响,认为,情境的重构与电子媒介的新属性有关,电子媒介如电视的传播符号是视听符号,相较于印刷媒介文字符号不需要识读能力和知识积累,一些只能通过剧场或公众场合传播的视听艺术也可以通过电视场景获得,从而将传统传播情境合并入电视媒介。此外,电子媒介的物理特征与传统书籍也有不同,书籍通过有限的实物纸张空间传递信息,电子媒介如广播电视则是通过视听空间传递信息,不存在类似印刷传播中的媒介与内容的自然联结,信息内容更丰富,打破了以往印刷媒介造成的受众群体界限。

从传播者角度看,以往的传播场景特有的模式需要对交流行为进行调整,尽可能将多元化受众的普遍视听兴趣作为最大公约数加以关注。梅罗维茨指出,电子媒介融合了多元化受众,如美国几大电视网就注重最好的节目应该是那些最少被人们因政治、社会、经济和文化上的理由而抵制的节目的理念。梅罗维茨认为,这既与美国电视业的经济结构密切相关,还与一些电视媒介本身的特点及这种媒介中的类同化的信息系统有关。[②]

但是,这也会使得一些有地域特色的传播内容难以通过电视有效传播,如很多传统相声是在剧场演出的,北方观众比较熟悉相声的语言特色,但是一旦将其作为综艺节目通过电视传播,使全国各地的观众都可以看到,南方的观众就可能因为语言和地方特色的差异性而不喜欢这样的节目,从而造成一定的传播困境。这也是每年的春节联欢晚会众口难调的原因。

他指出,当两种或两种以上不同的情境重叠时,这种情况会混淆不同的社会角色,令人们感到困惑、不知所措。他以美国黑人权利倡导者斯托克利·卡迈克尔(Stokely Carmichael)在 20 世纪 60 年代的宣传活动为例,分析了这种活动的不同背景和效果。卡迈克尔在通过电子媒介演讲时,由于是同时向两组不同的受众群演讲,原本两种不同的情境就合二为一了。但是,他面临两难的选择,由于设计不出混合的演讲风格,他不得不使用适合黑人受众群体的表述。虽然演说成功激发了他的主要传播对象黑人受众

[①] 张咏华.媒介分析:传播技术神话的解读[M].2 版.北京大学出版社,2017.
[②] 同上.

群体的激情,却也激起了其次要受众群即白人受众群体的敌意和恐惧感。① 梅罗维茨在分析这一演讲活动的效果时指出,演讲行为要适合具体的情境,新的情境的出现要求人们采取新的交流行为。

总体来看,梅罗维茨的媒介情境论具体考察了"媒介、情境以及社会角色和行为模式"三者的关系。他将其作为解释媒介社会作用的分析框架,辩证分析了媒介、情境与交流模式的作用关系。将媒介的传播情境影响作用机制作为分析核心,强调了媒介对情境建构、传播者和受众的社会角色和交流行为模式都具有重要的影响作用。

第五节 媒介进化论

媒介进化是参照生物学理论的概念和原理,结合媒介演化发展的规律和特征开展的媒介生态学研究课题。媒介进化论是对媒介生态结构的动态观照。媒介进化研究的是整个媒介系统中各种媒介孕育、产生、发展、融合、消亡的动态序列结构以及不同媒介间竞争、互动、共生等关联结构状态。②

麦克卢汉从媒介显著性技术角度,将媒介的进化发展分为四个时期(当时还没有互联网和社交媒体),即部落时代(面对面接触和听觉)、书写文字时代(表音字母表和视觉)、印刷时代(金属印刷术和视觉)和电子时代(电子计算机和视觉、听觉和触摸)。在不同历史时期的发展演变中,每个时代的主要媒介对应着人们的某种感觉。麦克卢汉等提出,人们需要一种感觉比(ratio of the senses),这是几种感觉之间相互协调的产物,也就是说,人们都需要感觉的平衡。③

如前所述,麦克卢汉父子在1977年提出了媒介进化的四个关键效应和节点,分别是强化、过时、再现和逆转,它们不是单独地发生作用,而是作为整体发展规律涵盖了任何一种媒介被提升、过时、再现、逆转的生命发展周期。他认为,大众媒介使得印刷过时,最终发生了逆转。④

一、莱文森的媒介进化观概述

受麦克卢汉的影响,有着"数字时代的麦克卢汉"美誉的保罗·莱文森在其博士论文《人类历程回放:媒介进化理论》(1979)中论述了媒介进化的几个核心概念,奠定了

---

① 〔美〕约书亚·梅罗维茨.消失的地域:电子媒介对社会行为的影响[M].肖志军,译.清华大学出版社,2002.
② 郑恩,范宇.媒介进化论质性框架初探[J].山东理工大学学报(社会科学版),2009(3):62-65.
③ 〔美〕理查德·韦斯特,林恩·特纳.传播理论导引:分析与应用[M].刘海龙,译.2版.中国人民大学出版社,2007.
④ 〔美〕保罗·莱文森.数字麦克卢汉:信息化新千纪指南[M].何道宽,译.2版.北京师范大学出版社,2014.

其在媒介进化学领域的地位。① 莱文森的媒介理论还进一步发展和更新了麦克卢汉的媒介理论,成为媒介进化论的重要代表人物。

莱文森媒介进化论的核心观点是:媒介以达尔文进化论的方式演进,人创造媒介(显然如此),而且选择媒介(用达尔文的话来说,就是选择环境)。我们的选择有两条标准:①我们想要凭借媒介来拓展传播,以求超越耳闻目睹的生物学局限;②人类在早期的延伸中,可能已经失去了某些生物性的传播成分,我们想要重新捕捉我们这些昔日的传播成分,换句话说,我们渴望回到我们昔日自然传播的故乡,虽然我们在延伸的过程中,超越了这个故乡。②

媒介的进化首先是知识演化机制下的传播需求与媒介应用,莱文森借鉴并发展了达尔文的进化论思想,提出了知识演化的三阶段论:生成——批评——传播。③按照英尼斯的观点,传播媒介一般会出现"模仿的偏向"问题,这一偏向有两个主要方向,一个是时间,另一个是空间。媒介之所以发生"模仿的偏向",一是因为媒介模仿的人类感官类型不一致导致其功能的差异,如电话模仿的是人类的听觉和语言,而书籍模仿的是人类大脑的线性思维;二是因为媒介在履行其"延伸"的职能时,常以牺牲人类某部分感官的方式,让另一部分得到极致的发展。④ 这样的"偏向"其实就是麦克卢汉所说的"自动截除"(auto amputation)和"麻木"(numbing)的概念。⑤

基于这一偏向性导致的弊端,莱文森进而提出了以媒介的"人性化趋势"(anthropotropic)作为纠偏机制的观点,他认为"那些站稳脚跟、繁盛如昔的媒介,必然有这样的一个原因:它们复制、对应、调适、再现了无中间的、生物学传播中的某些重要的方面或方式"⑥。

为了实现这一"人性化"模式,人们需要不断创制"补救性媒介",作为非人性化的纠偏机制。麦克卢汉在分析新的媒介对人体的新的延伸时,引进了"新尺度"(the new scale)概念。新尺度就是一种补足性延伸,广播是对报纸的补救,用听觉的声音传播补足视觉的文字传播。电视是对广播的补救,用视觉的声像传播补足视觉的文字传播、单一听觉传播。人类的"体外化信息系统"就得到了不断的扩展。随着视听新媒体技术的进步,电视已不再仅是对广播的补救,也是对传统电视媒介自身的补救。⑦

---

① 郑恩,范宇.媒介进化论质性框架初探[J].山东理工大学学报(社会科学版),2009(3):62-65.
② 〔美〕保罗·莱文森.数字麦克卢汉:信息化新千纪指南[M].何道宽,译.2版.北京师范大学出版社,2014.
③ 戴元光,夏寅.莱文森对麦克卢汉媒介思想的继承与修正:兼论媒介进化论及理论来源[J].国际新闻界,2010(4):6-12.
④ 梁辰曦.从莱文森"人性化趋势"理论看媒介的偏向性[J].新闻世界,2013(3):160-161.
⑤ 〔加〕马歇尔·麦克卢汉.理解媒介:论人的延伸(55周年增订本)[M].何道宽,译.译林出版社,2019.
⑥ 〔美〕保罗·莱文森.数字麦克卢汉:信息化新千纪指南[M].何道宽,译.2版.北京师范大学出版社,2014.
⑦ 梁辰曦.从莱文森"人性化趋势"理论看媒介的偏向性[J].新闻世界,2013(3):160-161.

莱文森继承了这一观点,强调了媒介的进化过程就是不断完善(补救)其人类传播场景化期待的过程。媒介的进化过程一方面满足了人们通过媒介获取真实世界奇观的期待,另一方面对于那些仅仅体现为某个器官的片面满足的不足问题进行补偿性改进,比如电视就是对收音机无法看到画面的补偿性改进。

莱文森利用麦克卢汉的媒介进化的四元定律分析了电视的进化性属性。电视是广播逆转而来的,电视提升了视觉,但是这种提升是听觉上的同步提升,而不是读报意义上的提升,读报模式是一个人对一张报。电视使广播过时,它再现了视觉,但是它再现的视觉并不是广播使之过时的印刷媒介的视觉,而是迥然不同的视觉,电视屏幕上的描摹登峰造极之后,它就摇身一变成为个人的电脑。[1]

总之,莱文森的"人性化趋势"和"补救性媒介"观点可以被看作对媒介偏向性问题的"纠编机制"。[2]

二、媒介进化的规律性探索

(一) 媒介进化的需求动力性

在分析媒介进化规律及演化动力方面,罗杰·菲德勒(Roger Fidler)教授提出了媒介形态变化的六个基本原则,即共同演化与共同生存、形态变化、增值、生存、机遇和需求、延时采用。他采用这些原则逐项考察了下一个阶段主流媒介和新型的以电脑为中介的传播变革。他认为,"传播媒介的形态变化,通常是由可感知的需要、竞争和政治压力,以及社会和技术革新、经济发展和公众需要以及媒介间的竞争和媒介生存发展的外部生态环境……诱发内部进行变革,从而导致媒介内部生态环境的变化"[3]。

在媒介的可感知的需要中,一个重要的动力机制来自人们对于媒介提供的现场感的需要。道格拉斯·冈比(Douglas Galbi)认为,媒介进化的历史更像一个不断减少"现场感成本"(cost of making sense of presence)的过程。"现场感"是指人们通过媒介获得的"情境到达",而努力减少获得"情境达到"的成本是技术变革和受众潜意识的归宿和方向。"现场感成本包括色彩和感觉代码融合代价,信息、叙事转化成本。"冈比认为,"电视较电话、电影、广播等其他媒介的现场感成本较低,受众喜欢花更多的时间收看电视"。电视是"声画结合"的传播媒介,画面(色彩)的连续性打破了语言的能指/所指的桎梏,具备了即时消费和想象的效果,它的信息(语义)转换速度较快,摒弃了深层转化

---

[1] 〔美〕保罗·莱文森.数字麦克卢汉:信息化新千纪指南[M].何道宽,译.2版.北京师范大学出版社,2014.
[2] 梁辰曦.从莱文森"人性化趋势"理论看媒介的偏向性[J].新闻世界,2013(3):160-161.
[3] 〔美〕罗杰·菲德勒.媒介形态变化:认识新媒介[M].明安香,译.华夏出版社,2000.

的困难。①

德国学者斯道博 2004 年在分析新媒介历史时把进化论和经济学的创新理论结合起来,针对媒介变革提出了一套开放和有说服力的理论。②他认为,新媒介的产生不是一种简单的技术线性关系,它源于两阶段的过程,即发明(inventing)和社会制度化(social institutionalizing)。其中,社会制度化又包括创新(innovation)和扩散(diffusion)两个阶段。社会制度化根本上改变了新发明的媒介形态,这一过程是技术、经济推力、受众需求和文化基础等综合互动的结果。③

(二) 媒介进化的采用周期性

媒介进化具有一定的规律性特征,这些特征对于我们理解媒介的生态格局和演变趋势有重要的参考价值。菲德勒认为,新媒介技术要想变成商业成功,总是要花比预期更长的时间。从概念的证明发展到普遍采用往往至少需要一代人(20—30 年)的时间。这表明媒介进化呈现出延时采用性规律。④

斯坦福大学的保罗·萨福(Paul Saffo)对新媒介的扩散周期进行了量化考察,他将 30 年看作新媒介从开始出现到被完全接受的一个普遍周期。第一个 10 年,受众是热情和好奇的,一种媒介只有首先吸引受众(形式或内容)才能引发人们的内在好奇;第二个 10 年,技术形态发生巨大改变,进入市场,初进市场阶段媒介的技术形态必须在满足受众的使用需求基础上不断革新,直至被接受;第三个 10 年,技术开始标准化生产和广泛使用,新媒介的功能、技术趋于成熟,市场份额饱满,产品形态成熟,新媒介被普遍接受。⑤

以色列巴依兰大学的萨姆·雷门-维兹格(Sam Lehman-Wilzig)教授的媒介进化七阶段论展现了新媒介发展的全景模式:出生(birth)、渗透(penetration)、成长(growth)、成熟(maturation)、防御性抵抗(defensive resistance)、适应(adaptation)、融合或淘汰(convergence or obsolescence)。⑥ 在这个模型中,他认为新媒介的产生往往依赖一种新的技术形态并且其发明者往往无法预测它实际的最终用途。他以 16% 的份额作为媒介进一步发展的市场门槛,50% 则为媒介发展成熟的门槛份额,在 50%—90% 阶段是媒介应用容量的最大值,旧媒介则寻求新的方向来留住传统受众,其市场份额在 50%—90%

---

① 转引自郑恩,林大力.原则·理论·趋势——研究媒介进化的断面理论[J].重庆工商大学学报(社会科学版),2009,26(4):140-144.
② 转引自尹良润.新媒体研究的新范式及核心概念——欧美新媒体研究述略[J].东南传播,2007(10):1-2.
③ 郑恩,范宇.媒介进化论质性框架初探[J].山东理工大学学报(社会科学版),2009(3):62-65.
④ [美]罗杰·菲德勒.媒介形态变化:认识新媒介[M].明安香,译.华夏出版社,2000.
⑤ 转引自郑恩,范宇.媒介进化论质性框架初探[J].山东理工大学学报(社会科学版),2009(3):62-65.
⑥ Lehman-Wilzig S, Cohen-Avigdor N. The natural life cycle of new media evolution: Inter-media struggle for survival in the internet age[J]. New Media & Society, 2004, 6(6): 707-730.

之间浮动。由此可见,新媒介成熟后,旧媒介还要经历一系列的防守性抗争、抵制,最终以旧媒介适应、融合或消失为结果。①

（三）媒介进化的基因延承性

与生物进化学类似,"媒介基因"会随新旧媒介更替而被传承下来。媒介的进化并非新旧媒介你死我活的争斗史,而是"媒介基因"延续、传承的历史。② 媒介的进化过程是一个基因演化过程,在这一过程中,旧媒介的优势基因会被保留,并增加新的变异性功能。正如雷门-维兹格所说:"老一些的生命形式在催生了新的继承者之后消亡了,老物种的'基因'中的很多部分还会继续存在,即使它们的表型（外观）进化成了完全不同的东西。"③

从广播到电视再到网络媒介的演进遵循了"进化树"和"媒介基因"的传承规律。④ 如广播的基因是声音要素,但是在声音的基础上,电视增加了新的图像要素,在电视这一新物种的进化中,包含了广播的声音基因,这些基因还会继续存在。电视还将电影的基因融入电视,使得我们可以通过电视听到广播的内容、看到电影的内容。当然,电视还可以将报刊等文字基因融合进去。我们可以看到,欧美国家早期的电视机外形酷似老式收音机。收音机的盒子上嵌入荧光屏,成为进化后的新媒介,这种媒介吸引传统广播听众的最大魅力就在于可以看到以往只能听到的"形象"和"画面"。

（四）媒介进化的功能迭代性

菲德勒认为,媒介具有进化形态的不断增值性的特征,即新出现的传播媒介形式会增加原先各种形式的主要特点。⑤ 在媒介的演化发展过程中我们发现,新的媒介往往会在已有媒介的基础上,增加新的功能。如广播在纸质媒介的基础上,增加了声音功能;电视在广播的基础上,增加了图像功能;电脑则在声音和图像的基础上,增加了人机交互功能。

在这个过程中,媒介的新形态与已有形态实现融合。随着各类新媒介的出现,媒介结构形成多元共生的生态形式,智能手机成为"第五媒体"是电信与广播电视、出版业相融合的典型体现,它是继报纸、广播、电视、网络之后的"第五媒体",也是继电影、电视、电脑之后的"第四块屏幕"。

（五）媒介进化的生态互补性

菲德勒将媒介的进化特征描述为各类媒介共同演化与共同生存的规律,一切形式

---

① 转引自郑恩,范宇.媒介进化论质性框架初探[J].山东理工大学学报（社会科学版）,2009(3):62-65.
② 郑恩,范宇.媒介进化论质性框架初探[J].山东理工大学学报（社会科学版）,2009(3):62-65.
③ Lehman-Wilzig S, Cohen-Avigdor N. The natural life cycle of new media evolution: Inter-media struggle for survival in the internet age[J]. New Media & Society, 2004, 6(6): 707-730.
④ 郑恩,范宇.媒介进化论质性框架初探[J].山东理工大学学报（社会科学版）,2009(3):62-65.
⑤ [美]罗杰·菲德勒.媒介形态变化:认识新媒介[M].明安香,译.华夏出版社,2000.

的传播媒介都在一个不断扩大的、复杂的自适应系统内共同相处和共同演进。每当一种新形式出现和发展起来，它就会持续和不同程度地影响其他每一种现存形式的发展。①

我们较多地注意到，在一定范围内，媒介为获取更多的市场份额展开竞争。但事实上，不同媒体的相互依存关系也是存在的。人们曾经担心电视的出现会促使报纸消亡，但电视的出现使得报纸转向深度报道并获得新的发展。媒介进化及变化只是一种结构变化和功能调整，不会被完全取代。阿尔文·托夫勒（Alvin Toffler）就指出，电视能做到的许多事情，书是没法做到的，反过来也是这样；如用严肃而不是迎合观众的电视手法来表达复杂的思想，而在视觉上又给人以深刻印象——这确实是一大难题。因此，印刷媒介不仅能维持下去，而且将继续是精神生活中的一种主要力量②。今天的抖音等平台的短视频也是这样，虽然很多人喜欢短视频，但是由于其自身的局限性，人们仍然难以仅仅使用这一单一媒介。

媒介自身的形态变迁和演进，也改变着媒介传播的特点和属性。为了探讨正在崛起的传播新技术究竟是意味着现存的社会传播形态的延伸，还是意味着一种新的社会形态的出现，美国学者桑德拉·鲍尔-洛基奇（Sandra Ball-Rokeach）与凯瑟琳·里尔登（Kathleen Reardon）一起对新兴的传播形态与传统的传播形态进行了比较研究。她们指出，大众传播是独白式（monologue）的传播形态，人际传播是对话式（dialogue）的传播形态，而以信息传播新技术为手段的传播，则是电子对话式（telelog）的传播形态。③

鲍尔-洛基奇等从十个方面对大众传播、人际传播和新兴的电子对话传播进行了对比分析，具体包括：感觉上的可靠性、地理范围、反馈的性质、潜在的互动性（交互性）、控制权方面的潜在平等、内容特征、对于硬件的依赖、对于软件技术（非传统的语言技巧）的依赖、传播系统的潜在的集中化、服务于信息依赖关系的目标的能力（个人目标、人际目标和社会目标）。④ 比较分析表明，不同的媒介传播具有各自不同的优势和劣势，它们往往具有一定的功能和实现目标的互补性，如在实现社会目标方面，大众传播具有较强的优势，而人际传播则具有较强的人际目标实现优势。这一研究为我们分析不同媒介在生态系统中的不同定位，提供了一个很好的参考框架。事实上，没有哪个媒介可以实现所有的传播功能和目标，媒介的相互竞争之外，也必然存在着相互补充。如同生态系统中的食物链和生态位，媒介也需要在社会生态系统中找到自己的位置和优势。

---

① 〔美〕罗杰·菲德勒.媒介形态变化：认识新媒介［M］.明安香，译.华夏出版社，2000.
② 〔美〕阿尔文·托夫勒.预测与前提——托夫勒未来对话录［M］.粟旺，等译.国际文化出版公司，1984.
③ 转引自张咏华.媒介分析：传播技术神话的解读［M］.2版.北京大学出版社，2017.
④ 张咏华.媒介分析：传播技术神话的解读［M］.2版.北京大学出版社，2017.

第六节 媒介生态论

一、媒介生态论概述

媒介生态论是一个针对媒介进行多维视角研究形成的媒介研究理论学派图谱,其中的学术观点和学术研究基础各不相同。尼尔·波兹曼等学者在媒介研究历史传统中找寻思想来源和共性理念,并试图将其统一在"媒介环境学"的范畴内进行范式建构与拓展。

媒介生态思想很早就在麦克卢汉的研究中出现,如他在《谷登堡星汉璀璨》中使用了"文化生态学"(cultural ecology)的概念,认为该学科建立在人类感觉系统之上,技术扩张造成的感觉系统的延伸在建构感觉方面有清晰可见的效果。①

美国纽约大学的尼尔·波兹曼深受麦克卢汉的媒介思想影响,他在1968年提出了"媒介生态学"的概念,也翻译为"媒介环境学"。他将其定义为"将媒介作为环境的研究"("media ecology is the study of media as environments")。② 具体来说,"媒介环境学研究信息环境。它致力于理解传播技术如何控制信息的形式、数量、速度、分布和流动方向,致力于弄清这样的信息形貌或偏向又如何影响人们的感知、价值观和态度"③。

1970年,他在纽约大学教育学院设立了"媒介生态学项目"的博硕士学位课程,其教学计划中描述了其主要研究内涵,并强调媒介环境学"研究我们和媒介的互动如何促进或阻碍我们生存的机会。其中包含的生态一词指的是环境研究——研究环境的结构、内容以及环境对人的影响。毕竟,环境是一个复杂的讯息系统,环境调节我们的感觉和行为,环境给我们耳闻目睹的东西提供结构"④。

他的主要著作产生了广泛的影响,如《娱乐至死》(1985)、《技术垄断》(1992)等。其中,他以当时流行的电视媒介为象征媒介环境作为批判对象,质疑电视对印刷媒介的破坏性控制和垄断。他认为,人类经历了制造工具文化、技术统治文化和技术垄断三个文化阶段,并分析了技术对社会结构和媒介的影响。⑤

二、媒介生态论要点

媒介生态论在媒介环境学看来,是研究作为环境的媒介。在生理—感知层面,可以

---

① 转引自张进.论麦克卢汉的媒介生态学思想[J].江西社会科学,2012(6):5-13.
② [美]林文刚.媒介环境学——思想沿革与多维视野[M].何道宽,译.2版.中国大百科全书出版社,2019.
③ 转引自[美]林文刚.媒介环境学——思想沿革与多维视野[M].何道宽,译.2版.中国大百科全书出版社,2019.
④ [美]林文刚.媒介环境学——思想沿革与多维视野[M].何道宽,译.2版.中国大百科全书出版社,2019.
⑤ [美]理查德·韦斯特,林恩·特纳.传播理论导引:分析与应用[M].刘海龙,译.2版.中国人民大学出版社,2007.

把每一种传播媒介设想为一种感知环境;在符号层面,可以把每一种传播媒介设想为一种符号环境。与此同时,我们还处于现实复杂的多重媒介环境之下,需要考察它们的互动如何产生或构成一个感知—符号环境,在这个层面上,"环境即媒介",也就是说,我们也可以把电影院、参拜的场所、社会俱乐部或卧室当作一种社会—符号环境。[①] 林文刚认为,媒介即环境或环境即媒介的观点里,包括三个互相联系的理论命题:

第一,传播媒介不是中性、透明或无价值的渠道,只管把数据或信息从一个地方传送到另一个地方。媒介环境学假设,媒介固有的物质结构和符号形式发挥着规定性的作用,决定着什么信息被编码和传输、如何被编码、传输和再次被解码。媒介的符号形式生产它的编码特征,而媒介则用这样的编码来表达信息。媒介的物质结构指的是承载编码的技术所具有的特征,又指编码、传输、储存、检索、解码和流通信息的物质设备。

第二,每一种媒介独特的物质和符号特征都带有一定的偏向。具体表现是,媒介的编码符号形式不同,从而具有不同的思想情感偏向;媒介的物质形式不同,从而具有不同的时间、空间和感知偏向,决定着亲临现场的条件差异,因而具有不同的社会偏向;媒介组织时间和空间的形式不同,从而具有不同的形而上的偏向;不同的符号形式在被人获取的可能性上不同,从而使不同媒介具有不同的政治偏向;不同的媒介物质形式和符号形式使它们具有不同的内容偏向,产生的思想、情感、时间、空间、政治、社会、抽象和内容上的偏向就有所不同,所以不同的媒介具有不同的认识论偏向。

第三,媒介环境学进一步假设,传播技术促成的各种心理或感觉的、社会的、经济的、政治的、文化的结果,往往和传播技术固有的偏向有关。[②]

媒介生态论关注媒介与人的关系,希望能够建构一个更为平衡的、协调的和人性化的媒介生态系统。

正因如此,波兹曼认为,媒介应该有助于增强我们的洞察力。理解媒介需要考虑四个方面的媒介问题:"第一,一种媒介在多大程度上有助于有理性思维的应用和发展?第二,媒介在多大程度上有助于民主进程的发展?第三,新媒介在多大程度上能够使人获取更多有意义的信息?第四,新媒介在多大程度上提高或减弱了我们的道义感,提高或减弱了我们向善的能力?"[③]这四个问题建构了媒介信息环境对我们个人的认知模式、社会参与性、意义建构以及社会伦理的影响机制的一个理论分析框架。

媒介环境学派还希望成为与经验学派和批判学派鼎立的第三学派。其他相关学者包括保罗·莱文森、约书亚·梅罗维茨、兰斯·斯瑞特(Lance Strate)和林文刚等。被誉为"数字时代的麦克卢汉"的保罗·莱文森在尼尔·波兹曼的影响下,继承了麦克卢汉

---

① 〔美〕林文刚.媒介环境学——思想沿革与多维视野[M].何道宽,译.2版.中国大百科全书出版社,2019.
② 同上.
③ 同上.

的媒介思想,他用媒介进化论、媒介人性化趋势理论和补救性媒介理论,树起了"后麦克卢汉时代"的大旗。

媒介环境学关注媒介作为一个综合环境系统的影响机制,因此媒介研究也在广义上包含过去具体化的语言、符号和媒介工具乃至传播技术系统等泛媒介领域。苏珊·朗格就指出,符号就是表达各种信息的媒介。她提出的推理性和表征性符号模式观点,揭示了不同符号模式在人类思想情感建构中所起的不同作用,并认为不同的表征代码和模式对人类的思考建构和回应过程产生了不同的影响。这些观点被视为有助于媒介生态学的思想基石的形成。这正与媒介生态学的"媒介是文化的培养皿""不同媒介培育不同文化"的思想一致:媒介即讯息,不同的媒介作为不同的讯息,对人类思想构建和回应过程产生的影响不同。[①]

[①] 梁颐,苏珊·朗格符号思想与媒介环境学理论构建——思想基石和研究旨趣方面贡献探赜[J].东南传播,2014(6):4-8.

第五章　传播场域理论

第一节　传播场域概述

一、传播场域的概念

传播场域是分析传播活动的发生场景和情境空间的一个重要视角。场域是指传播行为和活动发生的场景和形态。人类基于不同的需求和目的进行各种各样的传播活动，这些活动丰富多样，主要发生在人际关系场域，也发生在社会组织领域，大众传播和基于互联网的虚拟传播活动也形成了一个较为丰富的系统性场域。不同场域的传播有不同的结构要素和传播形态特征，如人际传播场域与组织传播场域就有很大的区别。

传播场域对于整个传播活动具有很强的制约作用，包括传播者和接受者的行为机制。1951年，美国社会心理学家勒温从物理学中借用了"磁场"的概念，用来分析个人在群体传播中的社会心理机制，并将这一研究领域称为"场域理论"（field theory），这是他从心理学家转向社会心理学家的过程中最值得关注的重要理论。尽管他的场域侧重强调个体与周边环境作用下的心理场，但是他也强调了场域的"生活空间"（life space）意义，因为场域就是个体和环境所处的同一情境。① 这对于我们从场域情境角度分析传播活动的不同类型有重要的启发作用。

戈夫曼认为，传播的场景对传播有重要影响。比如，戏剧表演分为"前台"（frontstage）和"后台"（backstage），人们在不同的场景下扮演不同的角色，表现出不同的交流行为。而其他交流活动也受到不同场景环境的影响。② 比如，我们在图书馆内的交流一般要求音量低，但在嘈杂的火车站则需要大声说话才行。1963年，马莱茨克也将场域视为传

---

① 杨华. 略论勒温对传播学研究的贡献[J]. 社科纵横, 2004(4): 176-177, 179.
② Goffman E. The presentation of self in everyday life[M]. Doubleday & Company Inc., 1959.

播活动的社会心理综合影响机制,并借此分析了大众传播过程及社会影响因素,这些因素包括传播者和受众的行为场以及传受互动机制等。

二、传播场域的主要形态

传播渗透到社会生活的各个领域,因此,传播活动的研究范围具有广泛性,传播现象发生在不同的应用场景之下,主要包括人际传播、组织传播以及大众传播等方面。奥利弗·博伊德-巴雷特(Oliver Boyd-Barrett)和克里斯·纽博尔德(Chris Newbold)曾经指出,传播研究是一个边界模糊不清的研究领域,它是一个比赛场地,因不同的比赛而被划分成不同的区域,每一项比赛都有各自的名称和规则,都有自己色彩鲜明的场界却又与其他比赛的场界重叠。需要思考的是,如何在传播学研究的对象范围广、层次多、问题复杂、交叉研究领域较多的背景下,把握研究的边界和核心知识架构。①

传播的不同场域的形成和维系模式各有不同,反映了不同的场景化语境差异。约翰·鲍尔斯(John Powers)认为,传播形态在语境层面包括新闻语境、组织语境、营销语境、家庭语境、健康语境、宗教语境、国际语境等。② 从场域角度来看,传播活动一般包括基于社会性人际交往场域的人际传播、基于组织机构成员场域的组织传播和基于不同文化群体成员场域的跨文化传播等几个部分。③ 不同的传播场域具有不同的属性特征。如人际传播场域具有社会关系属性,组织传播场域具有组织活动与功能属性,跨文化传播场域具有文化异质性属性等。

三、传播场域发展的特征和趋势

传播场域的变化与媒介的进化和应用有密切关系,特别是电子媒介的应用,改变了传播场域的交流形态,造就了一个广域化的交流新场域。互联网建构了一个跨越国界和边境的全球信息传播网络,地球成为名副其实的"地球村"。传播场域在互联网环境下,呈现出新的特征和趋势,具体表现为以下几个方面:

第一,场域的网络化扩展形成的新空间。卡斯特指出,传统意义上,空间的实质是对共享时间的社会活动的物质支撑,而时间则是对活动顺序的定义。现在则形成了网络场域的社会形态,形成了新形式的空间——流动空间(space of flows)和时间——永恒时间(timeless time),并且与旧形式共存。流动空间由网络和节点组成,在此空间中社

---

① 〔英〕奥利弗·博伊德-巴雷特,克里斯·纽博尔德.媒介研究的进路[M].汪凯,刘晓红,译.新华出版社,2004.
② 转引自〔美〕林文刚.媒介环境学——思想沿革与多维视野[M].何道宽,译.2版.中国大百科全书出版社,2019.
③ 〔美〕理查德·韦斯特,林恩·特纳.传播理论导引:分析与应用[M].刘海龙,译.2版.中国人民大学出版社,2007.

会活动无须邻接而可以同时发生。所以,网络社会空间由三部分组成:首先是人从事活动的场所,即物理空间;其次是连接活动的物质通信网络;最后是表示活动意义和功能的信息流内容和几何形式,即虚拟空间。①

随着移动互联网和社交网络的发展,基于网络虚拟社群的传播场域日渐兴盛。麦奎尔认为,"虚拟社群可能保有真实社群的某些特征,包括互动、共同的目标、认同感与归属感、各种规范、不成文的规则(网络礼节)等,而且具有排斥或拒绝的可能性;虚拟社群也具有惯例、仪式表达模式"。网络社群具有一些特殊优势,如开放性、跨地域性、更强的互动性等,但是也存在着现场感不足、虚假身份、交流线索单一化等问题。虚拟社群场域在时间和空间上更具有优势,能够为现实场域的人际交流、组织传播活动提供有效的补充和辅助。

第二,传播场域的交叉与重构。美国学者梅罗维茨将传播场景分为物理的和信息的,其中物理场景包括房间和建筑物。信息场景是由媒介建构的,媒介可以容纳和拒绝参加者。媒介亦像"墙和窗"一样可以隐藏和显示某些东西。媒介可以创造出共享和归属感,也能给出排斥和隔离感。② 他认为,电子媒介出现之后产生了传播实体空间的整合和重构现象,重新建构的社会情境削弱了自然及社会场所之间很密切的联系,社会场景的重新组织,使得由社会情境决定的社会行为发生相应变化。③

场域的实体化空间所推动形成的人际传播、组织传播及大众传播场域的融合与交叉日益凸显。周晓明就认为,各种类型的传播交流系统之间构成了一个包容关系,内向交流处于基础位置,并与其他交流情境重合,其他一切类型的交流都包含这一情境化交流,而大众传播位于最上端,包容其他一切形式的交流情境。④ 当然,这个观点是互联网传播出现之前的分析,如今互联网传播成为更具包含性的情境。

第三,信息空间和物理空间的深度融合。传播活动构建了一个日益丰富的信息社会网络,信息不仅在媒介与渠道间穿梭,也进入了实体化物理空间。随着虚拟空间的发展,人类传播活动的场域也从线下发展到线上与线下互相融合,突破了时空局限,进入了多层面交织的传播场。

第二节 人际传播场域理论

人际传播是人类传播的基础性传播形态,这一形态场域是基于人际交往和社会关

---

① 〔英〕曼纽尔·卡斯特.网络社会的崛起[M].夏铸九,王志弘,等译.社会科学文献出版社,2001.
② 〔美〕约书亚·梅罗维茨.消失的地域:电子媒介对社会行为的影响[M].肖志军,译.清华大学出版社,2002.
③ 吴文虎.传播学概论[M].武汉大学出版社,2000.
④ 周晓明.人类交流与传播[M].上海文艺出版社,1990.

系建构起来的。人际传播类型多样,研究视角也各不相同,形成了丰富多元的理论谱系。

我们将人际传播理论从关系网络、关系发展、关系协调、边界管理四个大的方面进行概括。其中,关系网络理论包括随机扩散效应、六度分隔的小世界网络和弱连接优势等理论;关系发展理论主要包括社会渗透理论、不确定性降低理论、社会交换理论、情境线索理论;关系协调理论主要包括关系的元传播理论、意义协调管理理论、关系认知一致性理论、关系辩证法理论、面子维护理论、沟通分析理论;边界管理理论主要包括自我认知理论、社会角色理论、传播隐私管理理论等。

一、人际传播概述

(一) 人际传播的含义和功能

人际传播(interpersonal communication)是指在人际社会关系场域,基于特定的需求与动机,通过语言或非语言符号进行的信息互动交流活动。人际传播是形成社会网络的基本手段,它不仅具有认识自我、获取信息、满足各种需要以及加强理解、相互协作这些相对内向化的作用,还具有外向化的施加影响及改变对方乃至人群的态度的劝服作用。其中,人际劝服传播包括一般性劝服和专业性劝服。如父母与子女进行谈话希望子女好好学习等属于一般性劝服活动,专业性劝服活动包括政治家、社会运动家、文化教育和社会工作者、律师、推销员、心理治疗师等进行的一些宣传、沟通、推广和协调活动。

人际传播贯穿于其他各类传播形态,不仅在组织中有各类人际传播形态,在大众传播过程及系统中,人际沟通活动同样存在,并发挥着补充作用。早在1944年,拉扎斯菲尔德等就提出了"两级传播"理论,认为在影响选民的投票决定方面,人际接触的影响似乎比大众传播更经常,而且更有效。① 罗杰斯在分析创新扩散效果时也指出,在创新决策过程中,大众传播渠道在认知阶段相对比较重要,而在说服阶段,人际沟通渠道较为重要。②

(二) 人际传播的类型

人际传播形式多样,类型复杂。从传受者的规模、传播符号、传播渠道等不同角度,可以做不同的划分。

从传受者的规模角度,人际传播可以分为两人传播、小群体传播、公众传播。其中,两人传播是指传播者与接受者单独进行的双向交流活动,一般具有私密性,如恋人、夫

---

① 〔美〕沃纳·赛佛林,小詹姆斯·坦卡德.传播理论:起源、方法与应用[M].郭镇之,徐培喜,等译.5版.中国传媒大学出版社,2006.
② 〔美〕E. M. 罗杰斯.创新的扩散[M].唐兴通,等译.5版.电子工业出版社,2016.

妻、医生与患者等之间进行的交流活动；小群体传播是指两个以上的人群之间进行的交流活动，一般具有规模较小、有共同的交流意愿、成员相对稳定、封闭性交流等特点，如以家庭成员、部门小组、班组、课题组、教研室、微信群等小群体为依托开展的交流活动；公众传播是指人们在公共场所进行的具有较大规模的人群的公开性人际传播活动，如通过举办各类公开会议、报告演讲会、庆典活动、公共集会等方式进行的传播。需要说明的是，公众传播很多时候是在组织传播场域进行的，因此这一形式是人际传播和组织传播互有交叉的一种类型。

根据运用的符号的不同，人际传播又分为语言传播和非语言传播。当然，这两种形式也可以交叉和同时使用。非语言传播多是起辅助作用的，但是在有些场合则是一种主要的传播手段，比如聋哑人就采用手语进行交流。

从传播渠道角度划分，人际传播分为面对面传播和使用中介性媒介的传播，包括采用非面对面的电话、电子邮件、微信等形式进行的交流和沟通。罗伯特·凯斯卡特（Robert Cathcart）等将借助中介的人际传播称为媒介化的人际传播（mediated interpersonal communication）。他还将这类人际传播分为媒介模拟人际传播（mediated simulated interpersonal communication）、基于计算机媒介的人际传播（computer-mediated interpersonal communication）和个体传播（unicommunication）等类型。其中，媒介模拟人际传播是指在电视观众与电视媒介之间，电视节目中的人物和观众之间建立的人际隐性沟通形态，其中电视媒介在人际交流中扮演中介角色，如电视节目中主持人邀请一些明星座谈交流，观众在观看过程中，会感觉好像与明星建立了人际沟通关系一样；一些节目还会邀请观众现场参与，与明星进行对话交流。个体传播是指在日常生活中，在一些使用的物品或者衣服上印上一些特殊符号，如身穿印有文字的 T 恤衫或者在汽车尾部使用贴纸等，也可以使用文身或者发型等形式，这些符号形式会被他人看到，从而产生独特的交流互动表达效果。①

人际传播的类型多样，并且还受到场域的影响和制约。在现实生活中，人们会根据沟通的不同需求利用各类场所交流，比如酒吧、茶馆、咖啡厅乃至餐馆都提供了交流服务活动。咖啡馆在欧洲是重要的公共交流场所。早在 18—19 世纪，欧洲音乐界及文学界人士如歌德、李斯特、狄更斯就徜徉于咖啡馆里，现代作家如萨特、海明威等也在咖啡馆开启了创作旅程。

随着网络技术的广泛应用，人际传播的传播渠道日益丰富，并向社交媒体方向发展，这类社交媒体基于人际传播网络得到不断扩大。人际传播在传播形态上也逐步从"点到点"发展到"点到面"，从线性的沟通发展到社群传播形态。网络作为一种新型传

---

① 转引自孙少晶.人际传播和传统大众传播研究融合[N].中国社会科学报，2011-7-26(A13).

播渠道,增强了个体重建社交性结构并构筑集体认同的能力,原子式个体以更快的速度和更有效的方式开展社会协作。①

二、人际传播的关系网络理论

(一)随机扩散效应

人际关系场域的交流传播形态具有随机扩散效应,其传播过程和活动缺少严格的程序和限制,具有自发性和随机性,以及无限连锁和几何式扩大性蝴蝶效应。混沌理论的提出者爱德华·罗伦兹(Edward Lorenz)曾经形象描述了一个微小事件可能引发一个连锁反应的效应。他形象地描述道:"一只南美洲亚马逊河流域热带雨林中的蝴蝶,偶尔扇动几下翅膀,可以在两周以后引起美国得克萨斯州的一场龙卷风。"②在互联网环境下,信息借助社交平台发布后,这一非线性螺旋式传播效应更加突出,一个小的事件经过这样的传播可能会形成一个舆论风暴或变成公共危机事件。

与此同时,随机扩散效应也为流言提供了渠道,其传播路径与传染病传播类似,流言像传染病病毒一样,借助"宿主"媒介可以放大其传播效应。各类社交网络媒体就使得这一媒介"宿主"快速传播。此外,在流言的传播过程中,信息被不断过滤、加工或扭曲,出现"一源多用"的现象。新媒体"互动越频繁,传播层级越多,信息变形失真的可能性就越大,虚假信息传播的范围也就越广。弱把关使得谣言可以轻而易举地进入传播渠道并迅速繁殖"③。社交媒体传播主体之间具有人际社交的强关系,这一关系增强了人们对于谣言的信任度,导致更多的转发和分享扩散。因此,流言中虚假信息或有害信息的传播被称为与传染病疫情一样的"信息疫情"。

(二)六度分隔的小世界网络

哈佛大学社会心理学家斯坦利·米尔格兰姆(Stanley Milgram)提出了"六度分隔"(six degrees of separation)理论。他曾经进行了一个特别的实验,在实验中,他要求被试者将一封信通过自己所认识的人,用尽可能少的传递次数,转交到一位给定的收信对象手中。1967年5月,他发表了实验结果。根据最终到达收信对象手中的信件的统计分析发现,从被试发出信件到目标收信对象收到信件,中间需要经过6个人左右。这表明,人际网络是一个核心化的小世界圈层网络,人际关系并非漫无边际没有规律的活动,现代人类社会成员之间,都可能通过人际网络联系起来,绝对没有联系的两个人是

---

① 娄成武,刘力锐.论网络政治动员:一种非对称态势[J].政治学研究,2010(2):74-86.
② Lorenz E N. Three approaches to atmospheric predictability [J]. Bulletin of the American Meteorological Society. 1969(50):345-349.
③ 隋岩,李燕.从谣言、流言的扩散机制看传播的风险[J].新闻大学,2012(1):73-79.

不存在的。这就是著名的六度分隔理论。[1]

1998年初,邓肯·沃茨(Duncan Watts)和史蒂文·斯托加茨(Steven Strogatz)进一步实证了米尔格兰姆的假设,并将其称为社会网络的"小世界模型"。[2] 其他很多学者也通过实证研究证实了这一现象,例如:演员合作网络、社交网络、email 网络等。[3] 这些研究揭示小世界网络同时具备较高的聚集度和较短的平均路径长度两个特征,在网络结构和网络传播功能上具有特殊的效应。[4]

六度分隔理论被广泛应用于现代互联网应用服务中,如美国的 Facebook,以及我国的微博、微信等。这些应用服务利用了用户的社会网络中的六度分隔原理来不断扩大用户规模,即通过朋友之间互相介绍使用其应用程序,从而拓展了用户的使用数量。这一传播模式具有信任关系特征,借助信任传递而建立起一张可以信赖的网络,发挥不菲的社会和商业价值。[5]

(三) 弱连接优势

在人际传播研究中,小群体传播中的社会关系网络问题一直受到关注,20世纪40年代,勒温就关注了这一问题。他认为,社会网络的传播结构可以从数学角度得到分析,群体关系可以被描述为细胞和相互连接的网络结构,并将群体置于传播理论之中。[6]

1973年,美国学者马克·格兰诺维特(Mark Granovetter)从四个维度探讨了人际网络群体中的关系强弱问题,它们分别是互动的频率、情感强度、亲密关系和互惠交换。强关系是群体内部连接的纽带,形成的是强连接;而弱关系则是群体之间的纽带,个体与其不紧密或间接联络的社会关系为弱连接。在人际网络维持的资源有限的前提下,弱连接的维持成本低于强连接,拥有较多弱连接的网络成员更有机会扩大网络规模和范围,从而拥有较多的信息利益,即"弱连接的优势"(strength of weak ties)。群体内部身份地位的相同性,导致信息的重叠;而由弱关系联系着的不同群体则掌握着不同的信息,弱关系充当着信息桥的作用。"桥"在信息的传播过程中是不同群体间信息流通的关键。[7]

三、人际传播的关系发展理论

(一) 社会渗透理论

社会渗透指的是人与人之间从表面化沟通到亲密沟通经历的渐进和有序的关系发

---

[1] Milgram S. The small world problem[J]. Psychology Today, 1967(1):61-67.
[2] Watts D J, Strogatz S H. Collective dynamics of "small-world" networks [J]. Nature, 1998(393):440-442.
[3] Newman M E J. The structure and function of complex networks [J]. SIAM Review, 2003(45):167-256.
[4] 曾璠. 基于小世界网络的危机信息传播模型研究[D]. 中国科学技术大学,2009.
[5] 张燕. Web2.0时代的民意表达[N]. 中国社会科学报,2010-3-9(17).
[6] 〔美〕E. M. 罗杰斯. 传播学史:一种传记式的方法[M]. 殷晓蓉,译. 上海译文出版社,2012.
[7] 转引自吴飞. 社会传播网络分析——传播学研究的新进路[J]. 中国人民大学学报,2007(4):106-113.

展过程。1973年,社会心理学家欧文·阿尔特曼(Irwin Altman)和达尔马斯·泰勒(Dalmas Taylor)研究了不同类型夫妇之间的沟通关系,分析了人际关系发展中的特定传播模式,提出了社会渗透理论(social penetration theory)。[1] 该理论认为,人们愿意交换不同类型的信息是关系发展中的中心环节。交换信息是发展亲密关系的一种手段,也是评估与某种关系有关的成败得失的一种方式。[2]

社会渗透理论提出了关于人际关系发展的四个基本假设:第一,人际关系会由不亲密向亲密渐进发展;第二,在关系发展过程中,人们会对成本与回报进行评估,使得关系发展具有系统性和可预测性;第三,关系发展也包括逐渐恶化和终止;第四,向他人透露自己私人信息的自我披露是关系发展的核心。[3]

社会渗透理论主要涉及自我披露、对关系成本与回报的评估、社会渗透的阶段性等主要理论命题。

1. 自我披露

自我披露是指主动向他人透露自己的信息。[4] 阿尔特曼等将披露过程比喻为洋葱结构,在交流过程中被不断剥去多层面自我。[5] 自我披露可以让对方了解自己,同时也能够通过相互自我披露来获得对方的信息。经过这一逐步熟悉的过程,人们可以从非亲密关系发展为亲密关系。

社会渗透过程可以从两个维度加以考察:一个是广度,指的是在一定关系中讨论的话题数量,还包括关系双方在这些话题的传播中所花费的时间。另一个是深度,指的是双方讨论时的亲密程度。一开始,双方的广度和深度都很小,随着两个人关系的进一步发展,话题范围不断扩大,也具有了相当的深度。在分析中有两个重要的结论:在洋葱结构的中心层转移或变化产生的影响比在外部或边缘层转移或变化产生的影响更大;交流的深度越大,人们越容易产生脆弱感。[6]

2. 对关系成本与回报的评估

人际交往的深入程度取决于交流双方之间的关系所获得的报酬及为此所付出的代价,人们通过精确测量多种互动的利弊损益,来决定向他人开放的渗透程度。人们都希

---

[1] Altman I, Taylor D A. Social penetration: The development of interpersonal relationships[M]. Holt, Rinehart and Winston, 1973.

[2] 〔美〕马克·耐普,约翰·戴利.人际传播研究手册[M].胡春阳,黄红宇,译.4版.复旦大学出版社,2015.

[3] 〔美〕理查德·韦斯特,林恩·特纳.传播理论导引:分析与应用[M].刘海龙,译.2版.中国人民大学出版社,2007.

[4] 同上.

[5] 〔美〕埃姆·格里芬.初识传播学:在信息社会里正确认知自我、他人与世界[M].展江,译.北京联合出版公司,2016.

[6] 〔美〕理查德·韦斯特,林恩·特纳.传播理论导引:分析与应用[M].刘海龙,译.2版.中国人民大学出版社,2007.

望获取关于对方的信息以便在与他人的交往中更了解对方,评估关系的正负两方面因素,计算出相关满意度。①

3. 社会渗透的阶段性②

社会渗透包括四个阶段。第一个阶段是定向阶段(orientation stage)。一般发生在公开场合,交流方式是委婉的和表面化的,注重礼仪和行为规范,力求给对方留下好的印象,仅披露少量个人信息。阿瑟·范·李尔(Arthur van Lear)对初期交流内容的分析显示,与传播者毫无关系的内容占14%,公共事务占65%,半隐私的细节占19%,只有2%表现出亲密的内容。③

第二个阶段是试探性感情交换阶段(exploratory affective exchange stage)。交流具有一定的自发性,使用具有一些特殊性的关系用语,以表明进一步交流的意愿和积极性,尽可能展现个人爱好和情感。在初期,彼此关系的发展是迅速的,外围的信息交换会更加频繁和迅速。但是,在很多情况下,双方的关系会停留在这个阶段不再前进。还会出现发展的退步现象,即呈现出疏远的情况。在深度披露停止后,流于表面的谈话仍会持续很久,人际关系会因缺少欢乐和关怀而逐渐冷却。阿尔特曼等将这一过程比喻为一部回放的电影,双方系统地将自我的内层封闭起来并缓慢脱离关系。④

第三个阶段是感情交换阶段(affective exchange stage)。一般双方为很亲密的朋友或情侣关系,自我披露是互惠的,双方关于逐步提高彼此透明度的意愿很高,交流比较自由随意,更多使用私人化的亲密表达用语和方式,在互动中建立了一定的信任感,也需要承担更多的义务。在这一给予与获得的交换中,双方会产生深层次的情感。这个阶段会显著放慢速度,多数关系在稳固的亲密关系建立前就停滞了。⑤

第四个阶段是稳定交换阶段(stable exchange stage)。双方的关系进入较为稳定的时期,彼此的交流具有较强的自由性和默契性,即使发生误会也会相互理解乃至让误会消除。

社会渗透理论对人际交往的基本过程、环节和各自的特点进行了结构性分析,拉开了自我披露与关系发展的一系列相关研究的序幕。也有学者对社会渗透的阶段性过程提出不同意见,认为自我披露并不总是线性的,也不像该理论提出的四个阶段那么简单,

---

① 〔美〕埃姆·格里芬.初识传播学:在信息社会里正确认知自我、他人与世界[M].展江,译.北京联合出版公司,2016.
② 〔美〕理查德·韦斯特,林恩·特纳.传播理论导引:分析与应用[M].刘海龙,译.2版.中国人民大学出版社,2007.
③ 〔美〕埃姆·格里芬.初识传播学:在信息社会里正确认知自我、他人与世界[M].展江,译.北京联合出版公司,2016.
④ 同上.
⑤ 同上.

这一理论并没有解释沟通中可能出现的冲突、感情逃避和不协调等问题。对此,阿尔特曼等人在1981年认为,应该把开放和自我披露同保密和自我封闭联系在一起加以分析。[1]

(二) 不确定性降低理论

查尔斯·伯格(Charles Berger)和理查德·卡拉布里茨(Richard Calabrese)认为,人们不一定在决定关系是否发展方面,都将回报和代价的评估作为关键要素。他们指出,人际传播中最关注的是互动中彼此非确定性因素的减少或者预测性因素的增加。[2] 他们于1975年提出了不确定性降低理论(uncertainty reduction theory),也被称为初次互动理论(initial interaction theory)。该理论就是解释陌生人在第一次互动时是如何通过沟通来降低不确定性的,认为人际关系建立之初总是充满着不确定性,无法确切地预计可能的结果。当人们首次见面交流的时候,会去思考在交流中是否能够建立较为确定的社会关系,并且可以判断出这一关系的实际问题是什么,从而提高可预测性,重点关注的是如何通过交流获得信息、建立理解,而并不依据预计的收益与成本进行人际关系预测。[3]

伯格等在后续研究中修正、完善了该理论,认为不确定性包括两种情况,即认知不确定性和行为不确定性。认知不确定性指的是与信念和态度相关的不确定性,行为不确定性指的是在一定情境下对行为的预测程度的不确定性。在互动中,我们既可能产生认知不确定性,也可能产生行为不确定性,或者两者同时产生。[4]

1991年,伯格等认为,不确定性与八个核心关键变量要素有关,这些要素具体包括语言沟通、非语言的支持(比如高兴的腔调和向前倾斜的姿态)、信息问询(询问问题)、自我披露、互动、相似性、好感以及共享网络。[5] 这些变量是衡量互动关系的不确定性高低的重要因素,影响着互动关系的发展,也是解释降低不确定性的八个原理的核心概念,这些原理具体如下:

(1) 语言沟通。假设两个陌生人在刚开始交流时具有很高的不确定性,随着言语交谈的不断增多,双方的不确定性水平都会降低。随着不确定性的进一步减少,谈话也会随之增多。

---

[1] 〔美〕理查德·韦斯特,林恩·特纳.传播理论导引:分析与应用[M].刘海龙,译.2版.中国人民大学出版社,2007.

[2] 转引自〔美〕马克·耐普,约翰·戴利.人际传播研究手册[M].胡春阳,黄红宇,译.4版.复旦大学出版社,2015.

[3] Berger C R, Calabrese R J. Some exploration in initial interaction and beyond: Toward a developmental theory of communication [J]. Human Communication Research, 1975(1): 99-112.

[4] 〔美〕理查德·韦斯特,林恩·特纳.传播理论导引:分析与应用[M].刘海龙,译.2版.中国人民大学出版社,2007.

[5] 〔美〕埃姆·格里芬.初识传播学:在信息社会里正确认知自我、他人与世界[M].展江,译.北京联合出版公司,2016.

(2) 非语言的支持。在初次交流时,当非语言方式表现的亲密程度增加的时候,不确定性水平就会降低,从而促使非语言沟通的亲密程度进一步提高。

(3) 信息问询。高度的不确定性导致信息问询行为的增多,当不确定性降低后,信息问询行为也会减少。

(4) 自我披露。交流的亲密度等同于自我披露程度。高度不确定性会降低谈话内容的亲密性,低程度的不确定性有助于形成高度的亲密关系。

(5) 互动。高度的不确定性会产生更多互相披露的需要,而低程度的不确定性会导致相互作用频率降低。相关研究证实,倾听者愿意分享亲密信息的程度与他人对自己私人生活细节的了解程度密切相关。在初始阶段,双方相互披露自身的弱点尤其重要。当彼此对对方一无所知时,我们尽可能不让对方掌握自己的私人信息。

(6) 相似性。人与人之间的相似性会减少不确定性,而相异性会增加不确定性。

(7) 好感。不确定性程度的增加会引起好感度的下降,相反,不确定性程度的降低能够增加相互之间的好感度。

(8) 共享网络。共同的人际网络可以减少不确定性。该原理是其他学者的补充内容。华盛顿大学的马尔科姆·帕克斯(Malcolm Parks)和西雅图大学的马拉·阿德尔曼(Mara Adelman)发现,无论男人还是女人,与其交往对象的家人和朋友交流得越多,相对于那些与对方亲友没有任何来往的情侣,与他们交往对象之间的不确定性越小。[1]

基于这些原理的不同组合,伯格等归纳出了不同原理条件下的不同解释理论陈述定理。比如,如果语言传播降低了不确定性,并且不确定性的降低增加了自我披露的亲密程度,那么语言传播的增加就会造成亲密程度的增加。[2]

伯格等还进一步对该理论的前提条件、减少不确定性的策略、关系发展以及跨文化语境等方面进行了深入研究。此外,其他学者也针对跨文化的高语境与低语境文化差异性问题进行了比较研究。如吉尔特·霍夫施泰德(Geert Hofstede)提出了"不确定性规避"(uncertainty avoidance)的概念,指的是人们对不确定性的容忍度,即试图逃避模糊情境的程度。不同文化在不确定性规避方面的表现是不同的,如美国相对而言是不确定性规避程度低的社会。[3]

(三) 社会交换理论

人际传播是有时间、精力、经济和机会成本的交际活动,因此人们会计算这一交往

---

[1] Berger C R. Communicating under uncertainty [M]// Roloff M E, Miller G R. Interpersonal processes: New directions in communication research. Sage, 1987: 39-62.

[2] 转引自〔美〕理查德·韦斯特,林恩·特纳.传播理论导引:分析与应用[M].刘海龙,译.2版.中国人民大学出版社,2007.

[3] 同上。

的结果损益,建立在经济交换的隐喻之上的社会交换理论(social exchange theory)对此作出了很好的注解。

迈克尔·罗洛夫(Michael Roloff)系统总结了各种与社会交换理论相关的研究。他认为,人们建立人际关系,是为了获得有价值的资源,传播又与这一目标有关。美国社会心理学家乌列尔·福阿(Uriel Foa)和埃德娜·福阿(Edna Foa)夫妇认为,人际传播的推动力量是"自我利益"(self-interest),人们出于交换包括爱情、地位、服务、货品、信息和金钱等在内的资源的需要进行传播活动。①

从社会交换角度来看,人际传播具有两个方面的交换意义。首先,传播本身也许是能够交换的资源。福阿夫妇认为,很多资源是通过传播(如爱、地位、信息)提供的。②其次,传播可被用来协商将来交换的条件或谋求弥补以前不公平的交换。由此,传播不仅是一个要达成的目的,而且还是达到目的的手段,如交易和谈判过程就是如此。③

罗洛夫认为,社会交换理论主要有五种代表性理论:霍曼斯的操作心理学理论、布劳的经济学理论、蒂博特和凯利的相互依赖理论、福阿夫妇的资源理论以及沃尔斯特等人的公平理论。它们有一个共同特点:"都描述了社会交换对人类行为的影响,以及其对人类行为决策过程的影响。"④其中最流行的是约翰·蒂博特(John Thibaut)和哈罗德·凯利(Harold Kelley)的相互依赖理论(theory of interdependence),这里主要将这一理论作为代表性理论加以介绍。

相互依赖理论用内驱力降低原理解释人们的行为动机,用理性博弈来解释人际关系动机,强调人际关系是相互依赖的过程,关系受到投入和收益的影响,说明人们在人际沟通中追求利益最大化的特点。⑤

1. 内驱力降低原理

该原理来源于三个基本假设:人的行为是由内部驱动机制导致的;人是理性的,在可能获得信息的范围内,人们总是计算特定情境下的投入与回报,并以计算结果指导他们的行为;人们评价投入和收益的标准会因时间和人而有差异。⑥

人际传播来自各种人类需要,这些需要构成传播动机因素。关于动机也有不同的有关其形成来源的理论观点,比如本能说就强调了动机的自我本能性和冲动性驱使,有其非理性成分。美国社会心理学家亚伯拉罕·马斯洛(Abraham Maslow)认为人类需

---

① 〔美〕迈克尔·E.罗洛夫.人际传播:社会交换论[M].王江龙,译.上海译文出版社,1997.
② 同上.
③ 同上.
④ 同上.
⑤ 〔美〕理查德·韦斯特,林恩·特纳.传播理论导引:分析与应用[M].刘海龙,译.2版.中国人民大学出版社,2007.
⑥ 同上.

要是一个金字塔结构,从低到高分别是生理需要(最基本需要)、安全需要、归属与爱的需要、自尊需要以及自我实现需要。①

这些不同层面的需要也是人际传播动机所在,交流也具有层次性,从一般性交流,到具有深刻内涵和较高期待的交流内容。比如,通过情感交流可以满足归属、爱和自尊的需要,交流过程中人们还会体验和共享喜怒哀乐,摆脱寂寞与孤独,因此失去自由的监禁生活是人们最大的恐惧之一,而人际网络则是每个人重要的社会资本。

按照理性和情感两个不同动机源,传播有满足性的和手段性的两种人际传播形式。满足性交流,没有什么直接功利性目的,主要是为了使受众在精神、情感、心理等方面得到愉悦和满足。因此,满足性交流的主要功能是提供精神娱乐。手段性交流可被理解为传播者出于一定的社会目的,去有意识地影响对象的交流,一般具有告知、劝服、激励等功能。② 人际传播的关系发展更多地依赖手段性交流,并达成既定的关系目标。

2. 人际关系依赖的博弈原理

蒂博特和凯利在描述关系的时候,首先提出了博弈理论的原理,来说明关系特性方面的特征。博弈论,又称对策论,是研究相互依赖、相互影响的决策主体的理性决策行为以及这些决策的均衡结果的理论。1950年,艾伯特·塔克(Albert Tucker)提出了"囚徒困境"(prisoner's dilemma)的博弈原理。③ 该原理假设有一个犯罪团伙的两名成员A和B被捕入狱,嫌疑人都被单独监禁,无法与对方交流。检方缺乏足够的证据,无法以主要罪名给两人定罪,但他们有足够的证据以较轻的罪名给两人定罪。检察官提议做一笔交易,即两个成员都可以通过揭发对方犯了主要罪行来减轻自己的处罚。检方提出的条件如下:如果A和B能够相互揭发对方,他们每人只服刑两年;如果A揭发了B但B保持沉默,A将被释放,B将被监禁三年(反之亦然);如果A和B都保持沉默,他们两人将只服刑一年(以较轻的罪名)。在这几种选择中,对两个人的判决结果存在相互依赖性。人们需要从利益最大化的角度来作出决策。囚徒困境不仅体现在封闭式博弈中,也体现在开放的互动关系中。人际交换也是这样一种关系,关系中的任何一个成员作出决策和选择都会对另一方产生影响。

3. 关系评价的两个基准

所有的关系都需要当事人投入时间和精力。投入是关系中具有消极价值的元素,回报是关系中具有积极价值的元素。人们在交往中往往会进行一个用双方关系的回报减去投入成本得出利益的计算,从而评价这一关系的价值。蒂博特和凯利提出了评价

---

① 〔美〕马斯洛.动机与人格[M].许金声,等译.华夏出版社,1987.
② 周晓明.人类交流与传播[M].上海文艺出版社,1990.
③ Tucker A W. A two-person dilemma[M]. Readings in Games and Information, 1950.

关系的比较基准和替代比较基准两个基准。

比较基准(comparison level，CL)是指从某关系中应该获得的回报数量以及要付出的代价的数量对比，对目前的关系是否满意取决于人们对比较基准中的回报和投入的比较。由于比较基准是主观的，因此它因人而异，满意度取决于期待程度。

替代比较基准(comparison level for alternative，CLalt)是指在和其他的可能性相比较之后人们对关系的评估，可以理解为不满意的结果的替代代价。替代比较基准并不证明内驱力或者满意度，但是它解释了为何人们有时会保持一种不和睦的关系。如社会工作者将遭受家庭暴力的妇女的婚姻描述为"高成本，低收益"。这些妇女尽管非常愤怒，感到正处于一种悲惨境地，但是因为孤身一人生活可能会更为悲惨(收益大于替代比较基准)，所以她只有在能够从外界可选对象中获得更好生活的情况下才会离开现有的家庭(替代比较基准大于收益)。[1] 表 5-1 总结了根据该理论预测的关系结果、比较基准、替代比较基准的 6 种可能组合下的关系状态。[2]

表 5-1 关系结果、比较基准和替代比较基准对关系状态的影响[3]

关系结果(Outcome)、比较基准(CL)、替代比较基准(CLalt)的相对数值	关系状态
Outcome>CL>CLalt	满意且稳定(收益最大，替代性满意度低)
Outcome>CLalt>CL	满意且稳定(收益最大，替代性满意度高)
CLalt>Outcome>CL	满意但不稳定(维持性低，替代性满意度高)
CL>Outcome>CLalt	不满意且不稳定(维持性高，替代性满意度低)
CLalt>CL>Outcome	不满意且不稳定(解除性高，替代性满意度高)
CL>CLalt>Outcome	不满意且不稳定(解除性高，替代性满意度低)

4. 交换模式：根据关系调整互动行为

蒂博特等指出，人们之间的交换模式根据交流关系的不同而加以调整，受到目标的指导。在目标导向下，相互依赖的交换模式受到权力的影响，这里的权力体现在一个人在关系结果上对另一个人的依赖程度上。主要有两种权力，即结局控制权力和行为控制权力。[4]

---

[1] Griffin E. A first look at communication theory[M]. 5th ed. McGraw-Hill, 2003: 196-205.
[2] 〔美〕理查德·韦斯特，林恩·特纳.传播理论导引：分析与应用[M].刘海龙，译.2版.中国人民大学出版社，2007.
[3] 同上.
[4] 同上.

结局控制权力是指一方具有控制另一方结果的能力。如果两个人的关系是一种契约关系,那么关系破裂将会导致契约结果的冲突。假设小李和小张是恋人关系,如果小李提出断交,他就会影响到小张的结果,如果小张没有其他可以替代的对象,小李的行为就具有一定的结局控制权力。

行为控制权力是指改变他人行为的能力。比如如果小李给小张打电话,那么小张就要放下自己的工作来和他交谈。在行为控制方面,根据权力的差异和运用成本的不同,人们会使用不同的行为矩阵模式,主要包括三种矩阵:条件矩阵、实效矩阵和倾向矩阵。①

(1) 条件矩阵代表选择和结果的外部因素和内部因素(每个互动者具有的特殊技能等)的组合,也就是外部环境和(或者)你的个人能力对你选择的限制。两个人的交流会由于条件限制而影响其行为选择,如恋爱关系中的金钱、地位因素会对双方的交流产生较大影响。

(2) 实效矩阵是指通过学习新的技能等方式改变你的条件矩阵以实现转变,如一个人不会滑雪,但是可以通过参加培训,学习这项技能,从而改变条件限制。

(3) 倾向矩阵代表双方对关系的态度,积极的和消极的态度对行为模式也会产生重要影响。倾向矩阵指导着人们对条件矩阵的改变,这些改变又影响着实效矩阵,最终决定社会交换。②

社会交换理论提供了一个传播关系发展的动机分析框架,具有一定的解释价值,但其中的某些假设也受到一定的质疑。比如,把人与人的交流关系简单视为个人利益的交换和计算,忽视了人际交往的复杂性和动机的多元性。事实上,现实的交流中有更为复杂的影响因素,制约着人际交流关系的发展。

(四) 情境线索理论

人际传播的效果不仅受到话题内容选择、资源交换性等因素的影响,还会受到交流场景和情境的影响。场景是时间、地点、场合的综合体,在人际传播中起到了中介性和渠道性作用。在不同的时间、地点和场合,人与人交流的方式、内容,以及参与人的状态均不同。人际传播活动很注重传播的情境,这些情境不仅包括外在的物理环境,如地点、空间布局、自然环境、交流设施等,还包括隐含的双方关系及地位以及各自的心理状态,其中与这些情境相关的干扰性因素也会对传播产生影响。

交流情境中的多重符号线索对交际关系的发展有积极和消极的影响。符号线索包括面对面环境下主体双方的各类非语言符号形态及时空因素,生活在同一空间里的人

---

① 〔美〕理查德·韦斯特,林恩·特纳.传播理论导引:分析与应用[M].刘海龙,译.2版.中国人民大学出版社,2007.

② Griffin E. A first look at communication theory[M]. 5th ed. McGraw-Hill, 2003:196—205.

交往的机会很多,传播的频率也相应较高,传播活动中的时间长短取决于双方对传播内容的兴趣程度、信息量以及双方时间的充裕程度等方面。

伴随着网络的实时性和虚拟性应用,人际传播的实时在线性增强,相应的也存在面对面传播中丰富的情境线索逐渐缺失的问题。情境线索理论(context cues theory)针对这一现象提出了解释,这些理论主要包括社会情境线索理论、线索过滤理论和社会信息加工理论。

1986 年,美国学者李·斯普劳尔(Lee Sproull)和萨拉·基斯勒(Sara Kiesler)提出了"社会环境线索缺失"(lack of social context cues)的观点。[①] 1987 年,美国学者玛丽·库尔南(Mary Culnan)和林恩·马库斯(Lynne Markus)提出了"线索过滤理论"(cues filtered out theory),认为基于计算机中介的交流缺少很多面对面交流中的必要因素,比如面部表情、目光接触、肢体语言、两人间距、环境作用等,将对话置于所谓的"社会真空"(social vacuum)中。[②] 詹斯·奥尔伍德(Jens Allwood)也认为,线索缺失也"导致了丰富性、多模态性、感同身受性、互动性以及某种复杂性的缺失"[③]。

在短视频、直播以及社群沟通等新模式下,社群网络的互动符号日益丰富化、动态化,在一定程度上弥补了以往的网络传播所缺失的语音、肢体语言等辅助性手段线索。现实物理世界中的身份属性、自我属性、地域属性能够通过网络化标签得以重新建构,并且还起到了自我美化和过滤的优势作用。因此,文本及音视频的多元传播方式使得个体的多线索传播信号得到了接近度较高的恢复,为他人的判断提供了依据,为社会情境的还原提供了认知基础。[④]

1992 年,约瑟夫·沃尔瑟(Joseph Walther)提出的社会信息加工(social information processing)理论与"线索缺失论"相反,该理论对在线交流的情境持一种积极看法,是一种"线索导入"(cues filtered in)观点。[⑤] 他认为,在线交流比面对面交流需要更多时间建立关系,但一旦建立起来,就将表现出与面对面一样的交流效果,并且会帮助发展人际关系。在线交流有两个关键性优势:一是丰富的语言信息线索,即使文本内容缺失了非语言信息,人们也可以通过使用一些网络标识来替代性地弥补在线交流的不足,通过选择性自我呈现,在网上相遇的人有机会营造和维持一个完全正面的形象;二是延长了

---

① Sproull L, Kiesler S. Reducing social context cues: Electronic mail in organizational communication [J]. Management Science, 1986, 32(11): 1492-1512.
② Culnan M J, Markus M L. Information technologies[M]// Ablin F M J, et al. Handbook of organizational communication: An interdisciplinary perspective. Sage, 1987: 420-443.
③ 詹斯·奥尔伍德,人类多模态传播的研究架构[J],席志武,译.江汉学术,2017,36(5):75-84.
④ Donath J, Boyd D. Public displays of connection [J]. BT Technology Journal, 2004(22): 71-82.
⑤ Walther J. Interpersonal effects in computer-mediated interaction: A relational perspective [J]. Communication Research, 1992: 52-90.

交流时间,时间是不被过滤的非语言线索,可以作为交流的手段加以应用。人们可以自由选择同步或非同步时间交流,可以更为审慎地构思自己的沟通内容。[1]

四、人际传播的关系协调理论

(一)关系的元传播理论

人际传播建立在人际关系基础上,交流者之间的关系制约着或决定着传播的方式、态度和最终效果。关系的元传播理论(relational meta communication)起源于美国帕洛·阿尔托学派(Palo Alto Group)的人类传播原理分析。代表人物是美国加利福尼亚帕洛·阿尔托精神研究协会的保罗·瓦茨拉维克(Paul Watzlawick)等学者,他们将互动的关系层面称为"元信息传播",即"元沟通",它是与沟通有关的传播。[2] 该理论认为,人际传播不仅是信息内容的交流过程,也是包含着相互关系模式的约束机制。关系是通过交流和互动建立起来的,建立了关系的人往往会创造出一系列新的期望,强化旧期望,或者改变现有的交流模式。如夫妻中的一方总是控制着另一方就会催生主导与顺从的交流模式。[3]

瓦茨拉维克、珍妮特·贝勒斯(Janet Bavelas)和唐·杰克逊(Don Jackson)解释了人际传播现象的本质特征,强调了人际沟通的关系性特征,即沟通不只是内容讯息的沟通,还是关系讯息的沟通。人们之间的任何一次交流,无论长短都包含两种讯息,即内容讯息和关系讯息。后者作为元信息对前者作出界定。[4] 人际传播属于富裕信息沟通手段的传播,会通过处理很多个人化、礼貌性信息及协调性信息从而达成处理较为复杂的传播任务。人们互相传播信息,但与此同时,在更高层面上,也在审视对方传播信息的方式和状态,如领导在与下属交谈的过程中,会审视对方恭维的话语之外是否说了实话。

此外,人们同时使用数字式符码和类比式符码进行传播。前者具有准确的意义,传播的是内容层面的信息;后者具有较丰富的情感和内涵,是传播关系的工具。[5] 这两种信息构成了元传播的两重性,详见表5-2。

---

[1] 〔美〕埃姆·格里芬.初识传播学:在信息社会里正确认知自我、他人与世界[M].展江,译.北京联合出版公司,2016.
[2] 同上.
[3] Watzlawick P, Beavin-Bavelas J, Jackson D. Some tentative axioms of communication [M]// Pragmatics of human communication: A study of interactional patterns, pathologies, and paradoxes. W. W. Norton & Company, 2011: 48-71.
[4] 〔美〕埃姆·格里芬.初识传播学:在信息社会里正确认知自我、他人与世界[M].展江,译.北京联合出版公司,2016.
[5] 〔美〕斯蒂芬·李特约翰,等.人类传播理论[M].史安斌,译.9版.清华大学出版社,2009.

表 5-2　沟通中的内容讯息与关系讯息①

内容讯息	关系讯息
报告	控制
说话内容	说话方式
计算机数据	计算机程序
语词	标点
语言渠道	非语言渠道
沟通	元信息传播

瓦茨拉维克等指出，在人际沟通互动关系中，有些是对称性的，有些是互补性的。对称的互动关系基于权力平等性，互补的互动关系则关乎权力差异。② 当处于特定关系中的交流双方实施相似的行为，而尽量减少彼此的差异时，就是对称关系，否则就是互补关系。埃德娜·罗杰斯(Edna Rogers)在这一原理的基础上，提出了人际沟通中三种不同的沟通关系，分别是控制性沟通、服从性沟通和平向沟通。③

（二）意义协调管理理论

人际传播过程是基于传播的个人和人际意义的协同创造和建构社会实践的过程。美国学者约翰·斯图亚特(John Stewart)借用了著名的德国思想家伽达默尔的"语言既是桥又是墙"的观点，提出"人际传播是桥不是墙"，强调通过传播才能获得人与人之间的理解。④

巴尼特·皮尔斯(Barnett Pearce)和弗农·克龙恩(Vernon Cronen)提出了"意义协调管理理论"(cooperative management of meaning theory)⑤，又称信息内涵同位协调理论。该理论强调，人们通过控制信息的表达以协调与他人之间的一致性。在这一过程中，交流如同戏剧演出，可以按照特定的剧情进行，从而根据目标让交流的意义保持前后一致。为此，需要对交流的规则和意义进行协调，协调就是在处理讯息时通过意义理解，对个人行为规则和规则下的行动的意义加以控制。⑥

按照意义协调管理理论的观点，人际意义是由参与者共同构建的。许多符号的意

---

① 〔美〕埃姆·格里芬.初识传播学:在信息社会里正确认知自我、他人与世界[M].展江,译.北京联合出版公司,2016.

② 同上.

③ 同上.

④ 薛可,余明阳.人际传播学[M].同济大学出版社,2007.

⑤ Pearce W B, Cronen V E. Communication, action, and meaning: The creation of social realities[M]. Praeger, 1980.

⑥ 〔美〕理查德·韦斯特,林恩·特纳.传播理论导引:分析与应用[M].刘海龙,译.2版.中国人民大学出版社,2007.

义是未被阐明的,这就使得某个特殊符号的意义共享变得非常困难。比如当医生与普通人交流关于疾病的问题时,就需要用普通人的用语进行交流才能被听者理解。意义分为许多等级,分别为内容、言语行为、契约、情节片段、生活剧本和文化模式等几个层次。其中,内容是原始数据项的意义转换的第一步;言语行为是通过说话表达的意向,比如抱怨、恭维或威胁等;契约是处于一定关系中的人对双方关系的可能与受到的限制达成的意愿;情节片段是有确定开端、发展和结局的传播惯例;生活剧本是用来与他人协调意义的一系列过去或现在的情节片段;文化模式则是关于世界以及世界与个人的关系的图像,来自两种不同文化模式的人在理解对方的谈话意义的时候就可能出现误解。①

为了达成意义的一致性,人们的沟通方式比内容更重要,个人管理和协调意义的方法之一是使用规则。有效传播应该包括两个部分的作用:一致性的制度规则和行为意义的调节规则。

首先,一致性的制度规则就是在特定语境下应该确定某行为规则的一致性,从而使行为有序,并帮助我们理解应如何解释人们会因按照哪种剧本演出而产生争执。因此,规则一致性要求重视规范性表达,以减少传播过程中的不确定性。

其次,行为意义的调节规则是指个体采取的一系列行动,通过反馈性控制协调,能够减少不必要的冲突。为了理解制度规则和调节规则的区别,我们以夫妻的婚姻危机沟通为例加以说明。妻子发现丈夫有外遇,认为必须马上采取某些制度规则和调节规则。她选择首先与丈夫沟通,因为制度规则告诉她,对于他们的婚姻而言,外遇是错误的,同时她的丈夫也必须对这次谈话作出解释(制度规则),而且要采取相应的行动(调节规则)。当两个人讨论时,就是在共同建构意义,最终发现对方的规则系统。在这个过程中,双方的对话协调可能会面临危机,陷入不必要的重复冲突模式。② 在双方的沟通中,彼此都会将各自的处境解释为受害者和无辜者的意义建构,由此就会各自根据自己的意义子系统去解读彼此的要求和主张,从而导致冲突性沟通。如果彼此能够设身处地地寻求一致性理解,那么沟通中的冲突将会减少,并达成协调性沟通和理解。

为避免沟通冲突,交流中还应遵循对象性原则和合作性原则。首先,人际传播并非单方面信息输出,要遵循对象性原则,针对传播对象的经验范围、知识水平、心理状态和与表达者之间的人际关系适时调整态度、方式和内容。

最后,沟通中应遵循合作性原则。美国语言哲学家赫伯特·格赖斯(Herbert Grice)

---

① 〔美〕理查德·韦斯特,林恩·特纳.传播理论导引:分析与应用[M].刘海龙,译.2版.中国人民大学出版社,2007.
② 同上.

提出了交流对话的四个合作准则,具体如下。

(1) 数量准则。交流所传递的信息,应是能满足交际目的的足够信息,其标准不是谈话内容的具体数量,而是概括的功能标准,理想的标准是既不冗余也不能短缺。

(2) 质量准则。交际话语的内容应发挥实际功能,不能过分空谈,话语应具有丰富的内涵,真诚且有道理。

(3) 关系准则。沟通的话语要与双方的交际目的和话题有关联,不说无关的话语。

(4) 方式准则。表达上要清楚明白,避免迂回含混,使人误解。[①]

(三) 关系认知一致性理论

在传播关系中存在寻求一致的心理倾向,两个人的关系密切程度,会影响其一致地寻求动机和态度的程度。认知一致性理论对此作了解释。该理论认为,人们有一种寻求一致或追求和谐的倾向,这种倾向是传播中态度形成或改变的一个主要决定因素。不一致会令人感到不舒服,产生一种内在压力,并促使他努力避免这种内在不和谐导致的冲突,从而建立起认知的一致性。[②]

美国社会心理学家弗利茨·海德(Fritz Heider)提出了平衡理论(balance theory),他把人们针对一个客体对象的构成的关系通过 P—O—X 的三角模式加以表示。其中,P 是人,是分析的对象,O 是其他人,X 是物质客体、观念或事件,三者的关系或为正(肯定)或为负(否定)。他认为:如果这三者之间是互相肯定的,或者两者是否定的,一种是肯定的,则会呈现一种平衡状态;反之,如果三者的关系都是否定的,或者两种是肯定的,一种是否定的,则为不平衡状态。例如:P 为学生,X 为爵士音乐,O 为 P 所尊敬的师长。如果 P 喜欢爵士音乐,听到 O 赞美爵士音乐,那么 P—O—X 模式中三者的关系皆为正面,P 的认知体系呈现平衡状态。如果 P 喜欢爵士音乐,又听到 O 批判爵士音乐,那么 P—O—X 模式中,三者的关系为二正一负,这时 P 的认知体系就会呈现出不平衡状态。海德指出,平衡的状态是稳定的,不受外界的影响。而不平衡状态则会形成不稳定结构,会使人产生紧张心理,促使他去减少或避免不平衡。这一理论的不足是缺乏对如何采取行动改变非平衡状态的解释。尽管如此,这个模式隐含着态度改变和抗拒态度改变,为人们的态度转变提供了一个重要的分析视角,为认知和谐理论的进一步发展奠定了基础。[③]

海德的平衡理论模式描述了认知主体自身的认知平衡,社会心理学家西奥多·纽科姆(Theodore Newcomb)采用了海德的平衡概念,把认知平衡扩大到人际互动过程和

---

① 孙维张,吕明臣.社会交际语言学[M].吉林大学出版社,1996.
② [美]沃纳·赛佛林,小詹姆斯·坦卡德.传播理论:起源、方法与应用[M].郭镇之,徐培喜,等译.5 版.中国传媒大学出版社,2006.
③ 同上。

群体关系,将其用于两个人之间的传播,提出了信息交流的均衡理论(symmetry theory),又称对称理论。该理论认为,人们试图影响别人,借以维持一种均衡关系。①

均衡理论将这种对称关系描述为 A—B—X 模式。见图 5-1。其中,A、B 分别代表两个人,X 代表认知对象或客体。图中的实线表示的是双方对事物的认知态度,虚线表示的是认知主体双方之间的态度。这个模式通过传递任何关于变动的信息并且允许对发生的变动做出相应的调整,来维持或改进三者之间的这种均衡关系。②

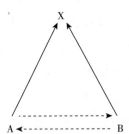

图 5-1 纽科姆的均衡模式③

在这个模式关系图中,会出现不同的关系形态。如果 A 和 B 两人彼此存在好感,而且对特定对象或客体(如事物、观念或人)也有好感,那么他们的关系就是均衡的。如果 A 和 B 之间的认知态度不同,同时,A 喜欢 X,B 不喜欢 X,那么两个人的认知关系也是均衡的。但是,如果 A 和 B 的关系好,但是对 X 的认知态度不同,或者两人关系不好,但是对 X 的认知态度相同,那么彼此的关系就不均衡。④

该模式的基本设想是,若 A 与 B 对双方所关切的对象或客体 X 有不一致的态度或认知,则 A 与 B 双方都会产生趋向调和的压力。⑤ 因为,人们都不希望有不和谐的内心冲突,而是趋向一致性的均衡需求张力(persistent strain toward symmetry)。⑥ 要实现一个调和的状态,A 与 B 关于 X 的沟通就成为可能。从这个模式中可以引出这样一些主要命题:A 与 B 之间对 X 的意向上的差异将刺激传播的发生;这种传播的效果将趋向于恢复平衡,这种平衡被假定是一个关系系统的"正常状态"。

总之,均衡理论认为,人们与之交往或成为朋友的,是那些与他们看法一致的人。物以类聚,人以群分。然而,若使态度发生改变,人们就必须接触那些与他们的现有态

---

① 〔美〕沃纳・赛佛林,小詹姆斯・坦卡德.传播理论:起源、方法与应用[M].郭镇之,徐培喜,等译.5 版.中国传媒大学出版社,2006.
② 同上.
③ 戚冬伟.纽科姆 ABX 论战的意义[J].消费导刊.2008(18):223.
④ 〔美〕威尔伯・施拉姆,威廉・波特.传播学概论[M].何道宽,译.2 版.中国人民大学出版社,2010.
⑤ 戚冬伟.纽科姆 ABX 论战的意义[J].消费导刊.2008(18):223.
⑥ 〔美〕沃纳・赛佛林,小詹姆斯・坦卡德.传播理论:起源、方法与应用[M].郭镇之,徐培喜,译.5 版.中国传媒大学出版社,2006.

度不同的信息。A 越是被 B(一个人或团体)所吸引,其意见就越有可能向 B 所持的立场转变。①

(四) 关系辩证法理论

1996 年,莱斯利·巴克斯特(Leslie Baxter)和芭芭拉·蒙哥马利(Barbara Montgomery)为解释人际特别是夫妻之间沟通时的矛盾关系提出了关系辩证法理论(relationship dialectics theory)。这一理论认为,关系无时无刻不是处于矛盾状态,传播过程是一个协调和平衡的过程,而不是一个稳定而确定的交换过程。巴克斯特等指出,绝大多数人认为建立人际关系的目标是形成亲密度、确定性和开放度,但是,实际上,我们很少能够直接达到这些目标,这是因为我们可能同时也被拉往另一个极端——自由、随机和隐私。②因此,不能简单采用一元模式解释这一关系,而是要通过辩证关系模式分析其中并存的矛盾性因素。他们在对恋爱关系中的内在矛盾状态的研究中发现,"关系始终受到一系列具有相反倾向的因素的动态影响"③。

该理论的四个基本假设是:人与人之间的关系不是线性的;关系的特征是变化;矛盾是关系的基础;传播的中心任务是组织和协调关系中的矛盾。④

关系辩证法理论揭示了人际传播的互动性和动态协调等特征。人际交流活动的交流主体一般处于相互联系的对话交流过程中,双方的角色常常不固定,可以互相转换,使信息交流、反馈互动构成闭环。互动是指社会群体之间通过接近、接触或手势、语言等信息的传播而发生的心理交感和行为交往过程。⑤

关系辩证法理论从人际关系特别是家庭亲密关系中的矛盾性议题出发,分别从互动的辩证关系和环境的辩证关系角度分析了其中的矛盾关系。其中,互动的辩证关系是由传播导致和建构的一种内在辩证关系(internal dialectic),包括独立与联系(autonomy & connection)、开放与保护(openness & protection)、新奇感与可预测性(novelty & predictability);环境的辩证关系是由一定的文化对关系的看法所导致的矛盾关系,是一种外在辩证关系(external dialectic),主要包括公开与隐私(public & privacy)、现实与理

---

① 〔美〕沃纳·赛佛林,小詹姆斯·坦卡德.传播理论:起源、方法与应用[M].郭镇之,徐培喜,译.5 版.中国传媒大学出版社,2006.

② 〔美〕埃姆·格里芬.初识传播学:在信息社会里正确认知自我、他人与世界[M].展江,译.北京联合出版公司,2016.

③ 〔美〕莱斯莉·A.巴克斯特,唐·D.布雷思韦特.人际传播:多元视角之下[M].殷晓蓉,等译.上海译文出版社,2010.

④ 〔美〕理查德·韦斯特,林恩·特纳.传播理论导引:分析与应用[M].刘海龙,译.2 版.中国人民大学出版社,2007.

⑤ 郑杭生.社会学概论新修[M].3 版.中国人民大学出版社,2003.

想(reality & ideal)。①

1. 互动的辩证关系

(1)独立与联系。在恋人关系中,彼此一般会呈现出既相互独立又相互联系的若即若离的状态,双方几乎时刻相守,但是也会在某些时间渴望能够独处。② 莱斯利·巴克斯特等认为,亲密与独立之间的矛盾反映出人们既想靠近又想独处的冲突状态。③ 除非能够牺牲一定的个人独立性,否则没有一种关系能够得以持续,但是太多的亲密联系又会因为成员个性的丧失而被反噬。④

(2)开放与保护。这一矛盾张力集中反映了两种冲突性欲望:一方面希望开放和解除所有防御,把个人信息透露给关系的另一方,但另一方面又希望在传播中做得有策略一些,保护自己。⑤ 社会渗透理论奠基人阿尔特曼认为,自我披露与自我保护是一个循环的或呈波状起伏的过程。莱斯利·巴克斯特等人吸收并改进了阿尔特曼的观点,认为人际关系并不径直向亲密关系方向发展,开放与保护的压力增减如同月亮的盈缺变化,意味着某人"倾诉所有"的需求会遭遇内在的保密需求。⑥ 即使是伴侣之间也需要尊重对方的隐私。⑦ 彼此应该有自我的空间。

(3)新奇感与可预测性是指人们在希望过熟悉的日常生活和渴望新鲜事物之间保持一定的张力。⑧ 日常生活能够带来安全感,并且具有可预知的流程,但是这种循规蹈矩也会令人觉得乏味,因此又希望能够为双方的交流增加一些变化和新鲜感。

新奇感和可预测性也可以用三种视角来分析。第一种视角认为,确定性和可预测性是关系发展的必要条件,如"不确定性降低理论"就强调人们希望他们的关系是可以预知的。第二种视角认为,虽然不确定性和可预测性对于某些人际关系的发展是必需的,但是这两个极端彼此完全独立存在。巴克斯特等——第三种视角——则看到了关系中的确定性和不确定性的相互作用。⑨ 他们认为,伯格的理论忽略了人们对新奇事物的渴望。我们期待神秘感,偶尔的新奇感是能带来生活乐趣的必需品。而在毫无新奇、

---

① 〔美〕理查德·韦斯特,林恩·特纳.传播理论导引:分析与应用[M].刘海龙,译.2版.中国人民大学出版社,2007.
② 〔美〕朱莉娅·伍德.生活中的传播[M].董璐,译.4版.北京大学出版社,2009.
③ 〔美〕理查德·韦斯特,林恩·特纳.传播理论导引:分析与应用[M].刘海龙,译.中国人民大学出版社,2007.
④ Griffin E. A first look at communication theory[M]. 4th ed. McGraw-Hill, 2000.
⑤ 〔美〕理查德·韦斯特,林恩·特纳.传播理论导引:分析与应用[M].刘海龙,译.2版.中国人民大学出版社,2007.
⑥ 〔美〕埃姆·格里芬.初识传播学:在信息社会里正确认知自我、他人与世界[M].展江,译.北京联合出版公司,2016.
⑦ 〔美〕朱莉娅·伍德.生活中的传播[M].董璐,译.4版.北京大学出版社,2009.
⑧ 同上.
⑨ 〔美〕理查德·韦斯特,林恩·特纳.传播理论导引:分析与应用[M].刘海龙,译.2版.中国人民大学出版社,2007.

不能提供亲密关系所需的独特感的关系中,两人同样需要面对差异化的压力。①

2. 环境的辩证关系

(1) 公开与隐私是指由私人关系和公共生活所导致的环境辩证关系状态。人际关系中的信息分享具有特定边界,对于某些人际关系,比如恋人关系,存在着保护双方亲密关系的隐私与双方需要和社会建立联系之间的矛盾,这种矛盾意味着既要保护隐私又要适当将亲密关系公之于众。

(2) 现实与理想。人际关系沟通中存在着基于现实复杂性而难以直白地表达需求和意愿的问题,也存在着彼此通过理想化的交流模式,建立和谐美好的感情关系的默契。我们可以把这一矛盾看成情感与理性的矛盾张力。在人际沟通中,既要考虑现实情境下的诉求表达,也要注重感情基础上的关系协调。

3. 平衡矛盾关系的四个基本策略

认识到关系矛盾的存在本身是自然的而且是建设性的,非常重要,因为这可以使我们接受由关系矛盾带来的不稳定状态,并且可以因此获得成长。② 巴克斯特 1988 年提出了协调矛盾关系的四个基本策略:轮换、分割、选择和整合。这些策略的基本原则是基于矛盾关系的时间、环境、对立状态,进行角色调整,以保持关系的平衡性和稳定性。比如,夫妻在家庭经营事业的过程中一起工作,那么他们可以在工作关系中强调可预测性,在家庭关系中强调新奇性。③

(五) 面子维护理论

在人际交流过程中,不仅需要保持意义的协调和关系的辩证性平衡,还需要通过沟通礼仪来维护面子,从而避免伤害彼此的自尊和融洽的关系。每个人都会顾及自己的面子或者自尊,从而在与其他人交往的过程中保持自尊并期待他人能够照顾到自己的面子。

1944 年,中国留美人类学博士胡先晋(Hsien-Chin Hu)女士就探讨了"脸"和"面子"两个概念,两者都象征群体对个人的尊重,但它们基于不同的标准。"脸"指的是社会对个人的道德品质的信心。"面子"和"脸"大不相同,在于它可以出借、争取、增加、敷衍,它通过财富、权力和能力,通过机灵地与一些著名人物建立社会关系和避免引起不良评价的行为来实现。④

---

① 〔美〕埃姆·格里芬.初识传播学:在信息社会里正确认知自我、他人与世界[M].展江,译.北京联合出版公司,2016.
② 〔美〕朱莉娅·伍德.生活中的传播[M].董璐,译.4 版.北京大学出版社,2009.
③ 〔美〕理查德·韦斯特,林恩·特纳.传播理论导引:分析与应用[M].刘海龙,译.2 版.中国人民大学出版社,2007.
④ 转引自胡先晋,欧阳晓明.中国人的脸面观[J].中国社会心理学评论,2006(1):1-17.

1955年,戈夫曼在拟剧理论中也提及了"面子维护"(face work)的概念。他认为面子问题的关键就在于交际会话中,双方要尽力保护自己和对方的礼貌关系。① 有"面子"代表个人的行动符合社会规范的要求。人的行为可以分为前台行为和后台行为,个人为了获得对方的赞美或认可,通常会在他人面前刻意表现出某些符合社会期望的行为,以便在对方心目中塑造良好的形象。这种刻意表演给对方看的行为,被称为"前台行为";至于个人不想人知而刻意加以隐藏的行为,则是"上不了台面"的"里子",戈夫曼称之为"后台行为"。②

1978年,佩内洛普·布朗(Penelope Brown)和斯蒂芬·莱文森(Stephen Levinson)在戈夫曼等人研究的基础上系统地提出了"面子维护理论"(face saving theory)。该理论认为,礼貌是一种文化的普遍现象,每个人都希望得到他人的欣赏和保护。"面子"是"每一个社会成员意欲为自己挣得的一种在公众中的个人形象"③。它可以被分为"正面子"(positive face)和"负面子"(negative face)。"正面子"指希望得到欣赏、肯定、承认或称赞的欲望,"负面子"则是会话者希望在互动中不被冒犯的一种自主性愿望。

在人际沟通过程中,"面子侵袭行为"(face threatening act)时有发生,正负两种面子都可能会受到侵袭,如对听话人给予批评、嘲讽、谴责等否定"正面子"的行为,或者对听话人进行恐吓、威胁、警告等冒犯"负面子"的行为。因此,礼貌的会话在于尊重彼此的面子,减轻面子侵袭行为的程度。④

布朗和莱文森认为,在沟通中需要考虑双方各自的情况,避免做出有伤面子的行为。双方应尽可能维护面子,避免采用侵袭面子的传播策略,他们提出了一个策略选择的简单公式:$W_x = D(S,H) + P(H,S) + R_x$。该公式表明,维护面子的影响因素或者说需要为维护面子所付出的努力(W)多少一般由说话者(S)与收听者(H)之间的社会距离(D)、收听者较说话者之间的权力差距(P)以及伤害他人自尊的风险(R)等因素共同决定。⑤

维护面子的基本策略就是遵循礼仪或礼貌原则。礼貌是人际交往的基本准则,在人际传播过程中,特别是面对面的交流中有很多礼仪规范,比如通过握手及鞠躬等身体语言表达礼仪性交往。传播的礼貌准则就是在表达上,尊重他人、慷慨赞誉以及对他人的宽容;在对待自己上要自重、谦虚和适当退让。在表达方式的选择上注意使用褒或贬、委婉或直率等口吻所产生的影响和结果。在词语的选择和使用上注意称谓语、礼仪

---

① 包薇.试论面子理论及其中英文化差异[J].吉林工商学院学报,2010,26(3):109-111.
② 黄光国,胡先缙,等.面子——中国人的权力游戏[M].中国人民大学出版社,2004.
③ Brown P, Levinson S C. Politeness: Some universals in language usage [M]. Cambridge University Press, 1987.
④ 转引自顾曰国.礼貌、语用与文化[J].外语教学与研究,1992(4):10-17,80.
⑤ Brown P, Levinson S C. Politeness: Some universals in language usage [M]. Cambridge University Press, 1987.

词语等的使用。如委婉语是人们在语言运用中协调关系的一个重要手段,它可以保全对方的面子,避免说话人和听话人之间可能产生的尴尬,从而改善交际气氛。①

我国各类历史文献中均有很多关于中国交往礼仪的论述,如《论语》中就特别强调了传播中的"礼"的重要伦理规范作用:"非礼勿视,非礼勿听,非礼勿言,非礼勿动。"②

我国学者顾曰国提出了中国的四项礼貌原则特征:尊重(respectfulness)、谦逊(modesty)、态度热情(attitudinal warmth)和文雅(refinement)。③ 布朗和莱文森认为,礼貌就是典型的人为满足面子需求所采取的各种理性行为。④ 在语用学中提出交际礼貌原则的是英国语言学家利奇(Geoffrey Leech),他提出了言语交际的礼貌原则(politeness principle)⑤,具体分为六个方面,即得体准则(tact maxim)、宽容准则(generosity maxim)、赞誉准则(approbation maxim)、谦逊准则(modesty maxim)、一致准则(agreement maxim)、同情准则(sympathy maxim)。⑥

礼貌原则的实现受到不同文化情境、交流动机、交流角色、社会距离、交流权力(如地位)、意义协调等因素的制约,因此维护面子的行为也是一种辩证的策略原则。

(六)沟通分析理论

沟通分析理论(transactional analysis theory)也被称为交互分析理论,是美国心理学家艾瑞克·伯恩(Eric Berne)创立的一种沟通理论。该理论可以在沟通中帮助我们分析沟通者以及自身的心理定位,调整自我状态,改变沟通态度和方式,指导我们在儿童、成人与父母三个自我状态间有意识地进行调整,从而达到化解人际矛盾的目的。⑦

人际交往一般会采取分别被称为家长、成人、儿童的心理状态自我定位中的一种。沟通过程是一个人的父母自我、成人自我或儿童自我指向另一个人的父母自我、成人自我或儿童自我的角色化心态行为表现过程。⑧ 其中,家长式自我心态(parent ego state)表现出保护、控制、呵护、批评或指导倾向;成人式自我心态(adult ego state)表现出理性、精于计算、尊重事实和非感性的行为,试图通过寻找事实处理问题,估计可能性和展开针对事实的讨论,并据此来调整决策;儿童式自我心态(child ego state)表现出童年经历所形成的情感意识,它可能是本能的、依赖性的或逆反性的情绪状态,希望得到他人的认可,更喜欢能立即得到的回报。⑨

---

① 徐娟.浅析面子理论在日常生活中的几种表现[J].牡丹江大学学报,2009(9):123-124,127.
② 杜道生.论语新注新译[M].中华书局,2011.
③ 顾曰国.礼貌、语用与文化[J].外语教学与研究,1992(4):10-17,80.
④ Brown P, Levinson S C. Politeness: Some universals in language usage [M]. Cambridge University Press, 1987.
⑤ Leech G N. Principles of pragmatics[M]. Longman Group Ltd., 1983.
⑥ 孙维张,吕明臣.社会交际语言学[M].吉林大学出版社,1996.
⑦ 〔美〕伯恩.人间游戏:人际关系心理学[M].刘玎,译.中国轻工业出版社,2014.
⑧ 周晓明.人类交流与传播[M].上海文艺出版社,1990.
⑨ 〔美〕伯恩.人间游戏:人际关系心理学[M].刘玎,译.中国轻工业出版社,2014.

沟通的交互作用可分为三种类型：互补沟通（complementary transaction）、错位沟通（crossed transaction）和含蓄性沟通（ulterior transaction）。[①]

第一，互补沟通是指双方采取一种理性的、平等的交流策略，能正确理解自己与他人的交流状态，双方对彼此的期望都给予了很好的回应。

第二，错位沟通是指双方不理解或者不尊重对方的自我状态，采取家长对孩子居高临下的说教方式，或者采取孩子向家长哭闹式的争吵方式，使对方产生反感、抗拒的非预期反应，引发不适当的自我状态。人们可能退缩、逃避对方或者转换沟通方式，甚至发生更为严重的冲突。要避免这样的状态出现，需要将对方哭闹式的儿童式自我状态或拉回到理性沟通状态，让对方意识到自己的失态和无理，从而进入互补沟通形态。

第三，含蓄性沟通是指一方虽表达了一种显现的自我状态，但内心还隐藏着另外一种自我状态，从而给对方造成一种潜在影响的沟通方式。比如，在说话的形式上表现得很得体，但是内心却隐含着不满，在非语言形式上表现出和语言不一致的地方，既避免了冒犯对方，也表达了自己的意见。但是，这种沟通方式需要双方互相理解对方实际的心理状态，进行关系调整，否则可能会将积怨埋在心里，造成沟通不畅和关系恶化。

五、人际传播的边界管理理论

（一）自我认知理论

自我认知理论（self-cognition theory）来源于符号互动论、约哈里窗口理论和社会比较理论等理论的综合性概括。在符号互动论创始人看来，人们并不是天生就具有自我概念，而是在与他人互动的过程中逐渐获得的，人的自我意识和环境认知是在与他人的社会交往和传播中形成的。在人际互动过程中，人们通过符号互动来认识自我、他人和社会。与此同时，自我还能够将自己的所有重要他人概括综合为一个"概化的他者"，从而以有组织的、一致的方式处理事情，以一致的观点看待自己。换言之，概化的他者超越了互动中碰到的各种具体实在的期待和定义，摆脱了各种具体情景的特殊性，个人的行为在不同的情景中就可以表现出较强的一致性。[②]

美国社会心理学家费斯廷格提出了社会比较理论。该理论认为，为了更好地适应环境，个人必须清楚地了解自己及周围的环境。假如对于自己的环境不十分了解，不知道自己的定位，就会产生不安与焦虑，甚至会神经紧张。尤其是当一个人处于一个新的环境，很想了解自己的能力与观点在群体中所处的位置、自己对于群体起着什么样的作用时，就需要利用他人作为比较的尺度，来进行自我评价。[③]

---

① 周晓明.人类交流与传播[M].上海文艺出版社,1990.
② 胡荣.符号互动论的方法论意义[J].社会学研究,1989(1):95-102.
③ 薛可,余明阳.人际传播学[M].同济大学出版社,2007.

为了说明人际传播互动中自我与他人之间相互了解的动态关系，美国著名社会心理学家约瑟夫·卢夫特(Joseph Luft)和哈里·英格拉姆(Hary Ingram)提出了以他们两个人的名字命名的"约哈里窗口"(Johari Windows)作为分析框架。他们指出，对个人而言，其认识世界的知识基本上是由四个部分组成的，即开放、盲目、秘密、未知，分别对应不同的窗格。① 每个人的自我和他人对自己的认知都处于四种不同的区域，见图5-2。②

	自己了解的信息	自己不了解的信息
他人了解的信息	透明窗格（开放区域）	不透明窗格（盲目区域）
他人不了解的信息	隐蔽窗格（秘密区域）	未知窗格（未知区域）

图5-2 约哈里窗口示意图

在这个图中，透明窗格属于开放区域，是自己了解，他人也了解的信息领域，比如一般性的外在信息；不透明窗格是盲目区域，在这里，有些信息被人了解，但是自己并不了解，比如自己的一些缺点和不良习惯，他人看在眼里，但是没有表达出来，自己并不知道；隐蔽窗格包含了只为己知不为人知的情况，包括所有那些不愿向他人透露的行为、情感和态度等私人秘密，这是自我的秘密区域；未知窗格表示自己不知道别人也不知道的未知区域，包括自己一切未被开发的才智、潜力以及所有目前处于蛰伏状态的东西，如潜意识等。③

正是基于不同的人际关系状态，人们与他人的交流呈现出来的彼此之间信息窗格区域的大小会有很多不同之处。至少表现为三种不同的状态：第一种是陌生人或不熟悉的人之间的隐蔽窗格较大，而透明窗格很小；第二种是比较亲密和熟悉的朋友之间存在的状态，其中透明窗格会比较大，隐蔽窗格较小；第三种是一般朋友之间的均匀化窗格状态，其中透明和隐蔽窗格比较平均，双方的关系处于有待深化的阶段。无论如何，人们会基于不同的关系进行着互动边界的管理。

杰西·迪莉娅(Jesse Delia)在1982年提出了建构主义理论(constructivism theory)。

---

① Luft J, Ingram H. The Johari Window, a graphic model of interpersonal awareness[C]// Proceedings of the wes-tern training laboratory in group development, University of California, 1955.
② 转引自董天策.传播学导论[M].四川大学出版社,1995.
③ 董天策.传播学导论[M].四川大学出版社,1995.

该理论认为:沟通能力表现为个人具有较强的认知建构,具备基于不同场合调整个人与他人沟通关系的能力,并建立起基于个人中心信息的复杂情境自我调节能力。这类人一般能够根据不同的关系采取不同的沟通方式,善于建构复杂的信息计划,基于信息设计逻辑达到多重目标。①

(二) 社会角色理论

社会角色理论(social role theory)是由多个相关理论组成的一个综合性理论。该理论强调,人际交流本质上是角色化交流,人们通过各自的角色实现互动,在所有交流情境中,交流者也总是力图按与他们所充当的角色相适应的方式行动着。

"角色"是一个借自戏剧领域的社会学术语,20世纪20年代,米德首先将角色概念引入社会心理学理论。"拟剧理论"的代表人物戈夫曼将戏剧表演方法应用于分析传播者的角色界定和印象管理。其中,角色界定主要指在现实社会生活中,人们如同演员表演戏剧一样,依据不同的身份或者职责等社会定位,通过交流活动在社会关系中扮演自己预设的角色形象。在人际交流过程中,传播者角色表演是通过识别与控制自己在前台和后台的不同边界进行不同的印象管理。

如果各自的角色出现不协调或者不一致,将会产生失望、冲突等问题。要使一个交流系统正常运转,交流者不得不清醒地理解相互之间的身份关系,正确处理双方的交流行为,以避免冲突的发生。如警察在公共场合要秉公执法,但是回到家里面对妻子则应是一个丈夫的角色,而不能再表现出严肃的神情或使用一些刻板、正式的言语。角色扮演也会使人们产生一种角色赋予的意义期待,如人们看到穿白大褂的人就认为是医生。此外,性别也是一种角色影响要素,两性之间的传播差异表现为各自的角色定位及表达方式。

(三) 传播隐私管理理论

社会渗透理论和关系辩证法理论都认为,人类社会关系是以参与者之间的开放(联系)和封闭(独立)为特征的,如阿尔特曼指出,开放和封闭之间的张力造成了自我披露或自我保护行为的循环。桑德拉·佩特罗尼奥(Sandra Petronio)认为,人们的亲密关系比阿尔特曼等最初设想的更为复杂,基于一系列经验性研究,她提出了传播隐私管理理论(communication privacy management theory)。该理论关注的不仅是自我披露,还包括在亲密关系状态下的隐私披露。隐私披露既包括自我隐私信息也包括他人的隐私信息,勾勒出了人们在处理隐私和自我披露之间的冲突时采用的错综复杂的方式。②

---

① [美]埃姆·格里芬.初识传播学:在信息社会里正确认知自我、他人与世界[M].展江,译.北京联合出版公司,2016.
② 同上.

传播隐私管理理论包括五个基本要素,它们分别是隐私信息、隐私边界、控制与所有权、以规则为基础的管理系统、管理的辩证法。①

第一,隐私信息是指对个人至关重要的事物的信息。

第二,隐私边界在这里隐喻说明公共和私人之间存在的界限,这个界限就是是否披露隐私信息的边界。人们在与他人交往的过程中,会了解到一些关于他人的隐私信息。这些信息被严格限定在一个特定范围内,不会被泄露出去,围绕在它周围的边界就是集体边界。这时的信息不仅仅是自我的信息,还属于关系中的所有成员。当私人信息被个人保护而没有被披露的时候,这时的边界就是人际边界。

第三,控制与所有权是指每个人都希望对享有私人信息所有权的信息加以妥善处理,并有权控制谁可以知道这些信息。

第四,以规则为基础的管理系统是理解人们在个体层面和集体层面围绕隐私信息作出决策的主要理论框架。它包括三个方面,即隐私规则的特征、边界协调和边界纠纷。

第五,管理的辩证法。人们在决策过程中是披露隐私还是保护隐私两种欲望之间常常存在着冲突。保持一个封闭性的边界可以带来更大的自主权和安全感,而开放的边界会导致更为亲密的关系和更多的共享信息,但这是以更容易受到伤害为代价的。②

佩特罗尼奥认为,隐私边界管理要依据特定的标准建立规则,并据此进行隐私信息的控制与分享。在隐私信息披露和隐瞒传播的边界管理过程中,包含隐私规则的建立和属性化特征、边界协调和边界纠纷三种重要内容。其中,隐私规则的特征包括两个关键要素,即规则的建立和规则属性。规则建立的依据有文化、社会性别、动机、环境和风险收益比较五个方面的标准。规则属性是指人们获得规则的方式和规则的特征,人们通过社会化过程或与他人协商制定新规则来学习规则。边界协调是指我们如何管理共同拥有的隐私信息。人们通过边界连接、边界所有权和边界渗透性的规则来管理隐私信息。其中,边界连接就是指人们以边界联盟的形式产生的联系,如医生与患者的个人信息联系;边界所有权是指因为共同拥有隐私信息而产生的权力和特权;边界渗透性是指有多少信息能够穿越边界。边界纠纷是指当边界协调的规则不清晰或者人们的隐私管理期待发生冲突时所处的状态。③

---

① 〔美〕理查德·韦斯特,林恩·特纳.传播理论导引:分析与应用[M].刘海龙,译.2版.中国人民大学出版社,2007.
② 〔美〕斯蒂芬·李特约翰,等.人类传播理论[M].史安斌,译.9版.清华大学出版社,2009.
③ 〔美〕理查德·韦斯特,林恩·特纳.传播理论导引:分析与应用[M].刘海龙,译.2版.中国人民大学出版社,2007.

第三节　组织传播场域理论

一、组织传播概述

（一）组织

现代社会就是由各种组织通过资源交换实现一定的功能需求而整合在一起的一个大系统。美国社会学家、结构功能主义创始人塔尔科特·帕森斯（Talcott Parsons）认为，组织是一个系统，是一个更大社会系统中的"功能分化子系统"。① 米勒认为，组织是一个通过协调活动来达到个人和集体目标的社会集合体（social collectivity），通过协调活动，一定程度的组织结构得以建立，以帮助组织成员处理相互之间以及在更大的组织环境中与其他人之间的关系。②

1986年，加拿大约克大学教授加雷思·摩根（Gareth Morgan）对组织作了机器、有机体、大脑、文化、政治体系、精神监狱、流体与变形、宰制工具等八种隐喻性描述，他认为这些比喻能够代表不同环境下的组织。③ 辛西娅·斯道尔（Cynthia Stohl）补充增加了网络作为第九种隐喻，他认为，网络是在个人和群体传播中创造出来的社会结构。④

组织一般具有如下几个特点：

第一，性质目标明确。组织都是为了实现一定目标而设置或成立的，具有公共的或经营的等不同属性，其目标也很明确。帕森斯以目标为标准，根据组织功能或目标、组织价值系统、组织适应机制、工作规则、制度模式等方面的差异，把现代社会的组织划分为经济生产组织、政治目标组织、整合组织和模式维持组织四种类型。其中，经济生产组织的典型有实业公司；政治目标组织致力于实现有价值的目标，形成和部署社会的权力，包括政府、社团等；整合组织旨在实现社会整合的目标，如政党、法庭和其他具有法律职业功能的实体、"利益群体"等；模式维持组织是指具有"文化""教育"和"展示"功能的组织，如教会、学校、研究机构、艺术表演单位等。⑤

第二，严格的权力体系及等级分层制度。与一般社会群体不同，组织是一个结构秩序较为严格的系统体系，组织活动按照特定的规则和结构层次运作，权力体系保障其运作的有章可循和权责分明。其中，每个层级的权力指挥机制都是有明确界定的，不同层

---

① 〔美〕塔尔科特·帕森斯.社会行动的结构[M].张明德,夏遇南,彭刚,译.译林出版社,2012.
② 〔美〕凯瑟琳·米勒.组织传播[M].袁军,等译.华夏出版社,2000.
③ 〔美〕斯蒂芬·李特约翰,等.人类传播理论[M].史安斌,译.9版.清华大学出版社,2009.
④ Stohl C. Organizational communication: Connectedness in action [M]. Sage, 1995.
⑤ 王茂福.组织分类研究:韦伯与帕森斯之比较[J].社会科学研究,1997(1):95-100.

级的部门及成员的活动也存在上中下不同的层级职权。

第三,严密的分工和岗位责任。在组织的活动中,按照目标要求设置分工明确的岗位和职位,岗位之间存在着相互连接和协同配合的各种关系。组织的部门一般可分成决策部门、管理部门和职能部门等,每个部门按照组织性质、目标等设置规模不等的成员承担不同的职位,这些职位有相应的岗位责任要求,岗位具有固定性特征。

第四,制度化过程。组织的各部门相互依赖、制约,层次清晰,通过规范化机制进行运作,具体反映在其组织规章、组织管理规程、组织过程控制、组织监督考核等方面。

第五,依靠信息传播协调和管理组织。管理学家哈罗德·孔茨(Harold Koontz)和海因茨·韦里克(Heinz Weihrich)指出:"只有信息交流才能使管理成为可能。"[1]信息是组织行为不可缺少的要素,组织的活动离不开对信息的收集、交换和处理,信息交流与传播是协调组织内部各部门之间及组织与环境之间的不可缺少的要素。[2]

(二) 组织传播

组织传播是指组织系统主体、各个部门及成员运用各种传播媒介进行的内部沟通、群体决策以及对外沟通和宣传的传播形态。传播活动不仅存在于一般性社会交往中,还存在于各类组织的场域中。同时,组织作为一个拟人化的主体,也对外进行协调沟通和传递各类信息。如果说组织结构如同人体的骨架系统的话,那么组织信息传播就是神经系统,没有传播就无法形成一个网络化整体,更无从指挥协调、分工合作、联系社会。组织传播过程就是组织形成与发展的过程。因此,戈哈伯认为,组织传播是组织活力的源泉,组织关系的黏合剂,组织功能的润滑油,组织机体的防腐剂。[3]

组织传播按照组织主体的属性职能可以分为政党组织传播、政府组织传播、公共企事业组织传播、工商业组织传播、社会团体组织传播、社会自治组织传播等。

组织传播研究是传播学和管理科学交叉领域,可以追溯到20世纪初的组织传播的管理学派,其中包括古典学派、人际关系学派、人力资源学派等。20世纪60年代,兴起了组织传播的现代学派,组织传播学学者对系统学派、文化学派、批判学派、社会过程理论、行为控制过程理论、决策过程、冲突管理过程、压力和社会支持过程、多元化管理过程、外部传播过程和传播技术过程都进行了系统性研究,为组织传播的理论形成奠定了基础。[4] 根据组织传播学学者米勒的相关研究,可整理出表5-4。[5]

---

[1] [美]哈罗德·孔茨,海因茨·韦里克.管理学[M].郝国华,金慰祖,葛昌权,等译.9版.经济科学出版社,1993.
[2] 张国才.组织传播理论与实务[M].厦门大学出版社,2002.
[3] 李正良.传播学原理[M].中国传媒大学出版社,2007.
[4] [美]凯瑟琳·米勒.组织传播[M].袁军,等译.华夏出版社,2000.
[5] 同上.

表 5-4　组织传播的基本学派传播特征表

学派	代表性理论	组织隐喻	传播内容	传播流向	传播渠道	传播类型
古典学派	法约尔的古典管理理论、泰勒的科学管理理论、马克斯·韦伯的官僚理论	机器	任务	从上到下，垂直	书面为主	正式
人际关系学派	马斯洛的需求层次理论、赫兹伯格的激励保健理论、麦格雷戈的X理论和Y理论	家庭	任务和社会	纵向和横向	面对面为主	非正式
人力资源学派	布莱克教授和蒙顿教授提出的管理方格理论、利克特的四系统理论和乌奇的Z理论	团队	任务、社会、创新	全方位，团队化	所有渠道	非正式为主
系统学派	法拉斯等的结构功能系统论、卡尔·维克的组织理论	有机体	消除歧义信息	系统输入输出	环境信息交换	网络系统
文化学派	德尔等的规范性文化理论、帕特南的描述性文化理论、沙因的组织文化模型	文化	故事	组织垂直传播与群体横向沟通	泛媒介形态、口语交流	仪式传播

二、组织传播的网络结构

从信息论、系统论和控制论的意义上看，组织本身就是一个信息系统，组织中的信息输入、加工处理及输出、反馈构成了组织信息系统。组织信息传播就是实现组织要素的系统整合、组织活动的协调与控制，保障组织有序化和动态平衡化地运行和发展。

社会网络对于组织来说，具有构建、维持、协调和促进作用。正如美国学者杰拉尔德·戈德哈贝尔（Gerald Goldhaber）所言：组织传播是"由各种相互依赖关系结成的网络，为应付环境的不确定性而创造和交流信息的活动"[①]。从本质上来说，组织是一个在权力结构、分工结构、人际关系、任务需求、组织规模、组织系统与社会交换等要素的影响下的信息网络系统。在这个系统中，信息沿着结构、关系、任务及系统导向等流动，构成了组织网络结构。该结构在大的方面包括组织内传播网络及组织与社会的交换网络两个部分，在其内部则又形成了自上而下的信息传递、自下而上的信息反馈、横向机构间的信息沟通、跨部门的斜向交流，并作为组织整体与外部进行信息的输入与输出。

（一）组织传播的内部网络

组织内的协调合作过程、行为控制过程、决策过程和冲突管理过程都是通过组织内

---

① 范东生,张雅宾.传播学原理[M].北京出版社,1990.

部的信息传递来完成的。在一个组织中,从具体任务指令的制定、下达、实施、监督、检查、总结,到组织活动规章制度的贯彻和日常管理,都需要通过一定的信息沟通和传递活动得以实现,并且是在一定的信息互动机制下进行的。组织中的各部门、各岗位都由一定的信息渠道相连接,每个部门和岗位同时也都执行着一定的信息处理和交流功能,是组织传播的重要环节。这些部门通过信息的传达和反馈相互衔接,使各部门成为既各司其职,又在统一目标下协同作业的整体。①

组织内传播也是组织维持其内部统一、实现整体协调和整体运作的过程。这个过程的具体内容取决于组织本身的结构安排。美国传播学教授托马斯·艾伦(Thomas Allen)作了一项组织传播网络的分析,展现了组织系统的复杂性。他指出,组织成员的地位和角色各不相同,它们之间的连接方式也有差别,由此构成一个传播系统。②

组织管理活动大体上分为操作层(基层)、战术层(中层)和战略层(高层)三个管理层次,不同层次面临的工作任务不同,与之相对应的管理层次所需要的信息也不完全相同,其组织的管理沟通也就具有不同的特征。根据罗伯特·舒尔特海斯(Robert Schultheis)和玛丽·萨默(Mary Summer)的分析,三个管理层次的信息系统结构分别具有如下特点。③

操作层信息系统的首要任务是收集、处理、记录有关日常工作过程中组织资源的取得和支出的信息,这些信息及传播的结构具有常规性、可预测性、描述性、详细性、内源性、格式化、精确度高等特点。战术层信息系统负责向中层管理者提供监督、控制和分配资源所需要的信息,其作用是帮助中层管理者控制日常操作,因此,其信息及传播结构具有周期性、新颖性、比较分析性、总结性、内源和外源并重等特点。战略层信息系统的目的是向组织高层管理者提供战略决策所需的信息,其信息及传播结构具有由专门小组提供信息、非常规性、总结性、外源性、非格式化、主观性等特点。④

信息通过组织管理的操作层、战术层和战略层三个层次进行传播,在整体结构上形成了纵横交错的信息组织传播网络,该网络主要由正式网络和非正式网络构成。

1. 组织内正式传播网络

正式传播网络是指信息按照组织规定的制度性组织关系(部门、职务、岗位、角色及其隶属或平行关系),沿着一定组织规范性流通路径环节,通过有计划地传播信息而形成的网络结构形态,这一形态具有程序化、稳定性和限制性等特征。正式传播网络按照流向大致分为垂直传播(vertical communication)、水平传播(horizontal communication)和

---

① 郭庆光.传播学教程[M].2版.中国人民大学出版社,2011.
② 转引自陈力丹.组织传播的四类理论[J].东南传播,2016(2):29-31.
③ Schultheis R A, Summer M. Management information systems [M]. 4th ed. McGraw-Hill, 1998.
④ 张国才.组织传播理论与实务[M].厦门大学出版社,2002.

对角传播(diagonal communication)三种类型。

垂直传播又称为纵向传播,是指信息在组织的不同层级之间从上到下或从下到上的传播形式。按照传播方向又分为从上到下的下行传播(downward communication)和从下到上的上行传播(upward communication)两类。其中,下行传播是指组织最高管理层通过各种传播手段,将组织相关的政策、要求等指令性信息逐层下达的传播形式,其信息内容具有指示、教育、说服和灌输等特征。而上行传播是指组织底层将组织的状态、问题等信息逐层向上汇报的信息反馈活动,信息内容具有请示、反馈、建议等表达愿望和要求的特征。①

垂直传播是最常进行的组织传播活动,这一传播活动确保了组织的正常运转和控制。但是,这一方式常常因组织环节和层次过多,以及涉及组织利益冲突等问题,而影响信息传递的速度(如缓慢、阻滞)和质量(如信息过滤、歪曲),导致组织信息沟通不畅和信息失真等后果。因此,组织的垂直传播需要解决组织各个层次的环节、传递效率和效益问题,特别是应尽可能避免下行传播的信息扭曲和上行传播的信息阻滞问题。

水平传播又称横向传播,是指组织机构横向层次之间进行的传播活动。法国古典组织学代表人物法约尔将其称为"跳板化"传播。② 水平传播主体间不具有上下级的隶属关系,交流多以协调和合作为主要目的,具有资源整合、跨部门协调、补充垂直传播不足等功能。当然,水平传播常常受到职能设置、利益之争、部门垄断等因素的限制而难以发挥组织协调功能。

对角传播也称斜向传播或交叉传播,是指组织成员跨越不同的上下级进行的不同部门成员之间的传播活动。对角传播是解决相同部门不同层级之间无法实现沟通目标这一问题的一种有效方式,如销售部门与上级产品研发策划部门的沟通就属于这种传播。

2. 组织内传播的非正式网络

非正式传播网络是指在组织权力系统和职责体系的信息传递网络之外的信息沟通网络形式,这种沟通网络不是正式的组织沟通机制的一部分,而是借助人际交往以及特殊情况下的随机性沟通形式。在这一交流活动中,信息沿着非正式网络流动,不受组织内职责和角色关系影响,其流动的方向主要取决于传播者之间的非正式关系,具有非计划性、人际交往性、非正式性、非职能性和随机性等特征。正式传播中存在结构固化及层级环节过多、条块分割、部门利益存在冲突、反馈意见渠道不够通畅等问题,容易造成信息传递困难和共享障碍,因此,非正式的组织传播能够在一定程度上缓和与协调这些

---

① 郭庆光.传播学教程[M].2版.中国人民大学出版社,2011.
② 张国才.组织传播理论与实务[M].厦门大学出版社,2002.

问题。当然,非正式传播也存在对组织正式传播的干扰和破坏性作用,如非正式传播中形成的小圈子乃至宗派势力可能对组织制度、权威及信息的正常交流机制形成不利影响。

(二) 组织与外部的交换网络

组织主体与外部社会主体之间的信息交换,形成了组织内外的信息交换网络,实现了组织的环境识别、组织外部协调和组织外部客户关系管理等诸多目标。组织与外部交换网络包括信息的输入和输出两个部分,其中信息输入是组织收集和获取外部信息,信息输入的方式有主动获取信息以及外部反馈和提供信息等。组织信息的输出包括组织信息的主动对外传达和宣传传播,也包括组织活动形成的社会评价和影响信息。组织对外传播是以组织的形象识别和关系协调为核心建立起来的一套系统,包括组织的宣传活动、广告营销、网络社群营销等形式的组织形象传播及公共关系活动。组织与外部环境交换也并非完全开放式的,商业竞争环境下的商业秘密及利益问题带来了组织之间及组织与外部的信息不对称现象。

约翰·亚当斯(John Adams)在研究组织的信息对外传播过程时,用"组织界限沟通者"来指称"代表组织与外部环境进行交换的组织成员"。组织界限沟通者在传播过程中发挥着处理和过滤输入输出的信息、查询和搜集信息、代表组织发布信息、保护组织免受外部侵扰等作用。对大多数组织而言,组织界限沟通者包括推销人员和采购代理(直接进行组织产品或服务的获取与分配)、职业公关人员(负责管理组织与公众之间的传播)、市场营销和广告人员(负责组织与环境之间的沟通协调)、人事招聘人员(负责吸引、筛选人员)、游说人员(负责寻求建立并管理组织与政府和相关人员的关系)等。[①]

(三) 组织传播网络结构特征与传播角色

1. 组织传播网络结构特征

组织传播网络的结构特性直接影响到组织传播的效率和质量,一般从以下几个方面进行评估:(1)网络规模,即网络包括的人数和单位;(2)网络完整性,即参与网络传播活动的成员占全体组织成员数的比例;(3)网络离散性,即传播网络里形成的小的联结点,由传播积极分子、意见领袖或传播小集团构成,联结点的多寡和强弱反映了网络的离散程度,联结点越多,其影响力越大,网络离散程度就越高;(4)网络的开放性,即组织传播网络与外部的交流沟通的量和质。[②]

---

① Miller K. Organizational communication: Approaches and processes[M]. 3rd ed. Peking University Press, 2004.
② 张国才.组织传播理论与实务[M].厦门大学出版社,2002.

2. 组织网络中的成员在传播中的角色

加里·克雷普斯(Gary Kreps)将组织中常见的角色分为以下几种类型:(1)孤立者,即很少同其他成员沟通的人;(2)意见领袖,即对其他成员具有很大影响力的人;(3)把关人,即组织中决定是否传递和实际传递信息的人,他们控制着成员之间的信息流动;(4)对外人员,即负责联系组织和外部环境、在组织和环境之间输入和输出信息的人;(5)桥,即为本群体与其他群体传递信息的人;(6)联系人,即在不同群体之间起沟通作用的人,但他不是这些群体当中任何一个群体的成员。① 由于组织网络中的成员职责各不相同,组织的传播目标、策略和传播方式各有不同,因此,在分析这些传播问题方面形成了不同的组织传播理论。

三、组织管理的沟通理论

组织管理的沟通理论包括组织信息的管理、组织文化的建构、组织决策以及组织学习与知识管理等方面。

(一) 组织信息理论

对大量的信息进行管理是许多组织面临的典型挑战之一。卡尔·维克(Karl Weick)于1979年提出的组织信息理论解释了组织如何处理混乱或模糊的信息。该理论的前提假设是:组织是一个系统,组织存在于信息环境中;组织接收的信息具有不同程度的模糊性;组织处于不断地减少信息模糊性的过程中。②

维克提出了一种描述这些组织收集、管理和使用信息的统筹过程的传播方法。他的"建构感知"(sensemaking)的思想影响了组织学。③ 他强调了信息在帮助组织及其成员达成目标时所起的重要作用,但是信息也最容易被误读。如果组织要减少信息的模糊性,有两种传播策略:一种需要组织在对输入的信息作出适当反应的同时,还要确定减轻信息模糊程度的原则,这些原则包括持续原则、人事原则、成功原则和省力原则。持续原则就是处理模糊性的决策必须持续一定的时间;人事原则就是应该由最适合的人处理模糊信息,比如应该由专业技术人员而非人力资源人员来处理相关信息;成功原则是指过去取得成功的计划应该继续使用来处理当前问题;省力原则就是应该用最省力的方式处理模糊信息。另外一种策略关于所需规则的数量和用来减少模糊性的循环的数量之间的关系。如果组织在减少模糊性时只有几个规则可以使用,那么就需要更

---

① 转引自张国才.组织传播理论与实务[M].厦门大学出版社,2002.
② [美]理查德·韦斯特,林恩·特纳.传播理论导引:分析与应用[M].刘海龙,译.2版.中国人民大学出版社,2007.
③ 鲍勇剑.管理"意料之外":建立应对动荡环境的牢靠组织——管理大师卡尔·维克专访[J].清华管理评论,2016(11):44-54.

多次数的循环去过滤信息,这里的循环是指为了减少模糊性而采取的一系列传播行为,包括行动、反应和调整三个方面。①

(二)组织文化理论

组织是一个社会制度化的集体,它有自己的目标、宗旨和规则,因此每个个体成员乃至一个小群体在组织中需要通过传播活动成为一个整体,个体成为整体的过程就是组织文化共识建构的过程。其中,个体需要通过识别、认同和遵循这个组织整体的文化目标、理念和规则,通过面试、磨合、角色发展、共识形成等过程实现与组织整体的文化融合。

组织共识的形成本身就是一个组织内的传播活动,并伴随着围绕特定问题的信息传达、说明、解释、讨论等各种形式的传播活动。其中,组织文化规范是共识的重要目标。对组织文化的共识性进行系统分析的是组织文化理论,这个理论是由克利福德·格尔茨(Clifford Geertz)、迈克尔·帕卡诺夫斯基(Michael Pacanowsky)和尼克·奥唐奈-特鲁基罗(Nick O'Donnell-Trujillo)于1982年提出的。他们认为,文化不是组织所拥有的东西,文化就是组织本身。文化就是共享意义的独特系统。② 文化是通过组织实践中的传播行为构建起来的,文化就是组织的特征。该理论有三个前提假设:组织成员创造并维持组织现实的共享意义,这导致他们更好地理解组织的价值;符号的使用和解释对于组织文化来说至关重要;不同的组织,其文化不一样,对行动的解释也不一样。③

组织文化理论强调组织传播具有重要的符号互动意义,组织可以通过符号规划和传播来建构其独特的人格气质和风格。组织传播具有人格化符号的建构作用。玛丽·哈奇(Mary Hatch)对组织中的文化符号进行了分类,将其分为物理表现符号、行为表现符号和语言表现符号。其中,物理表现符号包括艺术设计或标识语、建筑物或装饰物、衣着或外观、物质实体、物理设计等;行为表现符号包括典礼或仪式、传播模式、传统或习惯、回报或惩罚;语言表现符号包括轶事或笑话、专业术语、名称绰号及解释、故事神话或历史、主角或反角、隐喻等。④

迈克尔·帕卡诺夫斯基等学者认为,组织成员的行为具有某种传播表演的性质,这里的表演是一个隐喻的说法,是指组织生活如同戏剧表演的程式性过程,组织中的管理

---

① 〔美〕理查德·韦斯特,林恩·特纳.传播理论导引:分析与应用[M].刘海龙,译.2版.中国人民大学出版社,2007.

② 〔美〕埃姆·格里芬.初识传播学:在信息社会里正确认知自我、他人与世界[M].展江,译.北京联合出版公司,2016.

③ 〔美〕理查德·韦斯特,林恩·特纳.传播理论导引:分析与应用[M].刘海龙,译.2版.中国人民大学出版社,2007.

④ 转引自〔美〕理查德·韦斯特,林恩·特纳.传播理论导引:分析与应用[M].刘海龙,译.2版.中国人民大学出版社,2007.

者和职员在其中扮演不同的角色。他们提出了五种文化表演形式:(1)仪式表演,是指在工作场所中定期举办重复性的仪式传播活动,这些仪式包括个人仪式、任务仪式、社会仪式、组织仪式等;(2)热情表演,是指组织成员通过宣讲和共享关于组织的故事而进行的传播活动,包括讲故事、发表具有隐喻性和夸张性的发言等;(3)社会表演,是指通过与他人合作和友好的群体交流活动,鼓励组织成员相互合作;(4)政治表演,是指组织中的领导层在执行权力和控制的组织行为过程中,表现其组织诉求并传达希望影响他人的愿望;(5)文化适应表演是指帮助成员发现如何获得知识和技巧以融入组织的传播活动。[①]

(三)群体决策理论

决策是为了达到一定目标而对多个可行方案进行分析、判断及作出决定的行为。在组织决策过程中,需要通过群体沟通与讨论论证来集思广益,保证决策的民主和程序的公正,因此,采取哪种传播沟通策略以保证决策的科学合理和高效,是组织传播学关注的重要问题。群体决策的沟通是一种基于小群体人际沟通的特殊组织传播形态,因此,也是小群体传播研究的重要领域。美国的小群体传播研究主要包括结构、功能、叙事和戏剧等四种理论范式。[②] 不同范式的研究注重对小群体沟通的模式进行不同视角的分析,形成不同的理论。以下我们分别介绍警惕性互动理论、适应性结构化理论和批判理论,来说明组织决策中的传播影响问题。

1. 警惕性互动理论

为了避免决策失误,群体决策成为重要的决策手段,群体决策中如何提高决策质量是关键。研究小群体传播的兰迪·广川(Randy Hirokawa)和他的同事从群体决策的功能视角出发强调成员能够完成一定的工作,作出高质量决策,包括分析问题、设定目标、确认可替代项、评估后果等。大多数群体沟通都是对上述任务进程的扰乱,与之对抗的沟通能把人们带回理性的审查。[③] 他们提出了警惕性互动理论(vigilant interaction theory)。该理论认为,群体决策的质量取决于群体成员之间的相互影响,群体决策的质量和效果受群体传播状况的影响很大,当群体成员不具备充分的信息交流,尤其是比较周全的批评性分析或逆向传播,而迫于群体关系压力或盲目遵从地取得认识一致,就会出现决策偏差或失误甚至灾难性后果。1986年美国航天飞机挑战者号悲剧就是一个典型例子,如果当时针对航天飞机的安全问题进行充分的交流和辨析,提前发现问题并

---

① 〔美〕理查德·韦斯特,林恩·特纳.传播理论导引:分析与应用[M].刘海龙,译.2版.中国人民大学出版社,2007.
② 刘蒙之.美国小群体传播研究的范式与理论评述[J].昆明理工大学学报.社会科学版,2012(4):88-95.
③ 〔美〕埃姆·格里芬.初识传播学:在信息社会里正确认知自我、他人与世界[M].展江,译.2版.北京联合出版公司,2016.

提出防范措施,就能避免灾难的发生。①

2. 适应性结构化理论

在组织的群体决策方面,学者们提出了很多沟通模式,其中针对决策过程的模型,包括定向、冲突、联合、发展和整合几个方面。但是,传播学教授马歇尔·普尔(Marshall Poole)、戴维·塞博尔德(David Seibold)和罗伯特·麦克菲(Robert McPhee)等通过十年的验证分析发现,这类阶段模型的有效性值得怀疑。他们认为,采用固定模式难以预测决策行为的结果,并且这种客观主义模型假设难以说明传播效应,因此,他们从安东尼·吉登斯的结构化理论研究中获得启发,并加以延伸,将其应用于群体决策和组织传播,提出了适应性结构化理论(adaptive structuration theory)。②

吉登斯1979年提出了结构化理论,作为描述社会组织与社会成员群体运行的一种模式。他将群体和组织视为一种社会机构,进而描述社会机构如何通过社会规则实现其自身的生产、再生产及变迁。这些规则由群体建立,目的是指导成员的行为。③社会组织的结构特征取决于社会成员的互动沟通行为,这些行为具有系统和结构的自主性和约束性。吉登斯认为,社会结构可以区分为"社会整合"(social integration)与"系统整合"(system integration),它们相互统一于整个社会结构之中。社会结构具有两个特征:一是社会结构的制约性和派生性的统一,二是能动性和偶发性的统一。④

(1)"社会整合"就是个人与微观社会环境实现统一。个人具有行为动机、行动意义以及话语意识三个方面的能动作用,个人的主体意识和自反性意识不断推进社会整合。

(2)"系统整合"就是"不在场"情境下的有机整合,即各个微观社会环境之间的整合。⑤ 这里的系统整合体现为规则和资源的二重性。他指出,"结构是社会再生产过程里反复涉及的规则和资源,我们说社会系统的制度化特性具有结构性特征,就是指各种关系已经在时空向度上稳定下来"⑥。其中,生产是运用规则和资源以创造一种新结构,再生产是运用规则和资源强化现有的结构。⑦吉登斯认为,系统是指群体或组织自身,以及群体为了达成一定的目标所采取的行为。如公司会议就是一种系统。结构是

---

① 教军章.刘双.组织传播——洞悉管理的全新视野[M].黑龙江人民出版社,2000.
② Griffin E. A first look at communication theory[M]. 5th ed. McGraw-Hill, 2003.
③ [美]理查德·韦斯特,林恩·特纳.传播理论导引:分析与应用[M].刘海龙,译.2版.中国人民大学出版社,2007.
④ 张云鹏.试论吉登斯结构化理论[J].社会科学战线,2005(4):274-277.
⑤ 同上.
⑥ [英]安东尼·吉登斯.社会的构成[M].李猛,李康,译.生活·读书·新知三联书店,1984:52.
⑦ [美]埃姆·格里芬.初识传播学:在信息社会里正确认知自我、他人与世界[M].展江,译.北京联合出版公司,2016.

群体成员用来指导他们的行为,以及创造或维持系统的规则和资源。①

马歇尔·普尔等扩展了这一理论,将其应用于分析群体决策过程的框架中,分析规则和资源在群体决策和组织传播中的影响,描述这些规则和资源如何通过互动被改变或肯定,帮助我们理解群体中产生的各种结构如何影响我们的传播和决策,并分析权力在群体发展及其达成目标的过程中所起的作用。② 这一理论的核心作用为:"群体成员在群体内进行活动的同时,也在创造着这个群体,很多时候,群体成员建造了令他们感到不舒服的框架或组合,自己却对此浑然不知。该理论的重点就在于让这些成员意识到他们正在使用的规则和资源,以使他们对自己在群体内部的行为有更好的控制。"③

结构中对组织的行为或行动的决策产生影响的是规则和资源。其中,规则是组织或群体为了达成目标而遵循的一般惯例,资源是指行动者在组织中拥有的权力。结构双重性是指这两者既是互动的媒介又是互动的结果。④ 成员使用规则和资源指导其传播行为来达到他们的决策目标。

结构化理论中的"规则"主要是行动者在行动时所依赖的各种正式制度、非正式制度以及各种有意义的符号。正式制度是指行动者在行动过程中所遵守的政治、经济、法律制度等规范性制度,也就是支配性规则;非正式制度则是对行动者的行动产生影响的各种心理、习俗以及文化等,即规范性规则。除此之外,规则还包括各种有意义的社会文化性符号,也就是各种表意性规则。⑤

组织中有配置性资源和权威性资源两类权力。其中,配置性资源是指组织为了帮助达成群体的目标所提供的物质资助,权威性资源是指传播互动所具有的人际权力特征。权力是一个社会学及政治学概念,它可以表现为一些社会既定关系中的影响力,这种影响力在人际关系中决定着交流双方的态度、控制力及接受信息的程度等,并通过一种潜在的社会资源的交换关系实现信息交流中的相互制约。

约翰·弗伦奇(John French)和贝尔特拉姆·雷文(Bertram Raven)将影响人们的交流的权威性资源的权力分为五种类型,即酬报权力、强制权力、受敬权力、专家权力和法定权力。⑥ 其中,"酬报权力"(reward power)是指一个人所具有的给予他人某种福利、休假、奖励性礼物、晋升、加薪等有价值的物质利益的奖赏报偿能力。"强制权力"(co-

---

① 〔美〕理查德·韦斯特,林恩·特纳.传播理论导引:分析与应用[M].刘海龙,译.2版.中国人民大学出版社,2007.
② 同上.
③ 〔美〕埃姆·格里芬.初识传播学:在信息社会里正确认知自我、他人与世界[M].展江,译.北京联合出版公司,2016.
④ 同上.
⑤ 张云鹏.试论吉登斯结构化理论[J].社会科学战线,2005(4):274-277.
⑥ French J R P, Raven B. The bases of social power[M]// Cartwright D. Studies in social power. University of Michigan Press, 1959. 转引自周晓明.人类交流与传播[M].上海文艺出版社,1990.

ercive power)是一种发挥消极影响作用的权力,它包括减少或者是撤销一些奖赏。在这一权力的约束下,成员由于担心得不到报偿或会被惩罚就会遵守权力的来源者提出的要求。"受敬权力"(referent power)是指个人获得其他人的认可并为之效忠的能力,这一权力建立在权力持有人的人格魅力及人际沟通技巧的基础上。由于成员对其个人特质的欣赏使得权力人具有了人际关系中意见领袖的影响力,人们较容易从被认为有影响力的权力人那里得到认同感,如广告请体育明星代言就能够被接受和认可。"专家权力"(expert power)来源于某个人具有满足个人或组织所需要的某种专门技能或者知识的能力,具有这一权力的人一般都是在高度专门化和特定的领域受过训练并具有某种专业资格的专家。"法定权力"(legitimate power)是指一个组织中的个人基于职位上的相对地位和职责所拥有的权力,一般是正式的职能部门授权的权力。[1]

普尔等认为,客观因素和群体因素是影响决策能力的两个重要变量,它们可以决定群体是否拥有进行决策或实现目标的关键规则和资源。其中,客观因素是指与任务相关的特征,如信息的明确性、规则等,群体因素包括群体完成任务可用的个体资源系统资源。因为这两个变量的影响,如果成员采用与结构一致的方式运用规则和资源,在运用过程中再生产类似的结构,这个结构就是稳定的。[2] 普尔希望一些不活跃的群体成员成为群体内部的活化剂,因为行动者如果"能够意识到某种因素,他们就可以使用甚至改变它"[3]。

3. 批判理论

斯坦利·迪茨(Stanley Deetz)认为,组织决策需要通过沟通机制的变革变得更加高效与民主,同时还应对社会承担一定的公共责任。他质疑沟通即是信息传递的观点。尽管大多数传播已经不再是线性信息模式,但是,很多组织机构仍然认为沟通仅仅是传输信息的管道。因此,他强调,语言是构建和维系社会现实的基本媒介,组织的沟通模型应该是共识性控制和参与式决策。[4]

(四)组织知识管理理论

迈克尔·波兰尼(Michael Polanyi)1958年提出了"个人(隐性)知识"的概念。这一概念是相对于西方传统认识论所强调的知识是明确表述的以及具有逻辑性的(显性知识)而提出的,他根据知识能否清晰表述和有效转移,把知识分为显性知识(explicit

---

[1] French J R P, Raven B. The bases of social power[M]// Cartwright D. Studies in social power. University of Michigan Press, 1959. 转引自周晓明.人类交流与传播[M].上海文艺出版社,1990.
[2] 〔美〕埃姆·格里芬.初识传播学:在信息社会里正确认知自我、他人与世界[M].展江,译.北京联合出版公司,2016.
[3] 同上.
[4] 同上.

knowledge)和隐性知识(tacit knowledge)。波兰尼认为,人类的知识有两种。通常被描述为知识的,即以书面文字、图表和数学公式加以表述的,只是一种类型的知识。而未被表述的知识,像我们在做某事的行动中所拥有的知识,是另一种知识。[①]前者就是显性知识,而后者为隐性知识。按照波兰尼的理解,显性知识是能够被人类以一定符码系统(最典型的是语言,也包括数学公式、各类图表、盲文、手势语、旗语等诸种符号形式)加以完整表述的知识。隐性知识和显性知识相对,是指只可意会不可言传的私有个人知识。

组织传播的内容不仅包括组织的显性信息,还包括组织自身及成员所蕴含的隐性知识信息。这类信息对于组织的持续性和成长性具有重要意义,对于这部分知识的发现、活化、组织和利用分享构成了组织的知识管理。知识管理涉及如何共享和利用组织中的知识,分析其隐性知识和显性知识,建立学习型组织,实现知识的有效转移和可重用。

组织的知识共享对于组织的发展有重要作用,其共享过程是一个组织传播过程,在知识管理领域被称为知识转移。日本知识管理专家野中郁次郎和竹内弘高认为,企业创造知识的过程是一个知识流转过程,显性和隐性两种知识不仅在个人思想中流转,而且在个体与个体之间、组织内任务小组和部门之间、组织与外部环境之间流转,形成不同层次的知识运动的系统形态,由小变大,形成知识螺旋。[②]

四、组织传播的媒介选择与应用理论

组织内传播也是通过多种多样的媒介或形式进行的,各种媒介都有自己不同的功能特点,主要包括纸质文件媒介、电话和传真等办公电子媒介、电脑和手机等数字媒介等。

组织传播活动主要通过召开会议、组建组织内媒体、设立组织沟通的社交媒体或者网络平台等方式进行。其中,会议是组织成员在同一场所进行议事的一种传播形式。组织内媒体包括一些组织办的报纸、闭路电视系统、组织机构的专门网站、官方微博和微信等。网络新媒介交流信息的手段更加便捷,改变了组织职能关系中的信息交流模式,形成了更加便捷、高效和即时互动的组织传播形态,大大降低了交流成本,提高了效率。

组织采用什么样的媒介进行沟通和传播应用,存在多方面考虑。相关研究指出,选择适当的媒介并妥善运用,将能提升组织成员的传播效能,进而提升组织成员彼此在工

---

① 〔英〕迈克尔·波兰尼.个人知识:朝向后批判哲学[M].徐陶,译.上海人民出版社,2017.
② 〔日〕野中郁次郎,竹内弘高.创造知识的企业——日美企业持续创新的动力[M].李萌,高飞,译.知识产权出版社,2006.

作中的凝聚力。① 一种新的组织媒介出现后,并不是所有人都欣然接受,比如很多人对于采用"PPT"授课持保留态度。在选择组织媒介因素的研究方面,目前有几种重要的理论观点模型,如社会现场感理论、媒介丰裕度理论、技术应用的社会影响理论等。

(一) 社会现场感理论

1976 年,约翰·肖特(John Short)等经过大量的实证研究后认为,不同的传播媒介具有不同的社会现场意义,并提出社会现场感理论(social presence theory)来说明媒介采纳的作用。随着计算机网络的发展,计算机作为媒介传播工具日益成为组织传播的重要手段,这一理论则试图说明各种不同的媒介(如面对面交流与电话交流)在处理一些协调性任务时的差异性,并将社会现场感作为一个维度来分析。②

该理论强调,如果传播媒介具有特定任务所需要的适合人际互动的现场感,就能够发挥较好的效果。后续研究逐步发现,现场感强弱可以通过媒介的社交性(sociability)、敏感性(sensibility)、温暖性(warmth)以及个性化(personality)来衡量。按照这个标准,面对面交流具有最强的社会现场感,其次是影音媒介如网络视听,再次是纯声音(如电话),而书面文本性信息的现场感是最少的。罗纳德·赖斯(Ronald Rice)认为,就组织内部的沟通任务而言,如协商、解决争端或决策类工作,需要具有较高社会现场感的媒介的辅助,至于交换信息、保持联系之类的活动,则仅需低现场感媒介。③

(二) 媒介丰裕度理论

理查德·达夫特(Richard Daft)和罗伯特·伦格尔(Robert Lengel)在社会现场感理论的基础上,从任务导向角度提出了媒介丰裕度理论(media richness theory)。④ 他们指出,组织在处理具有不确定性和模糊性的信息时,如果媒介在设计上和组织结构配合得当,便可减少不确定性和模糊性信息的产生,其中丰裕度高的媒介有助于减少模糊性,当通过该媒介获得更多信息时,则可减少不确定性。

琳达·特雷维诺(Linda Trevino)、达夫特和伦格尔在 1990 年进一步从媒介丰裕或匮乏角度,依据其分享意义的能力将媒介丰裕度衡量标准分为四个方面。(1)及时反馈能力(the availability of instant feedback)。这与接收到消息后提供反馈所需时间有关(较丰富的媒体具有较短的延迟,它们的同步性较高)。(2)传送多重线索(transmit multiple cues)的能力。这与传输信息方式的多元性有关(例如,面对面交流使用口语、

---

① 刘欣怡.以社会能供性观点探讨资讯科技认知对合作意愿影响之研究[J].资讯社会研究,2009(16):89-135.
② Short J, Williams E, Christie B. The social psychology of telecommunications[M]. John Wiley, 1976.
③ Rice R E. Media appropriateness: Using social presence theory to compare traditional and new organizational media [J]. Human Communication Research, 1993(19): 451-484.
④ Daft R L, Lengel R H. Information richness: A new approach to managerial behavior and organizational design [J]. Research in Organizational Behavior, 1984, 6(73): 191-233.

声调、面部表情和肢体语言来传输信息,文本消息通常仅限于书面文本和表情)。(3)使用自然语言而非数字(use of natural language, rather than numbers)的能力。不同的媒介有不同的语言风格,如一个人在面对面交流中可以采用自然的语言,而正式发布的公告则带有比较刻板及偏理性化的表达风格。(4)媒介个人化程度(the personality focus of the medium)。媒介的个性化程度不同,如电话比广播、公告更个人化。① 丰裕度高的一端是四个方面都比较强的媒介形态,如面对面的传播,而丰裕度低的一端就是这四个方面较弱的媒介形态,包括一些非个人化的静态媒介,如海报、公告栏等,介乎丰裕媒介和匮乏媒介之间的有电话、电子邮件和书信等。任务歧义性越高,越需要选择丰裕度高的媒介,如果使用的媒介合适,效率就会高。②

(三) 技术应用的社会影响理论

媒介丰裕度理论不能完全解释管理者选取特定的传播技术的行为。1990年,珍妮特·富尔克(Janet Fulk)等学者提出了技术应用的社会影响理论(social influence theory of technology use)。他们认为,考虑组织所处的环境可以更加全面地理解组织对媒介技术的采用。该理论认为,有几项因素会影响组织的媒介使用行为。这些因素是:媒介特征,媒介使用经验与技能,社会性影响,工作经验与技能,工作特性,情境因素。这个理论是对媒介丰裕度理论的发展和延伸。③

总之,组织对媒介的选择取决于很多因素的综合作用:媒介的丰裕度、任务的歧义性、媒介的象征价值以及来自组织中其他人员的社会信息等。

五、组织对外传播理论

(一) 组织形象识别传播理论

美国组织传播学家凯瑟琳·米勒指出,组织的外部传播具有三个方面的功能:第一是协调组织之间的关系;通过组织间的交流来协调各种组织矛盾和冲突,建立和维护一种合作关系。第二是创建和维护组织形象。第三是为组织客户提供服务。④ 如目前流行的客户关系管理就强调了组织与客户之间的交流互动的重要性,包括针对服务信息的互动反馈和沟通。

组织形象识别(corporate identity)是一个组织系统化设计和规划的符号体系,主要

---

① Trevino L K, Daft R L, Lengel R H. Understanding managers' media choices: A symbolic interactionist perspective [M]// Fulk J, Steinfield C W. Organizations and communication technology. Sage, 1990.
② [美]凯瑟琳·米勒.组织传播[M].袁军,等译.华夏出版社,2000.
③ Fulk J, Schmitz J, Steinfield C W. A social influence model of technology use [M]// Fulk J, Steinfield C W. Organizations and communication technology. Sage, 1990: 117-139.
④ Miller K. Organizational communication: Approaches and processes[M].3rd ed. Peking University Press, 2004.

包括组织的商标品牌、产品设计图案、广告营销等一系列符号体系,其目标是建立和维护组织形象,并促进组织目标的实现。

企业组织形象识别的理念始于图案设计领域。20世纪30年代,美国知名图案设计师保罗·兰德(Paul Rand)是组织形象识别理念的实践大师。他强调,标志作为一个企业识别系统的核心,其表现必须强有力且容易记忆。他设计了很多著名的企业品牌标志,其中包括IBM(国际商业机器公司)、UPS(美国联合包裹运送服务公司)、ABC(美国广播公司)等。[①]

组织的形象识别体系包含组织品牌、产品活动、组织规范、组织视觉形象等多维的符号形式,具体包括组织名称、产品或服务标志、标语、建筑物、装饰、制服等,从而形成一个清晰一致和令人印象深刻的信息集合,因此也被称为多元化的整合营销传播(integrated marketing communications)模式。

企业形象识别是将组织机构的经营理念与组织文化的核心价值,通过组织制度进行规范,设计出一套视觉符号体系,以达到让公众和消费者易于识别企业组织特征和形象的组织活动。企业的经营性目标及消费者宣传效果都可以将这一识别性符号系统作为手段,达到企业推广的目的,与此同时,形象识别符号本身作为品牌IP也具有无形资产价值。

组织形象识别设计具体包括形象理念的定位与分析、形象规范与实施、形象符号的设计与传播,由理念、行动和符号等构成了一个组织象征性体系,这个体系能够与其他组织相互区分,形成独特的识别性形象系统,主要包括理念识别(mind identity)、行为识别(behavior identity)、视觉识别(visual identity)三个层面。

形象识别系统建立之后,通过符号呈现、活动或事件推广、自媒体传播、广告传播及如今非常流行的社群口碑营销,在社会公众心目中形成一个描述性的、评价性和倾向性的心理印象,这样会更容易被消费者信任接受。很多研究表明,消费者通过网络平台发表或分享的评价信息对产品或服务的品牌形象发挥网络口碑营销(electronic word of mouth)效果,对消费决策有重要影响。研究发现,当用户看到商品的负面评论之后,80%的用户会改变原来的购买决定,另外,有87%的用户是基于所看到的商品正面评论而决定是否购买该商品的。[②]

(二)公共关系传播理论

公共关系传播(public relations communications)是组织机构为了塑造自我形象,通

---

① 邹文兵.美国平面设计大师保罗·兰德作品艺术风格探析[J].郑州轻工业学院学报(社会科学版),2009,10(2):29-31.

② Cone Research. Game Changer: Cone Survey Finds 4-out-of-5 Consumers Reverse Purchase Decisions Based on Negative Online Reviews[EB/OL].[2023-6-30]. http://www.conecomm.com/contentmgr/showdetails.php/id/4008.

过各种传播手段开展的各类组织宣传、沟通、协调和服务活动。由于组织的形象、产品和品牌的影响和声誉与公共社会环境有着密不可分的关系,因此,公共关系传播对于改善组织形象、协调组织与公众的矛盾和冲突以及提供组织服务具有重要作用。

关于公共关系涉及的范围,目前学界有不同的观点,如美国公共关系学者格鲁尼格和亨特就认为,公共关系就是组织和它的公众之间的传播管理,其中既包括组织外部的传播活动,也包括组织内部的信息和传播管理活动。[①] 公共关系是组织面向外在社会公众的传播形式,从而在大众头脑中形成一个描述性、评价性和倾向性的印象。

1903年,艾维·李与他人合作在纽约创办了一家"宣传顾问事务所",宗旨是:"进行新闻业务代理服务,为尽可能多的雇主服务,收取营业所必须的报酬。"[②]这被视为现代公共关系活动诞生的标志。促使公共关系走向系统化、科学化的重要人物是美国公共关系理论家和实践家爱德华·伯奈斯(Edward Bernays),他的舅舅就是精神分析家弗洛伊德,他不仅创办了公共关系公司,还出版了关于公共关系学的教材。1947年,美国波士顿大学开办了第一所公共关系学院,后改名为公共传播学院。[③]

公共关系主要包括企业公关、政府公关、非政府组织公关等类别。按照其发挥的作用可分为业务拓展、关系维护和危机公关三类。其中,业务拓展主要是通过沟通传播来建立和强化组织与外部环境和其他组织之间的关系;关系维护则是与各类具有利益关联的组织通过沟通保持良好关系;危机公关是指组织在面临影响组织形象的突发性事件的情况下,通过各种传播手段和策略,进行有效沟通、协调和化解危机的传播活动。组织公共关系一般需要通过特定的传播渠道,采用更为灵活多样的沟通传播手段树立形象、协调关系和管控危机。通过与其他利益相关主体的沟通、协商、谈判来达成共识,并且还需要与各类传播媒体打交道,建立良好的协作沟通渠道和机制。

组织公共关系传播需要遵循一定的规范,特别是不应将其作为阻碍社会和公众行使正当监督权益、逃避法律及伦理规范的挡箭牌。如为了规范公共关系传播中出现的策划性媒介事件,避免构成对新闻真实、客观原则的冲击,以及其他一些违反公共关系准则、伦理乃至法律的行为,美国公共关系学会分别于1963年和1978年修订了《公共关系实务职业规范准则》和《国际公共关系行为规则》。[④]

(三)公共宣传运动理论

罗纳德·赖斯和查尔斯·阿特金(Charles Atkin)提出了公共宣传运动(public communication campaign)理论。他们认为,公共宣传运动是指为了个人或社会的非商业性

[①] 陈先红.现代公共关系学[M].2版.高等教育出版社,2017.
[②] 同上.
[③] 同上.
[④] 肖辉.实用公共关系学[M].北京大学出版社,2001.

利益,出于告知、劝服或促成行为改变的目的,在特定时间段内,针对大量目标明确的受众运用大众媒体等有组织的传播并多以人际传播为辅进行的传播活动。①

大众媒体既是商业性信息服务机构,也是公共宣传服务的重要渠道。迈克尔·珀兹楚克(Michael Pertschuk)将其称为媒介宣传,认为公共宣传"为了推进社会或公共政策的执行而对大众媒介进行策略性运用"②。

公共宣传运动的特殊性在于其具有公益性和服务性,目的并非宣传组织自身,而是借助各种传播资源和手段达到宣传特定观念、态度和行为等公共议题的目的,如涉及性别平等、环境保护(垃圾分类)、健康传播(戒烟、减肥)等主题。

媒体的公共影响表现在很多方面。以公众健康为例,大众媒体能够通过健康议题的设置和引导唤起政策制定者对健康问题的关注,改变人们一些错误认识和不健康的生活方式,提高健康知识素养。这些效果有可能是讯息提供者有意设计的,包括健康教育专家组织、发起的公共信息运动产生的效果,这是积极的影响。消极影响是媒体采用广告来宣传一种不健康的商品,如烟草业的广告减少了关于致癌风险的内容。③

早期公共宣传运动的理念一般认为大众媒体的直接影响是有限的,大部分宣传效果主要通过意见领袖的间接影响来实现。但是,近期研究表明,精心设计的宣传运动可以通过综合运用社会变革、媒介倡导、对参与度的理性强调、目标受众的确定、讯息的设计、传播渠道的使用和时间安排来确保一定的成功。④

公共宣传需要将受众进行细分,以向最需要改变、最乐于接受宣传的受众倾斜,设计出符合受众偏好、媒介使用习惯和能力的讯息。受众对象分为三类,即焦点受众、人际影响者和社会政策制定者。其中,焦点受众是指根据遭遇的风险或其他因素确定的目标受众;人际影响者包括意见领袖、媒体倡导者、角色榜样等,他们在运动中扮演积极或消极中间人的角色并帮助设置公共议程;社会政策制定者则通过媒介讯息、环境条件、安全标准等政策的制定来影响法律、政治和资源等基础结构,并影响社会行为。⑤

第四节 跨文化传播场域理论

一、跨文化传播的基本特征

跨文化传播(cross-cultural/inter-cultural communication)一般是指基于不同文化背

---

① [美]简宁斯·布莱恩特.媒介效果:理论与研究前沿[M].石义彬,译.华夏出版社,2009.
② 同上.
③ 同上.
④ 同上.
⑤ 同上.

景等因素的传受个体、群体或者组织双方之间进行的交流和传播活动,也称跨文化交流。

20世纪50年代,爱德华·霍尔在美国外交研究所工作时第一次提出了"跨文化传播"的概念。1959年,他又出版了《无声的语言》一书,用"无声的语言"来描述未明确表露的文化规则。他认为,文化规则是通过在文化的体验中获得的,如果去别的国家旅行而不熟悉这种文化差异就会引起麻烦。①

跨文化传播既包括国家之间的传播活动,即国际传播,也包括一个国家或地区内部的不同文化群体之间的传播活动。刘笑盈教授将传播分为两种类型:一类是在社会文化体系或国家体系之内;另一类是在不同的社会体系之间,可以分成在不同文化系统之间的跨文化传播,在不同国家间的国际传播,将国内传播、跨文化传播与国际传播融为一体,以整个地球世界为范围的传播称为全球传播。② 跨文化传播有如下主要特征。

(一)交流主体的多元性

跨文化传播包括政府、地区、社会组织、群体及个人之间针对政治、经济、社会文化、科技教育、宗教等不同目标和任务进行的文化交流和信息传播活动。这些交流和传播活动范围广泛,包括国际人际交往、组织交流和大众传播,甚至包括互联网环境下的跨境交流,其中主要有国际宣传、国际媒体传播、国际文化交流与贸易、国际学术交流、宗教交流等类型。

(二)交流内容的文化异质性

跨文化交流是在不同文化场域中进行的,是一种文化异质性交流,体现为不同文化在物质的和非物质的影响因素上的差异。按照美国学者朱莉娅·伍德的观点,文化受历史和地理因素的影响,主要包括四个重要的非物质层面内涵,即信仰、价值取向、规范、语言。③

文化差异性不仅体现在不同国家、民族、语言等方面,还体现在不同的社会地位、种族、性别、地区甚至专业领域当中。朱莉娅·伍德(Julia Wood)认为,在美国存在以种族、性别和其他因素形成的界限分明的社会群体。比如,白人、黑人、男性和女性等在沟通方式上存在较大差异。④ 如黛博拉·坦南(Deborah Tannen)认为,两性对话是一种跨文化沟通。男性和女性的对话风格最好被视作两种不同的文化"方言",而不是有优劣高下之分的对话方式。男性报告式对话强调地位和自主,女性的和谐对话则致力于建

---

① 〔美〕泰勒,佩普劳,希尔斯.社会心理学[M].谢晓非,等译.北京大学出版社,2005.
② 刘笑盈.中外新闻传播史[M].3版.中国传媒大学出版社.2017.
③ 〔美〕朱莉娅·伍德.生活中的传播[M].董璐,译.4版.北京大学出版社,2009.
④ 同上.

立人际联系。①

　　构成文化差异性的这些因素反映了特定文化的属性具有其传播特性。格里·菲利普森(Gerry Philipsen)用言语代码理论(speech code theory)解释了这一现象。他认为,言语代码是指经过历史发展和社会建构的名词、意义、假设和规则,言语代码系统归属传播行为。一切文化都含有多种心理学、社会学和修辞学言语代码,其意义由传播者和受传者决定,并且交织在对话中。对代码的艺术性运用,可以解释、预测和控制与对话有关的沟通。②

　　文化交流的异质性导致了文化交流的隔阂现象,促进国家间国民的互相理解也成为国际异质化交流需要解决的问题。1958年,威廉·莱德勒(William Lederer)和尤金·伯迪克(Eugene Burdick)反思了战后美国开展的对外交流工作中的种种问题,并认为,造成海外美国人形象不佳的一个原因是缺乏跨文化传播的意识和技巧。③ 因此,跨文化交流能力就是一个重要的影响因素,该能力是指"和不同文化成员有效而又恰当地互动需要的知识、动机和技能"④。

(三) 交流渠道的丰富性

　　跨文化交流包括人际沟通、组织交流、大众传播、卫星传播、互联网传播等渠道和方式,这些渠道的交流既包括人与人面对面的交流,也包括采用各种媒介技术手段进行的交流,特别是互联网的广泛应用降低了跨文化交流的成本,提高了交流的效率。

(四) 全球化趋同性

　　早期的跨文化传播主要局限于区域性和各国周边范围的交流,随着航运等交通工具的发展、电子传播技术的广泛应用及经济扩张等的影响,跨文化传播呈现出国际化趋势。与此同时,随着国家概念和主权制度的建立,国家与国家之间因政治、经济和社会区隔性差异形成的文化跨域交流是跨文化交流的重要组成部分,其跨文化的国际政治和外交属性更为突出。

　　进入21世纪,随着信息网络化和全球一体化发展,跨文化交流进入了全球化时代,特别是互联网空间的国际交流渠道不断拓宽,形成了麦克卢汉所指的"地球村"媒介社会形态。在这一趋势下,跨文化的国际交流趋于立体化、多元化和一体化,并形成了全球化传播形态。因此,刘笑盈认为,全球化传播与国际传播有明显区别,主要表现在传

---

① 〔美〕埃姆·格里芬.初识传播学:在信息社会里正确认知自我、他人与世界[M].展江,译.北京联合出版公司,2016.
② 同上.
③ 史安斌.从"陌生人"到"世界公民":跨文化传播学的演进和前景[J].对外大传播,2006(11):46-49.
④ 转引自〔美〕马克·耐普,约翰·戴利.人际传播研究手册[M].胡春阳,黄红宇,译.4版.复旦大学出版社,2015.

播主体的多元化、传播手段的多元化、传播内容的多元化和共同性、传播方式的变化以及传播效果的变化几个方面。[①]

（五）冲突互斥与交流互鉴的融通并存

来自不同社会文化群体的人在交流时可能会出现文化误读、障碍和错位等现象，导致文化交流中的矛盾、冲突和互相排斥。

德国社会学家齐美尔从"陌生人"的概念入手，分析了这一文化冲突的问题。他指出，"陌生人"没有完全融入其所属的那个社会或文化体系，与其他成员保持着一定的"社会距离"。人们往往用怀疑的眼光来看待他们。"陌生人"的行为是不确定的、无法预测的，因而是"怪异的"。如果怀疑得不到消除，人们便会对他们产生恐惧心理乃至仇视心理，做出种种非理性的"排外行为"。由此可见，"陌生人"如何与其他社会成员进行交往和沟通问题，正是跨文化传播研究的核心所在。[②]

文化交流还表现为场域的冲突。法国哲学家、社会学家和人类学家皮埃尔·布尔迪厄（Pierre Bourdieu）就将"场域"视为资本和权力相互转化的场所。[③] 在跨文化分析中，批判学派，特别是英国文化研究学派对于文化霸权、文化宰制等的分析，为跨文化研究提供了一种新路径。他们主要的关注点不是消弭所谓的文化差异，而是关注跨文化传播各方的权力均衡和地位平等。[④]

与此同时，跨文化交流也是相互学习、取长补短，彼此借鉴的一个良好机遇。在人类文明发展的历史进程中，不同文化之间交流借鉴并融合创新的例子非常多，我国的现代社会物质、制度和文明的部分渊源就来自对世界各国优秀文化资源的吸收、改造和创新。与此同时，我国灿烂辉煌的文化也被诸多国家借鉴和学习。

随着互联网全球化进程的不断发展，实现了文化的均质化和杂交。正如乔治·巴尼特（George Barnett）等所总结的，来自不同文化圈的"他者"彼此毫无限度和不加限制的交流造成了文化的均质化，文化相似的国家会形成一个特定的文明区域。网络化社区使人们汇聚成一个人口稠密的、均质的、基于兴趣的人群，而不是边缘的、低密度的和基于地理的社区，这标志着一种按照共同兴趣（如文化）而非共同地点组织起来的社群转变。与此同时，全球化形态与本土的、国家的和地区的模式相互作用，产生了一种新的模式，其突出特征是杂交。[⑤] 这意味着趋同化将会面临各种文化的差异性和独特性的交融问题。

---

① 刘笑盈.国际新闻史：从传播的世界化到全球化[M].中国广播电视出版社，2018.
② 史安斌.从"陌生人"到"世界公民"：跨文化传播学的演进和前景[J].对外大传播，2006（11）：46-49.
③ [法]皮埃尔·布迪厄，华康德.实践与反思[M].李猛，李康，译.中央编译出版社，1998.
④ 褚国飞.发展跨文化传播学，提升中国的国际传播力与竞争力[N].中国社会科学报，2010-8-26（5）.
⑤ [美]叶海亚·R.伽摩利珀.全球传播[M].尹弘毅，译.清华大学出版社，2003.

二、文化维度理论

吉尔特·霍夫施泰德较早地分析了文化的差异性问题,提出了文化维度理论(cultural dimensions theory)。他认为组织文化具有文化差异性,并从四个维度进行分析,分别是个人主义和集体主义(individualism & collectivism)、权力距离(power distance)、不确定性规避(uncertainty avoidance)、男性主义和女性主义(masculinism & feminism)。①

来自不同文化维度的人在沟通中自觉或不自觉地产生一种认知或态度的变化,影响着人们的沟通方式。对此,学者们用跨文化敏感性来描述这一现象。跨文化敏感性通常指的是区分和体验相关文化差异的能力。② 弥尔顿·贝内特(Milton Bennett)提出了跨文化敏感度发展模型,其中将跨文化敏感性分为6个阶段:拒绝、防御/逆反、轻视、接受、适应和融合,前3个阶段是民族中心主义导向,后3个阶段是民族相对主义导向。个体的跨文化敏感性越高,他就越能接受、接纳或欣赏文化差异。③ 为了测量跨文化敏感度水平,陈国明(Guo-Ming Chen)和威廉·斯塔罗斯塔(William Starosta)采用因子分析方法,开发出了跨文化敏感度测试量表。他们分别对构成跨文化敏感性的5个不同层面的变量——交际参与度、差异认同感、交际信心、交际愉悦感和交际专注度进行测量。④

跨文化敏感性的培养能帮助人际交流活动参与者提高对文化差异的敏感性,培养其对文化共同之处的掌握,能够促进交际双方的相互理解和畅通交流。⑤ 跨文化的敏感性突出表现在个人主义和集体主义的差异性上。美国学者丁允珠(Stella Ting-Toome)及其同事结合霍夫施泰德等学者的分析,并基于布朗和莱文森的面子维护理论,提出了解决跨文化交流差异性带来的交流冲突问题的面子协商理论(face-negotiation theory)。他们认为,个人主义和集体主义的划分不仅在国家层面适用,而且对一个国家内部的共文化(co-cultures)也适用。⑥

在面子维护方面,个人主义的面子观强调的是个人行动的自由和个人愿望的满足,是以个人为中心的社会价值观。而集体主义的面子观则要求个人的需求不要超过社会所给予他的身份、地位。丁允珠等认为,前者是自我实现(面子)形象的真实性,而后者

---

① 〔荷〕G. 霍夫斯坦德.跨越合作的障碍:多元文化与管理[M].尹毅夫,陈龙,王小登,译.科技出版社,1996.
② 转引自田志龙,等.跨国公司中中国员工面临的跨文化沟通挑战与应对策略[J].管理学报,2013(7):1000-1015.
③ 同上.
④ 转引自赵萱.跨文化敏感度:理论范式、测量方法与应用前景[J].现代教育科学,2011(3):5-9,137.
⑤ 赵萱.跨文化敏感度:理论范式、测量方法与应用前景[J].现代教育科学,2011(3):5-9,137.
⑥ 转引自〔美〕理查德·韦斯特,林恩·特纳.传播理论导引:分析与应用[M].刘海龙,译.2版.中国人民大学出版社,2007.

关心的是自我实现形象的适应性。在个人主义的文化中,面子保护是公开的,在冲突解决中会更倾向于使用保持独立。而在集体主义的文化中,适应性可以使个人与他人建立相互联系,交流中既要注意自己的面子需求,也要照顾到他人的面子需求。[1]

丁允珠认为,当两个来自不同文化的人产生冲突时,处理冲突问题的风格会不同,主要包括逃避、迎合、妥协、控制、整合。其中,逃避就是回避分歧;迎合就是满足他人需求;妥协就是用讨价还价的方式寻找解决问题的中间路线;控制就是使用个人的影响或权威作出决策;整合就是与他人合作寻求解决之道。对风格的选择取决于传播者的文化变量,但冲突管理显然需要考虑自己和他人的面子。其中,逃避和迎合风格反映了消极解决冲突的方式;妥协的风格代表了寻找中间路线、双方各自退让的方式;控制风格表现了主导性的处理方式;整合风格则是兼顾双方利益的积极处理方式。[2]

他们通过研究不同地区的文化之后发现:美国文化的成员在冲突的解决中明显更愿意使用控制风格;中国文化群体更愿意使用回避的风格;韩国文化群体对他人的面子关注程度很高。[3]

丁允珠的分析从跨文化的静态视角分析了来自不同文化背景的人处理问题的沟通方式,其前提假设是人们的行为都遵照其所在组织的文化和实践。但也有学者从沟通的动态视角,考察跨文化沟通互动行为。该视角认为跨文化沟通行为并不完全遵照其国家文化,而会适应不同的情境,即沟通行为受到情境因素的影响。[4]

霍华德·贾尔斯(Howard Giles)提出了传播适应理论(communication accommodation theory),解释了这一调整现象。他认为,两个来自不同族群或文化群体的人在互动交流时,倾向于通过沟通的方式彼此适应,调整对话风格和内容,以便融入他们想从中获得支持的人群;试图进一步加强群体认同的人在与群体外部成员互动时,会强调彼此的差异。[5]

---

[1] 〔美〕理查德·韦斯特,林恩·特纳.传播理论导引:分析与应用[M].刘海龙,译.2版.中国人民大学出版社,2007.
[2] 同上.
[3] 同上.
[4] 转引自田志龙,等.跨国公司中中国员工面临的跨文化沟通挑战与应对策略[J].管理学报,2013(7):1000-1015.
[5] 〔美〕埃姆·格里芬.初识传播学:在信息社会里正确认知自我、他人与世界[M].展江,译.北京联合出版公司,2016.

第六章 传播媒体理论

第一节 传播媒体概述

一、传播媒体的含义和基本性质

传播媒体与媒介是两个不同范畴的概念。传播媒体是一种利用各类媒介、资源和人力物力财力进行传播活动的组织机构形态。比如,新闻是媒体传播的内容,纸质载体是其媒介,而媒体则是组织机构。在《英语国际词典》中,"news"是关于最新事件的信息或报道,"journalism"是在报刊和广播电视中新闻、故事和文章的收集、写作及出版工作。[1]

按照法国媒体学者雷吉斯·德布雷(Régis Debray)的观点,媒介是设备、载体和方法系统的大融合。人们通过语言、书写、摄像等方法将符码(声音、图像、文字等)加诸平台(物质载体)之上。载体即物质本身,而记录设备是物质呈现的方式。媒介的概念具有双重性,它是有组织性的物质层面(工具)与有物质性的组织层面(个人和集体的行为)的结合。[2] 而这里德布雷提及的媒介应是指媒体,而其中的载体则是媒介。

媒体的本质是一种利用各类传播媒介开展的信息传播服务,这些服务既有商业的,也有公共的,是社会组织通过一系列人、财、物、信息、媒介和技术的要素组合建立起来的一个社会信息服务系统。更广义的媒体除了发挥传递信息、提供娱乐、反映现实等功能之外,还作为社会交流系统的重要信息、观点、舆论、知识、文化的枢纽和中介,成为社会系统必不可少的组织部分,其中最重要的就是大众传媒。如果按照拉斯韦尔的5W模式来分析媒体理论,不仅涉及媒介这一工具和渠道环节,还涉及传播者研究,因此更侧重于传播结构研究中的传播控制研究。

---

[1] 转引自刘笑盈.中外新闻传播史[M].3版.中国传媒大学出版社.2017.
[2] 〔法〕雷吉斯·德布雷.媒介学引论[M].刘文玲,译.中国传媒大学出版社,2013.

二、传播媒体的主要类型

传播媒体一般包括面向社会公众的大众传播媒体、面向组织的机构传播媒体、面向数字信息服务的网络传播媒体等主要类型。

（一）面向社会公众的大众传播媒体

大众传播媒体是从组织机制角度对大众传播活动机构主体的界定，具体指专门从事大众传播活动以满足社会公众信息需求的传播机构。大众媒体根据其传播对象范围分为国内媒体和国际媒体。麦奎尔将大众传播媒体定义为："是一套大众媒体组织及活动，包括它们自身正式或非正式的运营规则以及社会对它们的法律和政策要求。其中所体现的是公众整体的期待以及其他社会组织（包括政治）、政府、法律、宗教及经济部门的期待。"[1]

大众媒体是在19世纪末20世纪初印刷及电子传播媒介广泛应用于大众传播之后逐步形成的。据罗杰斯考证，"大众传播"一词最早是由洛克菲勒基金会研究主管约翰·马歇尔（John Marshall）提出的，他在1939年邀请12名学者参加为时一年的传播研讨班，并使用了这一术语，20世纪40年代这一术语开始被广泛使用。[2] 1945年11月，在伦敦发表的联合国教科文组织宪章中首先使用了"大众传播"（mass communication）这个概念。大众传播的代表性定义如约瑟夫·多米尼克（Joseph Dominick）的定义：大众传播是"一个综合性机构借助机器设备面向大量的、异质性的和分散的受众生产和传递公共讯息的过程"[3]。

随着互联网等传播形态的出现，大众传播的范围也在不断拓展，大众传播融合了各类新兴传播形态，并进一步从以往不同渠道的垂直性传播转向融合化平台型传播。大众传播一般是指专门性组织机构及其专业人员，通过印刷、电子、公共媒体、计算机网络、新媒体技术及通信卫星向社会公众发行、播放、发布、展示及分发信息的一种传播形式。

大众传播是各类传播技术手段不断演进而形成的面向公众的制度化社会信息传播形态，人类社会的信息传播需要组织化的机制和专业化的手段实现大众化的传播，从而将信息进行规模化生产、组织化加工和社会化扩散。随着印刷技术、电子技术、卫星技术及当代计算机网络技术的发展，信息的创作、复制、存储、分发及利用变得越来越便利和大众化，一个社会的信息交换系统得以构建。总体来看，大众传播的内在结构由传播者、传播内容、传播媒介、传播对象构成，同时其传播环境与控制因素也是传播结构的重

---

[1] ［英］丹尼斯·麦奎尔.大众传播理论［M］.徐佳，董璐，译.6版.清华大学出版社，2019.
[2] ［美］E. M. 罗杰斯.传播学史：一种传记式的方法［M］.殷晓蓉，译.上海译文出版社，2012.
[3] Dominick J R. The dynamics of mass communication [M]. 2nd ed. Random House, 1987.

要组成部分。随着网络及新媒体技术的发展，大众传播结构具有更为多元和复合性的特点，并且各类媒介形态不断融合，形成全媒体的形态特征。

大众传播媒体不仅具有公共性传播属性，也日益成为知识产业、文化产业、信息产业及数字内容产业的重要组成部分。大众传播媒体产业包括新闻出版媒体产业（报纸、杂志、图书出版发行）、电子媒体（广播、电影、电视产业）和互联网与新媒体产业。如今，大众传媒系统与社会各类信息服务特别是网络服务行业共同形成了意义更为广泛的数字经济体系。

（二）面向组织的机构传播媒体

各类组织机构基于组织性质、职能和发展目标，都会建立自己的机构传播媒体，这类组织机构媒体主要包括政府传播媒体、公共企事业媒体、商业组织媒体、宗教组织类媒体等类型。

政府传播媒体包括政府创办、制作、出资主办的各类书报刊、电台电视台及政府网站等网络媒体等。政府主办的媒体一般由政府提供财政支持，非商业化和公共运营的媒体，一般代表政府立场和利益进行媒体传播。这类机构多为国际传播机构，如美国之音成立于1942年2月，是美国政府对外设立的国有宣传机构，其下拥有广播电台与电视台，总部坐落在首都华盛顿。美国之音是世界最大的政府对外广播机构，每天以40种语言向世界各地广播。

公共企事业组织类媒体包括企业报纸、图书馆媒体、大学电视台、社区类媒体等。商业组织类媒体是指商业性质的组织创办的媒体，这类媒体主要是组织管理、内部沟通及客户关系管理、对外营销宣传类的媒体。目前，很多商业组织通过创办网站、App客户端、微博、微信公众号等方式进行组织宣传和沟通。宗教组织类的媒体是指以宗教交流和传播为目的的传播媒体机构。

（三）面向数字信息服务的网络传播媒体

网络传播媒体属于数字化信息服务类传播主体。我国《互联网信息服务管理办法》（2000）将互联网信息服务分为经营性和非经营性两类：经营性互联网信息服务，是指通过互联网向上网用户有偿提供信息或者网页制作等服务活动；非经营性互联网信息服务，是指通过互联网向上网用户无偿提供具有公开性、共享性信息的服务活动。

面向数字信息服务的网络传播媒体一般由互联网内容提供商（Internet Content Provider，ICP）负责运营，是向广大用户综合提供互联网信息业务和增值业务的网络运营商。此类媒体早期主要以门户网站形式传播信息，进入移动互联网时期，传播方式逐步形成包括App客户端在内的多元化模式。国内知名ICP有腾讯、字节跳动、新浪、百度等。服务于各类信息需求的网络技术性媒体组织，主要包括网络资讯类信息服务媒体，如新浪新闻、今日头条等;网络文娱类信息服务媒体,如爱奇艺、抖音、快手等;社交类信息服务媒体,如微信等;知识服务类信息服务媒体,如知乎等。

第二节 传播媒体演进概述

传播活动的组织化起源于政治统治集团主办或者控制的传播活动,随后出现了大众传播的形态。这一形态是伴随着传播技术、媒介的进化与发展,传播规模的扩大以及商业模式的形成而发展起来的,其中政治、经济和文化的影响使得传播媒体制度化形态逐步形成并建构起了社会信息生产和交流系统。因此,传播媒体演进经历了政治传播主导的政府媒体时期、印刷和电子技术主导的社会媒体时期及互联网技术主导的数字媒体时期。

一、政治传播主导的政府媒体时期

早期的传播媒体多是由政治统治集团垄断和直接控制的,媒体也是政治传播的重要组织形式。公元前59年,盖乌斯·恺撒(Gaius Caesar)当选为罗马共和国执政官,随即发布命令要求元老院的会议记录和决议案每日发布在罗马议事厅外大街上的特制木板上,后人则称其为《每日纪事》(Acta Diurna),又称《罗马公报》,这被认为是世界上最早出现的统治者官方公报类文件。[①] 公元前6年,盖乌斯·奥古斯都(Gaius Augustus)创办了《每日纪闻》,将《每日纪事》的内容由书记员抄写,分送各地要人和军政首长,成为最早的传达政令、沟通情况的官方媒体。公元476年,西罗马帝国灭亡,《每日纪闻》随之终刊。有学者就认为,罗马帝国的兴亡与信息传播有一定关系,其灭亡是相关的传播手段无法适应帝国社会快速扩张带来的控制危机的必然结果。[②]

约于15世纪开始,随着资本主义的萌芽与发展,在意大利威尼斯等城市,手抄新闻报纸又开始兴起。这是一种公开出售的手书报纸,报道内容主要是船舶航期、市场行情等商业新闻以及对商业贸易有直接影响的政治、战事和宗教等信息。[③] 尽管这类媒体产生于民间,但是受到了严格限制和政府管制。即使到了17世纪,官方对于媒体的控制仍然占据主导地位,即使是殖民地报纸也是如此,如英国在殖民地出版的报纸也是由政府提供补贴和进行控制,报纸成为英国政府的每月文件,出版人要在报纸首页印上"官方出版"字样,表明接受政府控制。[④] 与此同时,早期的美国报刊业也不过是出版发行

[①] 甘惜分.新闻大辞典[M].科学出版社,2002.
[②] 刘笑盈.中外新闻传播史[M].3版.中国传媒大学出版社,2017.
[③] 吴文虎.传播学概论[M].武汉大学出版社,2000.
[④] 〔美〕雪莉·贝尔吉.媒介与冲击:大众媒介概论(第四版)[M].赵敬松,主译.东北财经大学出版社,2000:44.

小册子的行业,归属或依附相互竞争的政治利益集团,并卷入不断的宣传战。在美国建国初期,几乎所有的报纸都受到过联邦政府的财政资助,最终结果是,只有仰仗政府的恩惠才能创办一种报刊,在财政上能否生存更要取决于政府是否慷慨解囊。[1]

在我国,早期的媒体多是官府媒体形态,包括记录皇帝生活的《起居注》以及皇帝和大臣公务活动的《实录》。汉代的政治传播比较发达,并出现了《邸报》等最初的官方公报性质的媒体。西汉时期也有了官方公告的最早记录。[2] 到了唐代,政府媒体因官报系统的建立而日臻完善,这个时期有了各类联系中央和地方的官报,如"进奏院状""邸吏状""留邸状报"等。[3] 这时的《邸报》允许公开买卖,并且有人收藏这些报纸。由于印刷术的发展,《邸报》已见印刷,但当时印刷的报纸并不很多,许多仍是手抄的。[4]

宋代实行高度的中央集权,地方与京师的公文消息由进奏院作为枢纽,官报开始定期出版,而且它已经"从官方文书中分离,成为传播朝政政事信息的载体"[5]。元朝设立政通院,明朝则设政通司,负责政府文报的传递,凡是内阁同意发布的文件和朝廷政事消息,均由它们向地方传报。明代的报纸主要是地方的塘报和中央的《邸报》,塘报不仅具有政治性,还是军事情报传播的重要载体。自崇祯十一年开始,更出现有活字排印的《邸报》。[6] 因此,清初学者顾炎武认为,修明史可以《邸报》为依据,并说"忆昔时邸报至崇祯十一年(1638)方有活板,自此之前并是写本"[7]。这个时期政府信息传播系统更为完善;民间传播系统更发达,新闻传播的萌芽已经出现;政府对信息传播的控制更为严厉,最终各种社会矛盾激化导致了明朝的灭亡。[8]

清朝统治者对报刊的出版十分重视,为强化极权统治,雍正年间正式停止发行邸报,政府的命令、公告等新闻转由提塘报公布;提塘是清代各省总督巡抚派驻首都负责与朝廷往来文书的官职,他们传递的文书称为提塘报或塘报。这种报的内容大多是一般人事命令或章奏诏书。[9]

二、印刷和电子技术主导的社会媒体时期

虽然印刷技术应用于报刊形成了社会传播的基础条件,但是真正成为社会化的媒

---

[1] 张国庆.美国利益集团对媒体话语权的控制[J].红旗文稿,2014(9):34-37,1.
[2] 刘笑盈.中外新闻传播史[M].3版.中国传媒大学出版社,2017.
[3] 戴元光.20世纪中国新闻学与传播学·传播学卷[M].复旦大学出版社,2001:45-46.
[4] 沙莲香.传播学:以人为主体的图像世界之谜[M].中国人民大学出版社,1990.
[5] 刘笑盈.中外新闻传播史[M].3版.中国传媒大学出版社,2017.
[6] 张隆栋.大众传播学总论[M].中国人民大学出版社,1996.
[7] 转引自张秀民.中国活字印刷简史[M]//上海新四军历史研究会印刷印钞分会.活字印刷源流.印刷工业出版社,1990.
[8] 刘笑盈.中外新闻传播史[M].3版.中国传媒大学出版社,2017.
[9] 沙莲香.传播学:以人为主体的图像世界之谜[M].中国人民大学出版社,1990.

体,不仅需要公开发行,还需具有一定的独立性和商业性。西方资产阶级革命建立的宪政制度实现了媒体的自由传播体制,并通过创立新型商业模式,成为面向大众的社会媒体。在这之前,传播工具被统治集团控制并且尚未形成大众化的消费市场。因此,社会传播是在媒体自由化、商业化和公共性基础上形成的,在印刷技术带来的批量化生产过程中,社会化的传播具有了潜在的商业性。与此同时,传播的内容不再仅仅代表政治或者少数集团利益,而是具有了独立性、公共性和公开性,传播媒介日益成为大众化的社会信息载体。社会化大众媒体的形成过程是缓慢的,印刷技术是社会化大众传播的最早起源,特别是谷登堡印刷术的广泛应用推进了传播者和内容及传播对象的大型、大量和大众化。

(一) 新闻出版业的兴起和发展

新闻出版业是一个具有漫长历史的职业活动,早期的新闻传播是手抄新闻方式,西方古代历史上流传最久的手写新闻媒体形式是新闻信(也称为新闻信札),指的是传递新闻、交流信息的书信。它是文字产生以后直至中世纪结束这一漫长历史时期新闻传播的较高级形式。商业经济的发展和资本主义的萌芽以及印刷技术的广泛应用,使得报纸、杂志和图书能够批量生产,并广泛发行销售,从而形成了报社、杂志社和出版社。为了向报纸供稿,还兴起了新闻通讯社等媒体组织。西方传播学界通常把谷登堡将机械技术运用于印刷的1456年,称为社会化大众传播开始的年份。

在欧洲,盛行于14世纪到17世纪的"新闻简报"(newsletters)就是如今报刊的雏形,其传播方式就是一种手抄记录方式。1450年,德国的约翰内斯·谷登堡(Johannes Gutenberg)采用含锑的铅锡合金制作活字,提高了活字的硬度,完善了金属活字印刷术。他还发明了包括印刷机在内的一整套印刷工艺,为现代金属活字印刷术奠定了基础。1455年,他采用这种印刷技术将《42行圣经》(拉丁文)印制了200册,被称为《谷登堡圣经》。1470年,巴黎一本印刷的《圣经》的售价大约只是手抄本的五分之一,从而加速了印刷技术的广泛应用。①

印刷术不仅是传播技术上的革命,也是文明发展和延续的重要手段,印刷技术的应用为传承宗教文明和历史文献提供了重要手段。麦克卢汉就认为,1700年之前,50%的印刷书籍都是古代和中世纪的书籍,印刷术把古代的和中世纪的东西提供给了印刷词语的首批读者,中世纪的文本尤其受欢迎。② 法国文学家、诺贝尔文学奖获得者让-马里·勒·克莱齐奥(Jean-Marie Le Clézio)也指出,灿烂的玛雅文化创造了代表人类知识的一切:艺术、科学和哲学。他们发展了天文学,使用的历法的年误差值只有几分钟。

---

① 〔加〕哈罗德·伊尼斯.帝国与传播[M].何道宽,译.3版.中国大百科全书出版社,2021.
② 〔加〕马歇尔·麦克卢汉.理解媒介:论人的延伸(55周年增订本)[M].何道宽,译.译林出版社,2019.

他们在医学、建筑、城市规划方面的知识远远超过了同时代世界上的其他民族,对于艺术的兴趣达到了顶峰。但是他们却不知印刷术,这就是他们消亡的原因。①

对于印刷术带来的社会文化影响,麦克卢汉作过这样的概述,"印刷术这种人的延伸产生了民族主义、工业主义、庞大的市场、普及识字和普及教育。因为印刷品表现出可重复的准确的形象,这就激励人去创造延伸社会能力的崭新的形式"②。在17世纪兴起于欧洲的工业革命的推动下,印刷技术的迅速发展,加上造纸业的保障,提高了信息复制的速度,降低了传播成本,扩大了传播的范围,并进一步便利了信息的储存。过去不定期印制的新闻报纸和材料等可以定期大量印制,通过图书形式传播文学艺术与科学知识成为一种重要的传播形态,满足了日益增长的社会需求,逐渐形成了大众化报刊形态。

现代报纸成型于18世纪末19世纪初。世界上第一张日报《莱比锡新闻》1660年诞生于德国,最初为周刊,后改为日报。17世纪末以前,报纸报道的重心都在商业金融和政府机构的消息,只是商品交易情报交换的媒介。到了18世纪,报纸与市民阶级抬头发生了交互作用,人们享用报纸的公共性功能,报纸成为市民讨论政治的媒介。③

在报业的发展中,美国开创了大众化报业的先河,在报纸诞生之后的150年内,美国报纸只为少数读者(约为总人口的15%—25%)服务。这些读者是政府领域、社会领域和经济领域内的活跃分子,报纸的收入补偿主要通过很高的定价和订阅费用完成。美国报纸的商业化运营,始于19世纪30年代"便士报"(价格为1美分)的问世。1833年,美国的《纽约太阳报》带头掀起廉价的"便士报"运动,并通过街头报童贩售以及广告业的支持形成了成熟的市场运行机制。④美国新闻史学者把《纽约太阳报》的出现看作政党报纸向廉价商业报纸发展的转折点。廉价的报纸被大众接受,才真正成为大众媒体,广告商随之蜂拥而来,依靠广告收入来维持运作、赚取利润的商业化运营得以形成。此外,图书流通贸易的市场机制,也连同报业逐步发展成为制度化的新闻出版产业,揭开了商业化的大众传播的序幕。

20世纪上半期是西方国家报刊发行的黄金时期,如美国报业总发行量从1910年的2420万份,增加到了1940年的4110万份。从二战之后到20世纪80年代,报刊发行量受到了广播电视的挑战,开始逐步下降,如美国的报纸总发行量在60年代达到6000万份左右就停滞不前了。⑤

---

① [法]勒克莱齐奥.书与我们的世界——2011年8月21日在南京大学的演讲[N].南方周末,2011-08-25(6).
② [加]马歇尔·麦克卢汉.理解媒介:论人的延伸(55周年增订本)[M].何道宽,译.译林出版社,2019.
③ [日]吉见俊哉.媒介文化论:给媒介学习者的十五讲[M].苏硕斌,译.群学出版社,2009.
④ [美]雪莉·贝尔吉.媒介与冲击:大众媒介概论(第四版)[M].赵敬松,主译.东北财经大学出版社,2000:53.
⑤ 刘笑盈.中外新闻传播史[M].3版.中国传媒大学出版社,2017.

随着互联网和数字传播媒体的兴起,新闻出版业遭到了巨大冲击。据统计,2017年美国日报发行量估计为6500万份,包括平日版和周日版,总体比上年下降10%。与此同时,美国大报平日数字版发行量在过去一年中增加了10%,总体上减缓了发行量整体下滑的态势。①

在我国古代,除了官方政治性的官报之外,也逐步出现了面向民间的私营媒体。如宋代不仅出现了官方"邸报",而且还出现了民间私营"小报"。史载:"光宗绍熙四年(公元1193年)10月,臣僚言:朝报(即邸报)逐日自有门下后省定本,经由宰执始可执行。近年有所谓小报者,或是朝报未报之事,或是官员陈乞未曾施行之事先传。"②

在明清两代,不仅建立了较为发达的官报系统,还出现了民间的报房,特别是在清后期,民间报房开始使用统一的报头,即"京报",虽然其内容仍然以翻录官报的宫廷政治内容为主,但是,其私人媒体性质以及其商业化运营模式,标志着印刷媒体的逐步社会化和大众媒体化。③

中国的印刷媒体的大众化和社会化是在近代随着西方的文化输入和影响发展起来的,从而出现了真正意义上的大众传播媒体。尽管清朝大兴文字狱,但是后期内外交困,为外国传教士、商人创办近代报刊提供了契机。虽然禁止外国人在中国办报,但是从1815年到1840年鸦片战争结束,外国人在南洋和华南沿海一带共创办了6家中文报刊和十几家外文报刊。报刊的创办人、主编和主要撰稿人全部都是传教士。④ 1840年鸦片战争后,外国人在中国获得了办报特权,到19世纪末,外国商人、传教士在中国办的报刊数量迅速增多,并将现代报纸传播运营思想和理念带进中国。与此同时,鸦片战争在敲开清政府闭关锁国的大门的同时,西方文化与传播观念也随之进入了中国。由于处在一种不同文化的对抗和接受背景下,近代报刊表现出了强烈的宣传意识。⑤

(二)电子信息技术发展催生了广播电影电视产业

无线广播通信的第一批重要用户是海上航行的商船运营机构,它们最初主要将其作为通信工具而非大众媒介。世界上最早的有营业执照的广播台是威斯汀豪斯(或译西屋电气)公司支持弗兰克·康拉德(Frank Conrad)在匹兹堡设立的 KDKA 电台。电台开播之前,公司在报纸上刊登节目表,号召人们购买无线电接收器。电台于1920年11月2日正式广播,开始了每日一小时的广播节目,首次广播的内容,就是关于哈定和考克斯在总统竞选中的得票数。随着新兴的电台如雨后春笋般涌现,美国报界开始面

---

① 李琳珊.新媒体技术下美国报业市场新变局[J].传媒,2019(6):106-107.
② 尹韵公.尹韵公自选集[M].学习出版社,2009.
③ 刘笑盈.中外新闻传播史[M].3版.中国传媒大学出版社,2017.
④ 沈继成.试论19世纪在华传教士的报刊活动[J].华中师范大学学报(人文社会科学版),2002(6):78-86.
⑤ 郝朴宁,等.中国传播史论[M].云南大学出版社,2005.

临这个强劲对手,甚至拒绝为广播节目刊登广告和时间表。①

广播媒体的兴起和商业化,最初主要是希望可以售出一定数量的接收机产品,并可以作为商家促销商品的一种工具。到1921年底,美国已有200多家广播电台获得了许可证,其中40%的广播电台是由无线电接收器的生产商和销售商经营的。②

随着无线电成为潮流,各种机构创办的电台开始面临运营经费来源的问题,广播逐渐走上一条自我循环的运营模式探索之路,这就是借助其通过播出节目吸引用户的收听,从而吸引商家在其时段中插播广告。1922年,美国电话电报公司的WEAF电台宣布将广告收入作为其经费来源。一家房地产销售商以100美元购买了其10分钟的节目时间,其他电台纷纷仿效,这种运营模式成为现代广播经营的基础。③

1926年,美国第一家广播网即全国广播公司(简称NBC)成立。该公司不仅出售广播网节目的时间,也购买地方电台的时间。1927年,美国哥伦比亚广播公司成立,其附属电台播出了更多的音乐和广告。④ 30年代末期,广播界还成立了自己的新闻采访机构,有了自己的新闻记者。美国广播公司(ABC)1943年成立,从而形成了三大广播公司。

罗斯福的新政推行就是1933年利用广播在其就职演说中,发表了著名的"炉边谈话",此后他还通过这种形式来向公众传递国策,"广播成为主要信息来源,罗斯福总统功不可没"⑤。美国广播业的发展还离不开汽车大众化带来的需求,广播被称为"装在车轱辘上的媒介"。美国拥有汽车2.4亿辆,也就是说在全美国的6亿部收音机中,有2.4亿部是安装在汽车上的。⑥

1936年11月2日,英国广播公司(BBC)建立了世界上第一座电视台,开始正式播送节目,这标志着图声并茂的电视媒介的正式诞生,此后,法国(1938)、美国(1939)、苏联(1939)等国也相继开办电视台。第二次世界大战期间,一些国家的电视广播被迫中断。战后,各国开始恢复和重建电视台,电视事业迅速发展。⑦

我国最初创办电台是出于推销无线电器材的目的,20世纪30年代,一批民营电台相继涌现,并开展了多种多样的经营活动。⑧1926年10月,哈尔滨广播电台开始播音,这是我国的第一座自办广播电台。1927年3月,上海新新公司广播电台开始播音。

---

① 〔美〕雪莉·贝尔吉.媒介与冲击:大众媒介概论(第四版)[M].赵敬松,主译.东北财经大学出版社,2000:60.
② 转引自王春美.现代广播经营起源及其早期发展探究[J].中国广播,2019(3):4-9.
③ 王春美.现代广播经营起源及其早期发展探究[J].中国广播,2019(3):4-9.
④ 同上.
⑤ 转引自刘笑盈.中外新闻传播史[M].3版.中国传媒大学出版社,2017.
⑥ 凌晨.美国广播业发展的启示与思考[J].新闻战线,2008(1):60-61.
⑦ 吴文虎.传播学概论[M].武汉大学出版社,2000.
⑧ 王春美.现代广播经营起源及其早期发展探究[J].中国广播,2019(3):4-9.

1928年8月1日,政府创办的第一座电台在南京开播。广播媒体运营模式主要包括出售无线电产品、播放广告、发布金融行情等。① 1958年5月1日,新中国第一家电视台——北京电视台(中央电视台前身)开始试播,9月2日,正式开播,1973年开始进行彩色电视试播。

除了广播电视业的迅猛发展,20世纪上半叶,电影产业也逐步成为重要的媒体产业。1895年12月28日,卢米埃尔兄弟在巴黎用"活动电影机"首次售票进行电影公映,标志着电影时代的正式开始。四个月后,爱迪生和阿麦特共同组织了美国电影的第一次亮相。电影不仅成为文化娱乐媒体的重要渠道,还形成了像美国好莱坞这样的电影产业聚集区,并且与广播电视形成了互补机制。新世纪以来,电影业也迎来了数字化和3D技术等新应用,并且开辟了在电视频道播出的新传播模式。

(三)作为新闻信息提供机构的代理性媒体组织发展

1844年,美国工程师莫尔斯发明了电报机,电报迅速应用到新闻采集和传播服务中,以前需要两周传递给公众的新闻,应用电报后只需要几分钟就可以到达,为提供远距离信息传递服务创造了条件。②

新闻通讯社的成立,为日报采集新闻提供了十分便利的条件,提高了新闻采集和流通效率。通讯社是"媒体的媒体",是根据专业性分工建立起来的,其服务对象是媒体,早期的主要任务是提供国际新闻服务③,这进一步促进了新闻资源的整合和专业化发展趋势。早期的新闻信息服务机构传递信息的手段还比较落后,成立于1835年的法新社前身"哈瓦斯通讯社",初期靠快马传送新闻,1837年开始在巴黎、布鲁塞尔、伦敦之间用信鸽传递信息,1845年该社开始用电报在国内传送新闻,并在欧美各地开设分社。为了节约国外新闻的采集费用,提高新闻报道效率,1848年纽约的六家报纸联合创办了"港口新闻联合社"(后改组为纽约联合通讯社),共同承担用电报从波士顿发出的国外新闻采集费用,这一模式被称为"合作性新闻采集",即会员制的新闻组织,新闻采集费用由成员共同承担,今天的美联社就是这种早期合作关系的结果。④

除了提供新闻采集服务,报纸业可以不派记者而通过辛迪加(Syndicate)获取消息,辛迪加是向大量的报纸同时出售文章和消息的新闻代理机构,其商业属性是新闻和节目分销商。第一个辛迪加承办的栏目是1857年的《时尚通讯》(*Fashion Letter*)。⑤辛迪加现在拓展到了广播电视领域,通过公司运作模式的网络化整合,形成了四大广播

---

① 王春美.现代广播经营起源及其早期发展探究[J].中国广播,2019(3):4-9.
② 〔美〕雪莉·贝尔吉.媒介与冲击:大众媒介概论(第四版)[M].赵敬松,主译.东北财经大学出版社,2000:53.
③ 刘笑盈.国际新闻史:从传播的世界化到全球化[M].中国广播电视出版社,2018.
④ 〔美〕雪莉·贝尔吉.媒介与冲击:大众媒介概论(第四版)[M].赵敬松,译.东北财经大学出版社,2000:53-54.
⑤ 同上书:66.

网:美国广播公司(ABC,American Broadcasting Company)、美国国家广播公司(NBC, National Broadcasting Company)、哥伦比亚广播公司(CBS,Columbia Broadcasting System)和福克斯广播公司(Fox Broadcasting Company)。其中,美国广播公司广播网(ABC Radio Networks)拥有最大的广播新闻听众群,向全国近3000家电台销售它制作的新闻节目。

三、互联网技术主导的数字媒体时期

互联网技术的应用带来了传播媒体的变革,一大批互联网公司进入传媒领域,从而形成了平台化、自媒体化和社交媒体化的传播组织新业态。中国的网民数量已经跃居世界第一,利用网络获取信息和交流信息已经成为一种主流文化现象。一种媒体的使用人数达到全国人口的五分之一,才能被称为大众传播媒体。在美国,达到5000万人使用这个界限标准的大众传媒,广播用了38年,电视用了13年,有线电视用了10年,而因特网只用了5年。[①] 到1998年底,美国的网络用户已达6200万,因特网成为新的大众传播媒体的一部分。

随着互联网进入Web 2.0时代,更加专业、细分的垂直门户网站迅速地利用Web 2.0技术提升了自身的吸引力,异军突起,大有颠覆传统网站格局的架势。2009年以后,互联网又进入了移动互联时代,手机App快速发展,新闻内容在手机端的呈现也越来越多元化。

随着数字媒体的升级进化迭代发展,数字媒体进入了社交媒体时代。就国内外社交媒体而言,主要表现形态包括社交网络、知识分享网站、评论网站、虚拟空间等,它们创建了用户之间的信息分享、交流、合作式平台,通过用户在其平台上提供大量信息,构建出一个真实的虚拟社区,并让用户更加信任、依赖社区平台的信息,最终影响用户的实际购买行为。[②] 互联网技术主导的媒体模式正发生颠覆性变革,这一变革将会影响大众媒体的组织模式和发展方向。因此,麦奎尔引述赖斯的观点认为,"'内容的出版人、生产者、发行人、消费者和观看者之间的界限正在变得模糊'。这对'建制'这一概念一直以来的恰当性提出了质疑,或多或少统一的社会组织、其主要的行事方法以及共享的标准都受到了质疑"[③]。

新媒体传播的分众化、网络化和自主化趋势改变了信息化的版图。曼纽尔·卡斯

[①] 袁军,胡正荣.面向20世纪的传播学研究——中加传播学研讨会文集[C],北京广播学院出版社,2000(7):104.

[②] Zeng B, Gerritsen R. What do we know about social media in tourism? A review [J]. Tourism Management Perspectives, 2014(10):27-36.

[③] [英]丹尼斯·麦奎尔.大众传播理论[M].徐佳,董璐,译.6版.清华大学出版社,2019.

特称之为大众自传播(mass self-communication),指通过博客、播客等功能或产品,大众能够以自我为中心进行信息内容的生产、传播和共享,并对外界信息进行选择性接受。[①]不同于传统媒体的垂直传播,大众自传播呈现出水平延伸的网状结构模式。[②]

第三节　大众传播媒体组织概述

一、大众传播媒体组织的类型

（一）按行业分类

大众传播媒体的组织机制一般按照媒介的属性特征、生产流程及其传播形式分成不同类型的行业媒体,这些类型具有传统组织流程特色,主要包括新闻出版类、广播电视类、电影音像类、网络媒体类等。其中,新闻出版类包括报纸、期刊、图书的出版发行和版权业务,广播电视类包括广播电台、电视台等,电影音像类包括电影制作和发行、节目交易及衍生品业务等,网络媒体类包括互联网和移动网络等,这些行业类型也分别有不同的行业标准、管理部门和规范条例。如我国国家新闻出版署、国家版权局、国家电影局、国家广播电视总局、国家互联网信息办公室等部门管理不同的传播媒体行业。

（二）媒体组织经济属性分类

国有媒体一般是指非私有的媒体组织,由国有组织来管理。我国的大众媒体多为国有企业性质的大众传播媒体,传播媒体所有制是公有制。我国《广播电视管理条例》第十条规定:"广播电台、电视台由县、不设区的市以上人民政府广播电视行政部门设立,其中教育电视台可以由设区的市、自治州以上人民政府教育行政部门设立。其他任何单位和个人不得设立广播电台、电视台。国家禁止设立外商投资的广播电台、电视台。"

广播电视公共运营媒体模式指的是"一套由法律规定的、由公众出资(通常是家庭必须缴纳的执照费)并赋予编辑与运营高度独立性的系统。整体上,这样的系统存在的根本理由在于,它们应当通过满足社会与公民的重要传播需求来为公共利益服务,这些需求由民主政治体系来决定并评价"[③]。

公共运营媒体建立在哈贝马斯提出的"公共领域"理念基础上,该理念表现出对媒体日益商业化、私有化、集中化和解除管制化的关切,希望通过这一模式改变商业媒体

[①] Castells M. Communication, power and couter-power in the network society[J]. lnternational Journal of Communication, 2007(1):238-266.

[②] 张庭诺.新媒体新闻领域大众自传播的局限性及发展路径探究[J].新媒体研究,2018(21):30-32.

[③] 〔英〕丹尼斯·麦奎尔.大众传播理论[M].徐佳,董璐,译.6版.清华大学出版社,2019.

的弊端。① 它们一般属于通过特定筹款和独立性组织管理模式建立的公共传播机构,这类媒体设立的目的是避免受到政府的权力控制或者私有财团的资本控制,在中立自主、民主平等以及服务公共利益的基础上,以求达到满足信息自由、普遍及有选择性获取、文化多元发展、传递知识和高质量内容的目标。

公共运营媒体主要有国有社会公营型(以资产国家所有和经营活动由公司在社会参与下自主进行为基本特点,如英国广播公司)、社会联合公营型(以各方政治力量共同认可公共广播电视组织结构、领导人选和大政方针为核心特征)、国有国会主导型(国会是决定全国性公共广播电视的中心力量)和国有政府主导型(以中央政府作为最终向国会负责的主要角色对公共广播电视进行领导为基本特征)等几种类型。②

私有商业运营媒体一般是指完全由私人独资或集股兴办的商业媒体。其中,报刊基本上都是私营媒体。在美国,广播电视台也以私营为主,如美国著名的维亚康姆电视集团旗下的哥伦比亚广播公司(CBS)、迪士尼旗下的美国广播公司(ABC)、通用电气旗下的全国广播公司(NBC)、默多克集团旗下的美国福克斯广播公司(FOX)以及以全天候新闻报道著称的美国有线电视新闻网(CNN)等,均为商业性媒体集团。

我国的私营媒体主要在港澳台地区,如凤凰卫视等。随着网络媒体的兴起,一些民营互联网公司也成为大众传播的媒体形态,如美国的 Facebook,我国的一些大的互联网平台,如腾讯、字节跳动等。这一形态的媒体具有多重属性,既是商业性媒体,同时由于有些博客、微博及微信等个人发布信息平台的出现,网络媒体也具有自媒体性质。

(三) 从内容角度分类

从信息形式上看,大众传播内容不仅有严肃的社会新闻与知识等内容,也有文化娱乐等方面的所谓软性内容,同时,这些内容还包含必要的广告以及政府和社会公告等信息。因此,大众传播媒体传递的内容包罗万象,内容几乎涵盖社会生活的各个领域。在这些大众传播的内容中,报纸、电视和广播、网络媒体一般侧重新闻传播,刊物和书籍则侧重知识内容的传播,特别是科技刊物与学术书籍,电影媒体则以娱乐性传播为主。当然,电视媒体与网络媒体具有广泛的包容性,但是相对而言,知识性内容的传播还是以书刊为主,这也是图书馆收藏的重点内容,一般将其视为文献信息的传播形态。

日本学者林雄二郎将信息划分为五类:认识环境信息,如大众传播的新闻、天气预报等;控制、解释和指令信息,如大众传播的评论;教育信息,如学习的书籍、教育节目等;娱乐信息,如电视娱乐节目、戏剧电影等;经济信息,如科学技术情报、广告、市场

---

① 〔英〕奥利弗·博伊德-巴雷特,克里斯·纽博尔德.媒介研究的进路[M].汪凯,刘晓红,译.新华出版社,2004.
② 金冠军,郑涵.当代西方公共广播电视体制的基本类型[J].国际新闻界,2002(2):36-41.

信息等。①

具体来说,按照内容划分,媒体类型主要包括时政新闻类媒体、财经类媒体、科技类媒体、文化娱乐类媒体等。

1. 时政新闻类媒体

时政新闻类媒体主要是报道涉及时事政治以及社会新闻等内容的媒体。在我国,媒体组织按其是否承担宣传任务可分为新闻宣传类的媒体组织(如广播、电视、报纸、时政杂志及新闻网站等)与非新闻宣传类的媒体组织(如专业图书、报刊等)。

新闻是信息的客观传播,属于可满足好奇需要的,具有时效性、较强社会价值的特定信息内容。按照刘笑盈教授的定义,"新闻是人们通过大众媒体而传播的具有社会认知价值的最新发生的事实信息"②。这里强调了新闻的媒体组织报道属性,通过口头传播或者其他形式传递的消息,不属于新闻的范畴。时政新闻类媒体承担着重要的新闻报道和传播职责,主要包括报纸、广播电视、杂志、网站、新闻客户端以及综合集成网络平台等。这类媒体的传播,一般需要遵循真实、客观、及时、适宜、公正等原则。

2. 财经类媒体

财经类媒体主要报道财经方面的信息,与广告传播的信息类似,大众传播媒体也是经济信息传播的重要渠道。当然,这两者之间是有区别的,广告是付费传播形式,而一般经济信息传播则是服务于社会,并不是单纯宣传企业和商家的产品和服务。比如,一些电视台的经济频道等都属于这一类传播内容。当然,目前专门的财经媒体也发挥了重要作用,如美国的彭博社、华尔街日报,我国的《财经》杂志等。

3. 科技类媒体

科技类媒体主要是指承担科技信息交流和科普传播功能的科技传播媒体。科学技术发展离不开两种传播活动:一种是学者之间的交流,主要通过书报刊、互联网等形式进行科技信息交流和学术传播;另外一种是科学技术的传授、推广与普及,主要通过广播电视、报纸、网络等形式传播。

科技交流类图书、期刊等也属于文献知识交流学的研究范畴,如王京山就明确指出,文献传播是积累与储存科学文化信息的系统,具有传递科学文化信息的作用。③随着开放科学理念的不断深入发展,科技类媒体也逐步走向开放出版、获取、开放数据和开放共享等方面。自1998年"自由扩散科学成果运动"提出开放获取倡议后,全球开放获取运动蓬勃发展,多个国家、资助机构、大学与科研机构制定开放获取政策,发布开放获

---

① 张国良.20世纪传播学经典文本[M].复旦大学出版社,2003.
② 刘笑盈.中外新闻传播史[M].3版.中国传媒大学出版社,2017.
③ 王京山.文献传播[M].中国轻工业出版社,2010.

取知识库,推动开放数据库建设,促进开放出版。① 开放获取推动了 OA 期刊(Open Access Journals)的创办,推动全部学术资源的开放获取。截至 2018 年 1 月,开放获取期刊目录(Directory of Open Access Journal,DOAJ)已收录的开放期刊多达 10 875 种。②

4. 文化娱乐类媒体

文化娱乐类媒体是指影视剧、音乐节目等传播媒体。大众传播的兴起促进了文化娱乐形式的变革,以往通过现场演出或者单一性的文学呈现形式获得的娱乐欣赏形式转化为视觉影像和丰富多彩的立体呈现形态。这一模式的变化带来了大众媒体的娱乐化倾向,也建构了全新的文化生产和传播模式。梅罗维茨就认为,电视打破了社会群体的界限,将人口中的不同阶层结合为一体,创造了一种单一的观众和文化活动场所。③由此形成了文化产业和公共文化服务业,其传播的文化娱乐内容主要包括各种文艺、娱乐及体育等形态内容的传播。法兰克福批判学派一度担忧的文化日趋产业化问题,如今已经成为各个国家努力发展的主流文化形态之一,甚至如日本、韩国、英国、澳大利亚等都将其作为国家发展的支柱性产业之一。

二、大众传播媒体组织的特征

大众传播媒体组织在社会信息交流系统中占据重要的地位,是社会信息系统和知识机构的重要组成部分。各种大众媒体都具有收集大量信息并大规模处理、复制和向大规模社会公众传递这些信息的特点,这是它们的共性。麦奎尔归纳了一些比喻性描述大众媒体的概念,包括开启经验的窗口、解说员、信息和意见的平台、路标、过滤器、镜子、屏障或障碍。④ 麦奎尔还将大众传播与其他知识机构(如艺术、宗教、科学、教育等)进行比较,指出它具有如下几个特殊性:(1)它对各类知识具有一般的载体功能,因此同时代表了其他机构,我们通过大众传媒来了解我们所处的环境;(2)它在公共领域运作,原则上可以在公开、自愿、非特有及费用低廉的基础上,为社会全体成员利用;(3)原则上,传者与受者之间的关系是平衡与平等的;(4)相比其他机构,媒介更长久地影响更多的人,并取代了学校、父母、宗教等的早期影响,在客观社会现实和个人经验之间扮演着中介者的角色。⑤

总体来看,相比其他类型的传媒组织,大众媒体组织具有以下一些特征。

---

① 崔海媛,聂华,吴越,等.公共资助机构开放获取政策研究与实施——以国家自然科学基金委员会基础研究知识库开放获取政策为例[J].大学图书馆学报,2017,35(3):79-86.
② Directory of Open Access Journals (DOAJ)[EB/OL].[2018-1-10].https://doaj.org.
③ [美]戴安娜·克兰.文化生产:媒体与都市艺术[M].赵国新,译.译林出版社,2001.
④ 张国良.20 世纪传播学经典文本[M].复旦大学出版社,2003.
⑤ 同上.

（一）社会交流系统的中介性组织

大众媒体承担着信息与知识传播的中介桥梁作用，是社会系统中独特的中介组织形态。麦奎尔认为，大众传播媒体组织的角色特质包括七个中介性隐喻（mediation metaphor）：第一是"开启经验的一扇窗户（window），它拓展我们的视野，使我们能不受干扰，不带偏见地看到正在发生的事件"；第二是"解说员（interpreter），对看似零碎的、令人困惑的事件，做出解释，使之易于理解"；第三是"论坛（forum）或者平台（platform），即它是信息和意见的平台或载体"；第四是"标杆（signpost）或向导（guide），即它是一条相互作用之链，通过不同方式的反馈显示出传者和受者之间的关系，主动指明道路，提供指南或指示"；第五是"过滤器（filter）或者把关人（gatekeeper），它随意地或系统地筛选出一部分需要特别关注的经验，并排斥其他部分"；第六是"镜子（mirror），它将社会图景折射出来，通常因偏重人们想看到的或想惩罚和遏制的内容而有所歪曲"；第七是"屏幕（screen）抑或屏障（barrier），因为宣传目的或逃避主义，它掩盖了事实真相"。[①]

大众传播媒体的中介性作用反映了大众传播与社会系统之间的互动交换关系，其中包含了内在结构与外在系统之间的动态交换与互动关系。对此，麦奎尔给出了一个关于各类形态相互关系的结构参考框架模式[②]，其中涉及媒体与其他机构的关系、媒体与公众的关系以及媒体公众对象的内在结构关系等，展示了媒体的社会功能的实现模式。

（二）社会信息交流系统的放大器和过滤器

社会信息交流系统是一个综合的信息交换系统，其中包括人际信息交换系统、邮政电信及互联网信息交换系统、组织网络信息交换系统、大众媒体信息交换系统。其中大众媒体信息交换系统的信息输入和输出，可以对信息源进行特定技术和多种渠道的处理，实现信息内容的批量化、重复性和大规模扩散和传播，从点到面，从源到流，达到遍在、海量、累积和共鸣效果，因此起到了放大器的作用。

与此同时，大众媒体的传播涉及信息选择性采集、处理、筛选和传递的一整套信息把关和控制过程，信息经过这一系统的处理，就形成了一个专业化过滤机制。大众媒体中模糊的、不准确的或错误的、影响公正的信息通过验证和修正，形成可靠的、可公开的信息。因此，大众传媒起到了"过滤器"的作用，并成为权威信息来源。

大众传播媒体的过滤机制也说明了其信息传播过程不是一个简单的"镜子"式的直接反映客观世界的过程，而是一个对信息进行选择、议程设置和内容架构的过程。在传播过程中，传播者有意图地进行新闻、娱乐乃至广告内容的主动性意义建构，即架构

---

① 张国良.20世纪传播学经典文本[M].复旦大学出版社,2003.
② 同上.

过程。理查德·坎贝尔(Richard Campbell)指出,架构是通过选择某些故事而舍弃其他故事,并借助了那些用来表现被选择以供广泛传播的故事而所使用的技巧。例如,将信息融汇在叙事格式之中,或将特定的角度强加给观众,这些角度就强调某些细节而舍弃其他细节。①

(三)信息生产和传播的大众文化产业特征

大众传播是一种大众化信息扩散活动,史蒂文·查菲(Steven Chaffee)和米莉亚姆·梅茨格(Miriam Metzger)总结的大众传播媒体的三大特点是:"大规模生产、受众缺乏控制和有限的信息频道。"②

大众媒体的这种生产机制与工业社会的组织和生产机制相吻合,适应了工业化时代城市消费群体的商品和服务批量化、标准化和定时供应的需要,将其塑造成产业化运作模式。马克卢普将其称为"知识产业",这一产业的广告依赖性非常强,这也导致其传播内容趋向于追求大众化的市场和兴趣,其积极影响是社会的信息普及性大大增强了。由此,文化基于大众传媒得以迅速传播和普及,并形成大众文化。麦奎尔总结说,大众文化具有"非传统形式与内容、旨在大众消费、大规模生产的及公式化的、贬义的形象、商业的和同质的"等特征。③ 麦克卢汉也指出,"从社会角度看,印刷术这种人的延伸产生了民族主义、工业主义、庞大的市场,识字和教育的普及"④。但是,大众媒体形成的信息文化也导致了高度垄断化、文化通俗化、内容同质化、信息超载和知识沟现象,从而招致批判学派对这一模式的可持续性和社会效用的质疑和批评。

与此同时,大众媒体的传播对象也是大众化的,并且以被动的接受方式为主,传播对象被称为受众,他们一般具有大众化群体的特征。麦奎尔将大众化受众的特征进行了概括,认为他们具有数量庞大、分布广泛、非互动及匿名的关系、异质性组成、非组织化及不自主行动、是媒体管理或者操纵的对象等特征。⑤ 由于大众媒体的大众化生产和传播是面向市场的,因此,接受信息的大众也就成为媒介市场的代名词。麦奎尔将"作为市场的受众"定义为一种"为媒体服务和产品的实际存在或潜在的顾客的集合,这个集合具有相应的社会经济特征"⑥。

大众媒体的生产是一种工业主义的知识生产模式,这一模式的确立在人类历史上

---

① Campbell R. Securing the middle ground: Reporter formulas in 60 minutes[J]. Critical Studies in Mass Communication, 1987, 4(4): 325-350.
② Chaffee S H, Metzger M J. The end of mass communication? [J]. Mass Communication and Society, 2001(4): 365-379.
③ [英]丹尼斯·麦奎尔.大众传播理论[M].徐佳,董璐,译.6版.清华大学出版社,2019.
④ [加]马歇尔·麦克卢汉.理解媒介:论人的延伸(55周年增订本)[M].何道宽,译.译林出版社,2019.
⑤ [英]丹尼斯·麦奎尔.大众传播理论[M].徐佳,董璐,译.6版.清华大学出版社,2019.
⑥ 同上。

第一次实现了知识生产效率真正意义上的突破,但它所倡导的是大量同质化的生产方式,随着社会的发展,越来越无法满足人们日益多元化的需求。① 显然,工业社会机制下的大众媒体的大众化特征正在被以互联网新媒体为代表的新型传播形态所改变。新型传播媒体的生产内容变得更加个性化、多元化和用户自我生产化,与此同时,新媒体的传播对象也日趋分众化,被动化的"受众"被主动选择的"用户"概念所替代。

(四)媒体组织的公共与商业双重属性

由于信息本身具有公共和商业的双重属性,因此,媒体组织也具有公共性和商业性双重性。媒体组织特别是大众媒体类组织是信息产业的组成部分,其属性特征是公共产业、信息产业和营利产业。② 大众媒体传播首先具有明显的商业属性和产业特征。商业属性主要体现为媒体传播的内容是可销售的商品,同时,广告通过购买媒体的时间、空间等资源建立了商业模式。大众媒体的产业特征主要是以内容的生产、版权销售作为其核心产业链,特别是图书、电影、影视剧等。但与此同时,报纸、广播电视等媒体的主要利润来源还是依赖广告,即使是互联网媒体也是如此。同时,广告也是大众媒体传播的重要内容,有些大众媒体还会通过隐形方式传播广告内容,比如电影的植入广告、游戏广告等。

广告对媒体的影响既有积极的方面,也有消极的方面,广告主的间接干预可能会导致对媒体报道的限制。在美国,随着新闻媒体的集中化和大企业化趋势的加剧,为了更有力地争夺公众的注意力和市场份额,全国性媒体主要考虑的是吸引而不是疏远受众和广告客户。1966年,《纽约客》售出了出版史上销量一般的杂志中最多的广告页数,广告内容多达6100页。1967年,发行量依然保持在44万份左右,但广告页数却开始灾难性地下降,几年内便损失了2500页广告,纯利润缩水了70%。原因在于它发表了很多反战报道,在吸引了年轻读者的同时,却迅速地失去广告客户。一个简单的解释就是,那些保守的公司撤走了它们的广告以示其政治上的抗议。③

与此同时,大众传媒作为国家的重要新闻、舆论及文化传播组织,具有重要的社会公共属性,作为社会公器承担更多的社会责任,同时也作为信息服务产业为社会创造价值。因此,英国学者彼得·戈尔丁(Peter Golding)指出,从政治家到学者,如今都同意大众传播系统是文化产业的组成部分。④ 这一双重属性是由传播内容本身具有的双重属性决定的。信息不仅具有商品价值,更重要的是它还是影响人们的价值观与意识形态的思想产品,不同于一般商品可以自由传播与消费利用,需要面临一定的制约与限制。

---

① 王京山,等.维客:多人协同的奇迹[M].中央编译出版社,2013.
② 邵培仁,陈兵.媒介战略管理[M].复旦大学出版社,2003.
③ 张国庆.美国利益集团对媒体话语权的控制[J].红旗文稿,2014(9):34-37,1.
④ 张国良.20世纪传播学经典文本[M].复旦大学出版社,2003.

第四节 大众传播媒体的传播者和接受者

一、传播者与接受者主体的关系机制

媒体的传播者和接受者在大众传播过程中处于不同的地位,一方是施控方,另一方是受控方。双方之间的关系一般是信息发送与接收的关系。但从本质上,仍然是一个双元主体借助媒体围绕意义互动进行的过程。

受众也是大众传播内容评价的重要一环,在评价过程中,受众作为反馈环节的重要主体而存在,并且这一反馈机制也建立了传者与受众的互动关系。具有良好互动性的传受者关系将会达到更为有效的传播效果。互联网特别是社交媒体时代的大众媒体传播者与受众的关系越来越成为一种互动关系,特别是自媒体时代,多元的言论表达传播渠道,为传播信息提供了重要的言论来源,并可以对大众传播媒体发表的言论进行进一步讨论乃至扩散。由于大众传播具有重要的话语权和影响力,因此,人们很关注如何有机会在大众传播媒介中表达个人的意见、观点和建议,这也成为大众传播民主法治建设中的一个热点话题,引发了新媒体是否应该如同一般大众媒体一样发挥其重要的社会功能的讨论。

二、大众媒体传播者特征

大众传播者是指在大众媒体机构借助各种技术手段,依据一定组织规则和专业技能,运用各种传播媒介进行传播活动的职业传播者。他们是分布在通讯社、报社、杂志社、出版社、电台、电视台、电影片厂、演艺公司以及网络新媒体等机构专门从事传播职业的人,如记者、编辑、播音员、节目主持人、导演、演员、网站记者和编辑等。大众传播者也有广义与狭义之分。广义上一般将信息传播组织也视为传播者,大众传播组织作为传播者反映了大众传播的机构组织特性,因此,研究大众传播者不仅需要研究大众传播者群体,也需要研究作为机构的大众传播组织,特别是进行组织机构内容控制分析也是传播者研究的重要组成部分。

相对于人际传播等一般传播者来说,大众媒体传播者具有系统群体性、职业专业性、组织依附性、角色地位稳固性等特点。随着网络媒体的发展,特别是 Web 2.0 应用以来,大众传播者不仅是组织性的媒体形态,也可以以个人的方式进行传播。美国人丹·吉尔摩(Dan Gillmor)在 2004 年就专门提出了"自媒体"(we the media)和"草根新闻业"(grass roots journalism)的概念及其对大众媒体的挑战和影响。[①] 有学者甚至预

---

① Gillmor D. We the media: Grassroots journalism by the people, for the people [M]. O'Reilly Media, Inc., 2004.

言,未来50%的新闻将由公众提供,大众传播再也不是媒体公司和专业记者自上而下的广播过程,而是成为一种受众、编辑和专业记者互动的自下而上的网播过程。①

三、大众媒体受众特征

"受众"(audience)一词是从国外借鉴过来的一个舶来品。以往我们没有针对大众媒体受众的统一称呼,一般根据不同媒体类型有不同的称谓,如书报刊读者、广播听众、电视观众等。随着传播学理论中将其称为"受众",这一名词逐步被接受。

英国剑桥大学的英语词典中,关于"audience"的定义是:收看或收听特定电视或者广播节目、阅读特定书籍或者访问特定网站的人群。②按照《中国大百科全书·新闻出版卷》的解释:受众是指接受信息传播的群众。原指演讲的听众,后泛指报刊、书籍的读者、广播的听众、电影电视的观众。随着互联网广泛应用,受众也包含了"网民"(netizens)这类互联网群体。受众泛指公共与大众传播中接受信息的公众,包括集会演讲或广播的听众、戏剧或影视观众和印刷品的读者。随着网络新媒体的出现,自然也包括了网络受众和移动新媒体受众。

美国教授杰克·麦克劳(Jack McLauld)认为,"受众"可以从不同层次加以理解,它既可以作为处于社会环境中的个体,也可以作为社会或文化的构成。受众被看作集合体的大众或是公众,但也可以把注意力放在受众成员作为某些特殊角色所作出的反应上,如作为经济或政治精英的决策者。③

1990年,丹麦学者克劳斯·延森和瑞典学者卡尔·罗森格伦(Karl Rosengren)指出,大众传播受众研究存在五种传统,即效果研究、使用与满足研究、文学批评、文化研究和接受分析,属于社会科学和人文科学范式研究。其中,效果研究和使用与满足研究属于社会科学范式;文学批评和文化研究属于人文科学范式;接受分析则兼具两者的特色。社会科学范式研究强调"定量"分析。人文科学范式研究则侧重"定性"分析。④

受众在不同时期被赋予了不同的地位和隐喻,在字面意义上常被误读为被动接受信息的群体,但是在现代传播活动中,受众更多通过主动选择和积极获取信息,根据自己的个人需求与媒介接触习惯选择对自己来说最便捷的媒介。因此,这一概念并非是被动接受的含义。

早期,基于"传者中心论"理念,受众被视为传者信息的接收对象,甚至是被动接受

---

① 刘千桂.大众媒介理论——广告解放运动宣言[M].中国传媒大学出版社,2008.
② Cambridge Dictionary[EB/OL].[2023-9-13].https://dictionary.cambridge.org/dictionary/english-chinese-simplified/audience?q=AUDIENCE.
③ 张国良.20世纪传播学经典文本[M].复旦大学出版社,2003.
④ 〔美〕汉诺·哈特.论忽视历史:大众传播研究与社会批判[M]//〔英〕奥利弗·博伊德-巴雷特,克里斯·纽博尔德.媒介研究的进路.汪凯,刘晓红,译.新华出版社,2004.

信息的"靶子",但后来通过实证分析发现,受众并非被动接受信息的群体,而是具有较为独立的认知差异和态度倾向,甚至被认为是能够筛选、过滤信息乃至发挥特定作用的"联合御敌者"。随着对受众主体性认识的不断深入,受众的主动性和主体阐释性特征被逐步认识,从而进入"受众中心论"时期。相关研究证明,受众不仅是传播的译码者、消费者和参与权利人,还是参与传播运营的主导者。随着互联网时代用户生成内容的兴起,受众既是接受者,又是内容的分享者和生产者,实现了"传受合一"。如丹·吉尔摩就指出,"此前被称为受众的人们现在成为参众(participants)"[1]。

因此,概括来说,受众群体演化经历了主要的四类角色演变:早期人们认为受众是大众化接受群体;后来又从使用需求角度视其为信息搜寻和获取行为的用户;之后则将其视为符号文本的解码者、意义建构主体和符号文本阐释主体;在新媒体环境下,受众又演变成为参与到大众化的自媒体传播生态中的生产型消费者。

丹尼斯·麦奎尔将受众研究分为三种,分别是结构性受众研究、行为性受众研究和文化性受众研究。[2] 其中,结构性受众研究的主要目标是描述受众的构成及受众使用效果、社会属性及市场特征,研究方法主要是以人口统计学调查及数据统计为主;行为性受众研究的主要目标是解释和预测受众的选择动机、态度反应和效果,主要采用调查、心理实验等方法;文化性受众研究的主要目标是了解所接收内容的意义,以及在情境中运用的意义,研究方法主要是定性研究和民族志等方法。[3]

不同的研究路径分析了受众不同的特征属性及规律,这里我们分别从结构性、行为性和文化性三个角度阐释受众的基本特征。

(一)受众结构性特征

1. 无组织的集合体

早期"受众"的含义来源于19世纪兴起的大众社会理论中的"大众"(mass)概念。该理论源于新形成的工业社会大量城市人口的集群行为的研究,在这些研究背景中,受众被认为是大规模的、同质性的、缺乏差异性和个性、无知甚至不负责任的群体。[4]

威廉·瑟勒(William Seiler)等认为,受众是"共同观看或者收听信息的个人的集合体"[5]。这一定义强调了受众作为一个集合体具有共同的收视模式和内容意义建构,因此,很容易被各种劝服性信息所影响,这种影响的极端表现就是群体性意识和行为。

大众传播受众不像人际传播那样具有传播对象相对单一的特征,而是具有人数众

---

[1] Gillmor D. We the media: Grassroots journalism by the people, for the people [M]. O'Reilly Media, Inc., 2004.
[2] [英]丹尼斯·麦奎尔.受众分析[M].李燕南,李颖,杨振荣,译.中国人民大学出版社,2006.
[3] [英]丹尼斯·麦奎尔.大众传播理论[M].徐佳,董璐,译.6版.清华大学出版社,2019.
[4] [英]奥利弗·博伊德-巴雷特,克里斯·纽博尔德.媒介研究的进路[M].汪凯,刘晓红,译.新华出版社,2004.
[5] Seiler W, Beall M. Communication: Making connections [M]. Allyn and Bacon. 1999.

多和集合性特征。针对这一群体意识和行为的研究的代表就是法国社会心理学家古斯塔夫·勒庞所著的以法国大革命事件中的群体行为为基础的社会心理学著作《乌合之众》(1894)，其中群体性受众被认为是一个容易受到宣传影响的非理性群体。这对关于受众的"枪弹"与"靶子"理论产生了重要影响，该理论将受众视为易被信息"魔弹"击中的"靶子"，传播者利用媒介武器传播内容，使受众中弹。这个集体被视为一个无意识的集体。由于他们之间缺少交流，可能会被其他人接受信息后的行为所感染，表现出盲从性的群体行为，这就是勒庞所指的从众心理。①

2. 个人差异性

大众传播是开放的传播形态，任何人都可能接触到信息。因此，传播对象是由多种成分构成的复杂集合体。这个群体是异质性的，他们之间不仅没有组织联系，相互独立，甚至也不知道彼此是谁。异质性决定了他们的个人差异性，群体中的每个人各自都有不同的选择媒体的兴趣、动机以及获得信息后的态度和看法。

卡尔·霍夫兰在研究受众劝服效果时就指出，受众的差异性影响了传播效果。1970年，德弗勒等人认为，"受众成员心理和认知结构上的个人差异，是影响他们对媒介注意力以及对媒介所讨论的问题和事物所采取的行为的关键因素"②。1975年，他将受众的差异性分为五种情况：(1)人们的心理结构形形色色、千差万别；(2)人们的先天禀赋与后天习性各不相同从而形成个人差异；(3)人们从不同社会环境习得的不同立场、价值观、信仰、态度，造成了心理构造的不同；(4)由不同的社会环境所造成的人们在个人特性上的不同，决定了人们在理解客观事物方面的差异；(5)基于对客观事件的不同理解而形成的稳定见解，又影响了人们对各种信息的选择与解释。③

3. 社会类型化

从个人心理认知模式上来看，受众具有各种差异化信息选择和利用模式，同时，从社会学角度分析，会发现他们也具有相对一致的社会群体性类型特征。这一特征是基于对个体在社会结构中的不同社会职业、教育、收入、性别等人口统计学因素的分析表现出来的，不同社会群体类别对大众媒介信息的注意和反应模式不同，从而使各社会群体的内部成员对大众传播作出大体一致的反应。④

约翰·赖利与玛蒂尔达·赖利指出，受众具有社会关系属性和社会类型化属性，他们分属不同的初级群体，并在社会较大结构中分属不同的社会类型。⑤ 美国学者戴安

---

① 〔法〕古斯塔夫·勒庞.乌合之众[M].冯克利,译.中央编译出版社,2005.
② 〔美〕梅尔文·L.德弗勒,等.大众传播学诸论[M].杜力平,译.新华出版社,1990:200.
③ 邵培仁.传播学[M].3版.高等教育出版社,2015.
④ 吴文虎.传播学概论[M].武汉大学出版社,2000.
⑤ Riley M, Riley J. Mass communication and the social system[M] // Merton R K, Broom L, Cottrell L S, Jr. Sociology today: Problems and prospects. Basic Books, 1959: 537-538.

娜·克兰认为,大众化的媒体是一种文化组织形态,其中不同类型的文化组织的受众类型也各不相同。大众媒体中的全国性核心媒体包括电视、电影和重要报纸,其受众主要是异质化的,在某种程度上所有人都受到核心媒体的影响;边缘媒体包括图书、杂志、其他报纸、广播和录像,其受众是年龄和生活方式均不同的亚群;此外,还有都市文化媒体,包括音乐会、展览、博览会、游行、表演和戏剧等,它们都是在都市背景下生产,并广泛传播给地方受众,此类受众属于阶级性受众。①

受众的类型化还表现为性别类型差异。如有很多研究关注到的电视肥皂剧偏好,也有研究分析女性的杂志阅读行为以及女性在家庭媒介使用上的地位等问题。如莫利通过民族志方法分析了家庭收视的微型受众环境中女性和男性的行为模式,如女性倾向于把看电视视为一种缓解紧张状态、调节冲突的方式,在收视环境中,也会创造出不同程度的隐私和交往性。②

受众的社会类型化特征成为分析千差万别的受众群体的一种可能的途径,指导人们对传播对象进行类型化区分,从而结合受众的不同特点和喜好,传播更为有针对性的内容。尽管同属于一个社会群体,但其受众成员并不见得一定会对同一条媒介信息作出同样的反应。③ 但是,传媒的专门化传播对于受众选择不同的内容发挥了重要影响,并因此形成了更为专门化的传播频道和传播资源,提高了媒体的核心竞争力,比如 CNN 主打的新闻报道、HBO 的电影频道等。1990 年,阿尔文·托夫勒在其著作《权力的转移》中曾预测,面向社会公众的信息传播渠道数量倍增,新闻传播媒体的服务对象逐步从广泛的整体大众,分化为各具特殊兴趣和利益的分众(demassify audience)群体。④ 1997 年,丹尼斯·麦奎尔也预言受众将呈现出细分(segmentation)和分化(fragmentation)的趋向。受众细分(audience segmentation)的过程就是将庞大的异质性群体划分成同质性相对较强的亚群体。他们基于共同兴趣而形成独特的社会类型。⑤

随着媒体的网络化和新媒体应用的不断发展,受众的类型也从传统大众媒体的类型转向多元化群体类型。尚大雷等认为,我国受众可以分为三大类:传统"群体型"受众(农业人口群体为主)、工业社会的"大众型"受众(城镇群体为主)和后工业社会的"新群体型"受众(新媒体应用群体)。⑥

4. 受众商品化特征

受众作为大众传播产业化结构中的重要消费群体,具有独特的消费特征。受众的

---

① 〔美〕戴安娜·克兰.文化生产:媒体与都市艺术[M].赵国新,译.译林出版社,2001.
② 〔英〕丹尼斯·麦奎尔.大众传播理论[M].徐佳,董璐,译.6 版.清华大学出版社,2019.
③ 吴文虎.传播学概论[M].武汉大学出版社,2000.
④ 〔美〕阿尔文·托夫勒.权力的转移[M].吴迎春,傅凌,译.中信出版社,2006.
⑤ 〔英〕丹尼斯·麦奎尔.受众分析[M].李燕南,李颖,杨振荣,译.中国人民大学出版社,2006.
⑥ 尚大雷,柯惠新.社会转型时期我国不同受众类型对实证研究的影响[J].现代传播,2002(4):40-45.

消费过程不是简单接受信息的活动,而是通过信息的接受构成独特的注意力价值,成为广告商获取广告传播效果的重要商品。媒体产业的运营与一般产业相比既有共同之处,更有特殊性,这一特殊性表现为媒体生产的是内容产品,但是媒体却不能完全通过销售这一产品盈利,特别是广播电视媒体,主要是通过广告而非销售节目来获取利润,而广告的投入依据的是节目的受众多少及其社会属性。因此,受众就成为一种实质性的商品,被广播电视媒体销售,尽管这个受众群是临时形成的商品。这就是受众商品论。

曾经担任美国联邦通信委员会首席经济学家的加拿大学者达拉斯·斯迈思在20世纪50年代提出了"受众商品论"(audience commodity thesis),这位曾经来到中国访问、对当时的"文化大革命"运动产生了浓厚兴趣的批判学派传播学学者,在1977年发表了《传播:西方马克思主义的盲点》一文,该文标志着受众商品论的形成。该理论解释了广播电视时段具有价值的原因、广告客户和媒介公司之间的关系以及商业性受众测量机构存在的理由,从而将媒介行业的本质牢牢地置于经济基础上。[①] 该理论主要有以下几个方面的观点。

第一,广播电视媒体生产的商品既是广播电视节目也是受众。斯迈思认为,节目在广播电视中也许是有趣的,更经常是有用的。但大众媒体生产的消息、思想、形象、娱乐、言论和信息却不是它最重要的产品。商业性质的大众传播媒体,其主要产品是受众的人力(注意力)。广播电视节目则是"钓饵"性质的"免费午餐",以广告费支持的"免费午餐"是喜剧、音乐、新闻,目的是引诱受众来到生产现场——电视机前。[②]

第二,受众通过特殊劳动来创造价值。斯迈思认为,受众不仅是商品,还是这一商品的生产者,受众的劳动创造了对广告商品的需求。即使在媒介的免费午餐广告节目出现在电视上的时候,广告商也已经获得了大量的受众劳动红利。[③] 电视受众通过观看电视节目及广告这种劳动形式,生产了电视广告营销商所需要的收视率,创造了营销价值。

第三,受众商品的价值主要是通过受众的数量和质量得以测量,而非完全通过节目的质量和内容。广播电视媒体将受众数量和受众的节目关注度作为衡量传播效果的核心,为了满足广告商的需要,媒体需要在选择节目形态和内容方面顾及受众的收视率,收视率从而成为影响媒体决策的重要依据,收视率数据作为一种集中反映广告投放价值的特定商品被出售给广告商。媒体则根据"产品"(受众)的多寡和质量(年龄、性别、

---

① 郭镇之.传播政治经济学理论泰斗达拉斯·斯麦兹[J].国际新闻界,2001(3):58-63.
② 同上.
③ 转引自〔英〕奥利弗·博伊德-巴雷特,克里斯·纽博尔德.媒介研究的进路[M].汪凯,刘晓红,译.新华出版社,2004.

文化程度、收入等人口指标)的高低(购买力的强弱)向广告客户收取费用。在这一策略之下,很多高质量的节目内容有可能不被大量受众喜欢,而广播电视媒体为了吸引受众的注意,就需要投其所好,选择较为大众化和有吸引力的节目进行传播,导致一些受众数量少但有很大的传播价值和影响力的节目无法播出。①

受众商品论不仅为传播学的批判理论提供了有效分析视角,也揭示了受众在商业性传播中的价值。这一理论在互联网经济领域也同样适用,并且其用户的大数据商品化趋势更为明显,从而揭示了媒体经济的注意力经济或者眼球经济的本质属性。

(二) 受众行为性特征

受众的行为既是个体成员的信息接受与选择行为,本质上又是具有社会象征意义的符号解构和意义阐释模式,还是一种信息消费和信息创造活动。因此,这些行为具有多元性、复杂性和独特性。

受众的大众化群体模式适合于广播电视和电影的点对面传播模式,随着互联网及移动终端的兴起,受众的使用媒介也转变成选择性和主动获取信息。作为信息行为用户的受众是基于以受众为中心的模式提出的,丹尼斯·麦奎尔和斯文·温德尔(Sven Windahl)指出,"受众实际上由真实的社会群体所构成,并以相互之间的人际关系网络为特征,而这些人际网络又对媒体的影响起了中介作用"②。

1973年,卡茨等提出了"使用与满足"理论,分析了受众的需求、选择和满足模式,认为受众面临各种信息来源时具有基于动机和期望的主动选择性机制,这可以被看作受众的信息行为模式。媒体消费者是自治、主动的代理人,根据一定范围内的个人考虑和认知、情感和社会需求确定媒介接触行为。③

1981年,英国著名信息学家托马斯·威尔逊(Thomas Wilson)提出了基于需求的信息行为模型,认为个人的信息需求行为是由工作或生活角色以及个人所处的政治、经济和科技环境所决定的。④ 2000年,他进一步明确指出,信息行为是人类行为中有关信息的来源和渠道,涉及主动和被动的信息寻找和信息使用,包括个人与他人面对面的沟通以及被动地接受信息的行为,如看电视广告。信息行为有四种模式:信息行为、咨询寻求行为、信息检索行为、信息使用行为。⑤ 1983年,布伦达·德尔文(Brenda Dervin)将信息寻求和使用视为一种沟通实践模式,提出了"意义建构"理论(sense-making theo-

---

① 郭镇之.传播政治经济学理论泰斗达拉斯·斯麦兹[J].国际新闻界,2001(3):58-63.
② 〔英〕丹尼斯·麦奎尔,〔瑞典〕斯文·温德尔.大众传播模式论[M].祝建华,译.2版.上海译文出版社,2008.
③ Katz E, Blumler J G, Gurevitch M. Uses and gratifications research[J]. Public Opinion Quarterly, 1973, 37(4): 509-523.
④ 转引自汪传雷,胡雅萍.信息行为研究进展[J].图书情报工作,2011(1):258-261, 246.
⑤ 同上。

ry)。他认为,信息的意义建构是内部行为(认知)和外部行为(过程)共同作用的结果。①

上述理论分析不仅局限于受众路径依赖性接触和获取由大众媒体直接提供的信息,还分析了基于受众特定需求和情境的主动寻求和利用行为的过程和特征,对象既有直接受众,也有利用一些中介渠道,如图书馆、信息服务场所、科研单位、医疗服务机构、网络平台等来获取信息的用户。此外,还侧重分析了受众与信息的交互性情境变化等。

受众信息行为研究已经逐步扩展到了互联网媒体领域,在那里,用户网络信息行为更为开放,允许以多终端接入或移动终端的平台使得用户随时随地都能产生与网络空间组织要素的交互行为,在活动形式上可区分为信息浏览、信息查找、信息获取和共享交流等基本行为方式。②

社交媒体场域的受众不仅具有接触和使用信息的一般行为模式,还是信息再传播的重要网络传播节点,其传播行为的角色和作用日益凸显。传统媒体有一个清晰的信息传播层级,受众处于信息流的底层,对传媒机构和意见领袖具有有限的影响力。网络社交媒体环境下,大众媒体受众既是信息接受者,也是信息再解释者和分享者。同时,面对多样化的传播终端,受众媒介接触正从单一走向复合化。

信息行为的特征包括信息获取行为的选择性特征,信息接受行为的再创作及分享性特征,信息利用行为的消费性特征,信息反馈行为的延迟滞后性特征。

1. 信息获取行为的选择性特征

受众群体并非完全整体一致地接受信息,而是有选择性地接受信息。美国学者约瑟夫·克拉珀(Joseph Klapper)认为,受众成员往往注意、理解并记住那些能满足自己需要或兴趣的信息,因此这一过程是一个选择性过程。受众的选择性分为三种情况,即选择性注意、选择性理解和选择性记忆。③ 具体如下。

(1)选择性注意(selective attention),也称为选择性接触。注意是调动感觉器官指向和集中于一定事物或活动的心理活动。面对众多的媒介及信息内容,受众成员无法毫无选择地被动注意所有媒介及内容,只能根据自己的需求、目的和兴趣,有选择地使用媒介,有舍弃地注意和接受媒介信息。④ 选择性注意的影响因素主要包括便利性因素、实用性因素、显著性因素、社会关系因素、社会心理性因素等。

① 便利性因素是指受众常常选择那些最易获得的内容,这些媒介资源一般都比较容易利用,比如与在家里看电视相比,去电影院看电影的便利性就有很多局限,受到固

---

① 转引自汪传雷,胡雅萍.信息行为研究进展[J].图书情报工作,2011(1):258-261,246.
② 李小青,等.国外典型用户信息行为模型发展综述及启示[J].情报杂志,2018(2):194-200.
③ [美]约瑟夫·克拉珀.大众传播的效果[M].段鹏,译.中国传媒大学出版社,2016.
④ 吴文虎.传播学概论[M].武汉大学出版社,2000.

定时间和场所的限制。

② 实用性因素是指受众会主动接触那些对自己有用的媒介资源,比如炒股的人喜欢选择证券类信息媒体。

③ 显著性因素是指受众对于媒介内容更加注意,如报纸头版位置的信息比较容易被注意。

④ 社会关系因素是指受众选择媒介或内容的注意目标可能会因家人、朋友的推荐而受到影响。

⑤ 社会心理性因素首先表现为从众性因素,这是指受众会根据周围大多数人的选择,对注意和选择一些媒体进行判断决策。其次是认知和谐性因素,依据之一是认知不协调理论。认知不协调是指一个人同时持有两个不一致、互相矛盾的认知。如一个医生明知吸烟可能导致肺癌,但还是喜欢吸烟,这种行为就是一种认知的不协调。勒温的学生费斯廷格认为,人们在认知中力求和谐,避免不和谐带来的困扰。① 如果不和谐,则会在心理上产生紧张与冲突,从而促使人们设法消除或减轻不协调,如人们会主动积极地避免接触会增加心理不和谐的情境及信息。促使认知从不协调转为协调的办法一是自我辩解,另一个是改变态度。前者是维护自己的态度,后者是态度转变。②

(2) 选择性理解(selective perception),也称为选择性见解。受众对于同样的信息内容,会基于各自不同的阅历、经验、知识结构、以往态度乃至自身利益和立场等因素,对传播者的信息产生不同的感受、看法、认知和评价。由于理解的主体意识比较强,因此会带有明显的选择性倾向,表现为对于文本的主动性阐释和意义的重新建构。受众针对统一的传播文本有各自主观的理解和认识,文本意义不仅存在于符号载体的决定性结构中,也在很大程度上存在于受众的主观创造性理解之中。③ 如鲁迅先生针对《红楼梦》的不同解读就指出,经学家看见《易》,道学家看见《淫》,才子看见缠绵,革命家看见排满,流言家看见宫闱秘事……④正如霍尔所指出的,受众的解读有三种不同的情况:第一种是与传播者期待性相符合的同向解读或者理解;第二种是与传播者意图部分符合,还结合了受众的主观理解的协商式解读;第三种是受众与传播者的理解完全相反的解读,有时候属于一种自我立场式理解,即根据主观意愿和既有态度来理解其内容,这种理解甚至还可能成为一种不符合作者本意的歪曲性理解。⑤ 古代很多"文字狱"就是通过莫须有的歪曲理解,在传播者中形成寒蝉效应。如清雍正八年(1730),"徐骏因'明月有情还顾我,清风无意不留

---

① Festinger L A. A theory of cognitive dissonance[M]. Stanford University Press, 1957.
② 同上.
③ 邵培仁.传播学[M].3版.高等教育出版社,2015.
④ 鲁迅.鲁迅全集[M].人民文学出版社,1973.
⑤ 邵培仁.传播学[M].3版.高等教育出版社,2015.

人'的诗句被告发指:思念明代,无意本朝,出语诋毁,大逆不道",被雍正处斩立决"①。

(3) 选择性记忆(selective retention)。受众成员对自己所接触、理解的媒介信息,只记住与自己的观念、经验、个性、需求相一致的信息,其他则被从记忆中排除出去,这种取舍就是选择性记忆。影响选择性记忆的因素既有主观方面的,也有客观方面的。主观方面主要包括选择自认为实用性强、有记忆价值的信息等。客观方面包括人们容易记住生动有趣的信息以及图片影像信息,相对而言枯燥乏味、难于理解的信息以及文本信息容易被忘记。

2. 信息接受行为的再创作及分享性特征

在互联网传播过程中,用户进行信息接受及消费的同时也会进一步创作及分享、转发,如新浪微博、网络游戏、微信朋友圈、各种点评点赞平台上的创作与分享。在互联网环境下,传播者和受众之间建立了活跃的互动关系,在此基础上,受众是互联网平台上的重要信息传播者和分享者。基于此,很多用户生产内容(UGC)的平台纷纷建立,如新浪微博、腾讯微信、大众点评、知乎等新媒体形式。此外,受众对于所接收的信息可以通过点赞、转发和推荐等方式,表达个人的认同和支持,并形成信息的再传播机制。

传播形态从过去印刷与电子媒体时代的漏斗模式重新回归社会传播时代的广场模式,生产者和消费者之间的边界在淡化,受众从消费性向生产性转化。在传统大众传播甚至宣传时代美国政治传播学者拉斯韦尔提出的传播与受众的线性要素传播流程的边界正在逐渐融合、互构。网络传播时代,受众成为自媒体传播者,又称"公民媒体""个人媒体"或关键意见领袖(key opinion leader, KOL)。

1980年,美国学者阿尔文·托夫勒就在他的著作《第三次浪潮》中预言,生产者和消费者的界限将会逐渐模糊,二者将融合为一体,成为"生产型消费者"(prosumer),即producer(生产者)和consumer(消费者)的合成词,意指一种生产者即消费者,或消费者即生产者的现象。② 2006年,他又提出了"产消合一经济"的概念,并将其作为财富革命的核心概念看待。③ 因此,美国新媒体研究者马克·波斯特(Mark Poster)将这种"双向去中心化的交流"视为第二媒介时代,制作者、销售者和消费者三者间的界限将不再泾渭分明。④

随着网络新经济的发展,受众成为"专业型消费者"(professional-consumer),他们不仅是信息的接受者,而且成为具有内容分享和再创造能力的专业粉丝或者"发烧友"。麦奎尔指出,"粉丝主动地从所给予的素材里创造出新的含义,构建新的文化区分、文体展示、

---

① 郭成康,林铁均.清朝文字狱[M].群众出版社,1990.
② [美]阿尔文·托夫勒.第三次浪潮[M].黄明坚,译.中信出版集团,2018.
③ [美]阿尔文·托夫勒,海蒂·托夫勒.财富的革命[M].吴文忠,刘微,译.中信出版社,2006.
④ [美]马克·波斯特.第二媒介时代[M].范静晔,译.南京大学出版社,2005.

社会认同和联合系统,这些都使粉丝群体从媒介的控制网络中摆脱出来"[①]。

人们关注粉丝群体带来的受众经济乃至产业问题。他们自主地生产、传播文化产品,使自己成为积极主动的受众,也成为被宰制的对象。[②] 当然,我们虽然强调了受众的巨大价值与资源性生产力特征,但也并非否定信息生产和技术应用的巨大引擎作用,同时,受众作为生产性消费主体仍然难以超越专业化传播主体的规模化和权威性内容生产力。

3. 信息利用行为的消费性特征

受众的信息利用行为也是一个信息的消费过程,这个过程与一般的产品和服务消费有共同之处,也有一些特殊性,如消费对象的非消耗性、消费行为的可塑性等。

物质产品的消费本身就是消耗其他产品的过程,产品的价值在消费过程中发生转移,受众的消费并不造成对传播产品或资料等精神形态上的实质消耗。在消费过程中,用于传播、消费的载体如图书、杂志、报纸等可能会有一些物质方面的损耗,但并不会因其物化部分的消耗而有损于内在的精神内容。[③] 因此,媒体消费具有共享性特征,这一消费活动不仅可以通过市场购买、订阅等方式获取,也可以通过利用公共图书馆、文化馆、档案馆以及蓬勃兴起的互联网及移动终端免费获取和利用。

媒体产品消费与一般消费品不同,消费者通常是基于特定的消费动机和复杂的消费条件而形成弹性消费活动。消费者对价格的敏感度也不同于一般消费品,有些媒体产品即使打折或者免费提供,也不一定会吸引到消费者,而在某些特殊条件下,比如节假日的电影或者某个明星的音乐会,即使价格较高,消费者也会愿意买单。

4. 信息反馈行为的延迟滞后性特征

相对人际传播的即时性反馈,大众传播受众人数众多,类型庞杂,收集反馈信息不及时,一般存在延时滞后性的特点。虽然在目前互动性增强的网络传播形态下,存在着即时性反馈,但是,这些反馈信息仍然难以被即时分析和处理,在大数据时代,受众信息的收集呈现出新的特点,但是完全的非样本收集还难以做到。

(三) 受众文化性特征

对受众特征的文化角度的分析,推动形成了著名的文化批判学派。在早期批判学派学者眼里,"大众化受众"一词多少带有一些贬抑之意,意味着个性丧失、非理性和缺乏自我意识。用马尔库塞的话说,大众化受众的形成是控制与同质化过程的一个组成部分,而控制和同质化导致了单向度的社会和人。他们无力为自己辩解,而传媒却可以将"心

[①] 〔英〕丹尼斯·麦奎尔.大众传播理论[M].徐佳,董璐,译.6版.清华大学出版社,2019.
[②] 孙黎,彭爱萍.中国字幕组:网络亚文化生产场域中的困境与博弈[J].重庆邮电大学学报(社会科学版),2016,28(1):81-86.
[③] 王壮.关于当前文化消费问题的浅见[J].科技创新导报,2010(12):227.

理无知"的标签强加给他们。①

事实上,受众并非被动接受信息的"容器",他们作为意义阐释者具有主体意识和能动性,其意义解构具有独立性和创造性。符号的意义、价值、主旨和本质都是在传播活动中,通过受者对文本符号的阐释而生发出来的。没有阐释实践,也就实现不了信息的社会效用。中国文化历史悠久,典籍浩如烟海,但信息阐释活动在全民中尚不普及。尽管信息在传播给公众前就被创作者赋予了意义,但却只是相对于作者自身的一种意义,作者也是自己信息文本的第一位读者,其创作过程也是对先前信息的反馈性阐释。②

麦奎尔认为,受众的文化性分析推动形成了重要的符号—意义和文化学派传统,包括接受分析或阐释分析研究。接受分析抛弃了传播效果的刺激—反应模式,也不再遵从媒体文本或讯息万能的观点,并扬弃了传统批判学派所谓受众臣服于传媒体系的观点,认为受众具有主动性和选择性,受众的媒介使用是特定社会文化环境的一种反映,也是赋予文化产品和文化经验以意义的过程。接受分析还特别强调了受众对媒介文本进行"解码"的能动作用,受众对于大众媒体所提供的支配性和霸权性意义,具有抵抗和颠覆之力量。③

第五节　大众传播媒体组织管理与战略转型

一、大众传播媒体组织的多重目标

大众传播媒体是一种多元化社会组织,既包括营利性的功利性媒体组织,也包括为了公共利益的非营利的媒体,如欧洲的很多公共广播电视媒体。媒体组织的目标与媒体的所有制形式、政治经济结构以及文化定位等有密切关系。

麦奎尔将媒体组织的目标总结为"利润;社会影响和权威;最大化受众;部分的目标(政治、宗教、文化和其他);服务公共利益"④。这个总结概括来说包含三大主要目标,即宣传目标、经营目标和公益目标。

（一）传媒组织的宣传目标

传媒组织的宣传目标主要包括政治目标、社会文化目标和其他利益目标。大众传播媒体与一般媒体的不同之处在于其传播效益较大,诺依曼就指出,"传播可以分为公开传播或私人间的传播,交谈通常是私人之间的传播。大众传媒是单向的、间接的和公

---

① 转引自刘燕南.《受众分析》:解读与思考[J].现代传播(中国传媒大学学报),2006(1):137-139.
② 周庆山.文献传播学[M].书目文献出版社,1997.
③ 刘燕南.《受众分析》:解读与思考[J].现代传播(中国传媒大学学报),2006(1):137-139.
④ 〔英〕丹尼斯·麦奎尔.大众传播理论[M].徐佳,董璐,译.6版.清华大学出版社,2019.

开的传播,它在这三方面都与最原始的人与人之间的交流是相对的。这就是为什么当一个个体面对大众传播媒体时会产生无力感,在任何一个关于'当今社会中谁的权力'过大的调查中,大众传媒总是排在第一位"[①]。因此,鲍尔-洛基奇等就认为相较于新兴的信息传播媒介系统和人际传播形态,大众传播媒体系统在服务社会目标方面比服务个人目标、人际目标有更强的影响力。[②]

宣传是指传媒借助不同的内容以及传播方式,向社会公众传递一种含有特殊意义的价值观念、思想和意识形态。传媒运行离不开特定的社会政治、经济和文化的制约和影响,其本身也会代表各种政治、经济及其他利益表达诉求、提供服务并进行舆论引导和产生社会文化影响。

(二) 大众传播媒体组织的经营目标

大众传媒的经济收益主要来自两个方面:一是广告收益,二是信息产品的销售收益。这意味着,传媒面对的市场压力同样主要来自两个方面,即广告主和作为消费者的广大受众。这二者之间既相互联系又相互矛盾。[③]

媒体经济学家罗伯特·皮卡德(Robert Picard)认为:"从经济角度看,媒体产业不同于一般产业,原因为其在所谓的二元产品市场中运作。媒体生产一种产品,却参与两个独立的商品与服务市场。每一市场的表现都会影响到另一市场。"这就是受众信息服务市场与广告主广告服务市场。[④]

除了信息服务市场和广告服务市场,大众传播媒体内容还涉及第三个市场,这就是衍生品的知识产权市场,主要包括品牌和版权交易等。因此,这是一个多次售卖的市场。其中,媒体第一次销售的产品为有价值的内容信息,在获得读者购买媒体内容费用的同时,也获得特定读者群的注意力;第二次销售的是读者群的注意力,获得广告收益;第三次销售的是媒体自身的"无形资产",如品牌,通过品牌影响力取得收益。[⑤]

(三) 大众传播媒体组织的公益目标

大众传播媒体组织的公益目标就是指传媒应维护基本媒体社会责任和法律道德规范,发挥其社会正向职能,满足公民基本信息需求、知情权和民主参与性,并赋予公众参与政策讨论、监督和批评建议权。大众传播媒体并非单纯的宣传和营利工具,在传播活动中需要秉持操作专业性、观点多元性、报道公平性、价值公正性、民主参与性等原则进行新闻报道和内容传播,不能传播违反公共利益、公共道德乃至侵害受众权

---

① 〔德〕伊丽莎白·诺尔-诺依曼.沉默的螺旋:舆论——我们的社会皮肤[M].董璐,译.北京大学出版社,2013.
② 张咏华.媒介分析:传播技术神话的解读[M].2版.北京大学出版社,2017.
③ 郭庆光.传播学教程[M].2版.中国人民大学出版社,2011.
④ 〔美〕罗伯特·皮卡德.媒介经济学:概念与问题[M].赵丽颖,译.中国人民大学出版社,2005.
⑤ 罗颖.从三次售卖理论看我国网络杂志的盈利模式[J].出版科学,2010(2):49-52.

益的内容。

麦奎尔认为,公共利益的主要标准和要求包括:"出版自由;媒体所有权的多元化;信息、观点和文化的多样性;对公共秩序和国家安全的支持;广泛的(近乎普遍的)覆盖范围;公众可获得高质量的信息和文化;对民主政治体系(公共空间)的充分支持;对个人和普遍人权的尊重;避免对社会和个人造成伤害和侵犯。"①这些标准也体现了媒体公益性的基本准则。

公益目标的实现需要通过媒体运营过程中的把控机制来保障,也需要通过更为广泛的媒体机制和实践运行来达成这一目标。如欧洲国家在公共广播电视领域创制了一种公共运营媒体运营模式,这类媒体"拥有广泛的编辑和运营独立权,这些体系运作的一般原则就是通过满足社会与公民重要的传播需求来为公共利益服务,并需要由民主政治体系来决定并且审核"②。主要目标是:"区域覆盖的普遍性(接受和传送);为所有主要的品位、利益与需要以及满足所有的意见与信念提供多样性的服务;为少数人提供服务;对国家文化、语言与认同的关注;服务政治体系的需求;在对冲突的报道中,提供平衡与不偏不倚的信息;对'质量'特别关注;公共利益优先于经济目标。"③

二、我国大众传播媒体组织属性变迁

我国大众传播媒体组织具有多重目标,具有多元化交织的组织属性,这些属性既有协同性,也有矛盾冲突性,在不同时期,体现出政治经济和文化发展的时代特征和社会结构特征。当前,我国媒体伴随着文化体制改革和应对互联网冲击下的产业转型融合,媒体的组织结构和属性特征也越来越多样化。媒体组织在运营模式和流程结构上也进行了变革,将非宣传类的业务进行了剥离,并按市场规律重组成新的经营性组织。而非新闻宣传类的媒体组织也基本实现了事业单位转制为企业的任务。与此同时,各类互联网媒体形态的不断出现,以及与国有媒体的合作、并存和相互竞争格局形成了全新的媒体组织生态模式。

国家对传媒的产业功能给予承认和政策支持,同时对传媒的舆论监督功能也日益重视。这就形成了党的喉舌、产业经营、舆论监督三重逻辑相互交织的制度环境。④ 我国媒体组织的属性呈现出日益多元交叠的趋势,形成了基于党和政府喉舌目标的政治属性、基于产业经营和经济效益目标的经济属性以及基于社会服务目标的公益属性共

---

① [英]丹尼斯·麦奎尔.大众传播理论[M].徐佳,董璐,译.6版.清华大学出版社,2019.
② 同上.
③ 同上.
④ 丘海雄,龚嘉明.多重制度约束下的传媒组织转型——以M市新闻传媒集团为例[J].广东社会科学,2010(6):157-164.

存的局面。其中,政治属性居于主导地位,经济属性和公益属性也应符合政治属性,与其相一致,从而达到三个属性的内在统一。

三、媒体组织管理机制

大众媒体组织管理机制受不同政治、法律和所有制外部环境和媒体组织类型、规模、性质及运营目标等的共同影响,不同国家或地区、不同类型媒体的组织管理机制有较大差异。与此同时,随着网络新媒体的兴起和融合发展,媒体组织管理机制进入了调整、转型和重构的新时期。近年来,随着文化体制改革的推进,不断涌现的大型跨区域、跨媒体的新型媒体集团,其组织管理架构的设置也因特殊的管理目标而形式多样。

在媒体组织中,政党、政府(投资者)、受众与经营管理者的四元控制模式构成了极具影响力的利益相关关系。其中,政党关注媒体组织的政治绩效,对媒体组织进行意识形态的宏观调控;政府作为投资者关注媒体组织的经济绩效,授权媒体组织经营管理市场行业,并作为规制者实施媒体产业或市场的监管;受众关注媒体组织的公共产品绩效;媒体经营管理者虽然也是媒体组织的核心利益相关者之一,但其主要还是承担了媒体经营管理中多任务代理的角色,作为受托人或代理人,需要关注政治、公共和经济三方绩效的平衡及平衡后的综合绩效水平,要确保平衡和实现多元目标的利益诉求。①

四、媒体组织的联合运营模式

美国的大众媒体要承担较高的内容提供和运营成本,也面临着同行业的激烈竞争,并承受着媒介技术应用带来的冲击。因此,媒体组织不得不采取一定的组织战略模式来抵御风险,降低成本。它们普遍采用了一定的联合运营模式,包括报业连锁、广播网以及联合经营协议等。

第一是报业连锁模式。1892 年,斯克里普斯家族已拥有 5 家报纸,成为美国第一个报业集团。② 此后,威廉·赫斯特(William Hearst)、弗兰克·甘尼特(Frank Gannett)等人建立了数个报业王国。大众报业为了追求更高利润,不断集团化,至 1914 年美国的斯科利普斯-麦克里报业联盟已经拥有全美 23 家报纸。③ 目前,10 家大媒体公司拥有全国 1/5 的日报,其报纸发行量则占全国日报总发行量的一半。④

第二是广播网模式。这是一种横向所有权融合。美国全国广播公司是最早的广播网,成立于 20 世纪 20 年代。1941 年,美国联邦通信委员会拆分了美国全国广播公司,

---

① 唐旗.简析我国媒介的组织管理[J].现代商业,2014(6):178-179.
② 郑超然,程曼丽,王泰玄.外国新闻传播史[M].中国人民大学出版社,2000.
③ 邵培仁,陈兵.媒介战略管理[M].复旦大学出版社,2003.
④ 李良荣.西方新闻媒体变革 20 年[J].新闻大学,2000(1):12-15.

从而产生了美国历史上的三大广播网。美国联邦通信委员会禁止一家广播公司拥有两个以上的广播网,但近年来有放松的趋势。①

第三是联合经营协议(joint operating agreement),即通过联合经营降低运营成本,如在同一镇上的两个报纸出版商合并其商业和印刷业务,但保留各自的编辑人员,以保持两家报纸各自的特性。协议目标当然是减少运营成本,如只需要维护一个昂贵的印刷设备,而不是两个。

五、媒体组织的内部把关控制

(一) 把关人理论

早在1943年,研究人际社会网络的社会心理学家库尔特·勒温就提出了"把关人"的概念。他通过实地调查,分析了如何改变战时家庭的食物消费习惯的问题。他发现,食物进入家庭的餐桌这一过程是一个信息经过很多渠道的沟通决策过程,其中需要经过把关人的控制,这些人就是家庭主妇或者富裕家庭的女佣。这个过程也是一个信息在不同渠道流动和受不同主体控制的过程,其中,不同的主体在不同的时间可以进行不同的把关控制。②他在后续研究中,还进一步分析了人际网络群体决策的信息反馈问题。他认为,把关人并非简单进行信息控制,而是要综合考虑群体因素。③

事实上,把关人在不同的传播场域中普遍存在,包括人际交往中的信息传递过滤,甚至体现在传媒作品在图书馆被选择并得以收藏、被公开借阅和在社交媒体上被加以推介等环节中。

(二) 大众媒体组织把关机制的模式分析

很显然,大众媒体作为社会信息交流系统的过滤器或者放大器,其把关机制是必要的设置,媒体工作环节中编辑筛选稿件并决定刊发的把关过滤机制值得关注。把关机制被在艾奥瓦大学担任勒温研究助理的戴维·怀特(David White)引进到报纸编辑工作原理分析中,他通过分析1949年2月一周之内各大通讯社的所有电讯稿及编辑弃用稿被淘汰的理由,把编辑称为"把关人先生"(Mr. Gates),他发现,编辑的选择决定带有高度主观性,在三分之一情况下,编辑根据个人对稿件的优劣评价进行选择。三分之二的情况则是因为报纸篇幅不够,或已经刊登过或正在刊登其他类似稿件。④ 其中,比起其他类型的新闻,该研究中的编辑更喜欢政治新闻,不喜欢自杀故事,更喜欢叙述性强、不

---

① 肖叶飞.传媒产业所有权融合与反垄断规制[J].国际新闻界,2013(4):103-111.
② Lewin K. Forces behind food habits and methods of change[J]. Bulletin of the National Research Council, 1943(108):35-65.
③ Lewin K. Frontiers in-group dynamics[J]. Human Relations, 1947(1):143-153.
④ 张国良.20世纪传播学经典文本[M].复旦大学出版社,2003.

包含事实或数字的故事。①

麦奎尔和温德尔将这一新闻筛选过程的"把关"(Gatekeeping)流程做成了一个模式图,其中,N 是新闻的信源(News),它包括一系列不同的新闻,分别为 N_1、N_2、N_3、N_4 等,这些新闻在到达门区时,有的被舍弃,有的被选择。见图 6-1。

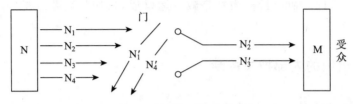

图 6-1 怀特的把关人模式②

大众传播是一种信息采集、选择、加工处理并根据一定准则和标准进行把关控制的传播过程,是典型的漏斗模式,即符合一定标准的信息才能通过这个漏斗传播出去。并非编辑环节就能够决定一切,还涉及采访、部门审核、分发、发行等环节。因此,怀特的模式仅仅分析了编辑环节的新闻取舍,而事实上,在事件发生之后,是否纳入采访和传播环节就已经成为把关的重要一环了。在新闻事件成为被受众获取的信息的过程中,把关人的功能不仅是拒绝或者选择那么简单,而是改变信息的形式和内容,并且存在着多个环节的组织机制把关过程,正如麦奎尔等所指出的,这一模式未考虑抑制和引导这一过程的组织因素。③

1959 年,约翰·麦克内利(John McNelly)揭示了新闻把关的多环节过程,把这些多环节的把关者称为"中间传播者"。④ 如一条国际新闻的传播,首先是一个外国新闻通讯社记者,写出报道发给该社的地区分社,分社可能会进行删改发到总社编辑组,总社再进行修改、删节,并经全国或地区新闻社修改,传送给报社、电台或者电视台的新闻编辑,经过进一步修改后传播给受众。与此同时,受众还会进一步充当把关人,将这一新闻传递给其他人,其中还会有不同的反馈环节。⑤

这个模式也有不足之处,即它把各个环节的作用看作一样的,而事实上,这些环节是有主次之分的。亚伯拉罕·巴斯(Abraham Bass)的"双重行为模式"(double action

---

① White D. The "gate keeper": A case study in the selection of news[J]. Journalism Quarterly, 1950, 27(4): 383-391.
② 〔英〕丹尼斯·麦奎尔,〔瑞典〕斯文·温德尔.大众传播模式论[M].祝建华,译.2 版.上海译文出版社,2008.
③ 同上.
④ McNelly J T. Intermediary communicators in the international flow of news [J]. Journalism Quarterly, 1959, 36(1): 23-26.
⑤ 〔英〕丹尼斯·麦奎尔,〔瑞典〕斯文·温德尔.大众传播模式论[M].祝建华,译.2 版.上海译文出版社,2008.

model)对此作了描述。① 他认为,信息流程中的把关人的作用各不相同,关键环节是新闻媒体组织内部对新闻内容进行挑选、修改或剔除,其他环节是处于次要地位的。他把把关活动分为新闻采集者和新闻加工者两个阶段的双重把关行为。② 见图6-2。

图6-2 巴斯的双重把关行为模式

从这些模式的分析中可以发现,媒体把关涉及不同环节、层面和主体,是一个复杂的控制系统。把关的操作内容也不仅是对新闻等信息来源进行取舍选择,还包括对信息内容的修改、补充、删除、重组和编排,体现了媒体的议程设置功能和框架作用。

媒体把关是组织制度化的重要组成部分,而不仅是发生在个人或工作层面,还包括组织乃至组织外层面等。如我国出版机构实行"三审制",即责任编辑对书稿进行初审(一审),编辑室主任(副主任)或由出版社领导委托的编审、副编审进行复审(二审),由社长或总编辑或社领导委托的编审、副编审进行终审(三审)。③

不仅把关机制内部环节众多,把关机制还包括媒体组织外部系统的把关控制层面。1991年,帕梅拉·休梅克(Pamela Shoemaker)将大众传播中的把关过程分为五个层次,即个人层次、媒体工作常规层次、组织层次、媒体外社会团体层次及社会系统层次,对影响媒体内容信息的把关现象进行了全面系统的分析。④

（三）新媒体环境下的把关机制

随着媒体融合与多渠道信息传播生态的发展,媒体组织的信息流把关机制也面临着新挑战,受众获取信息并非都直接通过大众媒体,而是也通过间接的网络集成平台、各类客户端及社交网络渠道等,因此,把关机制呈现出主体多元化、后置控制性、自组织性等特征。

第一,在新媒体环境下,把关并非仅仅通过大众媒体的把关人进行过滤式信息筛选加工,还包括网络平台的集成把关、网络自媒体信息的把关以及网络用户的自我把关等。在这一过程中,不仅把关人通过人工进行把关,还存在着算法把关人这一新主体。"算法和平台的崛起使个体用户和服务参与到新闻的发布中,改变了传统把关人理论的

---

① Bass A Z. Refining the "gatekeeper" concept: A UN radio case study[J]. Journalism Quarterly, 1969, 46(1): 69-72.
② 〔英〕丹尼斯·麦奎尔,〔瑞典〕斯文·温德尔.大众传播模式论[M].祝建华,译.2版.上海译文出版社,2008.
③ 孙超.提高编辑人员责任意识落实社科期刊"三审制"[J].今传媒,2011(12):112-113.
④ 〔美〕帕梅拉·休梅克.大众传媒把关(中文注释版)[M].张咏华,注释.上海交通大学出版社,2007.

选择过程和新闻传播模式。"①例如,搜索引擎、聚合器和推荐系统形成了所谓"公共兴趣",它们和拥有它们的公司被认为是许多数字平台上的信息流的管理者。②

第二,在新媒体环境下,信息发布呈现出匿名化、海量化、交互性和社交化等趋势,传统的前置把关机制面临挑战,网络信息媒体的把关从"集中前置过滤把关模式"向"分布后置追溯模式"进化。在传统线性传递信息模式下,可以提前进行信息过滤,有效控制信息的质量和流向,但是网络媒体的传播机制是节点式模式,无法通过沙漏式把关加以控制,因此主要是采用传播后内容的社会监督、技术识别过滤和追溯处置方式进行把关控制。

第三,把关者垄断性控制向自组织化机制转化。传统把关机制主要是依靠传播中介实施关口控制的过滤机制,自组织机制则是将把关权力开放给传播者和受众进行事后调整和完善的协同平衡机制。

六、大众传播媒体的组织变革理论

1998年,美国战略管理学家查尔斯·希尔(Gareth Jones)和加雷思·琼斯(Charles Hill)认为,组织变革是为了使企业从目前的状态达到未来理想的情境而增加其竞争优势的活动,主要包括改造、流程重组和创新三种活动。③ 大众媒体组织变革是指媒体组织基于内部结构和外部变化而进行的组织结构及组织流程的调整和重构过程。

组织变革理论包括权变理论、复杂性理论、企业再造理论和学习型组织理论。以下结合媒体组织变革实际情况,主要介绍大众媒体组织变革的动因及策略。

(一) 大众媒体组织变革动因

组织变革的动因主要包括外在因素和内在因素两个方面。理查德·斯蒂尔斯(Richard Steers)认为,组织内部和外部都具有促使组织变革的因素。其中内部因素主要有员工目标变化、组织目标变化、工作技术变化、组织结构和环境的变化;外部因素主要有技术变化、资源可获得性变化、政治变化、市场与经济的变化。伦纳德·古德斯坦因(Leonard Goodstein)和怀亚特·伯克(Wyatt Burke)认为,组织变革主要是基于外部环境压力,很少有组织是因内部需求而作主动变革,这些外部环境压力包括新的法规、技术创新、竞争者的严重威胁、消费者偏好的改变等。④ 事实上,组织机制变革最核心的

---

① 阮立,等.现代把关人理论的模式化——个体、算法和平台在数字新闻传播领域的崛起[J].当代传播,2018(2):86-91.
② Gillespie T. The relevance of algorithms[M]. The MIT Press, 2014:167-194.
③ Hill C, Jones G. Strategic management theory:An integrated approach[M]. 7th. South Western College Pub., 2007.
④ 孟范祥,张文杰,杨春河.西方企业组织变革理论综述[J].北京交通大学学报(社会科学版),2008(2):89-92.

动因还是外部因素的影响,这一影响也会促使组织的内部因素产生变革需求,从而共同影响了变革。与此同时,内部因素非常复杂,很多时候也是变革的阻碍性影响因素。

大众媒体组织的变革动因主要包括媒体组织融合、媒体竞争、受众利用模式变化、组织自身压力等因素。

第一,媒介融合带来了媒体组织融合。美国麻省理工学院的伊契尔·普尔(Ithiel Pool)认为,媒体融合打破了媒体原有的传统、组织和秩序,使得媒体的组织结构和工作流程随之作出调整和改变,去中心化和反控制的过程让媒体组织从内部产生创新动力,形成了新的生产关系和社会关系,包括媒体组织内部、媒体组织外部以及媒体与公众之间的关系。①

大众传媒产业、电信产业、信息产业、传统的家电产业在内容产业中相互融合,相互支持,形成了一个巨大的技术、媒介与电信产业(Technology, Media and Telecom, TMT)。

第二,媒体竞争促进了业态变革。由于媒介的进化与发展,新媒介对传统媒介构成了挑战和竞争,菲德勒将这种"所有媒介同时发展时所产生的激烈变化"称为"媒介新业态"(media morphosis)。在这一新业态环境下,媒体固有的媒介业态面临新媒介应用的激烈竞争,从而形成共生和调整的格局。

在互联网技术推动下,新媒介率先被具有技术属性的平台公司应用,从而形成了全新的媒体形态,即互联网新媒体,这些新媒体以其特有的连接和集成优势迅速超越了传统媒体。这些新媒体的特征是:(1)无限的信息频道;(2)积极参与信息制造与传播的受众;(3)受众控制对信息的接收;(4)双向传播机制;(5)基于网络媒体的虚拟社交圈。②

第三,受众利用模式的变化影响媒体数字化转型。2014年由中国新闻出版研究院组织实施的第11次全国国民阅读调查显示,我国国民的数字化阅读率首次超过了纸质阅读率,说明国民阅读方式发生了根本性改变。2021年我国成年国民图书阅读率为59.7%,较2020年的59.5%增长了0.2个百分点;报纸阅读率为24.6%,较2020年的25.5%下降了0.9个百分点;期刊阅读率为18.4%,较2020年的18.7%下降了0.3个百分点;数字化阅读方式(网络在线阅读、手机阅读、电子阅读器阅读、Pad阅读等)的接触率为79.6%,较2020年的79.4%增长了0.2个百分点。③

(二) 大众媒体组织变革策略

斯蒂芬·罗宾斯(Stephen Robbins)认为组织变革主要包括结构变革、技术变革和人员改革。莎拉·雷格尔(Sara Reger)将组织变革分为组织结构重整、规模合理化、组

---

① 赵新宁.媒介形态的更迭与行动逻辑[N].中国社会科学报,2019-9-5(3).
② 张竞文.从接纳到再传播:网络社交媒体下创新扩散理论的继承与发展[J].新闻春秋,2013(2):25-33.
③ 魏玉山,徐升国.第十九次全国国民阅读调查主要发现[J].出版发行研究.2022(5): 21-25.

织再造、重新组织。① 在大众媒体组织变革领域,主要的组织变革策略表现为集团化与范围经济模式、组织结构重整和业务流程再造。

1. 集团化与范围经济模式

新技术给各大实力雄厚的新闻传媒集团带来了巨大的影响。尤其是互联网及社交媒体的兴起对传统媒体的冲击巨大,媒体单一类型化发展的风险进一步加大,难以适应竞争生态下的可持续发展需要。媒体生态已经从传统大众媒体主导变成互联网平台主导的一种综合化信息服务型传播形态。

从国际大媒体产业集团的发展来看,集团化发展的经济驱动力主要包括三个方面的因素:一是寻求规模经济效益,二是形成企业合力,三是竞争全球市场。为了提高竞争力,媒体组织通过兼并联合的集团化和跨界整合化拓展来实现媒体的规模化、媒体内容的结构多元化和媒体传播形态的多渠道化。仅从1990年至2000年的11年间,美国媒体产业中较大的合并和购买个案就有18起,总交易额达2920亿美元。②

美国传播行业出现迅速集中化的趋势,截至2011年,超过90%的美国媒体都被6家大公司所掌控。这6家公司是:通用电气公司、新闻集团、迪士尼公司、维亚康姆公司、时代华纳公司和哥伦比亚广播公司。③ 目前,著名国际传媒集团主要包括美国在线时代华纳(AOL Time Warner)、赫斯特公司(Hearst Corporation)、康卡斯特公司(Comcast Corporation)、华特迪士尼公司(The Walt Disney Company)、维亚康姆(Viacom)、新闻集团(News Corporation)、贝塔斯曼(Bertelsmann)、21世纪福克斯公司(Twenty-First Century Fox,Inc)、维旺迪(Vivendi)、梦工厂工作室(DreamWorks Studios)等。这些集团的共同特点是具有较强的资本实力和规模盈利性、具有企业的横向和纵向整合能力、具有国际化布局和市场占有率。

媒体集团化及兼并联合策略包括交叉拥有所有权、垂直整合、联合经营所有权等形式。具体如下。④

(1)交叉拥有所有权(cross-ownership)通常是指在一个市场上个人或公司拥有多于一种传播媒介的情形。美国最大的媒体集团中许多都拥有一些共同大股东,彼此之间相互投资参股。⑤ 如在同一个大城市的市场中拥有报纸、广播电视所有权及有线电视系统就是交叉所有。

---

① 孟范祥,张文杰,杨春河.西方企业组织变革理论综述[J].北京交通大学学报(社会科学版),2008(2):89-92.
② 蒋斌.美国媒体产业集团化发展及其驱动力[J].学术研究,2002(11):60-68.
③ 转引自汪峥.公共舆背后的真实权力——经典现实主义名下的世界舆论[J].赤峰学院学报(汉文哲学社会科学版).2014(9):130-132.
④ 蒋斌.美国媒体产业集团化发展及其驱动力[J].学术研究,2002(11):60-68.
⑤ 同上.

（2）垂直整合是指同一所有者拥有和控制从内容的制作到分发的生产链全过程，即跨越媒介界限，并购电视、广播、互联网等各种媒介，形成媒体的垂直整合，打造产业链。

（3）联合经营所有权是指跨界运营，拥有媒体产业，同时也涉足媒体以外的其他产业。利用品牌效应，各种媒体在同一销售行为中靠品牌统一起来，发挥协同作用。它们不仅经营媒体，也经营其他产业。①

近年来，为了应对媒体发展的新环境，我国的大众媒体也开始了产业化战略整合。2001 年中央宣传部、国家广电总局、新闻出版总署联合发布的《关于深化新闻出版广播影视业改革的若干意见》对组建媒体集团，跨地区、跨媒体经营以及媒体投融资等问题都提出了指导性意见。

在我国目前开展的跨界和融媒体整合方面，较为显著的就是县级融媒体中心建设，全国各县在媒体融合的道路上，经过几年的摸索和尝试后，形成了各具特色的模式，也出现了百花齐放的特点。一般是将所辖的报纸、电视、广播、网站、两微一端以及第三方平台账号等媒体资源，参照人民日报"中央厨房"的模式，实现一体策划、一次采集、多种生成、多元传播。同时，普遍借助"外脑"，与中央、市属媒体和互联网公司强强联合，或与区域高校、科研机构建立广泛合作关系。②

2. 组织结构重整

包括组织结构上的部门设置和调整。如人民日报"中央厨房"模式的组织结构调整的做法是打破过去媒体的"板块分割"运作模式，专门设立总调度中心，建立采编联动平台，统筹采访、编辑和技术力量，实现"一次采集、多元生成、多渠道传播"的工作格局。人民日报就此实现了报纸业务的编采分开。地方部、经济社会部、政治文化部、体育部改为完全的采访部门，原有的版面编辑任务移交总编室负责，采访力量实现统筹管理、打通使用。③

3. 业务流程再造

业务流程再造（business process re-engineering）是一种业务管理策略，在 20 世纪 90 年代初被提出，专注于分析和设计组织内的工作流程和业务流程，其宗旨是帮助企业重新思考如何开展工作，以改善客户服务、降低运营成本，并成为世界级的竞争对手。④ 媒

---

① 〔美〕雪莉·贝尔吉.媒介与冲击：大众媒介概论（第四版）[M].赵敬松，主译.东北财经大学出版社，2000：335.
② 张庆洁.县级融媒体中心建设路径探索[J].传媒，2019（2）：21-23.
③ 张旸.人民日报"中央厨房"构建行业新生态[J].青年记者，2017（7）：19-21.
④ United States General Accounting Office. Business Process Re-engineering Assessment Guide[EB/OL].[2023-9-13]. https://govinfo.library.unt.edu/npr/library/gao/bprag.pdf.

体的业务流程再造体现为从传统的媒体生产传播流程转向新的模式。在新闻生产方面,新媒体对传统媒体的影响主要体现在"从组织化的新闻生产向社会化的新闻生产转型"①。新闻生产是新闻机构及从业者对新闻的选择、加工与传播过程,是一条单向链条,由生产主体、客体以及所形成的生产关系构成。在新媒体的影响下,新闻生产从传统组织化生产向新媒体平台转移,体现出互动性、及时性与广泛性。②

大众媒体的业务流程主要是基于以往的印刷媒介和电子媒介采集信息、编辑制作、播出发行等线性环节,新闻出版和广播电视分别有不同的传播流通模式和渠道。进入融媒体时代,这一各自独立的线性模式逐步转变为内容制作、数字封装、平台集成、多屏分发和交互化传播等横向环节,由此带来媒体机制和业务流程上的根本变革。

2015年,国家新闻出版广电总局、财政部专门印发《关于推动传统媒体和新兴媒体融合发展的指导意见》,明确强调要推动传统媒体和新兴媒体在内容、渠道、平台、经营、管理等方面深度融合。其中,平台遵循了组织逻辑的演化规律而成为一种自组织的社会信息系统,作为网络化社会枢纽而连接各节点之间的关系链条,拥有面向用户特有的开放性,构成大型传播网络系统的组成部分,成为重构新闻机构组织形态的崭新力量。媒介平台最明显的特点是改变了媒体的议程设置和新闻生产的组织习惯,推动形成了不同于传统专业媒体的信息分发和传播渠道的新机制。③

传统大众媒体组织机制是分别按照图书报纸杂志出版流程、广播流程、电视播出流程以及电影制作放映流程进行业务组织的,这一模式难以适应媒体融合及自媒体信息传播的新生态。以新闻生产流程再造为例,新闻生产的流程再造首先是内容的生产多媒体化,收集过程是多媒介汇流的;其次,收集而来的新闻内容,需要进行一流的价值判断以及去向判断;再次,要解决新闻分发问题,让同一内容不同形式的新闻产品能沿着既定渠道运行,从而保证新闻产品的全方位传播。另外,也要解决新闻产品抵达用户后的反馈以及用户贡献的内容如何上浮的问题。④

2017年中国传统媒体进入了"媒体深度融合"的全新阶段,其中,由人民日报等主流媒体探索构建的"中央厨房"模式具有代表性。现阶段主流媒体探索建立的"中央厨房"模式具有以下三个共性特征:

第一,实现全体系贯通和全流程覆盖。例如人民日报"中央厨房"提出的"采编联动平台"概念,就形成了"采访中心""全媒体编辑中心"以及"技术中心"三角支撑架构。

---

① 张志安.新闻生产的变革:从组织化向社会化[J].新闻记者,2011(3):42-47.
② 刘义昆,赵振宇.新媒体时代的新闻生产:理念变革、产品创新与流程再造[J].南京社会科学,2015(2):103-110.
③ 赵新宁.媒介形态的更迭与行动逻辑[N].中国社会科学报,2019-9-5(3).
④ 栾轶玫.融媒体时代新闻生产的流程再造[J].今传媒,2010(1):30-31.

第二，通过技术改变传统新闻运作模式。例如，人民日报由于"采编联动平台"带来了素材跨部门共享和信息横向的无障碍流通，新闻生产主体正在向跨部门、跨行业的"新闻工作室"转变。

第三，重塑新闻生产中心。"去中心化"应该只应用于传播渠道和内容分发层面，新闻生产环节则恰恰需要重塑符合移动互联网传播特点的内容调度中心，最大限度地保证互联网内容导向和质量。①

第六节　大众传播媒体组织规制

一、大众传播媒体组织的社会控制

大众传播媒体与社会的关系是一个互动机制模式，表现为两个向度的影响约束力。一个向度是大众传播媒体对社会的功能辐射影响，比如我们在第二章的"传播系统的社会功能"部分所梳理的社会认知、社会整合、社会遗产传承、规范、社会教育与娱乐等功能。另一个角度是社会系统基于各种因素会对媒体施加各种控制约束。

麦奎尔概括了实施控制的理由，包括：更大的政治颠覆潜力；更大的道德、文化和情感冲击力，这些内容基于"公共利益"的理由而必须受到监督；更大的实施控制的可能性，如广播电视和电影放映更容易受到监督控制，相反，印刷媒介、复制、新技术信息传播等就不容易控制；更大的进行管理的经济动力；等等。②

媒体的社会控制方式是相对于媒体内部控制而言的外部控制方式，这些方式是一种规制手段，主要包括媒体的政治规制、法律规制、行政规制、经济规制、社会规制等方面。这些控制方式也并非单一输出模式，而是复合型的综合治理模式，媒介与媒体组织形态及属性的差异性导致控制手段、形式和强度也各不相同。广播电视传播基于频谱资源的稀缺性等原因，在控制上较为严格，互联网传播趋势则对已有控制方式构成了新挑战。

（一）大众传播媒体的政治规制

政治规制主要来自政治集团利益的影响和控制。大众传播媒体的产生与政治密不可分，政治行为中的舆论宣传、意识形态建构、政治机制的运行和发展都离不开媒体。与此同时，政党和政治利益团体也必然希望通过对媒体的控制来影响政治生态。因此，政治规制是大众媒体绕不开的一个重要社会控制源。弗雷德·西伯特（Fred Siebert）和施拉姆等人在《报刊的四种理论》中分析了媒体与政治制度的关系："媒体总是受到

---

① 王昕.媒体深度融合中的"中央厨房"模式探析[J].现代传播(中国传媒大学学报),2017(9):125-129.
② [英]丹尼斯·麦奎尔.大众传播理论[M].徐佳,董璐,译.6版.清华大学出版社,2019.

它所运行的社会政治结构的影响,尤其会反映社会控制体系。在这个体系中,个人和制度之间的关系在不断调整。"①

政治规制是各种社会控制手段的基础和来源,它可以综合运用法律、行政、经济和社会等控制手段,具有制度性和基础性特征,具体体现就是媒体的制度规范原则和媒体与政治系统的关系架构。政治规制主要包括国家政党利益规范、意识形态规范、国际传播的信息主权等规范性控制,涉及的主要方面是言论自由与控制问题。麦奎尔就认为,政治领域的核心就是自由与控制问题,规范层面关注的是媒体应如何运用它们所获得的自由。② 我国大众传媒的制度规范中就明确强调,媒体必须在中国共产党的领导下运作和管理,坚持党性原则。

在国际传播形态下,不同主权国家基于国家政治利益的考虑,强调信息主权(informational sovereignty)原则,信息主权是指一个国家对于本国的信息输入、信息治理和信息输出的自主规范和控制的权力。我国的《网络安全法》首次以法律的形式明确提出"维护国家网络空间主权"。信息主权的原则主要包括:在所在地区控制传播基础设施的权力;在本土制定传播政策的权利;平等地参与全球信息传播的权利;在传播和信息领域缔结双边或多边协议的权利;有尊重他国信息主权的责任。③

(二) 大众传播媒体的法律规制

人类社会的传播活动在传者和受者、其他参与者和相关者之间形成了一定的社会关系。国家根据需要制定法律、法规,对其中的一部分社会关系予以规范,从而形成传播活动中的法律关系。

大众传播法是现代信息法的重要组成部分,目前已经形成独立、丰富的法律规范和理论体系,如美国学者韦恩·奥弗贝克(Wayne Overbeck)所著的《媒介法原理》就涉及诸如宪法修正案、诽谤与大众传播、隐私与大众媒介、色情与表达自由、国家利益与媒介、采集新闻与信息自由、商业广告的规范、联邦通信委员会对广播的控制等相关信息与传播的法律问题。④ 我国学者魏永征也在《中国新闻传播法纲要》中系统阐述了我国新闻传播法律规范。⑤

大众传播活动涉及的关系主体主要包括信息的创作人、编辑出版人、发行人及受众等,而主体之间的权利义务关系的调整对于协调和规制大众传播活动的良性发展有很重要的作用。大众传播者在行使职能、完成任务的过程中,除了享有国家公民进行信息

---

① 〔英〕丹尼斯·麦奎尔.大众传播理论[M].徐佳,董璐,译.6版.清华大学出版社,2019.
② 同上.
③ 关世杰.国际传播中的国际法原则[J].新闻与传播研究,1996,3(2):30-35.
④ 〔美〕韦恩·奥弗贝克.媒介法原理[M].周庆山,等译.北京大学出版社,2011.
⑤ 魏永征.中国新闻传播法纲要[M].上海社会科学院出版社,1999.

交流的普遍性权利外,还享有从事大众传播活动的专业性权利,包括采访权、编辑权、著作权、邻接权、消息来源保密权和安全保护权等。

同时,大众传播者还需承担维护国家安全和保守国家秘密、尊重公民隐私权和名誉权的义务等。除了上述几方面以外,大众传播活动还应当在内容上履行禁止传播虚假、色情淫秽、封建迷信等信息的义务,在广告传播活动中遵守广告法以及相关的法律规定。此外,对媒介经济活动的法治规范也是重要内容,在许多国家,民法、商法、知识产权法、反垄断法、反不正当竞争法等法律法规对传媒活动也是适用的。

(三) 大众媒体的行政规制

行政规制是指大众媒体的行政规划、管制组织、政策和具体管理措施等综合规制手段。行政规制的表现形式就是独特的传播体制架构和规制制度。

美国传播学学者西伯特指出,政府与大众传播的关系有限制、管理、协助和参与四种。[①] 限制主要是对某些内容的传播采取禁止或约束措施;管理是指政府依靠必要的法律和各种制度对大众传播进行行政和业务管理;协助是指政府采取各种措施帮助和推动传播媒介的发展;参与是指政府自己主办或经营传播媒介,与群众直接沟通。

行政规制一般源于法律规定和特定政治经济架构,主要包括制定相关媒体制度政策、执行和监管相关政策法律,依照法律颁布具体行政管理政策、限制或禁止某些信息内容的传播等。行政规制的具体内容也根据不同的媒体所有制形式和管理制度有不同的形式和方式。其基础是确立特定的媒体所有制基本制度,传媒所有制形式主要有国有、公有、公营和私营等多种形式。比如,我国社会主义国家的大众传播媒介所有制是公有制。有些国家的政府对报纸、书籍等印刷媒介的控制较为宽松,对广播、电视等电波媒介的控制则比较严格,多采取行政审查许可制度。

传播媒体的行政管理措施包括通过设立专门的媒体行政管理组织,对传播媒体的设立、运营和资源等进行审核,注册,颁发许可,备案和监督管理等活动。此外,对于媒体的商业经营、广告、财经、投融资以及产业兼并等还通过多个不同的行政管理部门乃至法律法规赋予的相关规范进行管理。与此同时,对传播活动进行经济干预,主要包括提供如财税、奖励罚款、投融资、信贷、资源调控等来引导和调控传播业主体的激励措施和手段。如加拿大进口的图书必须由加拿大本国公司发行,政府补偿因出版重要文化图书而导致的亏损。近年来,我国文化体制改革稳步推进,特别是新闻出版体制改革成效显著,市场主体基本形成。

(四) 大众传播媒体的经济规制

大众传播媒体的建立、运营和持续发展都需要经济资源作基础和保障,经济的规制

[①] 黄旦.从新闻职业化看西方新闻自由思想的历史演变[J].浙江大学学报(人文社会科学版),2004(1):110-116.

就是利用经济手段及其杠杆作用,对大众媒体的所有权制度、媒体投融资政策、媒体设立和媒体运营的经济支持政策、媒体的经济管制措施及相应的经济处罚等方面进行调节和控制,与此同时,媒体市场的影响机制对媒体也产生约束。

大众媒体有国有媒体、公私合营媒体、民营经济媒体、外资控股以及中外合资经济等不同的媒体组织形式,这些具有不同的经济属性的媒体,其媒体立场、媒体报道的倾向性和媒体的约束机制都有较大差异。

大众媒体的所有权制度决定了其媒体经济属性。如果仔细观察美国的媒体集团巨头的幕后股东,会发现美国最有影响的媒体都受控于以资本财团为代表的利益集团,这从根本上决定了美国媒体实际上是资本财团的耳目喉舌。例如,《纽约时报》长期以来都是索尔兹伯格家族的财产,美国全国广播公司被美国通用电气收购,后者则实际上被摩根财团控制。[1]

尽管自由主义规范理论认为,解决这一问题可以采取媒体经济决策与编辑决策权分离的原则进行协调,避免经济财权干预媒体报道,从而实现新闻自由和专业规范,但正如麦奎尔所指出的,"多数私有媒体都是资本主义体系的既得利益者,也倾向于支持其最明显的庇护者——保守的政党"[2]。

大众媒体所有制主要包括商业私营机构、私有非营利机构(如政党、教会等)以及公共部门(主要是政府资助)等。[3] 我国的大众媒体,特别是新闻传播事业实行社会主义公有制,这是防止私人和资本垄断、保障传播媒介和传播资源掌握在全体人民手中的根本制度,也是实行社会主义新闻自由的重要基础。[4]

大众媒体设立的经济方面的约束,影响了媒体的准入机制,也间接影响了媒体的传播,同时,在利益集团的投融资、广告等方面的政策对媒体的影响也非常重要。在媒体管制方面,国家通过财政、税收及相关政策扶持、限制某些媒体的活动,从而起到间接调节作用,并通过经济处罚等措施影响媒体的运营。媒体的市场约束表现为对媒体经济社会环境中的市场需求、市场对媒体的接受度等都产生一定的调节作用。大众传播媒体的信息产品是一种商品,只有信息产品被广大受众接受,媒体才会有可观的销售收入或良好的社会声誉。

(五)大众传播媒体的社会规制

社会规制主要包括社会组织、社会公众的监督控制,包括行业组织道德自律以及社会公众监督等方面。

---

[1] 蒋建国,许珍.美国利益集团对媒体话语权的影响与控制[J].马克思主义研究,2016(5):113-124,160.
[2] 〔英〕丹尼斯·麦奎尔.大众传播理论[M].徐佳,董璐,译.6版.清华大学出版社,2019.
[3] 同上.
[4] 郭庆光.传播学教程[M].2版.中国人民大学出版社,2011.

第一,行业组织道德自律。媒体面对的道德伦理难题可以概括为四大类:真实性、公正性、隐私权和责任感。① 真实性包括媒体报道的真实、准确以及不有意进行事实歪曲的修饰性报道;公正性意味着不能在报道中有意偏袒和存在利益性冲突;隐私权就是报道中要平衡大众的知情权和报道对象的隐私权,不应以牺牲个人隐私为代价片面追求新闻效应;责任感就是媒体应当为公共利益承担责任而非为了媒体自身利益而放弃更多的责任和义务,如为了收视率需要而采取不负责任的报道策略。

大众媒体的行业协会组织可以行使监督权力,并约束大众媒体组织的行为,行业协会通过制定媒体守则与道德规范来约束媒体传播活动。如美国职业新闻记者协会1996年制定了《新闻记者职业伦理规范》。我国中华全国新闻工作者协会也发布了《中国新闻工作者职业道德准则》。

第二,社会公众监督。社会公众可以通过媒体批评、评论、投诉、举报以及信息反馈等方式形成公众监督压力。其中,一些社会组织和团体也可以监督媒体的活动,如消费者协会对媒体侵害媒体消费者权益的行为行使监督权等。大众媒体本身就具有社会舆论监督作用,针对媒体的一些违反公共利益的行为和做法,大众媒体也有义务进行报道和揭露。

二、媒体组织的制度规范理论

人类传播活动从始至终受到社会控制的影响,随着媒体的组织化发展,与之相伴的就是媒体规范制度的发展,媒体规范制度决定了媒体组织的政治属性、经济属性、社会属性乃至文化属性。

雷蒙·威廉姆斯(Raymond Williams)认为媒体规范制度就是传播体制,并将其分为四种类型,即专制化体制、家长制体制、商业化体制和民主化体制。② 其中,专制化传播体制就是简单传达统治集团的各种指令,国家集中控制传播资源,严格制约了市民社会内部不同意见的表达。家长制传播体制力求为培养高雅文化提供保护和指引,如英国广播公司的创建就是以维持高标准的理想为基础的。商业化体制是一种文化产业化运营模式,这种体制注定要排斥不可能快速销售和不可能有回报的商品。民主化体制强调大众媒体的自由传播权利应该与市场的资本统治隔离,摆脱诸如资本和政府的控制,只有这样才能为自由传播提供一个公共的民主论坛。③

媒体组织制度因历史时期、国家的哲学传统、政治模式以及媒体组织角色的不同而

---

① 〔美〕雪莉·贝尔吉.媒介与冲击:大众媒介概论(第四版)[M].赵敬松,主译.东北财经大学出版社,2000:397.
② 张国良.20世纪传播学经典文本[M].复旦大学出版社,2003.
③ 〔英〕尼克·史蒂文森.认识媒介文化:社会理论与大众传播[M].王文斌,译.商务印书馆,2001.

有所不同。较早对其进行系统总结和分析的成果就是《报刊的四种理论》一书,其中揭示了媒体体制与不同的政治体制和哲学基础的联系,并将媒体发展与现存制度理论分为四种,即集权主义理论、自由主义理论、社会责任理论、苏联的共产主义媒体理论。①

该理论提出后,就有来自美国和欧洲的很多学者加以质疑,认为其分类存在很多缺陷,包括对于历史过于简单化的框定、体现了冷战思维色彩、存在政治和文化偏见等,尤其是受到了传播研究批判学派的批评。②

冷战之后的传媒制度规范理论关注了各国的多元性和帝国性、信息自由与主权等方面的冲突问题。随着世界范围内政治、经济和文化的演变及媒体的发展,传播控制模式也在语境变化之后形成新的理论架构。

麦奎尔认为,媒体规范性理论可以概括为四种模式:开放—多元的市场模式、社会责任或公共利益模式、专业主义模式和其他非主流媒体模式。③ 基于这些模式,大众传播媒体主要采用三种媒体监管模式运作,具体如下:

第一,报刊自由模式。该模式是指享有不受政府任何规定和控制的自由,因为相关规则中隐含着对出版自由的审查和限制。与此同时,新闻报业模式也需要保护公共利益和避免过度商业化,包括依法保护公民的隐私、名誉和知识产权等权益。

第二,广播(电视)模式。该模式受到严格管制,以保证这一特定传播形态的公平、保护稀有资源的公平分配和避免垄断控制,也更加强调公共服务职能,因此,有些公共传播媒体如英国广播公司,得到了更多政策支持。

第三,公共载体模式。该模式产生于广播电视模式之前,主要是传输通道性质的服务活动,如信件、电话和电报等,本质上具有普遍服务的特征。对其管制主要基于效率和消费者权益方面,并避免自然垄断性,对基础设施和经济活动进行严格管理,对内容的管理则较为有限。④

技术的整合和媒体的集团化并购使得单一类型媒体逐步趋于多元化融合运营,很多媒体同时运营报刊、广播电视和电影及互联网媒体,规制进一步融合。随着互联网的发展,互联网管理模式呈现出混合状态。在初期,互联网被看作"公共载体模式"的媒体,但是随着其商业化发展和其广播性质功能的出现,则需要通过新的监管模式来适应变革和挑战。很多国家将监管责任交到了互联网服务商的手上,但是却缺乏明确的权力和法律责任细则。

---

① Sibert F, Peterson T, Schramm W. Four theories of the press: The authoritarian, libertarian, social responsibility, and soviet communist concepts of what the press should be and do[M]. University of Illinois, 1956.
② 〔荷兰〕卡拉·诺顿斯登.媒介规范理论的反思和超越[J].陈世华,译.东南学术,2017(4):175-185.
③ 〔英〕丹尼斯·麦奎尔.大众传播理论[M].徐佳,董璐,译.6版.清华大学出版社,2019.
④ 同上。

（一）集权主义媒体规范理论

集权主义（authoritarianism，也称威权主义）媒体规范理论是与自由主义规范相对立的一种历史性规范实践总结，这一规范制度来源于大多数国家曾经经历过的言论政治专制化监控和政治宗教等迫害。集权主义媒体规范的核心特点是言论和相关传播组织及活动被权力集团完全控制，任何违反权力集团管制的传播活动都会受到严厉的制裁和处罚。

在实践中体现这一理论的就是封建专制体制下皇权与神权统治言论的做法。我国古代的秦始皇"焚书坑儒"和清政府大兴"文字狱"就体现了皇权统治规范的专制性特征。欧洲中世纪统治对印刷出版物采取了严厉管制，也是典型的神权和皇权统治的集权模式。

集权主义传播制度在欧洲实行了数百年，法国、德国、俄国都有过漫长的集权主义统治。[①] 近代集权主义传播制度随着资产阶级革命的胜利而崩溃，但在现代史上也曾死灰复燃。第二次世界大战中的德意日法西斯传播体制是一种现代集权主义，它的特点是并不满足于对传播媒介的消极控制，而是通过积极控制使之成为国家宣传机器和战争宣传机器，它给人类社会带来的危害远远超过了古典的集权主义。[②]

（二）自由与社会责任媒体规范理论

自由与社会责任媒体规范包括两个方面的内容，即自由主义规范和社会责任规范。其中，自由主义规范提出后，在实践中出现了很多的问题，因此，社会责任规范被视为对这些问题的修正和补充，从而期待形成一种"自由与责任"的平衡规范理念。

自由主义理论在自由主义哲学、出版自由实践、公民天赋人权、宪政自由权利及思想市场等理论与实践的基础上不断完善和发展起来。从16世纪开始，随着印刷出版活动的日益活跃，为这一新媒体争取理性自由的政治理论家就提出了出版自由的观点，如英国政治家约翰·弥尔顿（John Milton）在1644年出版了《论出版自由》，提出了以"观点的公开市场"和"自我修正过程"为核心的论点。1859年，英国哲学家和经济学家、古典自由主义思想代表人物约翰·密尔（John Mill）的著作《论自由》被誉为自由主义的集大成之作。[③]

18世纪80年代后期，美国的托马斯·潘恩（Thomas Paine）和托马斯·杰斐逊（Thomas Jefferson）通过积极的实践活动，对美国宪法中自由主义原则的确立发挥了重要作用。杰斐逊领导的美国资产阶级民主派在1789年使言论出版自由、宗教信仰自由

---

① 刘哲民.近现代出版新闻法规汇编[M].学林出版社,1992.
② 郭庆光.传播学教程[M].2版.中国人民大学出版社,2011.
③ 〔英〕密尔.论自由[M].许宝骙,译.商务印书馆,2005.

以及集会、结社、请愿等权利内容,以宪法修正案的形式正式写入了美国宪法。

1789年,法国在大革命胜利后的制宪会议上通过了《人权宣言》。在现代社会,言论出版自由已经得到了世界各国的广泛承认。1948年,联合国大会通过了《世界人权宣言》,其中规定,"人人应有思想之自由与发表之自由"。

自由主义从人的基本权利角度,主张表达自由是人的天赋权利。这是一种政治自由,建立在这一自由权利的基础上,资产阶级革命打破了神权和皇权统治,施行宪政国家治理架构。这一治理架构的核心是通过宪法确立了言论自由的基本权利,从而限制了政府对媒体的干预和滥权造成的公民的言论及传播自由限制。如美国宪法第一修正案就明确规定,禁止美国国会制定任何法律以确立国教、妨碍宗教信仰自由、剥夺言论自由、侵犯新闻自由与集会自由、干扰或禁止向政府请愿的权利。

1. 思想市场理论

从经济自由市场理论隐喻的角度,学术界也将言论自由表述为"思想市场"(marketplace of ideas)。该理论的前提是观点在公开的领域自由传播,人们能够通过理性辨别"真理"与谬误,思想只有在自由的传播、讨论和竞争中才能不断自我完善,最终成为真理。这样的真理是防止政府损害国家、社会公共及公民利益的最佳途径。与此同时,媒体也只有将思想作为市场化竞争机制下的自由选择的商品,并在自由经济模式下通过消费者信任和竞争的检验才能得到社会的认可和接受。

美国大法官奥利弗·霍姆斯(Oliver Holmes)在亚伯拉姆诉合众国(Abrams v. United States)一案中借用判例文书,解释了思想市场的理念。他说:"检验真理的最佳标准就是,思想在市场竞争中为人们所接受的能力,而且接受这种真理的人,他们的愿望得以安全实现的唯一基础就是这种真理。"[1]

新制度经济学的开创者、诺贝尔经济学奖获得者罗纳德·科斯(Ronald Coase)运用经济学原理分析了言论自由的经济价值,分析了思想市场与商品市场的同构性与区别。他认为,思想市场应该遵从经济自由主义原则,同时也需要接受同一般商品一样的规范和必要的政府干预。[2]

自由主义媒体规范理论在实践中应用,带来了大众传播活动的繁荣和兴盛,保障了媒体的独立市场主体地位和公众的知情权与言论自由,通过自由交换实现了资源最优化配置,并催生了媒体的产业化竞争。与此同时,与商品市场类似,也出现了信息不对称、媒体垄断及思想言论市场在政治上和伦理上的界限不清等市场失灵的问题。[3]

---

[1] 〔美〕韦恩·奥弗贝克.媒介法原理[M].周庆山,等译.北京大学出版社,2011.
[2] Coase R H. The market for goods and the market for ideas[J]. American Economic Review, 1974:384-391.
[3] 赵静波.言论自由的保护与限制:一个法经济学的分析视角[J].甘肃行政学院学报,2016(4):102-113.

2. 社会责任理论

美国新闻自由委员会针对自由主义的原则进行了系统的分析研究,强调了媒体的自由主义需要建立在社会责任的原则基础上,他们将这一原则写入研究报告《一个自由而负责任的新闻界》,并于1947年发表。

强调权利和责任的统一,是该理论的核心观点。将新闻自由视为一种权利,也意味着应承担责任和义务。基于自由主义思想市场失灵的假设,社会责任理论是对自由主义理论的修正和补充。社会责任理论的理论前提是：人的理性并不完善,仅靠辩论不可能得到结论,没有任何人能宣布自己是胜利了还是失败了,人们有时难以从无休止的意见交锋中摆脱出来。人不可能绝对或天生地有一种动力来寻求真理,在他们厌倦的时候,思想懒惰的时候,就容易被人操纵和智力退化。人的生存目标也不是寻找真理,而是满足直接的需要和欲望,在这种情况下,容易被动接受所见所闻和所感觉的东西。① 除了人的理性不完善外,媒体自由市场中易产生的市场失灵和媒体垄断等,也是自由主义的媒体规范的一大弊端。解决这一问题理应依靠政府或相关力量的介入,而在自由主义者看来,政府介入容易带来不合理的干预,因此主张通过媒体自我修正的方式来达到避免市场失灵的后果,从而提出了基于媒体伦理和自律的社会责任理论。

麦奎尔总结了社会责任理论的主要原则的要点,包括："媒体对社会要承担责任,媒体所有权是一种公共信托;新闻媒体报道的内容应该是真实的、准确的、公平的、客观的、有价值的;媒体应该是自由的,同时应当自我约束;媒体应该遵守普遍认同的伦理准则与职业规范;在一些情况下,出于保护公共利益的目的,政府可能需要进行干预。"②

(三) 受众民主参与理论

受众民主参与理论最早由麦奎尔提出,其主要理念来源于大众媒体的私有化、垄断以及各种利益集团操控下的公共利益受损的媒体约束和规范诉求。该理论主要有以下观点:第一,任何民众个人和弱小的社会群体都拥有知晓权、传播权、对媒介的接近和使用权、接受媒介服务的权利;第二,媒体主要为受众而存在,而不应该主要为媒介组织、职业宣传家或广告赞助人而存在;第三,社会各群体、组织、社区都应拥有自己的媒介;第四,与大规模的、单向的、垄断性的巨大媒介相比,小规模的、双向的、参与性的媒介更合乎社会理想。③

这一理论首先基于对受众的媒体权益保障,包括一些重要的权利概念,对于媒体制

---

① 陈力丹.自由主义理论和社会责任论[J].当代传播,2003(3):4-5.
② [英]丹尼斯·麦奎尔.大众传播理论[M].徐佳,董璐,译.6版.清华大学出版社,2019.
③ 郭庆光.传播学教程[M].2版.中国人民大学出版社,2011.

度有着重要的影响。其中主要包括媒体的知情权和接近权,并提出了媒体应承担的一些义务,包括受众通过媒介获取必要信息的知情权、通过媒介表达意愿和澄清事实的权利、通过积极参与媒体的运营和传播实现媒体作为公共利益受托人的媒体参与权利。

首先,知情权基于美国媒体界要求从政府获得更多公开信息而提出的信息自由主张。前美联社社长肯特·库柏(Kent Copper)在1945年提出美国联邦政府应向社会公众和大众媒体开放政府文件和档案,并减少保密权限和信息获取限制。① 这一知情权运动也推动美国于1967年实施了信息自由法。

其次,1967年,美国华盛顿大学教授杰罗姆·巴伦(Jorome Barron)首次撰文提出公民应具有媒体接近权,也被称为"接近使用媒体权"(access to the press)。他在此后进一步阐述了这一观点。② 媒体接近权指的是"大众即社会的每一个成员皆应有接近、利用媒介发表意见的自由"③。对此,联合国国际传播问题研究委员会在报告《多种声音,一个世界》中指出:"不要都把读者、听众和观众当作消息情报的被动接受者。大众媒体负责人应鼓励读者、听众和观众在信息传播中发挥更加积极的作用,拨出更多的报纸篇幅和更多的广播时间,供公众或有组织的社会集团个别成员发表意见和看法。"④

最后,民主参与理论的核心还在于受众的媒体参与权利。受众不是媒体的被动接受者和消费者,也应有权自营媒体或者参与媒体的版面、频道和相关传播活动,表达意见,实现媒体内容的多元化、本土化和社群化。

(四) 公共领域理论

公共领域(public sphere)是哈贝马斯提出来的理论,他的代表作《公共领域的结构转型》提出了资本主义及经济自由建立起来的公共交流空间的民主价值。这些空间不同于政府的宣传活动,而是指"直接的私人交谈、公开的聚会和小规模的印刷媒介",如英国18世纪的咖啡馆就是公共领域的样板,此外还有一些演讲活动以及文化沙龙等。⑤ 在其中,人们可以主动参与公共生活,讨论并形成政治计划和民意,检视政府作为。麦奎尔认为,公共领域指"一种观念上的空间,这种空间为公共辩论提供一种或多或少的自主与开放的'竞技场'或'公共论坛',对空间的接近和使用是免费的,而集会结社表

---

① 谢鹏程.公民的基本权利[M].中国社会科学出版社,1999.
② Barron J A. Freedom of the press for whom? The right of access to mass media[M]. Indiana University Press, 1973.
③ 罗丹.媒介接近权的历史演化与当代发展——以《迈阿密先驱报》诉托尼案为例[J].东南传播,2017(1):55-58.
④ 中国对外翻译出版公司第二编译室.多种声音,一个世界——交流与社会,现状与展望[M].中国对外翻译出版公司,1981.
⑤ [英]丹尼斯·麦奎尔.大众传播理论[M].徐佳,董璐,译.6版.清华大学出版社,2019.

达自由受到保障"①。哈贝马斯对现代民主整体上抱有悲观态度,他的理由是,相较于以理性的方式形成观点,公众更可能被媒体操控。公共领域理论的主要观点是强调媒体在公共领域发挥如下作用:扩大讨论的空间;对作为舆论基础的信息和观点进行传播;连接公民和政府;提供流通的信息;挑战政府对政治的独揽;扩展出版的自由和多元。②

在互联网环境下是否有了新的虚拟公共领域,成为人们期待和关注的问题,但是,这个新领域中可能同样存在传统公共领域中各种对公共领域的限制、侵蚀和挤压现象。

(五) 国际传播制度规范理论

媒体规范理论主要是为媒体在特定国家或地区的媒体活动控制作出解释和提供依据,但是,围绕媒体如何协调跨国或跨地区的传播活动,并没有较为统一的理论和依据。随着互联网等新兴传播应用的普及和扩大影响,全球化传播格局下不同媒体制度规范中的信息和文化交流冲突不断出现,需要我们加以重视和研究。

1. 建立国际信息和传播新秩序的提出

国际信息和传播新秩序(new world information and communication order)是20世纪70年代末80年代初在联合国教科文组织关于发展中国家媒体代表性的辩论中提出的观点,被诺贝尔和平奖获得者肖恩·麦克布莱德(Seán MacBride)主持的联合国教科文组织的"国际传播问题研究委员会"使用,该委员会建议媒体建立起自由和均衡的国际信息和传播新秩序,并发表了报告书《多种声音,一个世界》,概述了新的国际信息和传播秩序的主要哲学观点。③

"国际信息和传播新秩序"并非一个共识性制度规范,相反,这一观点的提出一直伴随着发达国家与发展中国家的激烈辩论与抗争。争论的焦点在于:以美、英为首的发达国家认为,发展中国家提出建立国际信息和传播新秩序,是为其禁止外国记者入境、限制新闻从业人员活动范围、打击新闻自由、阻碍信息自由流动寻找借口;发展中国家则认为,西方国家垄断国际信息的流通,对第三世界的报道不够准确、全面,乃至严重歪曲,对其政治、经济、文化及国家形象等各个方面都造成了不良影响,因此要求以平等、均衡的信息流动代替所谓信息自由流动。④

这一争论的重要媒体传播背景是国际信息流动和传播的不平等现象,主要有三个方面的问题,即新闻规模的失衡与传播力量的不均衡、信息流向的不平衡、传播内容的

---

① 〔英〕丹尼斯·麦奎尔.大众传播理论[M].徐佳,董璐,译.6版.清华大学出版社,2019.
② 同上.
③ 中国对外翻译出版公司第二编译室.多种声音,一个世界——交流与社会,现状与展望[M].中国对外翻译出版公司,1981.
④ 张国良.新闻媒介与社会[M].上海人民出版社,2001.

不平衡。①

1976年8月,不结盟国家在科伦坡举行第五次首脑会议,正式号召建立"国际信息和传播新秩序",并通过联合国教科文组织平台展开了一场以美英等发达国家为一方、以社会主义国家和发展中国家为另一方的两大阵营长达十余年的论战。② 到20世纪80年代后期,随着美英退出联合国教科文组织,关于新秩序的争论也逐步减少。

20世纪80年代后期到90年代,世界格局发生了重大变化。随着世界两极称霸的格局改观,国际传播进入了多极化发展的新时期。新世纪以来,围绕互联网传播形成的新形势,关于国际信息和传播新秩序的争论又被进一步赋予了新的含义和要求,对其规范性形成共识的难度进一步加大。

2. 国际传播制度规范的新议题

新跨国传播技术尤其是网络传播技术的发展,西方发达国家借助网络新媒体技术如苹果移动互联网、Facebook、Twitter、谷歌搜索系统等的发展,使自身的信息传播实力不断得到巩固和加强。旧的问题没有解决,新的问题又层出不穷,给国际信息和传播新秩序的建立制造了不容乐观的前景,主要表现为互联网治理背景下的信息自由流动与信息主权的矛盾、全球化媒介文化与文化多样化的冲突等问题。

信息自由流动原则体现了人的基本权利的精神内涵,但在实践过程中不应将其绝对化,不应与坚持国家主权原则相互对立,而应在尊重国家主权的基础上实施。伴随着传播技术和国际媒体贸易的发展,麦克卢汉的"地球村"也从理念逐步变成一种现实图景。与此同时,人类世界是一个由多元文化组成的社会,全球信息化的理性目标应该是各民族多元文化的共同繁荣,而不是以一种文化吞并或取代其他文化。文化的多样化正在受到强势文化的侵蚀,即使是发达国家之间,也同样存在着这样的争端,麦奎尔将这一文化趋势描述为"文化同质化和西方化"特征。③ 对这一现象的批判性理论就是文化帝国主义(cultural imperialism)批判。

赫伯特·席勒(Herbert Schiller)在1976年提出了文化帝国主义理论,并将此理论呈现为"在国内和国际层面建构权力的基本关系"的模式。他认为,"当今文化帝国主义的概念最好描述为这样一系列过程的总和:一个社会(特指第三世界国家)被卷入现代世界体系中,其统治阶层被吸引、强迫、强制,有时甚至被收买,从而塑造出适应这个现代世界体系中符合统治中心的价值观和结构,以宣扬价值观和结构"④。

关于文化是否推动形成了霸权性的帝国主义仍存在较大争议,因为媒体信息流动

---

① 刘笑盈.国际新闻史:从传播的世界化到全球化[M].中国广播电视出版社,2018.
② 张国良.新闻媒介与社会[M].上海人民出版社,2001.
③ [英]丹尼斯·麦奎尔.大众传播理论[M].徐佳,董璐,译.6版.清华大学出版社,2019.
④ 转引自潘慧琪."文化帝国主义"概念的历史探源[D].陕西师范大学,2017.

的全球化并不都是对文化的削弱和破坏,还可能会实现交流互鉴及创造新的融合文化,况且受众也具有主动选择和阐释性特征。如约翰·汤林森(John Tomlinson)认为,受众在接受美国电视节目等文化产品时具有自我解码的积极能动性,全球文化传播过程中确实存在不平等,但并不都是"强制"或者"霸权"。第三世界国家的领导者看到了资本主义文化或者说是"现代化"所带来的好处,所以追随美英文化是自我选择的一个结果。[①]

替代文化帝国主义成为关注焦点的是全球化媒体文化现象,这是一种没有时空限制和传播结构扁平化的文化新模式。在这一模式下,媒体话语体系从冷战时代的舆论硬宣传逐步向文化交流等"软实力"方面转化;互联网机制下的媒体融合与国际化联动的蝴蝶效应日益凸显。

新世纪以来,随着"他国崛起"和世界权力的转移,在世界传播市场和传播体系方面也出现了传统格局的松动,原来"西强东弱"的传播格局正在发生着整体量变和局部质变,甚至出现了全球信息与文化的逆向流动,世界话语权和话语体系正在重新构建的过程中。因此,目前全球"尽管西方国家还在掌握着文化和传播霸权,但是'各国人民相互了解的决定权'和新闻解释权已不再完全掌握在西方媒体手中了"[②]。

三、媒体组织的制度批判理论

传播媒体受到政治、经济和社会文化等因素的影响,在其大众化和产业化趋势下,媒体在社会政治经济的结构中呈现出诸多弊端,媒体组织背后的政治、资本的控制力量导致的传播结果和影响成为重要的关注焦点。因此,具有马克思主义批判哲学基础的欧洲社会科学学者对此给予了高度关注和理性思考,提出了一系列研究观点,形成了具有跨学科范式特点的传播批判理论范式。与实证经验学派相对应,这些理论被称为批判学派(critical school)。该学派在欧洲起源,发展到北美及其他地区的以法兰克福学派和伯明翰学派为代表的文化批判研究在这一研究领域形成了独特的研究立场、方法和观点。

(一)法兰克福学派

法兰克福学派(Frankfurt school)以马克思主义理论为基础,标榜自己是社会批判理论,将批判的矛头直接指向现代资本主义社会。[③] 该学派第一代研究者的重要贡献之一就是对现代文化危机的分析。他们认为,启蒙的宏伟计划早已失败,通过理性和科学来控制社会的努力仅产生了操纵(如工业的泰罗制)和(文化上的)模仿。[④] 潘知常认为,

---

① 转引自潘慧琪."文化帝国主义"概念的历史探源[D].陕西师范大学,2017.
② 刘笑盈.国际新闻史:从传播的世界化到全球化[M].中国广播电视出版社,2018.
③ 文军,蒋逸民.质性研究概论[M].北京大学出版社,2010.
④ [美]约翰·R.霍尔,玛丽·乔·尼兹.文化:社会学的视野[M].周晓虹,徐彬,译.商务印书馆,2002.

法兰克福学派率先关注作为文化工业集中体现的大众传媒,并提出了"媒体控制理论",主要体现在对"媒体的被控制",即"谁控制着媒体""为何控制"以及"媒体控制什么""媒体如何控制""控制的后果"等问题的考察上。①

法兰克福学派的整体发展历程分为三个阶段。第一个阶段为创立形成期(20世纪30年代至40年代初),该阶段的代表学者为法兰克福学派创始人霍克海默。第二个阶段为发展繁荣期(20世纪40年代初至70年代初),代表学者为阿多诺和马尔库塞。第三个阶段为重要转折期(20世纪70年代初至80年代末),代表学者为哈贝马斯。②

1930年,霍克海默发表的为法兰克福学派奠定思想根基的论文《传统理论和批判理论》,成为批判学派的重要宣言。该学派对大众传播研究真正产生影响,是从1947年马克斯·霍克海默和阿多诺合著的《启蒙辩证法》开始的。其中,他们有意识地用"文化工业"(culture industry)一词代替了往常一直使用的"大众文化"(mass culture),因为"大众文化似乎是从大众自身当中自发地出现的一种文化,是流行艺术(popular art)的当代形式"。而"文化工业"是一个全新的东西,它同时损害了曾经并存的高级艺术(high art)和低级艺术(low art)的严肃性。③ 法兰克福学派对文化工业最重要的认识就是艺术作品的商品化,这种商品化贯穿整个生产、分配和消费的过程,"创作"已经不能用来描述"文化工业"了。这种商品化产生了两个直接的后果:艺术作品的同质化,艺术的个人主义和对抗性彻底消失,同质化显然是艺术的天敌,它结束了艺术的个人主义时代,消弭了艺术的反叛性;对艺术作品的消费成为维护社会权威和现有体制的最好手段。④

马尔库塞是德裔美籍哲学家和社会理论家,1964年,他发表了《单向度的人》⑤。其中指出,技术合理性或工具理性已经把言语和思想简单化为单向度的,这种"单向度社会"消除了思想批判所需要的距离。⑥ 其中,文化艺术作品的工业化复制带来的问题引起了法兰克福学派成员沃尔特·本雅明(Walter Benjamin)的关注。1969年,他指出,当某物可以通过艺术品复制来获得时,某物也就迷失了。唯一和永恒被换成了短暂与复制,复制使得艺术作品去"迎合观众",因为复制使更多的观众看到了通常不能看到的作品。在复制过程中丢失的是艺术作品的唯一性,本雅明将它称为"灵韵"(aura)。⑦

---

① 潘知常.批判的视境:传媒作为世界——西方传媒批判理论的四个世界[J].东方论坛,2007(3-4).
② 李樵.法兰克福学派发展历程的可视化研究[J].信息资源管理学报,2014:21-28.
③ 杨击.理论与经验:介入大众文化的两种路径——法兰克福学派和英国文化研究的比较研究[J].新闻与传播评论,2004:7-17,232,236.
④ 同上.
⑤ Marcuse H. One dimensional man: Studies in the ideology of advanced industrial society[M]. Beacon Press, 1964.
⑥ [法]阿芒·马特拉,米歇尔·马特拉.传播学简史[M].孙五三,译.中国人民大学出版社,2008.
⑦ 转引自[美]约翰·R.霍尔,玛丽·乔·尼兹.文化:社会学的视野[M].周晓虹,徐彬,译.商务印书馆,2002.

德国哲学家和社会学家哈贝马斯是法兰克福学派的第二代旗手,曾经担任法兰克福大学社会研究所所长。主要代表作包括《公共领域的结构转型》《沟通行为理论》《知识与人类旨趣》《合法性危机》等。在这些作品中,哈贝马斯在"工作—互动—权力"利益模式基础上,提出了许多重要观点,主要包括公共领域理论及言语—行为理论等一整套话语实践的民主理论。话语民主理论的主要观点可以概括为:以语言为媒介、以商谈为中心、以个体自由平等为条件、以公共领域为主要场所、以公共领域与政治系统之间的互动为必要条件、以扩大民主参与以提高法律的合法性(正当性)并更好地整合社会为目标。①

哈贝马斯指出,对社会的理解必须结合工作、互动和权力三种主要利益,其中工作包括创造各种物质资源的努力,包括设计电脑、建造桥梁、管理各种组织等,具有鲜明的工具性本质,是一种技术利益,它包含的是工具理性,因此需要借助实证分析进行研究。互动使用的是语言或者其他种类的传播符号系统。由于社会合作对于人类生存十分必要,因此,哈贝马斯将其称为"实践性利益",包含的是实践性的推理,从而需要使用历史学和阐释学加以体现,互动利益主要表现在演讲、集会、心理治疗、家庭关系和其他合作性互动中。权力涉及社会秩序,权力导致的是被扭曲的传播,人们希望从宰制中解放出来,但如果社群成员意识到意识形态对社会的宰制作用,他们自己就会努力去改造社会,结果,权力就成为一种"解放性利益",因为它们赋予了弱势群体以权力。权力的理性在于自我反思,批判理论探讨的就是这个主题。这三个方面的利益相互影响,每种社会行为都包括这三种利益,缺一不可,若只考虑某一利益而不顾及其他方面的利益,社会就无法正常运转。②

哈贝马斯把传播和交流视为实现解放的关键性因素,因此,传播和交流能力就是有效参与决策的必要条件。言语行为的理性是指言语行为须满足三个有效性要求:真实性、正确性、真诚性。他将传播行为概括为断言、规范语和宣称语三种类型。其中,断言是坚持某种意见,运用它就可以让别人相信自己的观点就是真理。如在一场劳资纠纷中,为了维护工人利益,可以指控资方的不公正待遇。规范语意在对个人或者群体之间的关系施加影响,例如命令、许诺等,如在上述劳资纠纷中,可以通过引发谈判的规范语达到影响对方的目的。宣称语用来表达说话人的内在情绪,从而强化说话人的自我表达,如在谈判过程中表达愤怒的情绪。言语行为的种类决定了说话人的陈述应该达到的合理性程度,说话人使用断言来阐明观点的真实性,使用规范语来达到语言得体的标准,使用宣称语体现其发自内心和真实坦诚。③

---

① 胡润忠.哈贝马斯的话语民主理论:解读与评论[J].中国第三部门研究,2014(7):2-13.
② 〔美〕斯蒂芬·李特约翰,等.人类传播理论[M].史安斌,译.9版.清华大学出版社,2009.
③ 同上.

哈贝马斯通过话语实践理论阐述了传播的解放利益,他对"话语"进行了界定:"话语是为了证明认知言语的有效性而进行的活动。"① 他将话语分为三种类型:解释性话语(hermeneutic discourse)、理论—经验性话语(theoretico-empirical discourse)和实践话语(practical discourse)。解释性话语是在一个给定的语言系统内对解释性表达的有效性的论证,判断其有效性的标准在于是否符合语法规则的逻辑;理论—经验性话语是对经验上有意义的主张和说明的有效性的证明,判断其有效性的标准在于是否符合事实的客观真理;而实践话语旨在获得赞同或劝诫即相互理解,从而对相互作用的行为中的言语有效性进行论证。②

一个社会应当摆脱任何利益的不必要宰制,为实现三种利益的协调平衡目标,必须建立一个不受私人利益影响的、强有力的公共领域,并和私人空间取得一定的平衡。③ 哈贝马斯认为公共领域是介于国家和社会之间的公共讨论空间,并强调了公共原则问题,即把信息交由代表普遍利益的舆论自由讨论。随着市场法则的发展及其对文化生产领域的入侵取代了理性,公共性和公共传播的原则以及传播形式逐渐被"制造舆论"的商业模式所侵蚀。④

(二) 英国的批判学派

英国的批判学派独树一帜,是仅次于法兰克福学派的批判学派重要代表之一,其理论来源主要集中于两个大学的相关研究中心,一是莱斯特大学(University of Leicester)大众传播研究中心,二是伯明翰大学(University of Birminghan)当代文化研究中心,它们分别从政治经济学和文化研究两个不同维度进行媒体批判理论研究。

1. 英国的政治经济学派

政治经济学派(political economy school)"采取一种社会批判路径,其主要关注点是传媒产业的经济结构和动力机制之于传媒内容的意识形态之间的关系。从这一观点看,媒体组织应被视为经济系统的一部分,而经济系统又与政治系统紧密相关"⑤。如在20世纪60年代产生重要影响的英国莱斯特大学大众传播研究中心致力于大众传播的政治经济学分析,其代表人物包括格雷厄姆·默多克、彼得·戈尔丁、尼古拉斯·加纳姆(Nicholas Garnham)等。麦奎尔将这一理论的主要命题概括为:"经济控制与逻辑是决定性的;媒体结构总是趋于垄断;媒体所有权在全球范围内整合;内容与受众被商品化;真正的多样性在减少;反对与另类的声音被边缘化;传播中的公共利益服从于个

---

① 杨礼银,朱松峰.论哈贝马斯的"实践话语"理论[J].国外社会科学,2008(3):47-53.
② 同上.
③ 〔美〕斯蒂芬·李特约翰,等.人类传播理论[M].史安斌,译.9版.清华大学出版社,2009.
④ 〔法〕阿芒·马特拉,米歇尔·马特拉.传播学简史[M].孙五三,译.中国人民大学出版社,2008.
⑤ 〔英〕丹尼斯·麦奎尔.大众传播理论[M].徐佳,董璐,译.6版.清华大学出版社,2019.

人利益;传播福利的享有不平等。"①

2. 英国伯明翰大学的文化学派

1964年,理查德·霍加特(Richard Hoggart)在英国伯明翰大学创立了当代文化研究中心(The Centre for Contemporary Cultural Studies)。1969年,斯图亚特·霍尔继任中心主任,对大众文化和日常生活实践的研究成为伯明翰学派的主题,他认为是大众文化而非精英文化成为抵抗资本主义霸权的机制。② 该学派代表人物还有雷蒙·威廉斯、戴维·莫利、约翰·费斯克等。该学派继承了安东尼奥·葛兰西(Antonio Gramsci)、路易·阿尔都塞(Louis Althusser)等新马克思主义者的观点,其中主要包括意识形态建构理论和文化霸权理论。

对文化学派产生影响的是阿尔都塞的意识形态建构理论。霍尔认为,意识形态指的是"那些帮助我们表征、解释、理解社会的某些方面,使之'有意义'的图像、概念和前提假设"。意识形态包括不同群体为了使自己的环境具有意义而使用的语言、概念和分类系统。意识形态是我们用来对社会存在的意义作出解释的框架。③

霍尔认为,在一个多元化的文化里,没有哪个机构有权力规定公众应该倾听什么。他指出,"从总体上来说,语言是实践中使用的推理、计算和感知的工具,因为通过语言,某种意义和偏好被历史性固定下来了"。为了在同一语境下获得意义,人们必须共享相同的语言解释,但是霍尔指出,在不同的文化和不同的时代,意义会有所不同。在一个组织环境下存在的东西未必出现在另一个组织中。社会中不同意识形态彼此竞争,永远处于冲突状态,是一个斗争的剧场(theatre of struggle)。④

"霸权"(hegemony)一词,原指国家的霸权或政治运动的主导权,最早由意大利共产党创始人葛兰西在《狱中笔记》中作为社会分析的一个主概念加以使用。批判学派的学者继承了葛兰西的这个观点,把"霸权"看作支配阶级在一定历史时期内为维护自身利益而行使社会主导权和文化主导权的能力。⑤ 葛兰西的"霸权"概念来自马克思的虚假意识(false consciousness)概念,即个体无意识地处于受人控制的状态。葛兰西提出,受众会受到他们所支持(经济上)的社会系统的剥削。默许(consent)是霸权的基本要素,如果人们获得了足够的东西(自由、物质商品等),他们就会与统治者达成默契,最终人们会心甘情愿地生活在一个拥有这些"权利"的社会,并默许和接受统治者的文

---

① 〔英〕丹尼斯·麦奎尔.大众传播理论[M].徐佳,董璐,译.6版.清华大学出版社,2019.
② 姜华.法兰克福学派与英国文化研究大众文化理论的比较研究[J].社会科学战线,2010(8):157-161.
③ 〔美〕理查德·韦斯特,林恩·特纳.传播理论导引:分析与应用[M].刘海龙,译.2版.中国人民大学出版社,2007.
④ 同上.
⑤ 引自郭庆光.传播学教程[M].2版.中国人民大学出版社,2011.

化意识形态。①

受众也会使用和居于统治地位的群体所使用的完全一样的资源和策略,在某种程度上,也可以使用霸权一样的方式去挑战占主导地位的意识形态,这种情况被葛兰西称为反霸权(counter-hegemony)。②

受众接收和阐释、理解讯息的过程被称为解码过程,解码不是简单的对讯息的表层解读,还需要结合自己的既存经验、固有倾向以及思想基础对讯息进行积极主动的意义建构。霍尔详细说明了受众接受媒体讯息时解码是如何运作的,他发现,受众一般会采取三种对自己有利的视点或者立场,即"统治—霸权式立场"(dominant-hegemonic position)、"协商式立场"(negotiated position)和"对立式立场"(oppositional position)。

3. 威斯敏斯特学派

英国威斯敏斯特大学(University of Westminster)以詹姆斯·库兰(James Curran)、尼古拉斯·加纳姆等为代表,形成威斯敏斯特学派,该学派通过政治经济学途径描绘英国的媒体文化,代表作包括库兰的《大众媒介与社会》、加纳姆的《解放·传媒·现代性》等。

总体来说,英国的批判学派与法兰克福学派有不同之处,特别是伯明翰学派的文化研究独树一帜,呈现出与法兰克福学派着重文化的权力控制不同的一种理论观点,更强调文化的主体抵抗性。③ 霍尔指出了文化研究中的传播研究与传统方法的四个决裂。一是打破了此前的行为主义方法,这种方法把媒介影响视为直接的刺激—反应机械模式,文化研究把媒介视为具有广泛影响的社会政治力量,其影响是非直接的、微妙的、难以觉察的。二是挑战了媒介文本是意义的透明承载者的观点,主张关注媒介所包含的结构性的潜力,把传统的内容研究转变成为媒体文本的语言学和意识形态分析,考察媒体在固化主流意识形态时所扮演的角色。三是打破了观众是被动的、无差别的观念,致力于研究具有不同社会和政治观点的观众以不同方式解码文本的具体情况,以主动的观众概念取而代之。四是破除了大众文化是同质性的观点,认为大众文化是文化斗争的领域,抵抗和控制在此交锋。④

(三)美国的批判学派

20世纪30年代,一些德国法兰克福学派的学者因受到法西斯的迫害来到美国,有一些人后来回到欧洲,例如西奥多·阿多诺。但是他们在美国培养或影响了一批新的

---

① 〔美〕理查德·韦斯特,林恩·特纳.传播理论导引:分析与应用[M].刘海龙,译.2版.中国人民大学出版社,2007.
② 同上.
③ 姜华.法兰克福学派与英国文化研究大众文化理论的比较研究[J].社会科学战线,2010(8):157-161.
④ 转引自姜华.法兰克福学派与英国文化研究大众文化理论的比较研究[J].社会科学战线,2010(8):157-161.

批判学派学者,后者通过论证意识形态霸权的美国形式——大众文化,主要讨论大众传播的"内容"在社会文化意义上的"效果",以及对整个社会结构的影响。①

美国的批判研究较为分散,有几百名批判传播学者属于同一个专业协会:民主传播协会。② 美国的媒体批判领域,主要采用社会与文化分析模式,而非欧洲的马克思主义理论传统范式,并主要结合媒体与社会文化影响视角分析了资本主义的文化矛盾问题、大众媒体的垄断问题、媒体帝国现象、女性主义等议题。如美国传播学教授赫伯特·席勒的媒体文化帝国主义理论就有一定的代表性。桑德拉·哈丁(Sandra Harding)和茱莉娅·伍德提出了立场理论(standpoint theory),从批判的角度,分析了女性主义的文化差异。她们指出,发现世界运作规律的最好方法是从女性以及其他社会边缘群体的立场着手探究。社会等级的不同地位决定了个体的视野,相对于掌权者的特权化视角,边缘人群的立场提供了对于世界更为客观的认知。③

(四) 批判理论的影响与评价

媒体组织的制度批判理论建构了传播学的政治经济—社会—文化范式,丰富了传播学研究的体系和领域。正是基于对传播问题的宏观及政治经济文化视角的分析,这一研究也对以美国为主流的实用主义实证经验研究表示质疑和批判,从而在研究方法上确立了与之对应的质化研究学术传统,并建构了一套有别于效果影响研究范式的传播学理论体系和方法论,如文本分析、扎根理论、阐释学、现象学、符号结构主义理论等。

在实践意义上,这一学派影响了传播制度的实践,欧洲就基于这样的理念建立了一套有别于商业媒体的公营媒体系统,如英国广播公司等。该学派也为媒介素养和媒介批评教育及实践提供了理论思想基础。1933 年,英国学者弗兰克·利维斯(Frank Leavis)和丹尼斯·汤普森(Denys Thompson)首次提出了"媒介素养"概念。④ 通过批判思维和逻辑,受众的批判意识与赋权精神得以强化。媒介批评也成为媒介效果分析的新维度,有学者指出,媒介批评是指在解读新闻及媒介的过程中评价其内在意义及对社会的影响。⑤

批判学派理论也在不断完善和发展。20 世纪三四十年代的法兰克福学派批判取向较为关注资本主义文化生产对大众意识的控制,而大众被看成被动的客体,其对文化的积极反应被忽略。英国文化研究出现在资本主义晚期,在 20 世纪 50 年代和 20 世纪 60 年代早期,以霍加特、霍尔等人的研究为代表的早期英国文化研究理论是对法兰

---

① 陈力丹.谈谈传播学批判学派[J].新闻与传播研究,2000(6):33-38,96.
② 〔美〕E. M. 罗杰斯.传播学史:一种传记式的方法[M].殷晓蓉,译.上海译文出版社,2012.
③ 〔美〕埃姆·格里芬.初识传播学:在信息社会里正确认知自我、他人与世界[M].展江,译.北京联合出版公司,2016.
④ 单晓红.媒介素养引论[M].浙江大学出版社,2008.
⑤ 刘建明.媒介批评通论[M].中国人民大学出版社,2001.

福学派研究的延续。文化研究学派理论开始关注大众文化生产中隐含的能动力量。与法兰克福学派不同,文化研究学派倡导积极受众观和对大众文化的乐观态度。① 如作为新文化主义研究代表人物的费斯克重新关注人在后工业社会中的主体能动作用,特别关注人在接受后现代传媒时具有的主体抵抗意识。他认为,大众文化可以制造积极的快乐——反抗文化集权的快乐。经历过法兰克福学派对资本主义文化工业长期的批判之后,我们急切需要重新思考晚期资本主义文化的多重性特征。② 斯图亚特·霍尔从宏观文化学角度,提出媒体能够建构社会知识、形成规范和反应价值、塑造共识和提供"合法性",从而扮演意识形态的勾连(articulation)角色。这为批判学派的文化分析提供了一种思路。③

当然,批判理论也存在很多局限性,杰伊·布鲁勒(Jay Blumler)概括了几种质疑批判理论的观点,包括:缺乏实践其传播机制的应用性规范指引;缺乏对媒体民主化意义的肯定,走向了乌托邦主义;理论实证不足,研究具有主观偏见性等方面。④

媒体批判范式面临新的挑战与机遇,其研究应当进一步下沉,反映出以问题和应用为导向的特点。媒体正逐步融入文化的产业研究领域,从阿多诺排斥文化商品属性的文化工业批判理论,到今天更强调作为重要经济业态的文化产业内在发生机制和演变规律的研究,文化产业研究走过一条由哲学式的思考到更加注重具体问题和现实问题解决的理论之路。⑤ 近年来,英国、澳大利亚和我国都提出了文化创意产业的政策并付诸实践,对于媒体组织的批判性进行理性分析和实践探索,从而避免了片面否定媒体的文化产业化和商品化趋势,为当今媒体融合背景下的文化发展提供了新的路径。

---

① 姜华.法兰克福学派与英国文化研究大众文化理论的比较研究[J].社会科学战线,2010(8):157-161.
② 孟建.视觉文化传播:对一种文化形态和传播理念的诠释[J].现代传播,2002(3):1-7.
③ 陈力丹.谈谈传播学批判学派[J].新闻与传播研究,2000(6):33-38,96.
④ Blumler J G.Communication and democracy:The crisis beyond and the ferment within[J].Journal of Communication. 2010, 33 (3):166-173.
⑤ 何苗,刘研.国际视野中的文化产业研究路径变迁[J].天府新论,2013(2):116-120.

第七章 传播效果理论

第一节 传播效果研究概述

一、传播效果的概念和分类

传播效果一般是指信息传播活动所产生的接受者反应和社会影响,是对传播者在传播过程中希望达到的目标和实际结果的综合评价,用以分析不同传播主体及不同类型媒介和内容的传播策略、方法及效能。其中,大众媒体及广告传播效果研究相关理论较为丰富,与此同时,创新扩散的效果研究也具有重要的理论意义和实践应用价值。

传播效果可以从不同维度进行划分,如杰克·麦克劳德(Jake McLeod)将传播效果分为微观与宏观效果、变化和稳定效果、累积和非累积效果、长期和短期效果、"态度、认知和行为"效果、一般性扩散和特定内容效果以及直接效果和条件性效果等几个方面。① 其中,微观和宏观效果主要是指受众个体的效果和各类型社会系统的影响效果,如家庭、社区、社会运动、组织及国际社会等。变化和稳定效果是指效果产生的影响是促使受众产生变化还是促进其巩固或者维持既有态度。如拉扎斯菲尔德的选举研究中一个最重要的结论就是媒介的首要效果是强化投票者已有的态度。累积效果是指从多个信息来源而来的长时间的累积性变化与接触单一媒介所产生的变化。非累积效果往往以其信息所具有的显著特征(视觉、主题或词语等)抓住受众的注意力,其研究一般在实验环境中进行。长期效果是在媒介接触一段时间后才能发现证据,短期效果则一般是针对接触一种信息后即时的效果。②

董天策在传播效果的层面上,具体将传播效果分为认知的、情感的、态度的和行为

---

① 张国良.20世纪传播学经典文本[M].复旦大学出版社,2003.
② 同上.

的四个层面。① 认知效果是受传者对信息的表层反应。情感效果是受传者对信息的深层反应,是对信息内容进行有感情色彩的分析、判断和取舍。态度效果是受传者接受信息后在态度上发生的变化。传播的态度效果通常表现为变否定态度为肯定态度,变消极态度为积极态度,变错误态度为正确态度,或是培养与维系肯定的、积极的、正确的态度。行为效果是受传者接受信息后在行为上发生的变化。

不同传播活动所要达到的目的不同,要求的传播效果也各不相同。如新闻传播是一种告知目的的传播,因此实现认知效果是基本诉求。杰克·麦克劳德认为,认知效果包括认知学习效果、认知建构效果、认知社会现实效果等,在这些方面,已经积累了很多相关的研究成果。如格伯纳和麦库姆斯等人所做的培养理论和议程设置理论等研究证实了媒体能提供关于社会现实本质的线索。② 而文娱传播通过艺术性和故事性营造出一种情感效果。舆论传播通过对某个事件或者人物的评价和阐述观点,影响人们的看法和倾向性意见,从而产生态度效果。广告传播则通过推广商品或服务或者候选人的主张来影响消费者或者选民购买或投票的决定,从而产生行为效果。行为效果研究可追溯到佩恩基金会的研究,其中有些领域一直受到关注,如青少年的社会化、公共信息和商业广告宣传、政治宣传与公民参与、发展传播学与创新的接受,这些多为微观取向。也有关注长期宏观效果的研究,如历时 22 年的关于电视暴力对攻击性行为的影响的效果研究,如罗威尔·休斯曼(Rowell Huesmann)③等从 1984 年开始进行的相关研究。④

二、大众传播效果研究的阶段模式论

传播效果研究在传播学研究中留下了人文批判主义与学术实证主义的演变痕迹,而这一研究具有几个重要特色。杰克·麦克劳德作了如下概括:首先,把受众放在首位;其次,研究具体的影响问题,如心理、个体受众的态度认知及行为变化,以及各种形式的集体性变化问题;最后,关注特定现象、形式或内容产生的影响或效果的信息源属性,以及媒体信息系统、单个媒介、内容类型或个人的信息属性,一般通过实证法进行效果验证。⑤

传播效果研究始终是传播研究关注的核心命题,伴随着传播研究的探讨不断深入,传播效果的分析也从一般定性研究逐步发展到实证研究和多元维度探索的系统研究范式。同时,传播效果的评估也呈现出不同时期研究的差异性和多样化特征。美国学者

---

① 董天策.传播学导论[M].四川大学出版社,1995.
② 张国良.20 世纪传播学经典文本[M].复旦大学出版社,2003.
③ Huesmann L R, Eron L D, Lefkowitz M M, Walder L O. The stability of aggression over time and generations [J]. Developmental Psychology, 1984(20): 1120-1134.
④ 张国良.20 世纪传播学经典文本[M].复旦大学出版社,2003.
⑤ 同上.

沃纳·赛佛林(Werner Sevrin)和小詹姆斯·坦卡德(James Tankard Jr.)在1981年通过对50年来效果研究的审慎回顾和总结,依据各种理论对效果的不同估计和理论的自身特点,将效果研究的阶段轨迹概括为四个理论,即"巨大效果论""有限效果论""适度效果论""强大效果论"。①

（一）巨大效果论

巨大效果论也称子弹论(bullet theory),是后来的研究者命名的大众传播效果研究的第一批概念之一。② 1971年,威尔伯·施拉姆将传播的巨大效果理论称为"魔弹论"(magic bullet theory)。③ 该理论认为,媒介信息直接地、相当程度地影响人们的行为。④ 该理论强调传的信息如同枪弹一样发挥着巨大的效应。1960年,戴维·伯洛将其称为"皮下注射器理论"(hypodermic needle theory),即大众传播效果就是内容像针剂一样被注入受众所产生的反应。德弗勒等1982年将其称为"传送带理论"(transmission theory)。⑤

早期的传播研究定位于大众获取信息的一致性反应,传播也被视为单向的宣传鼓动策略,而大众则是被动、缺乏理性的群体。如法国学者古斯塔夫·勒庞就将宣传看作在群体中灌输一种符合大众心理的辞令的策略,而群体被形容为乌合之众,被认为缺乏思考能力和理性,极易被煽动。⑥

与此同时,随着西方工业化发展带来的城市人口急剧增加,报纸等新兴工业信息消费品成为舆论的新来源,群体集合式获取信息和利用信息带来的集体舆论和集合行为成为关注焦点。法国学者加布里埃尔·塔尔德就指出:"报纸就造就了一个庞大、抽象和独立的群体,并且将其命名为舆论。"⑦

美国政治社会学家威廉·科恩豪泽(William Kornhauser)在其代表性著作《大众社会的政治》(1959)中,对大众社会的概念进行了梳理和界定。他认为,大众社会包含精英维度和大众维度,其核心特征是:中间缓冲组织的缺乏,导致精英和大众之间的相互影响程度异常提高,统一的价值观念丧失,整个社会处于一种分散的状态,极易受到趋同趋势的影响,陷入非理性状态,表面上看似一切由大众决定,但实际上大众却极易被精英所操纵。⑧

---

① 〔美〕沃纳·赛佛林,小詹姆斯·坦卡德.传播理论:起源、方法与应用[M].郭镇之,徐培喜,等译.5版.中国传媒大学出版社,2006.
② 同上.
③ 同上.
④ 〔美〕雪莉·贝尔吉.媒介与冲击:大众媒介概论(第四版)[M].赵敬松,主译.东北财经大学出版社,2000:309.
⑤ 〔美〕沃纳·赛佛林,小詹姆斯·坦卡德.传播理论:起源、方法与应用[M].郭镇之,徐培喜,等译.5版.中国传媒大学出版社,2006.
⑥ 〔法〕古斯塔夫·勒庞.乌合之众[M].冯克利,译.中央编译出版社,2005.
⑦ 〔法〕加布里埃尔·塔尔德,特里·N.克拉克.传播与社会影响[M].何道宽,译.中国人民大学出版社,2009.
⑧ 刘旭,李龙海.康恩豪萨的大众社会理论评述[J].理论探讨,2009(6):64-67.

除此之外,子弹论的影响还体现在席卷全世界的战争及相应的宣传战所带动形成的传播巨大效果上。因此,研究世界大战中的宣传的拉斯韦尔相信,除了实体的枪弹之外,宣传信息也是枪弹,而且是冲击舆论及士气的致命武器。

1929年,佩恩基金会研究项目赞助了媒介影响研究,其中对电影的研究尤其引人注目。赫伯特·布鲁默通过调查问卷和采访等形式研究了电影对青少年的影响问题,其研究结果被广泛报道,甚至对1930年《美国电影制作准则》的出台产生了重要影响。

子弹论还关注新型媒介应用带来的影响问题,如广播的出现也使人们的心理承受着新的冲击和不安,甚至恐慌性过激行为。典型事例如《火星人入侵地球》广播剧事件。1938年,哥伦比亚广播公司直播了根据英国科幻小说《星际战争》改编的科幻剧《火星人入侵地球》,该剧由奥森·威尔斯(Orson Welles)和他所在的水星剧团参与演出。很多听众误以为自己正在遭受火星人的攻击,纷纷躲入地窖或逃出家门。《纽约时报》在头版报道中描述了当时的情景:"极度恐慌的听众塞满了道路,有的藏在地窖里,或在枪中装满子弹。在纽约的一个街区,20多个家庭中的人们都冲出房门,他们用湿毛巾捂住脸,以防止吸入火星人的'毒气'。"①据普林斯顿大学事后调查,全国约有170万人相信这个节目是新闻广播,约有120万人感到恐慌,想要马上逃难。实际上广播剧播出时,在开头和结尾都声明这只是一个改编自小说的科幻故事,在演播过程中,哥伦比亚广播公司还曾4次插入声明。然而,谁也没有料到,该节目会对听众产生如此巨大的影响。②

广播节目产生的各种影响日益加深,形成了一种强大的舆论压力,要求学术界给出正确评估和解决问题的方案。因此,1939年,普林斯顿大学广播研究所开展了相关立项研究。普林斯顿大学的海德利·坎特里尔(Hadley Cantril)对这一事件进行了分析研究,以了解广播节目为何会产生如此令人惊慌失措的影响效果。他在访谈了135个人之后发现,大部分美国人觉得广播是一种值得信任的媒介。他们从没想到媒介会把他们错误地引向一场"恶作剧"。研究发现,高水平的批判性思维能力是问题的关键,受过较好教育的人更有可能判断出来这只是广播剧。这一研究的重要性在于区分了不同的听众,这一结论既强调了大众传播的重要影响力,也在某种意义上质疑了大众传播具有普遍的子弹效应这一观点。③

(二)有限效果论

巨大效果论事实上是个假设性命题,后续研究发现其缺少实证依据。随着社会学

---

① 经纬.事件:《火星人入侵地球》1938年引起恐慌的广播剧[N].新京报,2005-11-3(5).
② 同上.
③ 〔美〕雪莉·贝尔吉.媒介与冲击:大众媒介概论(第四版)[M].赵敬松,主译.东北财经大学出版社,2000:309.

和心理学实证研究的开展,大众媒介效果被夸大的问题得到证实,研究认为巨大效果需要附加很多条件,研究者因此提出了有限效果论(limited effect theory)。如霍夫兰的实验研究表明,军事训练影片在传递信息上虽然有效,但未能改变人们的态度;拉扎斯菲尔德及其同事所做的选举研究也表明,很少人会受到大众传播竞选宣传的影响。[1]

有限效果论是约瑟夫·克拉珀总结并提出的观点。1960 年,他在美国哥伦比亚大学应用社会研究所工作,后任职于哥伦比亚广播公司社会调查研究所。他明确强调了传播效果影响的有限性,因为传播产生的影响是多种中介因素作用的结果,传播本身的作用只是其中之一,而不是全部。这些中介因素包括选择性因素(选择性接触、理解和记忆)、群体过程、群体规范和意见领袖等。[2]

（三）适度效果论

沃纳·赛佛林等指出,有限效果论提出之后,并未取得一致认同,有很多研究者认为,大众传播效果既不是巨大的,也不是有限的,应避免矫枉过正。因此,20 世纪 70 年代的效果研究反思了有限效果论问题,指出:其过分低估了大众传播的影响力,以往的研究只注重大众传播对受众态度和意见的影响,忽视了对认知效果的分析;只考虑大众传播对受众产生了什么影响,却忽视了受众的主体意识;注重短期效果研究,忽视了对长期效果的考察。[3]

适度效果论(the moderate effect theory)强调了传播效果的差异性和复杂性,其社会系统影响及多因素制约对传播效果的影响被进一步揭示。如 1970 年,菲利普·蒂奇诺(Phillip Tichenor)等学者提出的知识沟理论、1972 年麦库姆斯等提出的议程设置理论以及 1972 年格伯纳等提出的培养理论等。[4] 这些效果理论既未夸大传播的效果,也不认同传播效果的有限性,而是侧重分析了传播效果的认知影响或者长期的潜移默化效果问题。

（四）强大效果论

自 20 世纪 70 年代中期以来,一些学者的研究证实,以往对大众传播效果的研究低估了其传播影响作用。事实上,随着媒介的高度普及和集团垄断以及传播媒体的策略改进,大众传播正日益形成强大影响,因此,强调了传播的强大效果。

强大效果论(powerful effect theory)最初是由德国学者诺依曼在 1973 年发表的论文

---

[1] 〔美〕沃纳·赛佛林,小詹姆斯·坦卡德.传播理论:起源、方法与应用[M].郭镇之,徐培喜,等译.5 版.中国传媒大学出版社,2006.
[2] 〔美〕约瑟夫·克拉珀.大众传播的效果[M].段鹏,译.中国传媒大学出版社,2016.
[3] 董天策.传播学导论[M].四川大学出版社,1995.
[4] 〔美〕沃纳·赛佛林,小詹姆斯·坦卡德.传播理论:起源、方法与应用[M].郭镇之,徐培喜,等译.5 版.中国传媒大学出版社,2006.

《重归大众传播的强力观》中提出来的。① 诺依曼的观点逐步形成了传播影响的沉默的螺旋模式。1980年,她在《沉默的螺旋:舆论——我们的社会皮肤》一书中,阐述了她的观点。她认为,大众传播媒体在影响公众意见方面确实有很大的效果,但是,由于过去研究的局限性,这些效果被缩小了,或未能测试出来。② "沉默的螺旋"理论阐明了公众舆论形成过程中,人际传播和媒介是如何共同起作用的,媒体向公众宣布哪些观点是受欢迎的,哪些是不受欢迎的。③

大众传媒的影响是累积性的,诺依曼指出:"当我们把注意力越是长久地放在大众传媒的效果上,就越清楚地感觉到研究它是多么困难。因为这样的作用不是产生在一点上,而通常是累积性的,遵循'水滴石穿'的原理的。"④

其他一些实证研究也证明了这一趋势,如1975年美国心脏病学家杰克·法夸尔(Jack Farquhar)和传播学学者内森·麦克比(Nathan Maccoby)通过在三个不同城市进行的实地实验研究证明,大众传播媒体的宣传策略,有效地改变了人们的生活习惯,减少了心脏病的发生。1984年,由鲍尔-洛基奇等进行的研究也证实了这一观点。他们设计了一个名为"伟大的美国价值观测验"的实验性电视节目,并以此进行观众效果实验。结果表明,半小时的节目竟改变了观众对基本价值观的排序及他们参与政治性活动的意愿。而且,所有这些实验都是在真实世界的环境中完成的,从而打消了对这些结果是否适用于实验室之外的环境的任何疑问。⑤

(五) 传播效果阶段模式论的评价

传播效果的阶段分析是历史回顾性反思和范式总结,对于我们了解传播研究过程中提出的各种相关观点和理论有重要的启发和评价意义。与此同时,也应注意到,这一阶段模式分析仍然是粗疏的,缺乏对于这些理论的不同来源、不同研究方法、不同设定情境以及不同假设条件的具体分析和归纳总结。比如,研究样本的时间范围作为效果变量形成的差异问题值得关注,针对短期时间变量的分析形成了议程设置(以星期和月为单位)、两级传播(以月为单位)和沉默的螺旋(以月和年为单位)理论,针对长期的时间变量(以年和十年为单位)的分析则形成了培养理论、文化研究等不同理论,这些理论不是同一水平的,而是在不同维度上进行分析。

---

① 转引自〔美〕沃纳·赛佛林,小詹姆斯·坦卡德.传播理论:起源、方法与应用[M].郭镇之,徐培喜,等译.5版.中国传媒大学出版社,2006.
② 〔美〕沃纳·赛佛林,小詹姆斯·坦卡德.传播理论:起源、方法与应用[M].郭镇之,徐培喜,等译.5版.中国传媒大学出版社,2006.
③ 〔美〕斯蒂芬·李特约翰,等.人类传播理论[M].史安斌,译.9版.清华大学出版社,2009.
④ 〔德〕伊丽莎白·诺尔-诺依曼.沉默的螺旋:舆论——我们的社会皮肤[M].董璐,译.北京大学出版社,2013.
⑤ 〔美〕沃纳·赛佛林,小詹姆斯·坦卡德.传播理论:起源、方法与应用[M].郭镇之,徐培喜,等译.5版.中国传媒大学出版社,2006.

麦克劳德认为,效果理论也受到批判学派等领域学者的质疑。如戈尔丁认为,研究建立在刺激—反应学习理论基础上,只局限于两个变量,没有中介,取向上过于个体化,并局限于说服效果,没有有效探索累积的、延迟的、长期的和由于维持现状而看不出明显意图的效果。[①] 霍尔则认为,效果研究过分强调讯息、蓄意夸大媒体效果,忽视了文化变量以及意义生产与建构机制问题。麦奎尔认为,效果研究缺乏科学准确性,偏离了对特定讯息所产生的特定效果的分析,研究方法设计薄弱,还存在缺乏全国性样本等问题。[②]

因此,传播效果的阶段模式的归纳有助于我们在总体上了解美国的传播效果研究的理论轨迹和主要观点,但是这一分析也存在大而化之的问题。很多效果研究仅仅局限于对特定假设的验证,难以推而广之成为普遍原则,更无法套用于其他国家,特别是中国。陈力丹认为,关于传播效果的研究,不能简单地讨论传媒效果强大与否,而应关注怎样定义传媒实现效果与产生影响的本质。效果是传者和受者共同构筑的,并且存在于社会大系统的强大传统制约与特定条件下的前馈影响力中。[③]

进入新世纪以后,传播效果研究进入了数字媒体与网络传播时代,研究不仅要考虑传播效果的具体问题,也开始分析与大众传播形成竞争生态的网络传播媒体的效果互动问题,提出了一些网络传播是否还具有传统大众传播效果的假设,并进行了很多验证与分析。对我国来说,众多西方理论与我们的社会制度,尤其是独特的中国国情之间有着相当大的差距。在我国源远流长的文明发展历史中,积累了丰富的传统文化传播理论与实践资源。在现代传播学引入中国之后,我们不仅需要与国际接轨,借鉴西方大众传播效果理论成果,同时也需要挖掘传统传播思想和实践经验。在互联网的发展过程中,基于我国互联网大国的发展特色和独特优势,访问量巨大的数字传播媒介对传统媒体在经济与文化上也逐步产生了深远的影响。因此,传播效果研究不仅发掘了传统东方传播效果理念,而且也开始有了一些新的研究范式,如采用实证方法对中国的传媒、网络及移动终端如智能手机的认知、接触、行为及态度等进行效果研究。

还有学者认为,传播效果的归纳较为单一,如拉赛尔·纽曼(Russell Neuman)和劳伦·古根海姆(Lauren Guggenheim)就指出,媒介效果的文献往往以三个阶段的发展来界定:一是早期学者所拥护的强大效果论,接下来学界对早期文献进行批判并提出了有限效果的新模式,继而是新一轮的批判和强大效果论的回光返照。虽然这种戏剧化、带有浪漫色彩的对媒介效果发展过程的简化可以在入门课程教学上使用,但是它可能成

---

① 张国良.20世纪传播学经典文本[M].复旦大学出版社,2003.
② 同上.
③ 张国良,黄芝晓.中国传播学:反思与前瞻[M].复旦大学出版社,2002.

为进一步完善和发展学术理论的重大障碍。① 他们对五个传播学期刊 1956—2005 年间的 20 736 篇学术论文,尤其是引用率最高的 200 篇论文进行分析,提出了媒介效果理论的六阶段模型,即说服理论(persuasion theories, 1944—1963)、积极受众理论(active audience theories, 1944—1986)、社会情境理论(social context theories, 1955—1983)、社会与媒介理论(societal and media theories, 1933—1978)、解释性效果理论(interpretive effects theories, 1972—1987)和新媒体理论(new media theories, 1996—   )。②

对我国来说,众多西方理论与我们的社会制度,尤其是独特的中国国情之间有着相当大的差距。我国曾经是大众传播效果研究理论的进口国,但是在互联网的发展过程中,却有着自己独特的甚至是引领潮流的一个信息社群。我们拥有世界上最多的互联网受众,访问量巨大的数字传播媒介对传统媒体也逐步产生了深远的经济与文化上的影响。因此,传播效果研究开始有了一些新的特色,如采用实证方法对中国的传媒、网络及移动终端如智能手机的认知、接触、行为及态度等进行效果研究。

综合传播效果研究相关理论的研究范式、分析维度及场域特征等几个方面,本章分别从社会认知的建构效果、态度改变的心理效果、积极受众的需求满足效果、社会系统的情境效果以及创新扩散的采纳效果等五个方面加以介绍。

第二节　社会认知的建构效果理论

社会认知一般是包括感知、判断、推测、评价和解释在内的社会心理活动。③ 大众媒体具有提供信息的作用,通过受众基于看到或听到的信息作出一定的反应,由此产生传播效应,进而深度影响人们的思考方向和态度行为。

媒介的社会认知建构是指受众接触媒介信息后,在头脑中形成的关于社会现实的概念化图式建构效果,其认知影响对受众改变自我态度、接受或拒绝某种行为具有重要作用。比如,对选举投票行为、消费者购买行为、暴力等反社会规范行为以及创新扩散的采纳行为等都有一定的影响。

拉斯韦尔就曾指出,大众传播活动具有环境监测功能、文化传递功能和社会协调功能。其中,环境监测功能就是指大众媒体报道现实社会的各种事件、场景和相关细节,使得公众如同面对一个社会窗口一样,了解社会状况和变化形态及面临的危机,从而为公众的应对提供雷达预警。

---

① Neuman W R, Guggenheim L. The evolution of media effects theory: A six-stage model of cumulative research [J]. Communication Theory, 2011, 21(2):169-196.
② Ibid.
③ 申荷永.社会心理学原理与应用[M].暨南大学出版社,1999.

一、社会认知理论

社会认知理论(social cognitive theory)是阿尔伯特·班杜拉(Albert Bandura)于1986年提出的一种传播效果理论。[①] 该理论起源于心理学思想。1941年,尼尔·米勒(Neal Miller)和约翰·多拉德(John Dollard)指出,当观察者被激发去学习,或当可以被学习的元素出现的时候,或当观察者执行给定的行为和当观察者积极地强化正在模仿的那些行为时,模仿性的学习就会产生。换句话说,人们可以模仿他们看到的行为,通过强化这些行为从而进行学习。[②]

班杜拉认为,这一理论为分析大众媒介的影响机制提供了一种动因性概念框架,据此可以检验媒介影响的决定性因素和作用机制。[③] 该理论是其他传媒效果研究的基础,包括传播暴力研究、对传媒信息的恐惧反应、性暴露对观众的影响以及传媒中的广告宣传内容对受众的影响、技术革新的传播等。同时,社会认知理论又是传播学众多理论的起源,包括诱因效应、创新扩散理论以及说服等,都依托认知的观察学习和模仿两个核心概念。[④]

以往人们解释人类行为往往从环境和内在倾向的塑造与控制角度进行单向因果分析,社会认知理论则采用个人因素(信念、期望、态度以及知识)、行为因素(行为调节与反馈)和环境因素(资源、行为结果、符号性示范、榜样以及物理设置)三元交互因果关系来解释自我与社会相互作用的社会心理机能活动。

班杜拉认为,个人能动性具有重要的社会认知意义,表现为人的符号化能力、自我调节能力、自我反省能力、观察学习能力和符号沟通能力。[⑤] 在三元交互作用中,个人能动性与社会结构相互整合互为因果,如观察学习的控制机制时,人们不会简单地将习得的东西直接转换为行为,而是受到诱因动机影响。人们更愿意采取可能产生利好效果的示范行为,并且会基于社会环境规范来采取行动。社会认可的行为会带来自尊,而不被社会认可的行为会引发自我否决。[⑥]

观察学习中的符号示范具有重要的环境影响作用。班杜拉认为,符号示范能够将无限多样的信息同时传送给很多人,扮演着创新活动的首要传播者角色。示范影响的设计不仅要注重知识和行为规范的传播,还要关注自我效能的开发。自我效能影响着

[①] Bandura A. Social foundations of thought and action: A social cognitive theory[M]. Upper Saddle River, Prentice-Hall, 1986.
[②] Baran S J, Davis D K. Mass communication theory: Foundations, ferment, and future [M]. Thomson, 2003.
[③] 〔美〕简宁斯·布莱恩特.媒介效果:理论与研究前沿[M].石义彬,译.华夏出版社,2009.
[④] 王颖.传媒效果的理论分析和应用研究——詹宁斯.布莱恩特《传媒效果概论》评析[J].东南传播,2014(8):17-18.
[⑤] 〔美〕简宁斯·布莱恩特.媒介效果:理论与研究前沿[M].石义彬,译.华夏出版社,2009.
[⑥] 同上.

人们是否改变自己的行为,这一点在健康信息传播方面尤为突出。基于交互性动因,班杜拉认为,在行为采纳方面环境刺激因素是调节因素之一。其他诱因,如物质结果、社会结果或自我评价结果也会影响行为的采纳。此外,影响社会行为扩散的重要因素还包括社交网络结构。因此,采纳行为的社会结构因素和心理因素是互补的,而不是对立的。①

二、拟态环境理论

美国舆论学家李普曼在分析舆论形成的过程中,对"人们行动的环境、人们头脑中关于那个环境的图景,以及人对于从环境中滋生出来的那幅图景作出的反应"三者的关系进行分析。其中涉及"拟态环境"对于人们的"刻板印象"的影响效果问题,揭示了媒介对人们的认知产生的引导和影响问题。

(一)拟态环境对于真实环境的重构

这一概念受到了弗洛伊德"梦的解析"思想的影响。李普曼认为,拟态环境就是我们在头脑中所创造的图景(pictures in our heads)。"拟态环境"就是虚构出来的一种介于人与所处的环境之间的那个环境,人的所有行为都是针对这一拟态环境作出的。他认为,"在社会生活层面上,人类对于环境的适应必须通过'虚构'这一媒介来完成。虚构不等于谎言,虚构是指对于环境的某种再现,其在某种程度上是由人自己创造出来的"②。李普曼认为,"真实的环境在总体上过于庞大、复杂,且总是转瞬即逝,令人难以对其深刻理解","为了能够对其加以把握,就必须依照某个更加简单的模型对真实环境进行重建"③。

(二)媒介传播对拟态环境的影响

由于现实环境的复杂性、距离性等因素的影响,人们难以对其作出准确的理解和判断,因此,人们常常依据各种拟态环境信息作出对于现实环境的判断。李普曼认为,"关于外部环境的信息来得或快或慢,但是只要我们认准了自己头脑中那幅图景是真实的,就一定会将这幅图景等同于外部环境本身"④。在李普曼看来,人们难以辨识拟态环境与真实环境的差别,并且容易受到其暗示的影响作出简单判断,这是因为,"人们自然无法形成'做决定'的伟大传统,若不是因为绝大多数我们所能获得的新闻往往包含着引导我们对事件本身作出特定判断的暗示,恐怕上述情况还会更加显著,实际上,我们需要那些暗示,如果我们无法在新闻报道里找到自己所需的暗示,便会往往转而求诸报

---

① 〔美〕简宁斯·布莱恩特.媒介效果:理论与研究前沿[M].石义彬,译.华夏出版社,2009.
② 〔美〕沃尔特·李普曼.舆论[M].常江,肖寒,译.北京大学出版社,2018.
③ 同上.
④ 同上.

纸社论或其他值得信赖的人士。"①

媒介的这一影响还包括运用象征符号发挥相应的作用。李普曼认为,"象征符号的用途十分广泛,拥有莫名强大的力量,以至于字词本身便散发着独特魔力"②。他通过分析 1920 年大选时期的报纸中使用的表达语词,来解释象征符号所产生的作用。这些意义多变的象征符号,之所以影响人们的观念,答案是这"是由另一个被视为权威的人植入的"③。

李普曼还揭示了媒介的主观选择信息的议程设置特征,他指出,"读者们能从报纸上看到的一切新闻,都是一系列精心选择的结果,报纸必须决定哪些内容可以被报道、在报道这些内容的时候应该采取什么立场、每篇报道应该占据多大的版面空间,以及报道应该有哪些侧重点,并不存在什么客观标准,存在的只有惯例"④。

(三)刻板印象的形成及认知片面性问题

李普曼将人们的认知模式视为外部信息与自我信息的整合过程,在这一过程中,主客观原因造成了人们对于现实世界的认知受到外部拟态环境和内在自我刻板印象的影响,呈现出认知片面性。因为人们会基于刻板印象"对信息作出一些过滤和改造"⑤。他认为,信息受到大脑内既存认知图景(如先入之见、偏见)的影响,被其诠释、加工,最后又反过来操纵我们的注意力和意识。⑥ 李普曼认为,拟态环境是人们形成认知刻板印象的重要来源,因为"人们对于自己没有经历过的事物产生感觉的唯一途径,就是借助自己头脑中为该事物勾勒的影像"⑦。他考察了个体如何从自己的立场出发去对这些信息加以感受和认识,认为"社会中约定俗成的套路、盛行的模式以及既定的评价标准,都会干扰人脑信息接受的过程"⑧。同时,很多因素阻碍了人们对于事实的认知,包括"人为的审查机制、社会交往中的阻绝因素、人们每天用于关心公共事务的时间的匮乏、过于简单的信息叙述事件所导致的事实扭曲、用有限的词语来描述复杂世界的难度,以及人们因不愿意打破稳定的社会生活现状而怯于直面现实的情形"⑨。

刻板印象涉及认知扭曲、偏差和错误倾向,进而影响"舆论对环境信息的反馈能力"⑩。李普曼提示我们,"我们事实上并不知道人对于宏大社会的事实信息会作出何

---

① 〔美〕沃尔特·李普曼.舆论[M].常江,肖寒,译.北京大学出版社,2018.
② 同上.
③ 同上.
④ 同上.
⑤ 同上.
⑥ 同上.
⑦ 同上.
⑧ 同上.
⑨ 同上.
⑩ 同上.

种反应,我们所知道的仅仅是人对于宏大社会中的某个极不完整的片段图景会作出何种反应。基于有限的事实材料,我们既不能就宏大的社会环境得出任何概括性的结论,也不能对人本身得出任何概括性的结论"①。

总之,李普曼从舆论形成过程中的媒介认知建构作用角度,分析了媒介建构的拟态环境和刻板印象的影响,其中隐含了媒介具有的"议程设置作用",并指出了这一机制存在的弊端。他说,"最重要的是了解刻板印象的特质,并且时刻牢记我们在动用自己的刻板印象时,极易受到误导"②。因此,议程设置理论提出者麦库姆斯称李普曼是"议程设置概念的精神之父"。③

三、议程设置理论

议程设置理论(agenda-setting theory)的提出不只是对一次总统竞选的研究,还是经过长期的学术研究和思考得出的系列研究结论。该理论逐步成为一个典范研究命题,自从马克斯韦尔·麦库姆斯和唐纳德·肖(Donald L. Shaw)1968年第一次明确提出这一概念以来,这一领域的研究超过了400项。④

围绕这一命题还有一些扩展性理论,主要包括山托·艾英戈(Shanto Iyengar)等人1982年提出的铺垫效应(priming effect)和1987年提出的框架理论(framing theory);库尔特·朗(Kurt Lang)和格拉迪斯·朗(Gladys Lang)夫妇提出的议程建构(agenda building)理论;麦库姆斯、唐纳德·肖、戴维·韦弗(David Weaver)、布拉德利·哈姆(Bradley Hamm)等人1997年提出的议程融合(agenda melding)论等。

这一研究假设与相关命题也逐步深化和拓展,郭镇之将这一理论发展概括为:"议程设置的研究对象从'议题'转向'属性',深入第二层面(如候选人属性)的议程设置效果,研究取向从显著性转移的外在过程进入心理因素的影响(如导向需求),从传媒'引导关系'的确认扩展到转移的过程(如时滞现象)。再后来,议程设置从'媒介—公众'关系,扩大到'政府—媒介'关系、媒介之间的关系以及大众传媒与几乎所有社会集团和个人的关系,研究问题也涉及安全、环境、金融、毒品等系列社会问题。最新的研究领域已扩展到与互联网新媒介相关的议程设置现象。"⑤

(一)议程设置理论的前期探讨

李普曼首先从刻板印象角度,分析了媒介传播对公众认知现实的影响,从而奠定了议程设置功能的思想基础。1948年,拉扎斯菲尔德和默顿也提出了媒介"地位授予"

---

① 〔美〕沃尔特·李普曼.舆论[M].常江,肖寒,译.北京大学出版社,2018.
② 同上.
③ 李本乾.议程设置思想渊源及其早期发展[J].当代传播,2003(3):2.
④ 〔美〕马克斯韦尔·麦库姆斯.议程设置:大众媒介与舆论[M].郭镇之,徐培喜,译.2版.北京大学出版社,2018.
⑤ 同上.

(status conferral)作用,从媒介个人议程设置角度强调受到大量报道的人物将会得到公众的普遍关注。

1958年,诺顿·朗(Norton Long)直接表述了议程设置理论。他指出,"从某种意义看来,报纸是设置地方性议题的原动力。在决定多数人将要谈论什么,多数人认为事实是什么,以及多数人认为解决问题的方法是什么等问题上,报纸起着很大的作用"①。

1959年,库尔特·朗和格拉迪斯·朗夫妇的研究观点也隐含着议程设置思想:"大众媒介促使公众将注意力转向某些特定的议题,媒介为政界人士树立公共形象。媒介还不断披露某些人与事,暗示公众应当去思考它,了解它,感受它。"②他们按照李普曼的思路进行了一个实证研究,研究了从朝鲜战场归来的道格拉斯·麦克阿瑟(Douglas MacArthur)到达芝加哥时电视转播的效果。一组由31人组成的实地参与组均匀地分布在当天重要活动的现场,"真实"地体验"外部世界",然后研究者通过访谈和问卷汇总他们的观点。另外,研究者还对电视转播进行了内容分析。结果发现,电视转播给人的感觉恰好相反。这个研究证明,媒介所呈现的事件与真实事件之间存在差距。20世纪70年代后期,他们还对"水门事件"期间报纸报道与民意之间的关系作过研究。研究发现,媒介的议题设置在受众那里都会产生不同程度的效果,导致公众对这一事件的看法也随着媒介的报道力度和措辞的不断升级而增强:从最初的不注意,到之后将它视为头号新闻。

美国政治科学家伯纳德·科恩(Bernard Cohen)在1963年指出:"很多时候,媒介也许在告诉人民'怎么想'方面都不大成功,但在告诉人们'想什么'方面却惊人的成功。"③这一简单而精练的结论,与后来提出的"议程设置"概念及理论互为表里,相关概念呼之欲出,并给予了实证分析,构建了一个重要的理论体系。

(二)议程设置理论概述

1. 假设的提出与验证

麦库姆斯和唐纳德·肖从1968年到1978年历时10年对这一假设作了实证研究,并系统、明确地提出了议程设置理论。

他们首先于1968年在北卡罗来纳州教堂山(Chapel Hill)进行了初步研究,选取了九种报纸、新闻杂志和电视新闻媒介进行议题内容分析。其中选取了外交政策、法律与秩序、经济、公共福利、公民权利等五个议题,并统计其议题报道数量和频率,然后调查了当地居民在获取了这些信息后的议题显著性情况。研究发现,选民对于提出的议题

---

① 〔美〕沃纳·赛佛林,小詹姆斯·坦卡德.传播理论:起源、方法与应用[M].郭镇之,徐培喜,等译.5版.中国传媒大学出版社,2006.
② 同上.
③ 张国良.20世纪传播学经典文本[M].复旦大学出版社,2003.

的排列顺序与 25 天之前这些议题在新闻媒介上的排列顺序几乎完全对应,当地的媒介议题和公众议题之间的相关性指数竟然高达 0.97。他们由此提出了"议程设置"(agenda-setting)的效果问题。

1972 年,他们在夏洛特市扩大了调查范围,随机选取样本,以分析总统选举期间的选民意见的影响因素。由于时间横跨夏秋两季,研究中还进行了交叉时滞的比较研究,从中观察是否存在公众议程影响了媒介议程的相反因果假设,并证实了并非公众议程影响报纸议程。同年,他们公开发表了论文《大众传播的议程设置功能》("The Agenda-Setting Function of Mass Media"),明确提出了这一理论。其中强调,大众媒体通过影响议题的显著性来为政治竞选设置议题议程,随着时间的变化,新闻中强调的那些议题将会成为公众认为重要的议题,即媒介议程设定了公众议程。①

麦奎尔等将议程设置理论的观点概括为:"在特定的一组问题或议题中,受到媒介较多注意的那些问题或议题之熟悉程度和重要性,则将在一段时间内日益提高,而那些得到较少注意的问题或议题则会相应地降低其熟悉程度和重要性。"②他们还进行了模式化描述,见图 7-1。图中左侧的 X_1、X_2、X_3……代表现实生活中的各种"议题",中间的粗黑线段表示传播媒介对这些"议题"的报道量,右边大小不一的 X 代表公众对这些"议题"及其重要性的认知。

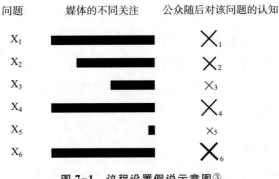

图 7-1　议程设置假说示意图③

2. 议程设置的议题客体和议题客体属性

议程设置关注到媒体设置的议题客体对象的显著性(salience of objects),这是第一层次。随着研究的深入,开始进一步关注议程设置的第二层——议题客体属性(attribute)以及受众归因的影响,即属性的显著性(salience of attributes)效应。

---

①　[美]马克斯韦尔·麦库姆斯.议程设置:大众媒介与舆论[M].郭镇之,徐培喜,译.2 版.北京大学出版社,2018.
②　[英]丹尼斯·麦奎尔,[瑞典]斯文·温德尔.大众传播模式论[M].祝建华,译.2 版.上海译文出版社,2008.
③　同上.

媒体的议程设置首先表现为议题客体的显著性变化,这个阶段主要是为了"获得注意"。其次表现为议题客体属性显著性的变化,这个阶段聚焦于"理解",也就是李普曼所描述的"我们头脑中的图景"。前者是议题客体本身的显著性,后者则是客体具体属性的显著性。这两个影响方面不一定同时发生。① 这一层面的属性与后续研究中的媒介框架影响有一定的联系。

麦库姆斯将议题客体的具体属性界定为,"属性是充实每个客体图像的那些特点和性质,不同的客体的显著性存在差异,属性包括凸显某个客体特点的全部性质与特征,不管是选择某些客体加以关注,还是选择某些属性来描绘这些客体,都体现了强大的议程设置作用。新闻议程及其系列客体的一个重要组成部分,就是新闻工作者以及其后公众思考与谈论某个客体时想到的属性"②。

议程属性影响的焦点是,某个议题、某位政治候选人或其他话题的哪些方面在公众中取得了显著性。伯纳德·科恩的论断在议程设置影响的这个阶段被进一步修正,即媒体不仅可以成功地告诉我们想什么,而且有时候可以告诉我们应该怎么想。③

议程设置的属性层面的模式是将议题客体进行具体化界定,如将经济学作为一个议题,那么下面可以界定一些次议题或类别,包括预算平衡、改革所得税等。这些次议题中,强调最多的就是公众认为重要的议题。另外,如果一个政治候选人是一个议题,那么他们的一些个人属性可以被看作一个议程,具体包括他们的形象和争议话题,新闻媒介强调最多的个人属性就会成为公众在评价候选人时认为的最重要的属性。④ 如候选人的外表、能力、性格、道德等都是其属性,在肯尼迪与尼克松的电视辩论中,肯尼迪的外表属性就成为成功的关键。

在后续研究中,他们还分析了议程设置产生效应的时间,即媒介对公众的影响从发生到产生效果需要多长时间,也就是说,一则新闻从媒介议题转向公众议题似乎存在一个必然的时间差。研究表明,议程设置效果并非立刻发生,但过程相对来说比较短。相关研究表明,议题显著性从媒介议程向公众议程的转移通常需要四到八周(28 天到 56 天左右)。⑤

3. 议题认知网络

议程设置的第一层设置影响的是议题的客体,第二层设置影响的是议题客体的属

---

① 〔美〕马克斯韦尔·麦库姆斯.议程设置:大众媒介与舆论[M].郭镇之,徐培喜,译.2 版.北京大学出版社,2018.
② 同上.
③ 同上.
④ 〔美〕沃纳·赛佛林,小詹姆斯·坦卡德.传播理论:起源、方法与应用[M].郭镇之,徐培喜,等译.5 版.中国传媒大学出版社,2006.
⑤ 转引自〔美〕马克斯韦尔·麦库姆斯.议程设置:大众媒介与舆论[M].郭镇之,徐培喜,译.2 版.北京大学出版社,2018.

性。麦库姆斯和郭蕾提出了议程设置理论的第三层次——"网络议程设置"(networked agenda setting),以此解释在因媒介融合和社交媒体而变得日益"网络化"的时代,议程设置是如何继续发挥其效用的。① 传统议题设置都建立在"人类认知结构是线性的"这一假设的基础之上,将公众对客体或属性的显著性认知以线性形态排列。② 但研究表明,人类在获取信息和形成认知的过程中其认知结构并非线性的,而是接近于网络结构。其核心观点是:影响公众的不是单个的议题或者属性,而是由一系列议题所组成的认知网络;新闻媒体不仅告诉我们"想什么"或者"怎么想",同时还决定了我们如何将不同的信息碎片联系起来,从而构建出对社会现实的认知和判断。③

4. 议题设置效果的影响因素

1976年,美国总统大选期间,麦库姆斯等又进行了一次实证分析,研究发现:议程设置对于不同种类选民的影响,是媒介接触量、媒介类型、兴趣、显著性、导向需要和人际传播等因素共同作用的结果。

在媒体议程设置影响对象方面,并非自动存在一致性结果。事实上,个体对公共事务领域的导向需求(need for orientation)越高,他们就越可能关注大众媒体的议程。④ 麦库姆斯的研究表明,导向需求与关联性和不确定性有关。有很多议题与个体的关联性极低甚至不存在,它们在公众中很少获得关切,在这些情境中,一般公众没有兴趣,获得引导的需求就很低;与此同时,个体已经获得了相关话题的所有预知信息,那么,他们的不确定感程度就低,许多在很长时间里舆论都非常稳定的公众议题就属于这一情况。在这种情况下,人们通常并不忽视新闻媒体,而是监督新闻,主要是为了获知当前的情境是否发生了重大改变。⑤

导向需求也被称为好奇指数,信息的相关性越大、事物的不确定程度越高,人们对导向的需求越强,受媒介议程的影响越大。例如,对于一个猫狗饲养者来说,任何残忍对待动物的故事都会吸引他的注意力(高相关性)。与此同时,他也不清楚在何等程度上医学的进步需要对活体动物进行实验(高度不确定)。在麦库姆斯和肖看来,这种组合使他很容易受到媒介有关活体解剖报道的影响。⑥

---

① 转引自史安斌,王沛楠.议程设置理论与研究 50 年:溯源·演进·前景[J].新闻与传播研究,2017(10):13-28.
② 同上.
③ 同上.
④ 转引自〔美〕马克斯韦尔·麦库姆斯.议程设置:大众媒介与舆论[M].郭镇之,徐培喜,译.2 版.北京大学出版社,2018.
⑤ 〔美〕马克斯韦尔·麦库姆斯.议程设置:大众媒介与舆论[M].郭镇之,徐培喜,译.2 版.北京大学出版社,2018.
⑥ 〔美〕埃姆·格里芬.初识传播学:在信息社会里正确认知自我、他人与世界[M].展江,译.北京联合出版公司,2016.

此外,公众的个人经验也有一定的影响。对于一个经济议题,如通货膨胀,不需要媒介提醒,我们就可以了解这个事实;相反,对于国家贸易赤字等议题,新闻媒体就是获得指导的唯一来源。哈罗德·朱克(Harold Zucker)认为,在某个特定议题上,公众的直接经验越少,他们为获取该方面信息就越是被迫依赖新闻媒体。公众能够直接体验的议题是强制性议题(obtrusive issues),例如失业。公众无法直接体验的议题是非强制性议题(unobtrusive issues),如核能源的开发与应用。对非强制性议题的报道可能会产生议程设置效果,而对强制性议题的报道,效果就比较微弱。①

(三)议程设置的铺垫效应

铺垫效应也称为启发或导向效应,是对议程设置效果影响的分析的重要延伸,揭示了大众媒体作为影响公众态度和意见的议题导向路径之一的作用。铺垫效应是由山托·艾英戈和唐纳德·金德(Donald Kinder)从受众归因角度进一步分析媒体议程设置作用时提出的观点。艾英戈等提出了电视新闻铺垫效应的概念。议程设置效果(导致议题或其他因素在公众议程上的显著性)与对特定公众人物表达的公众意见之间的这种联系叫作铺垫。铺垫作用引导公众产生关于公众人物的意见,这个结果将大众媒体的议程设置影响带入了意见性舆论的核心领域,因此也被称为"引导"效应。媒体关注某些问题而忽略其他问题,从而影响人们在评判政府、总统、政策以及候选人时所使用的标准。②

艾英戈等人的研究表明,电视新闻报道能够以一种特殊方式影响选举。通过为竞选活动设置议程,媒介还为选民设定评估总统候选人的评价标准。如在海湾危机之前,媒介对布什总统的报道多为经济表现方面,从而影响了公众对布什经济政策的评估。但是,海湾危机期间,媒介大量报道了布什的外交政策,从而带动了公众对他的外交表现的评估,潜在地影响了公众对布什的总体评价。③ 由此我们也会发现,媒介对尼克松总统的报道主要围绕打开中美关系大门和水门事件,导致公众忽略了其经济表现以及其他方面的表现,从而建构了一个公众对政治人物评价的联想铺垫效果或启动性导向作用。

铺垫效应也被视为媒介对公众认知和态度变化影响的溢出效果,即指观众的注意力被媒介吸引到某一个问题上以后,不仅会认为该问题更重要,而且会把这一问题与其他问题联系起来,影响对其他问题的重要性的判断。④ 艾英戈和金德认为,首先,人们不

---

① 转引自〔美〕马克斯韦尔·麦库姆斯.议程设置:大众媒介与舆论[M].2版.郭镇之,徐培喜,译.北京大学出版社,2018.
② 同上.
③ 〔美〕沃纳·赛佛林,小詹姆斯·坦卡德.传播理论:起源、方法与应用[M].郭镇之,徐培喜,等译.5版.中国传媒大学出版社,2006.
④ 刘海龙.议程设置的第二层与媒体政治——从《事关重要的新闻》说起[J].国际新闻界,2004(2):54-60.

会对所有事情保持专注,其注意力具有高度的选择性。其次,人们在作判断时,一般不会作全面的分析,而是更喜欢试探的分析——比如直觉和常识。试探式分析的一种形式就是依据最容易得到的信息作判断。而大众传媒恰好是现代社会中公众最容易获得的信息资源。因此,如果公众经常看到关于外交方面的报道,那么这个信息在记忆中就会处于活跃状态,成为最容易获得的信息。这时他恰好要投票选总统,这一新刺激就会激活他对于相关新闻的记忆。在对总统作总体评价时,总统在外交方面的表现就成为非常重要的标准,而其他方面可能被忽略掉。①

麦库姆斯总结了议程设置的效果影响,认为其不仅在公众头脑中创造图像,而且其媒介议程的客体属性的显著性还会影响到公众的意见议程,同时,媒介议程中的属性显著性也会影响公众议程的属性显著性,并且引发铺垫效应。这些显著性与公众对客体的认知图式交织在一起,代表了属性议程设置与意见形成和变化之间的结合。除了态度和意见方面的效果之外,大众媒体创造的关于现实的图像还对个人的行为具有重要意义。② 如亚历山大·布洛伊(Alexander Bloj)研究发现,《纽约时报》针对坠机和劫机的显著性报道,会降低随后一周的机票销售,并提升购买旅行保险的比例。③

议程设置的铺垫效应表明,议程设置不仅在客体方面发挥着影响意见强度的作用,而且在属性显著性方面发挥着影响意见方向的作用,从而进一步影响公众对于意见判断的影响,进而对个人的行为产生显著影响。麦库姆斯将议程设置的结果通过一个图表现出来,详见图 7-2。

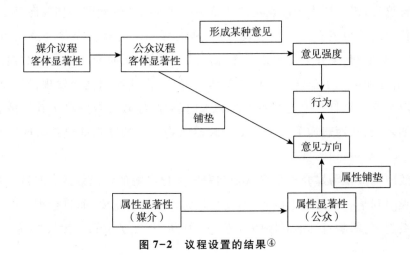

图 7-2 议程设置的结果④

---

① 刘海龙.议程设置的第二层与媒体政治——从《事关重要的新闻》说起[J].国际新闻界,2004(2):54-60.
② [美]马克斯韦尔·麦库姆斯.议程设置:大众媒介与舆论[M].郭镇之,徐培喜,译.2 版.北京大学出版社,2018.
③ [美]埃姆·格里芬.初识传播学:在信息社会里正确认知自我、他人与世界[M].展江,译.北京联合出版公司,2016.
④ [美]马克斯韦尔·麦库姆斯.议程设置:大众媒介与舆论[M].郭镇之,徐培喜,译.2 版.北京大学出版社,2018.

（四）媒介议程的框架性设置

议题设置早期更为关注的是媒体报道主题方面的设定影响问题。媒体报道客体的显著性和客体属性的显著性都影响了公众的意见和态度，并进一步产生了铺垫效应。这些分析都是从媒介议程设置的影响角度分析的，议程框架设置（agenda framing setting）则从媒介议程如何设置或者设置方式角度分析不同的设置方式如何产生影响。

框架理论有多个不同的理论来源，其观点和体系也较为多元。保罗·丹吉洛（Paul D'Angelo）通过进行文献分析认为至少有三种框架范式。第一是认知范式，即新闻报道的文本被植入那些受其影响的人的思想和话语。第二是建构范式，即站在新闻发起者（信源）立场上提供一揽子阐释。第三是批判范式，即将框架看作新闻采集过程带来的和上层集团的价值观作用的结果，它对框架形成过程发挥着霸权式的影响。很多研究证实，受众受到了新闻框架的影响。[1]

小詹姆斯·坦卡德将媒介框架定义为："应用于某种语境的组织新闻内容的核心思想，同时用选择、强调、排除和详述的方法展示出该议题的实质内容。"[2]从这个定义可以看出，传媒不仅会根据议题、事件或人物的重要性设置议程，还可以改变潜在的关注对象属性的显著性。按照罗伯特·恩特曼（Robert Entman）的观点，架构过程就是："选择认知现实的某些特点，并使它们在传播文本中更具显著性，通过这种方式推进被描述的项目的问题的界定、因果阐释、道德评估及处理建议。"[3]

框架设置意味着新闻媒介中存在不同的用以观察、描述媒介事件的方法。萨尔玛·盖奈姆（Salma Ghanem）界定了议程设置属性层面的框架建构尺度：新闻涉及的主题（框架中包括什么内容）；展示方式（篇幅大小和位置）；认知属性（框架中包括哪些细节）；情感属性（新闻的通篇基调）。[4]

1991年，艾英戈通过研究表明，电视的叙述方式可以直接影响公众对责任的归因（框架效果）。比如，对海湾战争的研究表明，新闻框架方法在某种程度上促使受众更加认可武力而非外交作为冲突解决方式。他指出，媒介进行的一些最重要的框架设计是提出谁应对问题负责，谁可能提供问题的补救办法。多数电视新闻集中于与背景无关的零星事件，导致观众将社会问题的责任归于个人，而不是整个社会。例如，对恐怖主义的报道，媒介报道可以集中于劫机、人质的处境和炸弹等问题，也可以分析说，恐怖主义是一个普遍的政治问题，受到经济和政治压迫、全球政治和地区政治动乱的影

---

[1] 〔英〕丹尼斯·麦奎尔.大众传播理论[M].徐佳,董璐,译.6版.清华大学出版社,2019.
[2] 〔美〕埃姆·格里芬.初识传播学：在信息社会里正确认知自我、他人与世界[M].展江,译.北京联合出版公司,2016.
[3] 同上.
[4] 转引自〔美〕沃纳·赛佛林,小詹姆斯·坦卡德.传播理论：起源、方法与应用[M].郭镇之,徐培喜,等译.5版.中国传媒大学出版社,2006.

响。前者可能导致公众将恐怖主义行为的责任归于特定的个人和组织,而后者却可能让人们将责任归于整个社会。①

框架设置对于公众的倾向性意见产生引导性效应,罗伯特·恩特曼1991年对关于两起航空事故的新闻报道的研究证明了公众意见的形成与内在的新闻框架的一致性:苏联人强烈谴责韩国飞机的失事,而美国人则大都为伊朗飞机的失事开脱。②

(五)议程设置的拓展研究

20世纪80年代以来,议程设置效果研究不断深入,学者们开始关注"究竟是谁设置了媒介议程"这一命题。在这里,作为解释对象的媒介议程成为因变量,将议程设置研究带入了更为宏观的研究模式。研究从新闻媒介自我设置议题,到分析议程设置的影响因素,进而分析议程设置过程中的互动机制问题。影响公众议程的因素不仅来自媒介议程设置,还来自更为广泛的领域,包括其他信息源及媒介、组织机构、利益群体、公共关系、政治宣传等,从而影响了公众议程。③

1. 媒体间议程设置

麦库姆斯认为,媒体议程设置存在多个层面的议程互动。在进入媒体核心议程之前,外部新闻来源首先设置了议程,如美国的政治机构、公共关系活动以及竞争性政治宣传活动,然后在各种新闻媒体之间产生互动和影响,即媒体间议程设置(intermedia agenda setting)。这一过程强化了社会规范与新闻传统,最终塑造了媒体议程的基本规则。④

精英媒体经常对其他新闻媒体的议程施加较大影响。如在美国,《纽约时报》通常扮演这种议程设置者的角色。1989年,美国学者路西格·丹尼利恩(Lucig Danielian)和斯蒂芬·里斯(Stephen Reese)对美国媒体进行实证研究之后明确提出了媒体间议程设置的概念。他们认为,毒品问题在媒体上表现异常突出,这其实是媒体之间互设议程、互相炒作的结果,并非社会上毒品问题恶化所致。他们注意到,一些大的报纸会影响小报的议程设置(例如议题会从《纽约时报》流向其他报刊),或者在当时业已占据权威地位的媒体会影响新兴媒体的议程设置(例如印刷媒体影响电视网的议程)。⑤

媒体间议程设置理论主要包含两个观点:(1)媒体体系之中存在着"意见领袖",即一些媒体会左右另一些媒体关注什么、认为哪些是重要的以及对重要性的排序;

---

① 转引自〔美〕沃纳·赛佛林,小詹姆斯·坦卡德.传播理论:起源、方法与应用[M].郭镇之,徐培喜,等译.5版.中国传媒大学出版社,2006.
② 〔英〕丹尼斯·麦奎尔.大众传播理论[M].徐佳,董璐,译.6版.清华大学出版社,2019.
③ 〔美〕马克斯韦尔·麦库姆斯.议程设置:大众媒介与舆论[M].郭镇之,徐培喜,译.2版.北京大学出版社,2018.
④ 同上.
⑤ 转引自〔美〕沃纳·赛佛林,小詹姆斯·坦卡德.传播理论:起源、方法与应用[M].郭镇之,徐培喜,等译.5版.中国传媒大学出版社,2006.

(2)影响和被影响的媒体之间是一种"非对称性传播模式",二者之间议题的流动是不平等的。①

议程设置并非完全来自媒体内部的自我设置,也来自其他媒体信息源。这些影响不仅来自传统媒体,也来自互联网媒体,改变了以往由权威媒体设定议程的模式,变成由互联网媒体提供信息源,作为议程设定的参考来源。在社交媒体上呈"病毒式"传播的"后真相"彻底颠覆传统舆论生态的当下,《纽约时报》等传统主流媒体已经很难左右网络讨论的议程,其选题和报道反而开始受制于社交媒体的议题建构。相关研究为这一观点提供了进一步的支持。② 有学者发现,持各种激进政治立场的"党派媒体"在网络上兴起,主导了媒体议程,传统媒体日益成为"网络党派媒体"议程的追随者。③

在2007年底发生的"华南虎"事件中,网民在网上掀起了一场"全民打虎"运动。针对"华南虎"照片是否真实,形成了网络议程设置,并成为传统媒体议程的重要来源,是互联网媒体与传统媒体间议程设置的典型案例。④ 随着自媒体及社交媒体的议程设置功能不断强化,公众可以利用微博等交流平台(公共领域)发表言论,自发形成舆论,设定议题。因此,在渠道多元化竞争态势下,议程设置的垄断性被打破。麦库姆斯认为:"议程设置理论超越了传统的新闻媒体的效果研究,成为描绘公共事务信息通过不断增加的过剩传播渠道持续流动并产生效果的一张详细图谱。"⑤

2. 议程融合性效果

随着各类社交媒体的兴起,媒体议程设置的影响模式也发生了变化,受众的议程设置影响来源也从较为集中的媒体,转向多源综合的信息,特别是用户可以通过比较传统大众媒体和互联网信息,自己进行融合分析,判断哪个更可靠和有参考价值。这也形成了一种议程融合性影响效果。

斯蒂芬·小约翰(Stephen Littlejohn)等认为,媒体与其他信息源的议程设置之间具有竞争性,主要表现为四种情形:(1)高强力信息源与高强力媒体:都具有一样的议程设置功能。(2)高强力信息源与低强力媒体:信息源为媒体设定议题。(3)低强力信息源与高强力媒体:媒体设定自己的议题并可能使信息源边缘化。(4)低强力信息源与低强力媒体:都难以对公众议题产生有力的议程设置效力。⑥

---

① 阳欣哲.对"媒介间议程设置"理论的思考——以《解放日报》、《新闻晚报》为例[J].新闻爱好者,2012(1):3-4.
② 史安斌,王沛楠.议程设置理论与研究50年:溯源·演进·前景[J].新闻与传播研究,2017(10):13-28.
③ 转引自史安斌,王沛楠.议程设置理论与研究50年:溯源·演进·前景[J].新闻与传播研究,2017(10):13-28.
④ 崔波,范晨虹.议程设置到议题融合——媒介议题内在运动的图景[J].今传媒,2008(10):56-57.
⑤ 〔美〕马克斯韦尔·麦库姆斯.议程设置:大众媒介与舆论[M].郭镇之,徐培喜,译.2版.北京大学出版社,2018.
⑥ Littlejohn S W, Foss K A. Theories of human communication [M]. 10th ed.Waveland Press, Inc., 2010.

为进一步揭示多源媒体信息的综合性影响效果,分析议程设置在不同媒体、群体和个体之间有什么区别,麦库姆斯、唐纳德·肖、戴维·韦弗、布拉德利·哈姆等先后提出了"议程融合"(agenda melding)的概念,用以解释议程设置不同来源的综合性影响问题。他们将设定议程的媒体分为纵向媒体和横向媒体:将日报、广播电视网这些可以抵达广泛受众的媒体视为纵向媒体,将杂志、有线电视、博客、网站和社交媒体等指向特定受众的媒体视为横向媒体。①

议程融合理论强调,影响议程设置效果的并非单一来源,而是有三个主要方面,它们共同形成一种议程设置效果:(1)基于公众或公民事实的纵向媒体,它为公众生活提供主要的新闻议程;(2)基于支持性观点或事实的横向媒体,它主要提供支持性信息和视角,以补充纵向媒体的议程;(3)公众个人的偏好。②

与议程设置理论的出发点基于媒体角度不同的是,议程融合理论的出发点基于受众如何选择和使用各种信息来源,并由此产生议题效果影响,认为受众的议程设置效果来源于他们的主动和有意识的选择。在这一过程中,受众的人际沟通、所在的社群网络也对议程产生导向性影响。唐纳德·肖和戴维·韦弗指出,如果公民对公众议题有强烈兴趣,但同时存在高度不确定性,那么他们就会从合适的媒体来源获取信息,并表达出导向需求;如果公民对自身在公共社群中的地位有强烈的兴趣,但同时存在高度不确定感,那么他们就会表达出平衡社会的需求,将公众社群议程和支持性社群议程融合在一起,形成一种能让个体感到满意的社群图像。③

3. 议程建构过程

1983年,库尔特·朗和格拉迪斯·朗夫妇建议将"议程设置"概念扩展为"议程建构",议程建构是一个集合性过程,是指"在公共政策领域中媒体、政府、公民彼此之间相互影响的全部过程"。他们以水门事件期间报纸与民意之间的关系为例,指出,议程的建构过程是一个具有交互性的多重过程,大众媒体只是政治系统中的一个推动力量而已。④

罗杰斯与詹姆斯·迪林(James Dearing)也认为,经典议程设置理论只讨论了媒体议题与公众议题之间的关系,没有考虑媒体议题的来源,也没有讨论政策议题与媒体议题、公众议题之间的关系,不同议题与社会环境之间的关系也没有得到阐述。媒体议题(media agenda)、公众议题(public agenda)、政策议题(policy agenda)三者之间具有互动

---

① 〔美〕马克斯韦尔·麦库姆斯.议程设置:大众媒介与舆论[M].郭镇之,徐培喜,译.2版.北京大学出版社,2018.
② 同上.
③ 同上.
④ 同上.

关系,议程设置是一个竞争过程,议程设置过程是不同议题的倡导者为获取媒体专业人员、公众和政策制定精英的关注而不断展开的竞争。①

在议程建构过程中,存在着复杂的议程动力机制,其中之一是麦库姆斯所称的"补贴议程"。补贴议程是指一些公共信息管理的相关官员、公共关系的从业人员、非营利部门等向新闻媒体提供信息,他们通常通过信息补贴的方式在经济上补偿新闻机构的采访活动。他通过考察《纽约时报》与《华盛顿邮报》20年的新闻报道,发现有近一半的报道在很大程度上建立在外源新闻稿与其他直接的信息补贴的基础上。在大众媒体对艾滋病、小儿麻痹症等公共健康议题的新闻报道中,也有科学家和其他专家对新闻来源的信息补贴。②

议程建构的另外一个影响来自公众的新闻议程设置。媒体议题与受众议题之间不是一个单向的因果关系,而是一种双向互动、螺旋式前进的辩证运动过程,即由现在的公众议程到媒体议程,由媒体议题产生更进一步的受众议题的过程。③

公众议程设置的一个典型实践活动就是公共新闻(public journalism)运动,这是20世纪80年代末90年代初在美国新闻界兴起的社会运动,是新闻界面对社会批评和信任危机而提出的解决方案。强调由公众而非新闻工作者来设置新闻报道的议题,对传统新闻规范发起了强烈挑战。美国传统的公共事务报道追求客观、平衡、中立的报道准则,媒体致力于做真实事件的记录者。而公共新闻运动强调的则是记者、编辑放弃冷漠的记录者角色,用他们的新闻策划、报道鼓励人们走出家庭的狭小空间,参与到公共生活中去。公共新闻运动强调媒体在保持社会"看门狗"本色的同时,增加作为"导盲犬"的责任,除了在大选中帮助公民掌握更多的信息和参选技巧外,还要让公民在民主社会中找到真正能发挥个人作用的位置。④

政治竞选等活动也对议程起到了重要的主动建构作用,麦库姆斯将其称为"俘获媒体议程"。俘获媒体议程关注了政客设置议程的问题,在政治竞选过程中,政治宣传有意主导和控制媒体议程从而影响公众议程的活动。政治宣传不仅直接提供政治广告,还渗透到了社交媒体等领域。大量研究表明,美国新闻媒体在大多数总统选举中发挥了强大的议程设置作用,但是,政客们有时却能略胜一筹。⑤

---

① Rogers E, Dearing J. Agenda-setting research: Where has it been, where is it going? [M]. Communication Yearbook, 1988.
② 〔美〕马克斯韦尔·麦库姆斯.议程设置:大众媒介与舆论 [M].郭镇之,徐培喜,译.2版.北京大学出版社,2018.
③ 樊亚平.从受众议程到媒介议程再到受众议程[J].科学·经济·社会,1997(3):74-77.
④ 谢静.美国的公共新闻学运动[J].当代传播,2004(6):41-44.
⑤ 〔美〕马克斯韦尔·麦库姆斯.议程设置:大众媒介与舆论 [M].郭镇之,徐培喜,译.2版.北京大学出版社,2018.

四、培养理论

培养理论(cultivation theory)也译为教养理论、涵化理论等,该理论解释了电视对人们的理解、态度和价值观的影响。① 有关媒体内容影响的研究起源于芝加哥学派在20世纪20年代后期进行的关于电影对儿童影响的佩恩基金会研究项目,这个项目为后来的传播效果研究提供了一个早期模式。② 从1967年开始,格伯纳及其同事进行了电视效果相关研究,提出了培养理论。该理论可以被看作"社会学习论"的应用延展,通过检验电视的长期效果,强调了媒体的潜移默化的影响效果。③

20世纪60年代末,美国社会的暴力和犯罪问题十分严重。在洛杉矶郊外、克利夫兰等地发生了破坏性骚乱后,林登·约翰逊总统在1968年成立了旨在找出暴力的原因和阻止暴力事件发生的国家委员会④,即由美国医务总监任命的"暴力起因与防范委员会"。格伯纳在该委员会资助下于宾夕法尼亚大学的安南堡传播学院开展了有关电视内容与暴力关系的研究。

1976年,格伯纳等通过文化指标研究法对电视内容的影响进行测量后,提出年度暴力指数和电视内容与受众的社会现实认知存在相关关系。该研究通过性别、年龄、受教育程度、阅读习惯以及电视内容收看等变量,得出重度电视观看者与轻度电视观看者由于接触时长和收看内容的不同产生了差异化的社会认知的结论。重度观看者表现出来的对周围环境的不信任及自身安全感的缺失明显高于轻度观看者。这在一定程度上反映了电视对受众的那些符合社会功能的假想的培养效果是存在的。⑤

培养理论的主要观点如下:

第一,电视是故事叙述的中心系统(a centralized system of story-telling)。电视与其他类型的媒介不同,如电影和需要识字能力的报纸。因此,电视的受众人数多,接触时间长,对受众的教化不是线形的、无方向的、机械的直接"影响",而是持续不断的、动态的信息与情境互动的自然影响过程。

第二,电视建构了对社会现实认知的培养(cultivate viewers' perceptions of reality)机制。电视培养了观众认知现实的图式。这种影响并不是在短期内以明显的方式形成的,而是要经过一个长期的、潜移默化的"培养"的过程。观众认识的现实多来自电视,很难区分其与现实社会的差别。看电视越多,越会相信电视所提供的场景。电视具有

---

① 〔美〕沃纳·赛佛林,小詹姆斯·坦卡德.传播理论:起源、方法与应用[M].郭镇之,徐培喜,译.5版.中国传媒大学出版社,2006.
② 〔美〕E. M. 罗杰斯.传播学史:一种传记式的方法[M].殷晓蓉,译.上海译文出版社,2012.
③ Nabi R L, Oliver M B. The sage handbook of media processes and effects[M]. SAGE Publications, Inc., 2009.
④ Baran S J, Davis D K. Mass communication theory: Foundations, ferment, and future[M]. Thomson, 2003.
⑤ 耿书培.国外"培养理论"研究发展与批判的十年(1975—1985)[J].新闻研究导刊,2016(23):43-44.

视听觉综合冲击力,有很强的真实性、现场感、参与感。电视具有的广泛渗透力导致一些小事可能变成"大事件"。①

第三,电视产生了主流意识效果(mainstreaming effect)。一系列调查和分析发现,电视实际上主宰和包容了其他信息、观念和意识的来源,收看电视多的人的观念会趋同。电视作为现代社会的文化指标,已经超越教育机构和宗教成为重要的培养机构,变成美国社会的核心文化武器。文化通过大众传播与其自身沟通,而这样的沟通则维系着文化一致的价值观。电视提供的信息的全面系统性,使观众被电视媒体培养出了"共同的世界观、角色和价值观",即产生了主流意识效果。

第四,电视形成"冷酷世界综合征"(mean world syndrome)效应。电视内容中充满暴力与刻板印象(并非真实社会),观众日积月累并潜移默化地对世界(社会)产生扭曲的印象。由于传播媒体的某些倾向性,大众传媒所提供的"象征性现实"与客观现实之间存在距离。例如,格伯纳等对"黄金时间"电视剧的内容分析表明,出场人物的男女比例为3∶1,在社会总人口中仅占1%的律师、法官和警察却在电视中占了20%。②一般受众不可能对此类虚构作出准确判断,但这却潜移默化地影响着人们的现实社会观。格伯纳等人认为,大量收看电视的观众因此形成了夸张的危险和不安全意识,可能将现实世界扭曲为"冷酷世界或罪恶世界",扭曲程度高低依受众接触电视内容的多少而定,电视接触多者比接触少者更认为世界充满暴力、危险,也不信任其他人,并基于此提出一套冷酷世界指数(mean world index)。他们认为,这可能是电视所造成的最主要且影响最广的培养效果之一。③

1976年,格伯纳等人就电视的接触量与人们对环境危险程度的判断之间的相关性进行了调查。结果表明,尽管在现实生活中人们遭遇暴力事件的概率在1%以下,但许多人却认为这种可能性在10%以上,这一估计大大超过客观现实而更接近电视中的"社会景象"。而且,无论人们的社会属性如何,属于哪种性别、学历或年龄层,电视接触量越大,这种倾向都会越明显。④

在这之后,美国全国暴力起因与防范委员会发布报告认为,充满暴力的娱乐节目导致美国社会中出现不良态度和暴力的概率极高。该委员会对媒体提出了非常严肃的批评并为新闻报道和娱乐内容提出了一系列整改建议。其中,保罗·布莱恩德(Paul Briand)写道:"如果如媒体所声称的,在媒体描绘的暴力和暴力行为之间没有客观的联

---

① Gerbner G, Gross L, Morgan M, Signorielli N. Living with television: The dynamics of the cultivation process [M]//Bryant J, Zillman D, Perspectives on media effects. Lawrence Erlbaum Associates, 1986: 17-40.
② 吴文虎.传播学概论[M].武汉大学出版社,2000.
③ Gerbner G, Gross L. The scary world of TV's heavy viewer [J]. Psychology Today, 1976(2): 173-99.
④ 吴文虎.传播学概论[M].武汉大学出版社,2000.

系——换句话说,一个对另一个没有任何影响——但是因为媒体非常显然地影响了观众的消费态度和行为,那么媒体又如何解释他们所宣称的对产品选择和消费的影响?难道媒体能够承认一个而否定另一个吗?"①

五、社会建构理论

社会建构理论是指往往由大众媒体通过一定的方式定义并诠释事件、任务、价值与观点并给予其意义和优先性,这又进而促成(个人的)现实图景建构。该理论由伯格等在1967年提出,指出大众传媒具有现实的社会建构(the social construction of reality)效果。② 约翰·塞尔(John Searle)1995年也在《社会现实的建构》一书中系统阐述了这一概念。

1984年,汉娜·阿多尼(Hanna Adoni)和谢丽尔·梅恩(Sherrill Mane)对社会真实(现实)的建构过程提出了三个部分,这三个部分是客观真实(objective reality,由事实组成、存在于个人之外并被体验为客观世界的真实)、符号真实(symbolic reality,对客观外界的任何形式的符号式表达,包括艺术、文学及媒体内容)和主观真实(subjective reality,由个人在客观真实和符号真实的基础上建构的真实)。③ 他们指出,社会现实在未经任何符号系统的转换之前,都是无法验明的,但是经过大众传媒以某种符号体系提供"符号真实"之后,人们很少加以怀疑就接受了这些媒体内容,而事实上这只是有偏颇的"主观真实"。

美国学者威廉·埃利奥特(William Elliot)、詹姆斯·凯利(James Kelly)和约翰·伯德(John Byrd)在阿多尼和梅尼研究的基础上,研究了奥利弗·斯通(Oliver Stone)的电影《肯尼迪》对人们的客观真实的态度认知产生的影响效果。他们指出,1963年肯尼迪总统遇刺身亡作为一个客观现实(objective reality),对应着诸多不同的描述,显得扑朔迷离。而电影《肯尼迪》作为影响源之一,对观众认识这一客观真实产生了建构作用。

埃利奥特等认为,人们一般会在客观真实和符号真实提供的信息的基础上建构一种客观真实。电影作为一种媒介信息源,将真实的纪录片与再造的场景融为一体,使得加工后的信息具有了一定的建构现实的作用,这一信息包括未认可的真实(unsanctioned reality)(由阴谋等信息组成)和认可的真实(sanctioned reality)(由正式的政府报告组成)两个方面的来源,并通过媒介建构起了一个综合体验源(电影《肯尼迪》),观众接受了来自这三个方面的信息,就形成了观众认知态度下的主观真实(subjective reality)。他

---

① Baran S J, Davis D K. Mass communication theory: Foundations, ferment, and future [M]. Thomson, 2003.
② 〔英〕丹尼斯·麦奎尔.大众传播理论[M].徐佳,董璐,译.6版.清华大学出版社,2019.
③ Adoni H, Mane S. Media and the social construction of reality[J]. Communication Research, 1984, 11(3):323-340.

们还通过实地实验证实了这一假设,即观看电影《肯尼迪》的观众更加相信影片提供的媒介符号真实就是客观真实。① 对他们来说,这部电影就是一部生动的历史教科书,教会他们重新审视眼前的世界。该电影还让观众对这一事件的公开产生了兴趣,开始要求众议院将本应该保密到2019年的档案提前解密。

社会建构理论不仅强调了媒体的建构效果,同时也指出了受众所具有的主体性建构意义。社会建构理论基于如下几个方面的假设:社会是一个建构而非固定的现实;媒介提供建构现实的素材;意义由媒介提供,但可以被协商或者拒绝;媒体选择性地再生产某些特定意义;媒介无法就社会现实提供客观的描绘(所有事实皆为诠释)。② 该理论的核心是强调"并不存在自动的或直接的意义转移,而是在意义的提供者和意义的接受者之间的协商结果才有可能被接受"③。

第三节 态度改变的心理效果理论

20世纪50年代,社会心理学理论成果被引入传播效果研究领域,借以分析说服对受众心理态度转变的效果,大众传播效果研究不再狭隘地局限于"认知转变",而是转向更为复杂的社会心理过程,由"认知转变"转向"态度转变"研究。

态度转变研究采用社会心理学方法,分析、测度受众的认知情感和态度变化,以此分析传播效果的理论模式。这一研究的基础是受众的心理认知平衡对态度转变的影响,以及后期的态度转变实验研究,其中分析了受众在社会特定环境下的接受心理及媒体影响效果。这一效果不是简单的认知反应过程,还包括认知加工过程,媒体影响不仅是中介因素,而且是整个信息加工过程的必要组成部分。大众媒体为我们提供了参照框架,在对重要的公共事务作出界定和定位以及为认知活动提供资料方面是一种重要的影响来源,甚至在信息生产过程中,认知也具有重要影响。④

1985年,哈泽尔·马库(Hazel Marku)和罗伯特·扎荣茨(Robert Zajonc)强调了受众接收信息并产生效果是一个复杂的心理倾向性信息处理过程,受众接收媒体内容前就具有内在倾向性,包括本身具有的结构性的、文化的、认知的和动机的等一整套特征。这种内在倾向性被带入信息接收的情境,通过受众的使用量和效果强度改变媒体效果。此外,受众在接收媒体内容的过程中也具有倾向性,主要是受众处理媒体内容的不同方

---

① Elliott W, Kelly J. Synthetic history and subjective reality: The impact of Oliver Stone's JFK [C]//Proceedings of the Annual Meeting of the Association for Education in Journalism and Mass Communication, 1992.
② 〔英〕丹尼斯·麦奎尔.大众传播理论[M].徐佳,董璐,译.6版.清华大学出版社,2019.
③ 同上.
④ 张国良.20世纪传播学经典文本[M].复旦大学出版社,2003.

式,从接收内容后短期的生理反应到更持久的复杂行为。[1]

态度改变效果研究的代表性理论包括说服效果理论、深思可能性模式理论、第三人效果理论和沉默的螺旋理论等,这一研究的主要方法论就是控制实验和接受心理的社会效应分析。

一、说服效果理论

研究说服的态度改变效果主要有两类理论取向,一个是奥斯古德、费斯廷格等开展的协调性理论取向的研究,另一个是霍夫兰等开展的信息学习理论取向的研究。卡茨则整合了这两个取向,提出了功能取向的说服效果理论。

（一）协调性理论

1. 调和理论

在海德关于人际关系中态度改变的平衡理论的基础上,奥斯古德等提出了调和理论(congruity theory),以此分析了人们对于信息来源及信息客体的态度问题。为了分析、测量某人喜欢信息来源及信息客体的程度,奥斯古德等采用语义差异测量量表对此进行测量、分析。[2]

在调和理论范式中,某人(P)接收到某个来源(S)是关于某个客体(O)的信息,此人对这个来源有自己的态度,对这个客体也有自己的态度。某人对来源和客体的喜欢程度将决定调和状态或一致状态存在与否。当某人对来源和客体态度相似,而来源对客体持否定主张时,或者当某人对来源与客体态度不同,而来源对客体持肯定态度时,不调和就会存在。一个不平衡的状态中要么只有一个否定关系,要么所有关系都是否定的。调和理论能预测态度改变的方向和程度。[3]

该理论实质上解释了我们对于一些媒体信息态度的变化特征,其中指出,"我们所喜欢的信息源,应该总是提倡自己所喜欢的主张并谴责我们所反对的主张"[4]。典型的不调和的例子如美国哥伦比亚广播公司主持人在1968年8月报道芝加哥民主党会议的时候,对报道客体芝加哥市市长和警方发表了负面看法,这引发了部分观众的强烈不满,因为这些观众认为,报道不够公正,由此对媒体来源持否定态度。[5] 当然,受众可以

---

[1] 转引自庄金玉.大众传播效果研究:从"S-R"模式到"O-S-O-R"模式[J].廊坊师范学院学报(社会科学版),2011(6):4-6.
[2] 〔美〕沃纳·赛佛林,小詹姆斯·坦卡德.传播理论:起源、方法与应用[M].郭镇之,徐培喜,等译.5版.中国传媒大学出版社,2006.
[3] 同上.
[4] 李彬.传播学引论[M].高等教育出版社,2013.
[5] 〔美〕沃纳·赛佛林,小詹姆斯·坦卡德.传播理论:起源、方法与应用[M].郭镇之,徐培喜,等译.5版.中国传媒大学出版社,2006.

通过选择性接触和注意媒体的方式，避开这种不调和的状态。对此，费斯廷格的认知不协调理论作了进一步分析。

2. 认知不协调理论

1957年，美国社会心理学家费斯廷格提出了认知不协调理论（cognitive dissonance theory）。① 认知不协调是指因为态度、思想或行为的不一致造成的不适感。不协调造成不适感就会促使人们采取行动，减少不协调。②

费斯廷格将人们减少不协调的心理机制分为选择性接触、决策后不协调的支持寻求和最少辩护原则三个方面。其中，选择性接触就是通过寻找那些与现有信仰和行为相协调的信息以减少不协调的方法，与之相关的还有选择性注意、解释和记忆等逃避性做法。③ 决策后不协调的支持寻求是指在根据劝服信息进行了决策后，比如根据广告信息进行了购买决策，我们会通过寻找相关信息来确认决策的正确性以寻求社会支持的心理状态。④ 认知不协调的有效平衡策略是自我辩护，即把自己的认知尽量解释得似乎协调一致，这样既可以维护自己的态度，又不至于陷入认知不协调的煎熬。但是，当自我辩护无法消除认知不协调的时候，就需要采用态度变化的策略。费斯廷格等通过实验研究认为，报偿越高，态度改变越小，报偿越低，态度改变越大。⑤ 这就是最少辩护原则。该原则描述了要使某人做出改变，只需极少的必要刺激的心理机制。当某人做了一件自己不相信会得到的奖励的事情却获得了很少的奖励，这会导致更多的不协调，为了改变这一状态，人们就会通过合理化说明来做出态度改变以使自我认知保持协调。⑥

（二）信息学习理论

20世纪50年代，美国心理学家霍夫兰、贾尼斯和哈罗德·凯利（Harold Kelly）等从社会心理学角度采用实验方法建构了微观层面个人态度改变效果的研究模式。⑦

霍夫兰作为二战时期陆军部信息和教育局研究处的首席心理学家和实验研究主任，开展了一系列媒体宣传策略的态度改变效果的实验研究。该研究实质上是一种学

---

① Festinger L A. A theory of cognitive dissonance[M]. Stanford University Press, 1957.
② 〔美〕理查德·韦斯特,林恩·特纳.传播理论导引：分析与应用[M].刘海龙,译.2版.中国人民大学出版社,2007.
③ 同上.
④ 〔美〕埃姆·格里芬.初识传播学：在信息社会里正确认知自我、他人与世界[M].展江,译.北京联合出版公司,2016.
⑤ 李彬.传播学引论[M].新华出版社,2013.
⑥ 〔美〕理查德·韦斯特,林恩·特纳.传播理论导引：分析与应用[M].刘海龙,译.2版.中国人民大学出版社,2007.
⑦ Hovland C, Janis I, Kelly H. Communication and persuasion: Psychological studies of opinion change[M]. Yale University Press, 1953.

习理论(learning theory)取向,他相信态度是经由学习得来的,并且态度改变与学习同时进行。① 他开创了被称为"信息学习法"(message-learning approach,MLA)的研究模式,进行了变量分析实验。这一模式由关于个人如何从传播信息中学习的分析构成,建立在控制实验基础上,包括信源(source)、信息(message)、信道(channel)和信宿(receiver)四个自变量(SMCR),每个实验都涉及一个变量。②

二战结束后,霍夫兰及其同事继续开展了一系列被称为耶鲁传播研究项目的相关研究,分别对这些变量及与态度变化的关系进行了实验分析,系统、全面地阐述了说服行为的影响因素,强调了态度变化的效果是由很多复杂的因变量导致的,具体研究结论如下。

第一,从信源角度来看,信源的吸引力、权威性和信誉度的影响较大。信誉度越高,越容易使受传者的态度立刻发生改变,但某种潜伏效果也会出现,低可信度的信源在一段时间后会被遗忘,负面作用有所减弱。③

第二,从信息角度来看,信息的可理解性、使用论证的数目、信息内的报偿、一面理由和两面理由的信息以及恐惧的产生和减少等都对态度产生影响。其中,在表述一个有争议的问题时,对内容只说一面有利理由的信息对原先就赞同此观点的人非常奏效,而两面利弊理由都说的信息则对原先就反对此观点的人非常奏效。霍夫兰的研究发现,这与人们的既有态度和文化水平有关。只说一面有利理由的信息对已持赞成态度和文化水平低的受众有效。两面利弊理由都说的信息则相反。拉姆斯丁等研究发现,两面提示由于包含对相反观点的说明,就像事先接种牛痘疫苗一样,能够使人在以后遇到对立观点时具备抵御说服的能力。这种效果被称为"免疫效果"或"接种效果"。

此外,研究证据明确显示,给出结论的传播会产生十分有效的说服力,而让受众自己得出结论的传播,效果会减弱很多。④

恐惧感表述到什么程度更有说服力?贾尼斯等的研究表明:某条消息中高和低程度的恐惧都将导致少量态度转变,而中等程度的恐惧消息效果最明显。⑤ 恐惧诉求过于强烈,效果反而减弱,这或许是因为当受众的焦虑感被高度刺激后,他们的本能反应是退缩而不是学习或进行思考。⑥ 1975年,罗杰斯进一步提出了保护动机理论。他认为,

---

① 〔美〕沃纳·赛佛林,小詹姆斯·坦卡德.传播理论:起源、方法与应用[M].郭镇之,徐培喜,等译.5版.中国传媒大学出版社,2006.
② 〔美〕E.M.罗杰斯.传播学史:一种传记式的方法[M].殷晓蓉,译.上海译文出版社,2012.
③ 同上.
④ 〔美〕约瑟夫·克拉珀.大众传播的效果[M].段鹏,译.中国传媒大学出版社,2016.
⑤ 〔美〕沃纳·赛佛林,小詹姆斯·坦卡德.传播理论:起源、方法与应用[M].郭镇之,徐培喜,等译.5版.中国传媒大学出版社,2006.
⑥ 〔美〕约瑟夫·克拉珀.大众传播的效果[M].段鹏,译.中国传媒大学出版社,2016.

受众对于恐惧信息的反应和态度改变是因为认知判断激发了相应的保护动机,如果不相信所描述的危害性和可怕性,或者认为该信息的结果不大可能发生,或者认为用他们建议的措施对付威胁并不恰当,那么他们就不会轻易改变态度。①

第三,在信道方面,面对面传播与大众媒体有不同之处。很多研究证实,人们面对面沟通具有较好的说服效果。信道属性也会产生不同的影响。霍夫兰认为,媒体本身的优势可以增强传播潜在的说服效果,媒体的专业性强化了权威信息来源的说服效果。②

第四,在信宿方面,实验研究发现,说服对象本身的差异性会影响说服效果。一些人不容易被说服,这些人的可说服性的高低是无关主题的,即不管说服的主题是什么,他们始终坚持自己的观点。这是由自身人格特征决定的。③ 此外,在社会上感到不适应和自我评价不高的人,容易发生态度转变。受教育程度高和智商高的受众,容易受到两面理论信息的影响进而发生态度变化。只说一面理由的信息对于受教育水平低者非常奏效,而两面都说的信息对于受教育水平较高者更为奏效。当然,克拉珀认为,有些实验并没有完全证实一些差异性的具体特征,比如,可说服性有时与受众不正确的感知有关,而与性别无关,也与智力无关。④

罗杰斯根据麦奎尔归纳的相关研究变量,以列表形式进行了概括,见表7-1。

表7-1 卡尔·霍夫兰关于态度变化的信息学习法⑤

SMCR 变量	态度变化的自变量	相关研究来源
信源变量(S)	说服的意图 信源的吸引力 信源和信宿的相似性 信源的权威性 信源的可信度	霍夫兰与韦斯(1951) 霍夫兰、贾尼斯和凯利(1953)
信息变量(M)	可理解性 使用论证的数目 信息内的报偿 恐惧的产生和减少 一面信息和两面信息	霍夫兰等(1957)

---

① 〔美〕沃纳·赛佛林,小詹姆斯·坦卡德.传播理论:起源、方法与应用[M].郭镇之,徐培喜,等译.5版.中国传媒大学出版社,2006.
② 〔美〕约瑟夫·克拉珀.大众传播的效果[M].段鹏,译.中国传媒大学出版社,2016.
③ 同上.
④ 同上.
⑤ 〔美〕E.M.罗杰斯.传播学史:一种传记式的方法[M].殷晓蓉,译.上海译文出版社,2012.

（续表）

SMCR 变量	态度变化的自变量	相关研究来源
信道变量（C）	面对面与大众媒体 信道属性	霍夫兰等（1957）
信宿变量（R）	才智 自我评估 性别差异	贾尼斯等（1959）

霍夫兰的每次实验研究都将传播变量孤立出来，在实验中控制传播过程中的所有其他变量效果。因此，他的实验遵循传播过程的基本线性模式，试图模拟单向传播和说服的主要要素，这限制了将实验结果应用到实际环境的可行性。因此，这一研究存在外在效度较低的问题。① 20世纪80年代以后的研究不再使用霍夫兰特色的单一变量方法，并试图将态度变化解释为多种变量同时起作用的结果。②

（三）功能取向模式

穆扎费尔·谢里夫（Muzafer Sherif）在他的社会判断理论中认为，态度是一系列的信念。它超越了简单的正向—负向评价，并考虑了态度的第二维度，即这个议题对于倾听者来说是否重要。他认为，预期的状态和倾听一方的现状之间的差距决定了说服者的企图是成功还是失败。③

沃尔特·费希尔（Walter Fisher）从叙事范式（narrative paradigm）理论角度，解释了劝服效果的故事性意义。他强调，人类是会讲故事的动物，人类沟通模型不应是纯粹的描述、推理和教导。他把叙事定义为对符号有序列的表达行为——文字或事件，对依赖、创造和诠释它们的人有意义。叙事范式是对理性世界范式的转换，从而强调了故事的重要性。听众用理想听众的标准判断故事，即它是否前后一致，听起来是否真实。叙事理性就是一致性和逼真度。④ 由此可见，说服性影响因素具有多重性，其中涉及多种因素的共同作用。

卡茨试图整合协调性理论和信息学习理论这两种模式，并发展出一种研究态度改变的功能取向模式。他认为，说服消息应该被加工，以适应某种态度的动机需要。态度因服务人格需要而形成和转变，而每个人的心理动机是有差异的。"除了我们知道通过

---

① 〔美〕E. M. 罗杰斯.传播学史：一种传记式的方法[M].殷晓蓉，译.上海译文出版社，2012.
② 〔美〕沃纳·赛佛林，小詹姆斯·坦卡德.传播理论：起源、方法与应用[M].郭镇之，徐培喜，等译.5版.中国传媒大学出版社，2006.
③ 〔美〕埃姆·格里芬.初识传播学：在信息社会里正确认知自我、他人与世界[M].展江，译.北京联合出版公司，2016.
④ 同上.

抱持某种态度可以满足某种心理需求,很难预测态度在何时改变及如何改变。"①为此,他将服务于人格需要的态度转变功能分为四种,详见表7-2。②

表7-2 与功能类型有关的态度形成、激发与改变的决定因素

功能	起因与动力	激发条件	改变条件
调节	满足态度客体需求的功用;最大限度地扩大外部奖励,减少惩罚	需求被激活;突出与满足需求相关的隐含线索	需求被剥夺;新需求及新层次的欲望产生;奖励和惩罚的改变;强调满足需求的新方法和更好的途径
自我保护	对内部冲突和外部危险的防护	施加威胁;诉诸憎恨和被抑制的冲动;挫折感增加;使用权威的建议	消除了威胁;发泄了情绪;增进了对自我的认识
价值观表达	保持自我认同;建立受欢迎的自我形象;自我表达和自我决策	与价值观相关的隐性线索突出了;追求自我形象再确认的个体愿望;威胁自我的概念的模糊性	在一定程度上对自我的不满意;更加合适自我的新态度;控制所有支持破坏旧价值观的环境
知识	对理解的需求、对组织有意义的认知的需求;对一致性和清晰性的需求	与旧问题相关的隐含线索或旧问题本身重现	新信息和环境变化产生的模糊性;关于问题的更多有意义的信息

二、深思可能性模式理论

大众媒体的信息似乎都在试图说服人们去接受和理解,但是,受众并非一概接受,而是会选择一些信息做深入思考,而对其他信息加以忽略。

为了说明这一现象,美国心理学家理查德·佩蒂(Richard Petty)等1986年提出了深思可能性模式(elaboration likelihood model)理论,其中将处理信息的过程解释为处于中心路径(central route)和外围路径(peripheral route)两端的信息处理模式(因此也被称为双路径模式),并以此来解释说服信息的作用机制,以帮助传播者找到激活每一种路线的最佳方式。其中,"深思"(elaborate)指的是"一个人在仔细思考与问题相关的信息时,所达到的用心程度"③。佩蒂等认为,我们每个人都有一张无形的过滤网,把那些觉得不重要的信息不加处理地略过,但是那些和个人相关的陈述则会被捕捉并加以检

---

① 转引自〔美〕沃纳·赛佛林,小詹姆斯·坦卡德.传播理论:起源、方法与应用[M].郭镇之,徐培喜,等译.5版.中国传媒大学出版社,2006.
② 同上.
③ 同上.

验,只有那些高度自我相关的信息才会驱动我们对信息进行深入思考。①

深思可能性模式揭示了接受信息过程中的思考动态路径,有时会基于比较谨慎、细致的方式评估信息的可信度,有时则会较为简单地对信息加以判断。具体采用哪些路径模式需要根据说服信息的具体情况及个人的认知选择力等因素来判断。有两个主要因素决定采用哪种路线,一是他投入心力的动机,另一个是他投入心力的能力。② 这其中采用中心化路径的影响因素主要包括用户的先验知识和卷入度。

先验知识是指传播的信息具有较高的质量,同时,接受者对这一信息具有预先存在的认同态度,"符合接受者固有倾向的信息以及具有较强论证强度的信息能够被接受者认同并产生说服效果"③。卷入度是指用户在信息处理过程中对信息主题的投入和参与程度。卷入度高则采用中心路径对信息进行精细化处理;反之,则会依赖外围路径对信息进行简单判断。

其中,符合固有倾向的信息一般是有利害关系的信息。首先,佩蒂等认为,只要接受或者拒绝的某观点与受众个人有利害关系,他所受到的来自信息内容本身的影响就远远大于传播这则信息的人的个人特点的影响。但是,当话题不再相关时,话题信息就会被转移到思维的边缘外围,可信性暗示就会起更大的作用。没有了个人相关利害因素的刺激驱动,就不会对信息深入思考了。其次是强论据的影响。强论据就是能够激发认同的主张。佩蒂等认为,对强论据的信息的深入思考会促成较大的态度转变,按说服者所希望的方向发展。④

当接受者采用外围路径接受信息的时候,接受者一般会采取简化决策策略,依据的是说服环境的一些外围线索,主要包括可信性、喜爱性和共识性。其中,可信性是指人们倾向于相信具有可信性的来源;喜爱性是指人们倾向于同意他们喜欢的人的意见;共识性是指人们倾向于同意多数人支持的立场。⑤ 此外,外围路径也是发挥影响力的替代性路线,最显著的就是因认同传播者的立场而获得的实际报酬。当然,外围路径的局限性在于其效果持续性较为有限。佩蒂等认为,源自外围路径的态度转变,例如名人效

---

① 〔美〕埃姆·格里芬.初识传播学:在信息社会里正确认知自我、他人与世界[M].展江,译.北京联合出版公司,2016.
② 〔美〕沃纳·赛佛林,小詹姆斯·坦卡德.传播理论:起源、方法与应用[M].郭镇之,徐培喜,等译.5版.中国传媒大学出版社,2006.
③ 同上.
④ 〔美〕埃姆·格里芬.初识传播学:在信息社会里正确认知自我、他人与世界[M].展江,译.北京联合出版公司,2016.
⑤ 〔美〕沃纳·赛佛林,小詹姆斯·坦卡德.传播理论:起源、方法与应用[M].郭镇之,徐培喜,等译.5版.中国传媒大学出版社,2006.

应,与说服的实质内容引起的转变相比,更难持久。①

深思可能性理论揭示了受众态度转变的多元动态机制。媒体的说服信息会在受众进行处理的过程中同时被中心和外围路径所影响,而非单一化的接受信息的模式,即便是在动力和能力都很低的情况下,人们仍然会多多少少受到强论据的影响,而即便是采用了中心路线的处理模式,人们的态度也会受到一些没有深思熟虑的外围性因素的影响。②

三、第三人效果理论

1983年,美国哥伦比亚大学新闻学与社会学教授菲利普斯·戴维森(Phillips Davison)提出了第三人效果(third-person effects)理论。该理论的假设是,人们倾向于夸大大众媒体信息对其他人态度和行为的影响,即特定讯息"对'我们'(包括你和我)有影响,而且可能会对一般受众('他们',第三人)产生很大影响"③。比如,我们看到媒体中的一些新闻、商业广告、电视暴力节目对别人有着较大的影响力,特别会担忧未成年人受到影响。

近年来,这一理论的受关注度有所提高,主要是因为这一理论在被应用于解释很多实践领域的现象时具有较大的参考价值,如内容管制、政策扩散、直销广告、公益广告、公共关系、选举等。2004年,詹宁斯·布赖恩特(Jennings Byrant)和多丽娜·米隆(Dorina Miron)对6种传播学核心期刊及国际新闻传播界的核心期刊进行研究时发现:按研究热度,"第三人效果"与"议程设置""培养理论""中介模式"并列排在所有6种期刊的第2位(出现频率均为16次),在新兴的3种新闻传播学期刊中,"第三人效果"理论研究高居榜首。④

(一)第三人效果理论的两个基本假设

该理论涉及的两个基本假设是认知假设和行为假设。其中,认知假设认为,人们会觉得媒体传播的某条信息对其他人比对自己有更大的效果;行为假设认为,基于认知假设的后果,为了避免媒体信息对第三人产生的影响而采取某些相应的行为,如支持对媒体内容有所限制,以防止媒体对他人的不良影响。

戴维森通过四个实验证明了第三人效果是一种真实存在的心理认知,认为人们普

---

① 〔美〕埃姆·格里芬.初识传播学:在信息社会里正确认知自我、他人与世界[M].展江,译.北京联合出版公司,2016.
② 〔美〕斯蒂芬·李特约翰,等.人类传播理论[M].史安斌,译.9版.清华大学出版社,2009.
③ 转引自〔美〕沃纳·赛佛林,小詹姆斯·坦卡德.传播理论:起源、方法与应用[M].郭镇之,徐培喜,等译.5版.中国传媒大学出版社,2006.
④ Byrant M. Theory and research in mass communication [J]. Journal of Communication, 2006, 54(4): 662-704.

遍感到大众媒体传播的内容对"他人"的影响大于对自己(本人)的影响,认为"第三人"的某些认知可能导致他们采取某些行动,以免媒体内容侵害他们的利益,并通过间接对比他人和自己的认知差异来衡量其受大众传播信息的影响。①

相关研究为第三人效果的存在提供了有力的证据。如 1995 年,阿尔伯特·冈瑟(Albert Gunther)询问一批调查对象关于色情作品对自己和他人的营销情况,以及是否支持对色情作品进行法规限制。研究发现,人们倾向于认为,色情作品对其他人比对自己有更大的影响。他还进一步发现,显示第三人效果最强的这些调查对象最支持对色情作品进行限制。② 为了验证不同类型信息的相关效果,很多学者对多方面的信息进行调查,考察其"第三人效果",这些信息包括说服性信息、选举信息、负面媒体信息、公共信息、文化差异信息等。2000 年,布赖恩特·保罗(Bryant Paul)等对已公布的相关研究进行整合分析,认为第三人效果是广泛存在的。③

(二) 第三人效果的主要影响因素

第三人效果的影响因素较为复杂,需要进一步加以分析、验证,目前针对这一效果产生的影响因素和影响强度有进一步分析。主要有两类路径:第一类将第三人效果认知视为因变量,分析这种现象产生的成因和动机;第二类以第三人效果认知为自变量,探讨相关的后续行为。④

第一类路径着重考察认知的形成,主要从社会心理学和认知心理学的路径综合考察个体差异、社会情境、媒体内容、互动关系、社会距离等因素与第三人效果认知形成的关联。第三人效果认知的理论涵盖归因(attribution)理论、认知不协调理论、社会比较(social comparison)理论、社会认同与分类(social identification and social categorization)理论。相关的心理因素解释有自利偏差(self-serving bias)、乐观偏差(optimistic bias)、社会距离(social distance)、敌意媒体(hostile media)现象、自尊心和自我膨胀、认知可得性(cognitive availability)。其他具有解释力的发现主要是媒体接触(media exposure)和情境因素(situational factors)。⑤

认知层面的第三人效果的轮廓随着学科的融合愈加清晰。影响认知的因素主要有:(1)人口统计学变量:年龄、受教育程度、政治倾向、宗教信仰等;(2)信息接触:媒体可信度、接触频率等;(3)信息的特性:不合意的信息、负面信息、公共危机信息等;

---

① Davison W P. The third-person effect in communication[J]. Public Opinion Quarterly, 1983:1-15.
② 转引自〔美〕沃纳·赛佛林,小詹姆斯·坦卡德.传播理论:起源、方法与应用[M].郭镇之,徐培喜,等译.5 版.中国传媒大学出版社,2006.
③ Paul B, Salwen M B, Dupagne M. The third-person effect: A meta-analysis of the perceptual hypothesis [J]. Mass Communication & Society, 2000, 3(1):57-85.
④ 陈振华,梁铮,蒋家河.社会距离推论:第三人效果研究的经典进路[J].东南传播,2016(1):36-40.
⑤ 同上。

(4)个人认知特质:预存知识、卷入程度等。①

根据理查德·佩洛夫(Richard Perloff)的研究,促成第三人效果产生的主要因素有,对信息的合意性的判断和感知的社会距离。② 当人们认为特定信息不受欢迎的时候,即当人们推断"这则信息可能不太适合我"时,根据这些推断,人们通常会认为反社会的内容(例如电视暴力、色情、反社会说唱音乐)对他人的影响要大于对自己的影响。③

此外,人们的自我评价性对不合乎期待的信息也有一定的影响。如果人们承认某个媒体的讯息对他产生了影响则会对自身形象产生负面影响,他们就不愿意这么做。当事人越认为自己知识水平高,认为自己的判断正确,第三人效果越明显。④

影响第三人效果大小的另一个因素是自我与他人之间的感知社会距离,也被称为"社会距离推论"(social distance corollary)。自我与他人之间的感知距离越大,自我与他人之间的差异就越大。⑤ 虽然社会距离不是第三人效果发生的必要条件,但增加社会距离会使第三人效果更明显。

朱莉·安德赛格尔(Julie Andsager)等学者的研究指出,"与未被锚定作为参照对象的人相比,那些以自我为参照点的人被认为比没有任何参照点的其他人受说服性信息的影响较小"⑥。由此表明,第三人效果的强度随着具体的参考对象的社会或心理关系的远近而改变,这种解释框架试图把"主体"(自我)和"客体"(他人)分开,揭示人们的认知并非固定在某个落脚点上,而是随着参考群体的变化不断调整感知位置。⑦

社会距离因素不仅包含社会统计学意义上的年龄、性别、受教育程度等变量差异,还包括个人和集体差异、文化差异、媒体使用情况(媒介接触)乃至技术因素等。如美国密歇根州立大学的罗恩·塔姆博里尼(Ron Tamborini)围绕互联网色情内容认知效果开展了相关研究,分析了这类讯息在大学生中是否会呈现"第三人效果"。研究发现,

---

① 禹卫华,张国良.传播学在中国30年:效果研究的反思与进路——以"第三人效果理论"研究为例[J].国际新闻界,2008(7):15-18.

② Perloff R M. The third-person effect: A critical review and synthesis [J]. Media Psychology, 1999, 1(4): 353-378.

③ Perloff R M. Mass media, social perception, and the third-person effect[M]// Bryant J, Oliver M B. Media effects: Advances in theory and research[M].3rd ed. Routledge, 2009.

④ Duck J M, Mullin B A. The perceived impact of the mass media: Reconsidering the third person effect [J]. European Journal of Social Psychology, 1995, 25 (1): 77-93.

⑤ Meirick P C. Rethinking the target corollary: The effects of social distance, perceived exposure, and perceived predispositions on first-person and third-person perceptions [J]. Communication Research, 2005, 32 (6): 822-843.

⑥ Andsager J L, White H A. Self versus others: Media, messages, and the third-person effect[C]. Lawrence Erlbaum Associates, 2007.

⑦ 陈振华,梁铮,蒋家河.社会距离推论:第三人效果研究的经典进路[J].东南传播,2016(1):36-40.

性别、文化、互联网使用的自我效能感等因素都会影响第三人效果的强度。①

第二类路径聚焦于第三人效果认知对后续行为的预测和解释力。国外的研究主题集中于审查制度、政治选举、劝服性信息、负面媒介信息、公共危机等,对于第三人效果认知与行为的因果关系,尚缺乏充足的实证依据。早期研究关注媒体效果预期如何影响对媒体内容的审查。研究发现,支持审查制度与第三人效果有较强的正相关,但鲜有结论支持第三人效果在其他领域的相关性。②

(三) 第三人效果的扩展研究

关于第三人效果还有很多进一步的分析,负面信息会产生第三人效果,正面信息是否也会产生这样的效果呢?戴维森在1996年的另一篇文章中认为,"第三人"效果是一个复杂的。根据不同信息类型、不同受众的特点以及不同情境变化的现象。在某些情境下,研究已经发现了"反向第三人"效果,这意味着"受众高估媒体对其他人的影响的倾向(第三人效果)只是多种研究模式中的一种而已"③。

学者们注意到,在某些情况下,人们并不总是认为他人而不是为自己会产生更大的媒体效应。在某些情况下,人们倾向于认为媒体对自己的影响大于对第三人的影响;在另一些情况下,人们倾向于认为媒体对自己和他人的影响相似。这两种现象分别被称为"第一人称效果"和"第二人称效果"。

第一人称效果是指人们觉得媒体对自我的影响效果大于他人,这一般发生在人们认为受媒体信息影响是可取的这类情况中。约翰·英尼斯(John Innes)在1988年通过研究首次发现,如果受众接触暴力信息则会表现出传统的第三人效果,而接触公益服务公告信息则会表现出相反的效果。④ 1991年,杰里米·科恩(Jeremy Cohen)和罗伯特·戴维斯(Robert Davis)发现人们往往高估了针对不受欢迎的候选人的攻击广告对他们自己的影响,而不是对其他人的影响,他们提出了"反向第三人效果"(reverse third-person effect)的概念。⑤ 同年,詹姆斯·迪杰(James Tiedge)等采用"第一人效果"作为与第三人效果对应的词,来说明认为媒体对自我的感知效应大于对他人的感知效应的现象。⑥ 1992年,阿尔伯特·冈瑟(Albert Gunther)和埃丝特·索森(Esther Thorson)通

---

① Lee B, Tamborini R. Third-person effect and internet pornorgraphy: The influence of collectivism and internet self-efficacy [J]. Journal of Communication, 2010, 55(2): 292-310.
② 陈振华,梁铮,蒋家河.社会距离推论:第三人效果研究的经典进路[J].东南传播,2016(1):36-40.
③ 转引自禹卫华."第一人"效果:现状、问题与应用[J].国际新闻界,2010(7):33-37.
④ Innes J M, Zeitz H. The public's view of the impact of the mass media: A test of the "third-person" effect [J]. European Journal of Social Psychology, 1988, 18(5): 457-463.
⑤ Cohen J, Davis R G. Third-person effects and the differential impact in negative political advertising[J]. Journalism Quarterly, 1991, 68(4): 680-688.
⑥ Tiedge J T, Silverbaltt A, Havice M J, Rosenfeld R. Discrepancy between perceived first person and perceived third-person mass media effects [J]. Journalism Quarterly, 1991(1/2): 141-154.

过实证分析认为,根据不同的社会期待性信息特征,受众既可能产生第三人效果也可能产生第一人效果。他们认为,符合社会期待的信息往往会产生第一人效果,而不符合期待的信息则会产生传统的第三人效果。① 安妮塔·戴伊(Anita Day)进一步分析了第一人效果的行为影响,研究表明,符合社会期待的议题宣传所产生的第一人认知效果与投票支持该议题的相关立法具有显著关系。②

影响第一人效果的重要因素是信息合乎社会期待的合意性。与第三人效果相反,根据佩洛夫的研究,符合社会期待的合意信息不太可能表现出第三人效果,但会产生第一人效果。③当人们在正面反映了自我并符合自己的意愿的信息出现的时候,以及在某种程度上,当信息与个人认同的群体方向的主题一致时,就会产生第一人效果。从自我提升的角度出发,如果第三人效果是由维护自尊的愿望驱动的,传播的内容被认为是符合社会需要的、健康的或者对自己有好处的,那么就会产生自我认同的传播效果。④

除此之外,信息能否调动受众的正面情感以及社会距离、预存立场等中介因素也会产生影响。同时,影响第三人效果的心理机制同样发挥着重要作用。佩洛夫将第三人效果的影响过程进行了梳理,形成了一个表格,见表 7-3。

表 7-3 第三人效果模型⑤

外在变量	中介过程	第三人效果内容	后续结果
教育 文化 年龄 预存立场 自我卷入度 自尊感	自我强化过程 知识认知 归因 媒体图式 投射 群体内/群体外认知	自我与他人的差异性 第三人感知 第一人感知	审查 沉默的螺旋 公共舆论认知 对劝服性媒体的推论

(四)第三人效果理论的影响

第三人效果理论能够在一定程度上解释为什么有些涉及恐怖、暴力、色情等媒体内容及网络游戏等的传播限制要求并非出自可能会直接受到其影响的未成年人。很多媒

---

① Gunther A C, Thorson E. Perceived persuasive effects of commercials and public service announcements: The third-person effect in new domains [J]. Communication Research, 1992, 19(5): 574-596.

② Day A G. Out of the Living room and into the voting booth: An analysis of corporate public affairs advertising under the third person effect[J]. American Behavioral Scientist, 2008, 52 (2): 243-260.

③ Perloff R M. Mass media, social perception, and the third-person effect[M] // Bryant J, Oliver M B. Media effects: Advances in theory and research. 3rd ed. Routledge, 2009.

④ Hoornes V, Ruiter S. The optimal impact phenomenon: Beyond the third person effect [J]. European Journal of Social Psychology, 1996, 26(4): 599-610.

⑤ Perloff R M. The third-person effect: A critical review and synthesis [J]. Media Psychology, 1999, 1(4): 353-378.

体管制政策议题的设置来源于媒体影响下的公共舆论。具体来说,学者们已经证明,第三人效果认知能够预测人们对于很多内容审查的意愿,如色情作品[1]、电视暴力[2]、香烟、啤酒、白酒和赌博广告[3],说唱音乐等。[4] 此外,它还可以指导我们的说服传播策略。由于传播对象可以分为直接接受信息的表面受众和由此带来的第三人受众群体,针对特定群体的传播将产生间接影响效果。如有些广告促销模式激发的是第三人认知效果,从而带来了良好的销售业绩。有些老年人产品和妇女儿童用品广告就是针对表面受众进行传播,使表面受众产生认同产品的第三人效果认知,并购买产品作为礼品赠送给第三人。一些受众可能特别在乎广告对"他人"尤其是"重要他人"的影响,因此,这种间接影响的营销策略就可能特别有效。[5]

此外,考察第三人效果行动层面的机制有助于我们预测一些社会行为乃至事件可能导致的结果。受众先是预计他人的行为,然后调整自己的行为。人们的认知会影响他们后续的行为,这就是所谓的推测媒体影响的间接影响假说。戴维森举例指出,1975年9月16日的《纽约时报》刊登了一则消息,指出烟雾喷洒罐的使用可能会对大气产生有害效果,制造商的反应非常快,立刻改用液体喷洒剂和压缩容器。[6]

受日本大地震和核辐射影响,2011年3月,我国部分城市出现了抢购食盐的现象。信息发布者利用人们核辐射知识的匮乏以及对核事故的恐惧心理,通过网络和手机短信制造和散播谣言,引起民众的普遍关注。[7] 尽管人们并非都相信日本地震导致的核泄漏会影响盐的质量,如具有一定科学素养的消费者本来并不是谣言影响的对象,但是抢购者人数众多。从第三人效果角度来看,信息推动第三人去抢购食盐,必然在一定程度上促使食盐短缺,所以更多人会加入恐慌性抢购活动。

四、沉默的螺旋理论

德国学者诺依曼在20世纪70年代初提出了沉默的螺旋理论(spiral of silence theory)。该理论认为,人们的意见表达受到外在意见环境的影响,其中包括媒体的影响,当意识到自己的意见属于公共领域的少数意见时,他们会选择沉默。而媒体一般会关注

---

[1] Gunther A C. Overrating the X-Rating: The third-person perception and support for censorship of pornography [J]. Journal of Communication, 1995, 45(1): 27-38.

[2] Rojas H, Shah D V, Faber R J. For the good of others: Censorship and the third-person effect [J]. International Journal of Public Opinion Research, 1996, 8(2): 163-186.

[3] D V Shah, R J Faber, S Youn. Susceptibility and severity: Perceptual dimensions underlying the third-person effect [J]. Communication Research, 1999, 26 (2): 240-267.

[4] McLeod D M, Eveland W P, Nathanson A I. Support for censorship of violent and misogynic rap lyrics: An analysis of the third-person effect[J]. Communication Research, 1997, 24 (2): 153-174.

[5] 曾秀芹,程煜.营销传播中的第三人效果研究:理论和实践本土化[J].国际新闻界,2013(8):119-127.

[6] Davison W P. The third-person effect in communication [J]. Public Opinion Quarterly, 1983, 47(1): 1-15.

[7] 李晔.从传播学中的"第三人效应"看抢盐风波[J].科技传播,2012(13):3.

多数派意见并积极加以报道,从而导致多数意见成为主导意见。这进一步影响了人们的意见表达,形成沉默的螺旋效应。

诺依曼注意到这一现象是在 1965 年的德国议会选举中。主要竞选对手一方是社会民主党,一方是基民盟和基社盟的联合阵线。在整个竞选过程中,双方处于胶着状态,但是,在最后投票之际却发生了选民的"雪崩现象"——后者以压倒性优势战胜了前者。诺依曼通过分析数据发现,尽管双方的支持率一直未变,但对获胜者的"估计"却发生了明显的倾斜,即认为基民盟和基社盟的联合阵线将会获胜的人不断增多,到投票前日变成了压倒多数。她认为,正是这种对"周围意见环境的认知"所带来的压力,导致许多人最终改变了投票意向。①

1971 年她开始研究大众传播对公共舆论的影响,1974 年发表了《重归大众传媒的强力观》一文②,后来在出版的《沉默的螺旋:舆论——我们的社会皮肤》一书中进行了进一步的全面描述。③ 理查德·韦斯特等通过枪支控制的例子将这一理论用模式图的方式进行了描述。见图 7-3。

图 7-3 "沉默的螺旋"假说示意图④

沉默的螺旋理论将舆论的形成看成一个社会化螺旋模式。舆论或民意是为了避免被孤立而在公共场合表达的态度或行为,并非一般意义上的个人观点的任意表达的集合产物,而每个人的意见表达都会受到各种因素的影响,这些影响在某种程度上形成沉默性压力。大众媒体为意见表达提供了渠道,营造了舆论环境,经大众传媒强调、提示的意见由于具有公开性和传播的广泛性,容易被当作"多数"或"优势"意见认知,成为

---

① 吴文虎.传播学概论[M].武汉大学出版社,2000.
② Noelle-Neumann E. The spiral of silence: A theory of public opinion[J]. Journal of Communication, 1974, 24(2): 43-51.
③ Noelle-Neumann E. The spiral of silence: Public opinion—our social skin [M]. University of Chicago Press, 1984.
④ 〔美〕理查德·韦斯特,林恩·特纳.传播理论导引:分析与应用[M].刘海龙,译.2 版.中国人民大学出版社,2007.

人们判断意见是否可以表达而不受惩罚的参考尺度。在此基础上，如果人们的个人意见属于少数意见，就会感受到压力，最终形成少数人意见的沉默和多数人意见的放大的螺旋式扩展过程。

她通过分析德国大选过程中出现的现象指出："显现出来的支持新政策的势力强于实际状况，而反对派的势力则表现得比实际情况更弱。这样的现象不断自我循环，一方大声地表明自己的观点，而另一方可能吞下自己的观点，保持沉默，从而进入螺旋循环——优势意见占明显的主导地位，其他的意见从公共图景中完全消失，并且缄口不言，这就是沉默的螺旋过程。"①

（一）理论前提假设

诺依曼于1991年和1993年总结了沉默的螺旋理论的三个假设：社会将用孤立的方式来威胁那些与大多数人不一致的人，其对孤立的恐惧不可抗拒；对孤立的恐惧导致人们都会试图评估意见气候；公众的行为会受到民意评估的影响。②

1. 对社会孤立的恐惧

诺依曼认为，社会结构的稳定必须依靠人们共同认可和同意某些价值观，而正是民意决定了这些价值观是否会得到不同群体的接受。她指出，社会控制能以公共意见的形式发挥作用，尽管这不是制度化的方式，但是它仍然有制裁力。他认为，为了使顺从过程进入正轨，舆论首先要通过刻板成见才能传播。它具有公共性，而且是我们的社会皮肤，因此，舆论是"公共意见"。"公共意见是指在有争议的领域中人们能够公开表达而不至于使自己陷于孤立的意见。"如果人们意识到存在与社会结构不一致的价值差异就会形成对孤立的恐惧（fear of isolation），并"由于害怕孤立而选择沉默"，附和"多数意见"。③

对孤立的恐惧也是一种从众心理，这种心理的产生主要是由于认知失调和对孤独的惧怕。群体压力会让人产生认知失调，而从众是减轻失调的一种有效方法。她通过访谈法进行了实验验证，发现在有不吸烟者在场的时候，许多吸烟者不愿意公开支持吸烟者的权利。

需要指出的是，对社会孤立的恐惧来自对有争议性的议题的表达，而非一般意义上的意见表达。"多数意见"的压力以及对它的抵制力，按照问题的类型和性质应有程度上的不同。

诺依曼认为，议题主要关乎道德方面的问题。"多数意见"社会压力的强弱受到社

---

① 〔德〕伊丽莎白·诺尔-诺依曼.沉默的螺旋：舆论——我们的社会皮肤[M].董璐，译.北京大学出版社，2013.
② 〔美〕理查德·韦斯特，林恩·特纳.传播理论导引：分析与应用[M].刘海龙，译.2版.中国人民大学出版社，2007.
③ 〔德〕伊丽莎白·诺尔-诺依曼.沉默的螺旋：舆论——我们的社会皮肤[M].董璐，译.北京大学出版社，2013.

会传统、文化以及社会发展阶段的制约。由于研究抽取的样本主要局限于德国,因此结论是否能在不同的社会背景、文化传统和媒体环境适用,是存疑的。① 诺依曼通过大量实验考察了在不同国度(美国、英国、西班牙、韩国等)该理论的适用性问题,得出的结论是,"尴尬""羞耻感""被孤立的恐惧"等是普遍的心理现象,只不过在不同的国家有不同程度的表现。②

当然,"对社会孤立的恐惧"不应是一个不变的常量,而应是一个受条件制约的变量。这一心理变量常常被质疑太过单一,没有考虑到人性的复杂和情景的差异。③ 因为人除了因害怕孤立而沉默,还有无知的沉默(不知道)、无所谓的沉默(不感兴趣)、选择性沉默(只选择对自己有利或感兴趣的观点)等。④

此外,人们的孤立恐惧会在小范围成立而不一定在大范围成立,还有一些人不惧怕在公众场合的孤立恐惧,也不会感受到少数意见带来的压迫感。⑤ 安德鲁·海耶斯(Andrew Hayes)提出了"自我审查尺度"的变量,指出,"自我审查程度"对个人选择发挥了重要作用,越是对自己严格审查的人越不愿意表达意见。⑥

对于此类观点,诺依曼解释:意见气候只能影响处于中间位置的摇摆不定派,对少数顽固分子是无济于事的,他们不惧怕孤独。不惜付出代价表达自己意见的个人和群体,被称为中坚分子,他们是不屈从的少数派或者是忠于理想的前卫派。在美国,这类中坚分子代表着逆潮流的意见群体,如反战联盟、反堕胎者、动物保护组织及环境保护组织等,这些群体的少数意见甚至可能会变成多数意见。诺依曼认为,只有那些不害怕被孤立的人,才有改变和塑造舆论的机会。通过表达并践行不受欢迎的观念,通过这种震撼性的力量,他们能够使其观念占据主流地位。⑦

2. 通过准统计感知评估意见气候

人们拥有一种评估意见气候的感知能力。诺依曼认为,个体具有感知某些人物、行为方式、观念被周围环境赞同或反对的能力,以及对这些现象的变化(强化或弱化)作出反应的能力,换言之,就是尽可能使自己不被孤立的能力。这一能力能够帮助人们识

---

① 郭小安.舆论的寡头化铁律:"沉默的螺旋"理论适用边界的再思考[J].国际新闻界,2015(5):51-65.
② 同上.
③ Glynn C J, McLeod J M. Implications of the spiral of silence theory for communication and public opinion research[M]// Sanders K R, Kaid L L, Nimmo D. Political communication yearbook. southern illinois university press, 1984.
④ 郭小安.舆论的寡头化铁律:"沉默的螺旋"理论适用边界的再思考[J].国际新闻界,2015(5):51-65.
⑤ Ross C. Considering and communicating more worldviews: New directions for the spiral of silence [C]. National Communication Association, 2007.
⑥ Hayes A F. Exploring the forms of self-censorship: On the spiral of silence and the use of opinion expression avoidance strategies [J]. Journal of Communication, 2007, 57 (4): 785-802.
⑦ [美]埃姆·格里芬.初识传播学:在信息社会里正确认知自我、他人与世界[M].展江,译.北京联合出版公司,2016.

别和判断哪些意见是优势意见,哪些是劣势意见,从而判定意见气候。

意见气候(opinion climate)是指一种多数或优势意见和少数或劣势意见的强度状态及状态的发展趋势。诺依曼在对1965年德国议会选举中一部分选民出现了"最后一分钟动摇",跳上了所谓的"乐队花车"的原因进行探讨时提出了这个概念。她的研究需要模仿公共场合,测量被访者在公共场合表明自己潜在意愿的态度,这个公共场合中的多数意见以及大众传媒的意见导向就是意见气候的来源。诺依曼假定,评估意见气候就是利用准统计感知(quasi-statistical sense)来确定"哪些观点和行为模式是他们环境所允许的和不允许的,哪些观点和行为模式正在得势和失势"。①

意见气候的来源是多样的,有学者实证分析后指出,个体的微观气候(micro-climate)要超越媒体发挥的作用。② 还有学者认为,人际交流是形成最初意见气候的主要因素,而非媒体。③ 公众对于意见气候的感知统计也会出现错误,这种现象被诺依曼视为"多数无知"(pluralistic ignorance)现象。这一概念于1931年由丹尼尔·卡茨(Daniel Katz)和弗洛伊德·奥尔波特(Floyd H. Allport)最早提出。④ 查尔斯·科特(Charles Korte)提出了"绝对多元无知"与"相对多元无知"的概念。绝对多元无知是指在某一问题上,人们所认为的多数意见实际上是少数意见,反之亦然;相对多元无知则指人们所认为的多数意见与实际的多数意见方向一致,但对该意见的赞同程度或力度却被明显高估或低估。⑤

3. 公共舆论的形成机制

公众的行为受到他们对民意的评估的影响,进而形成公共舆论。根据诺依曼的观点,舆论的形成不是社会公众理性讨论的结果,而是"意见气候"的压力作用于人们惧怕孤立的心理,强制人们对"优势意见"采取趋同行动这一非合理过程的产物。公众意识到自己的意见属于可以得到支持的意见,就倾向于表达出来,相反,就会避免谈论这一话题。由此形成了具有重要社会功能的公共舆论。

公共舆论具有潜在的、重要的社会控制作用,她指出,通过持续的环境观察和对此在公共场所作出交谈或沉默的反应,将个体和社会相互整合在一起了,在这样相互作用中,产生了某种力量,这种力量出自共同的觉悟、共有的价值观、共同的目标——对违背

---

① 〔美〕沃纳·赛佛林,小詹姆斯·坦卡德.传播理论:起源、方法与应用[M].郭镇之,徐培喜,等译.5版.中国传媒大学出版社,2006.
② Kennamer J D. Self-serving biases in perceiving the opinions of others: Implications for the spiral of silence [J]. Communication Research, 1990, 17(3): 393-404.
③ Tichenor P J, Wackman D B. Mass media and community public opinion [J]. American Behavioral Scientist, 1973, 16(4): 593-606.
④ 贺建平,罗越.多元无知效果理论视角下的医患关系认知偏差[J].今传媒,2018(3):4-11.
⑤ Korte C. Pluralistic ignorance about student radicalism [J]. Sociometry, 1972, 35(4): 576-587.

这样的价值观和目标的反应进行威胁①。

（二）大众媒体的影响效果

公共舆论的形成过程并非仅仅是个人意见的集合性表达，其形成过程具有动态性、阶段性和个人与社会的互动性等特征。大众媒体在其中扮演着重要的角色。诺依曼认为，人们容易从媒体中获取意见认知，但媒体并没有和难以向公众提供广泛、客观和详细的解释信息。因此，公众的判断就会受到限制。与此同时，人们还会以媒体信息作为意见气候的判断依据，从而形成重要的影响机制。

诺依曼认为，人们判断周围意见气候的主要信息源有两个，即所处的社会群体和大众媒体，而在超出人们直接感知范围的问题上，大众媒体的影响尤其强大。大众媒体有三个基本特质，即累积性、普遍性和协调性，三者结合在一起，便产生了对公共舆论的强大效果。其中，累积性是指特定主题或消息随着时间进行的积累；普遍性是指大众媒体广泛渗透于各个领域和层面；协调性是指某个事件或议题的统一画面，这幅统一画面可以继续发展，并且通常由各种报纸、杂志、电视网和其他媒体共享，形成共鸣效果。②

大众传媒所表达的优势意见和对劣势意见的人际支持逐渐减少，合并形成了沉默的螺旋，其中表达优势意见或不愿表达劣势意见的人数日益增多。在沉默的螺旋中，大众媒体扮演了重要角色，这是因为，它是人们寻找并进行舆论传播的来源。大众媒体以三种方式影响沉默的螺旋：(1)对何者是优势意见形成印象；(2)对何种意见正在增强形成印象；(3)对何种意见可以公开发表而不会遭受孤立形成印象。③

（三）互联网环境下的适用性分析

沉默的螺旋理论是在传统舆论和媒体环境下形成的，在互联网环境下，舆论及媒体传播形态、模式发生了较大变化。从一些相关研究来看，该理论发生了一些新的变化，但是其条件性和产生的效果依然存在，主要表现为如下两个方面。

第一，害怕孤立的情形减少，但这一因素仍然存在。由于互联网的自由性、匿名性和不受地域限制，群体带来的压力减弱。互联网的隐蔽和虚拟性给了上网者安全感，少数派不再回避处于优势地位的多数群体，而是更多地反抗该多数群体，强烈地表达意见。④ 但与此同时，个人在表达意见时对于"孤立的恐惧"并未消失，只不过恐惧的来源形式发生了变化，由原本在实际生活中的孤立拓展到对网友的言语攻击甚至被"人肉"

---

① 〔德〕伊丽莎白·诺尔-诺依曼.沉默的螺旋：舆论——我们的社会皮肤[M].董璐，译.北京大学出版社，2013.
② 〔美〕沃纳·赛佛林，小詹姆斯·坦卡德.传播理论：起源、方法与应用[M].郭镇之，徐培喜，等译.5版.中国传媒大学出版社，2006.
③ 同上.
④ 朱珉旭.当代视域下"沉默的螺旋"理论的反思[J].国际新闻界，2014(1)：66-75.

的恐惧。①

此外,个体在网络环境下同样需要归属感,并会惧怕被孤立。研究发现,线上各种意见回应策略与意见气候保持较强的一致性,这表明"沉默的螺旋"现象同样存在于社交媒体。② 如微信朋友圈一类的社交媒体虽然是网络上的虚拟群体,但是其中的"朋友"多是在现实生活中与我们有一定关系的人,如家人、领导、同事、好友等。③ 因此,网络群体压力的作用方式有所变化,强度相对减弱,但其影响依然不容忽视,从众心理的动因继续存在,从众现象依旧普遍。④

第二,大众媒体的累积效果以新的方式呈现。诺依曼曾将大众媒体视为意见气候的重要影响源,在互联网环境下,媒体的效果影响特别是累积效果有了新的变化。如网络公共事件往往在传统媒体和网络媒体的共同作用下,走向关联化和序列化,产生叠加效应,强化了意见气候。⑤

第四节 积极受众的需求满足效果理论

传播的认知效果研究更多是传播者传递信息后的效果测试和分析,并认为受众是被动接受信息,但积极受众的需求满足效果理论强调了受众不完全是被动的接受者。对受众基于特定需求和动机来选择利用传播媒介获取信息的效果分析,应根据对其需求满足程度进行分析和评估。该理论强调了受众基于需求进行主动和积极接触媒体,受众不是被动接受信息,而是会无意识地参与到传播活动中,并结合自己的个人和社会情境需求来理解信息。⑥

早期传播效果模式强调受众是信息的被动接受者,并基于传者中心理念分析信息如何实现传播者的意图并产生效果。但是,拉扎斯菲尔德等学者的社会实证分析发现,受众有选择和接受的既有倾向性。霍夫兰的研究也表明,受众的态度改变受到很多条件变量的影响,他们不是一个统一行动的同质化群体,其个人差异特别是个性化信息需求直接影响其媒介接触动机及使用效果,在这一过程中主动的选择性因素起到了非常重要的作用。与此同时,文化批判学派从阐释学、接受理论、符号学中的编码解码角度

---

① 闫彦.网络环境下"沉默的螺旋"现象研究——以微信、微博为例[J].新闻研究导刊,2016(22):49-50.
② Gearhart S, Zhang W. Was it something I said? No, it was something you posted! A study of the spiral of silence theory in social media contexts [J]. Cyberpsychology, Behavior, and Social Networking, 2015, 18(4): 208-213.
③ 郭小安.舆论的寡头化铁律:"沉默的螺旋"理论适用边界的再思考[J].国际新闻界,2015(5):51-65.
④ 谢新洲."沉默的螺旋"假说在互联网环境下的实证研究[J].现代传播,2003(6):17-22.
⑤ 郭小安.舆论的寡头化铁律:"沉默的螺旋"理论适用边界的再思考[J].国际新闻界,2015(5):51-65.
⑥ Chandler D, Munday R. A dictionary of media and communication[M]. 1st ed. Oxford University Press, 2011.

分析了受众作为积极主体的角色。因此,学者们转变了思路,希望从受众的需求动机角度分析传播效果,进而提出了积极受众的需求满足效果理论。这其中主要有使用与满足理论、媒体依赖理论和协商性传播效果理论。

一、使用与满足理论

使用与满足理论(uses and gratifications theory)从分析传播者的动机及媒体信息运用模式转移到受众的需求动机问题,这是传播效果研究中的一个重要转变。这时的研究"呈现更为复杂的形式",也更加明确地朝探讨"积极的受众"的作用方向发展。[1]

(一)使用与满足动机的早期研究

需要是人对生理的和社会的要求的反映,是人类一切行为的内驱力,在现实性上具有无限的丰富性和多样性。德弗勒列举了以下几种类型的动机:(1)获取所期望信息的需要;(2)迎合一种已经养成的接触媒介的习惯;(3)为了休息或寻求刺激而使用某种媒介;(4)逃避烦闷或无聊;(5)获取陪伴,避免寂寞。[2]

早期使用与满足动机的研究集中在分析广播节目的使用动机方面。1944年,赫塔·赫佐格对广播听众收听连续广播剧的动机进行了调查。她对100名听众作了长期采访,对2500名听众作了短期采访。根据调查结果,她将听众按不同的收听动机进行分类,即感情释放(替代性的感情经验)、愿望的想象(白日梦)、生活建议三种动机。研究发现,听众不再是被动的、孤立的个体,他们会根据自己的主观需求,主动地选择、使用那些对他们有益的信息。[3]

早期研究的另一个主题是围绕报纸与读者的关系展开的。于美国芝加哥大学图书馆学专业博士毕业、后任图书馆学院院长的伯纳德·贝雷尔森在1949年针对报纸阅读动机进行了研究调查。他针对纽约一次报界罢工期间各家报纸停刊的情况进行了访谈,发现:一份日报对读者可能的用途是促进社会交往或给予社会声望,更主要的是提供有关公共事务的信息及解释;也作为日常生活的一种工具或休息方式,并用作日常仪式的一部分。[4]

(二)使用与满足理论概述

很多关于受众接触和使用媒介的动机和需求的研究表明,受众的需求动机对传播

---

[1] 殷晓蓉.美国传播学受众研究的一个重要转折——关于"使用与满足说"的深层探讨[J].中州学刊,1999(5):58-61.
[2] 〔美〕梅尔文·L.德弗勒,等.大众传播学诸论[M].杜力平,译.高等教育出版社,1990.
[3] Herzog H. What do we really know about daytime serial listeners? [M]// Lazarsfeld P F, Stanton F N. Radio research 1942-1943. Duell, Sloan and Pearce, 1944.
[4] 殷晓蓉.美国传播学受众研究的一个重要转折——关于"使用与满足说"的深层探讨[J].中州学刊,1999(5):58-61.

效果有重要影响。因此,1959年,卡茨在研究受众的接触动机时,提出了"使用与满足"理论,作为解释传播效果的一种新模式。他指出,大部分传播研究都致力于调查"媒介对人们做了些什么",而他建议将研究的问题改成"人们用媒介做了什么"。①

1974年,卡茨等系统阐述了使用与满足理论。这一理论揭示了媒介影响的逆向机制,即从受众需求动机出发,基于主动寻求媒介并评估自我期待的满足程度及使用效果,从而为后续的媒介使用提供决策参考。为此,卡茨等提出五个理论假设:(1)受众是主动的,他们的媒介使用行为具有目的性;(2)受众具有满足某种需要而与特定的媒体联系在一起的主动权;(3)媒体在需求满足过程中存在竞争;(4)人们能够明确地意识到自己的媒体使用行为、兴趣和动机,可以向研究者精确描述自己的使用行为;(5)只有受众才能判断媒体的内容是否具有一定的价值。②

使用与满足理论逐一分析了这五个假设。第一,受众主动使用媒介,以满足不同的需要,媒体可以满足的受众需要分为认知、情感、个人整合、社会整合和舒缓压力等类型;第二,受众会自主选择符合特定需要的媒介;第三,媒介和受众之间的关系还受到社会的影响,并以此作为选择媒介的决策条件;第四,效果分析建立在需求分析的基础上;第五,在涉及受众需要与某个媒介或内容的关系时,研究者应该悬置他们的价值判断,只有受众有权力判断媒介内容的价值。③

使用与满足理论将效果发生的过程描述为一个需求引发使用动机与满足效应的连续过程,包括如下内容:(1)社会和心理的需求;(2)使用动机;(3)大众或其他来源的信息期待;(4)媒介接触的不同模式(或者参与其他活动);(5)导致的满足结果或者其他结果。④

(三)使用与满足理论的扩展分析

使用与满足理论强调了在传播效果产生过程中受众需求满足机制的重要性和受众的主动性,但受众的主动能力是相对的,这种主动能力难以完全控制媒体效果。因此,媒体霸权主义理论更强调受众难以回避媒体提供的偏向解读。1984年,凯瑟琳·多诺霍(Kathleen Donohue)等学者认为,在大众传播环境中,受众是以随波逐流(automatic pilot)的方式来使用媒介的,他们可能并不非常用心,事实上,说它是仪式化的或者习惯

---

① Perry D K. Theory and research in mass communication: Contexts and consequences [M]. 2nd ed. Lawrence Erlbaum Associates, Inc., 2002.
② 转引自〔美〕理查德·韦斯特,林恩·特纳.传播理论导引:分析与应用[M].刘海龙,译.2版.中国人民大学出版社,2007.
③ 〔美〕理查德·韦斯特,林恩·特纳.传播理论导引:分析与应用[M].刘海龙,译.2版.中国人民大学出版社,2007.
④ Katz E, Blumler J G, Blumler M. Uses and gratifications research [J]. Public Opinion Quarterly, 1973, 37(4): 509-523.

性的行为可能更合适。①

近年来,随着社交网络的发展,以及理解使用互联网和社交网络动机的需要的出现,使用与满足理论重新受到重视。如托马斯·鲁杰罗(Thomas Ruggiero)认为,互联网的交互性会增强个体的自主性和能动性,互联网使用是一个主动选择的过程,该理论就为分析人们访问网站的动机提供了合适的框架。②

祝建华于2004年基于使用与满足理论提出了新媒体权衡需求论,认为一旦受众发现生活中的一项重要需求无法被传统媒体满足,同时认为新媒体能够满足该项需求时,他们就会开始接受并使用该新媒体。该理论来源于"期望价值理论"以及"问题—解决理论",深化了创新扩散研究和使用与满足理论,用定量的操作化定义解释了为什么这些需求是重要的。③

在社交网络使用方面,研究表明,用户使用社交媒体发布信息、交流信息的动机主要包括社交和情感需求、需要发泄消极情绪、获得认可、游戏娱乐和认知需求。④

二、媒体依赖理论

美国传播学家桑德拉·鲍尔-洛基奇和梅尔文·德弗勒在1976年提出了著名的媒体依赖理论(media dependency theory),从"社会系统—媒体—受众个人"三元关系角度探讨了其相互依赖性和互动性特征。⑤

该理论认为,人们依赖媒体提供的信息去满足他们的需求,进而实现他们的目标。人们越是依赖媒体来满足自身的需求,媒体对人们而言就越不可或缺,也会对人们产生更大的影响。如此一来,如果受众十分依赖媒体获取信息,甚至媒体是其唯一的消息来源,受众就极易成为媒体议程设置的牺牲品。他们以媒体依赖这个变量来预测人们对媒体内容的选择性接触,以及媒体对人们的政治理念和行为的影响,发现越是依赖媒体内容的人受到的影响越大。⑥

有别于使用与满足理论的是,该理论将传播效果置于更大的社会系统中加以考察,通过社会系统、媒体和受众个人三个层次的联系分析媒体依赖的系统,三个层次各自有

---

① [美]沃纳·赛佛林,小詹姆斯·坦卡德.传播理论:起源、方法与应用[M].郭镇之,徐培喜,等译.5版.中国传媒大学出版社,2006.
② Ruggiero T E. Uses and gratifications theory in the 21st century[J]. Mass Communication & Society, 2000, 3(1): 3-37.
③ 祝建华.不同渠道、不同选择的竞争机制:新媒体权衡需求理论[J].中国传媒报告,2004(5):16-24.
④ Leung L. Generational differences in content generation in social media: The roles of the gratifications sought and of narcissism[J]. Computers in Human Behavior, 2013, 29(3): 997-1006.
⑤ Ball-Rokeach S J, DeFleur M L. A dependency model of mass-media effects[J]. Communication Research, 1976, 3(1): 3-21.
⑥ Ibid.

自己的目标和资源,彼此互相依赖。具体表现为如下三种联系:

第一,社会系统与媒体的关系。个体与社会面对真实世界的有限性决定了他们需要通过媒体获取信息;同时媒体也需要借助社会系统实现其联系功能,媒体会随着社会系统的发展而更加强大,并有能力提供更多的信息。

第二,媒体和受众的关系。媒体通过一定的手段将受众吸引到媒体系统中,受众也可依赖媒体提供的信息去满足他们的需求,实现他们的目标,并与大众媒体形成不可分割的媒体依赖关系。各种媒体提供了丰富的信息,满足了受众的需求,受众自然就更加依赖媒体。

第三,社会与受众的关系。社会系统影响了受众的社会生活,他们的需求和爱好也会随着社会的进步日趋多元。当一个社会体系日益复杂的时候,受众就会产生信息需求,社会通过包括媒体在内的多种渠道提供各类获取信息的信息源。①

媒体依赖理论认为,媒体功能、社会形态和个人需求是影响媒体依赖程度的三个核心要素。具体表现如下:

第一,媒体功能。这体现为媒体提供的相关信息的数量和集中程度。媒体在系统中发挥着各种各样的功能,它可以监督政府、提供娱乐。在特定人群中,媒体的某些功能会相对更加重要。随着某一媒体提供的此类功能的增加和集中,这个群体对该媒体的依赖就会进一步加强。

第二,社会形态。当社会转型、冲突增加,既得利益和传统制度受到了挑战的时候,人们对媒体的依赖会相应增加。反之,依赖会减少。

第三,个人需求。当个人意识到媒体可以满足个人需求就会进一步依赖媒体,从而受到媒体更大的影响。② 个人的媒体需求主要有三类:(1)环境监测:理解一个人的社会世界的需求;(2)社会效用(social utility):在该世界中行动的意义和效果;(3)幻想逃离(fantasy-escape):在该世界紧张度很高的状态下逃离该世界的需求。③

三、协商性传播效果理论

麦奎尔于1983年提出了"协商性传播效果理论",理论核心是指在一定的社会生活和文化传统环境里,传受者双方基于协商和博弈,依据各自的处境、利益、兴趣及意图等建构传播意义系统。④ 麦奎尔认为,媒体效果来源于媒体提供的现实图景架构,同时,受

---

① Ball-Rokeach S J, DeFleur M L. A dependency model of mass-media effects[J]. Communication Research, 1976, 3 (1): 3-21.
② Ibid.
③ Ibid.
④ [英]丹尼斯·麦奎尔.大众传播理论[M].崔保国,李琨,译.5版.清华大学出版社,2010:377.

众通过与媒体构建的象征体系互动,构建他们的现实看法,这个过程的中间状态是一系列连续的协商过程。因此,这是一种协商效果理论。①

这一理论以文本为中介分析了传者和受者的编码和解码过程,将效果分析建立在对意义的理解和认同上,提出了新的分析视角。20世纪70年代后期开始,媒介效果分析逐步从传者效果影响角度转向分析效果影响过程中受众的主体意识对传播效果的影响问题,受众不仅会接收信息并按照媒体的意见理解信息,而且会基于自己的态度、兴趣和利益来改变媒体传播信息的意图和影响。因此,约翰·霍尔(John Hall)和玛丽·尼兹(Mary Neitz)指出,"任何文化内容和受众的效果之间的简单关系都已经被抛弃"②。

斯图亚特·霍尔对受众接受媒介信息的三种形态的分析就是从受众主体性文本阐释和意义建构角度提出来的。他认为,受众不仅会根据媒体提供的信息进行同向化解读,也会进行妥协化或协商化解读,即部分基于媒介提示的意义、部分基于自己的社会背景来理解讯息,甚至还会进行反向解读或"对立式解读",即对媒介提示的讯息意义作出完全相反的理解。③ 因此,符号系统脱离了媒体之后,在传播过程中,受众的意义建构实际上对符号系统形成了自我解码和意义重构。

这一效果理论揭示了大众传媒不仅是传播工具,也是社会批判与批评的舞台,传播内容不仅是传者的内容也是传受双方建构意义的系统,大众传播过程中存在三大彼此关联的互动关系:一是传受双方积极的编码解码活动,二是传受双方的社会权力关系,三是大众传播效果形成、发展、变化的动力机制(批评与反批评)。④

第五节　社会系统的情境效果理论

社会系统的情境效果理论,也被称为"社会情境理论"模式,其主要关注点是社会学层面的情境影响因素,因此,其研究方法一般为社会学调查方法。传播效果与受众的人际关系和社会结构有着重要的联系。该理论模式强调,大众传播的效果并非直接有效,而是通过中介变量因素如人际关系和社会类型等因素发挥作用,表明了大众传播效果的社会系统约束性。受众存在于社会团体、关系和规范中,系统地分析这一影响的是美国学者约翰·赖利与玛蒂尔达·赖利夫妇。⑤

克拉珀在1960年分析了社会系统这一中介变量的影响,将其视为群体规范,指出

---

① 〔英〕丹尼斯·麦奎尔.大众传播理论[M].徐佳,董璐,译.6版.清华大学出版社,2019.
② 〔美〕约翰·R. 霍尔,玛丽·乔·尼兹.文化:社会学的视野[M].周晓虹,徐彬,译.商务印书馆,2002.
③ Hall S. Encoding/Decoding.[M]// Hobson D, Lowe A, Willis P. Culture, media, language: Working papers in cultural studies. 1972-79. Hutchinson, 1980: 128-138.
④ 戴元光.传播学研究理论与方法[M].复旦大学出版社,2003.
⑤ Riley M, Riley J. Mass communication and the social system[M]// Merton R K, Broom L, Cottrell L S, Jr. Sociology today: Problems and prospects. Basic Books, 1959: 537-538.

"群体成员关系会通过强化选择性接触来加强固有观点并拒绝转变,群体还会通过人际影响的气氛或培养意见领袖来强化受众对传播内容的认可,群体和群体规范通过多种方式强化了大众传播的影响力"①。

一、传播与社会系统论

社会现实中的受众,在接触媒介和选择内容的过程中并非只体现出"个人差异",传播与社会系统论通过阐述传播中的社会关系和社会类型对传播的影响,强调了传播效果的有限性。

美国学者赖利夫妇1959年探讨了大众传播的社会影响问题②,提出传播者和受众都受到社会结构系统的影响,其中社会结构系统包括初级群体、较大的社会结构、总体社会系统,这些对传播者和受众的影响较大。其中包括受众所属的基本或初级群体的影响,以及较大社会结构中的社会群体所属类型及社会整体系统的影响。

初级群体的社会关系影响,是指所属的家庭、亲戚和朋友关系的影响,当个人对媒体内容的选择性决策被家庭、朋友、熟人和其他与之有关系的人所改变时,就表明上述社会影响在发挥作用。个人对大众传播媒体的注意形式和反应形式,反映出他的社会关系网络。

赖利夫妇通过分析传播过程中的传播者和受众的社会影响因素,阐释了传播过程中的社会关系及社会规范的影响。传播者的传播受到各种社会因素的制约,影响着其传播的态度、方式和内容,受众的接受效果也受到各种社会关系和社会规范的影响,效果的发生不仅受传播者、传播和内容及媒介的影响,还受受众所处的社会地位、社会类型和社会关系的影响。

二、群体社会关系影响理论

(一)群体社会关系影响概述

在媒体信息的传播过程中,个人接受信息的过程不是简单的心理过程,而是个人与社会互相影响的过程。正如提出社会认知论的阿尔伯特·班杜拉所指出的,单一的社会影响模式是不存在的,传播的影响具有双重路径,既有媒体的直接影响路径,也有媒体经过与社会网络的联系产生影响的第二条路径。他指出,"人是社会的人,总是存在于一定的人际关系网络中,这是另一种以社会为中介的影响过程"③。

---

① 〔美〕约瑟夫·克拉珀.大众传播的效果[M].段鹏,译.中国传媒大学出版社,2016.
② Riley M, Riley J. Mass communication and the social system[M]// Merton R K, Broom L, Cottrell L S, Jr. Sociology today: Problems and prospects. Basic Books, 1959: 537-538.
③ 〔美〕简宁斯·布莱恩特.媒介效果:理论与研究前沿[M].石义彬,译.华夏出版社,2009.

在人际关系网络中，每个人都会有一个关系圈子，这就是群体，群体会影响每个人对于信息的认知、态度和行为决策。社会学家库利首次划分了小群体的类别，将小群体分为初级群体和次级群体(secondary group)两类。初级群体与次级群体的区分主要取决于群体成员之间的关系特征，前者中的成员之间相互了解、相互熟悉，因而以感情为基础结合成具有亲密关系的社会群体。初级群体是基于面对面的交往形成的，是具有亲密的成员关系的社会群体，也可称之为首属群体或直接群体。① 典型的初级群体包括家庭、同辈群体、邻居、朋友圈子等，库利称初级群体为"人性的养育所"。次级群体又称次属群体，是指其成员为了某种特定目标结合在一起、通过明确的规章制度结成正规关系的社会群体。典型的次级群体包括学校、工厂、公司、军队、政府机关等机构中的小组成员。

早期分析群体与个人关系的勒庞对群体的影响作了较为强调的分析。他认为，群体中的个体与单独的个体最大的区别就在于"自我人格消失，无意识人格起到决定性的作用，情感和理智在暗示与传染的作用下转向一个方向，以及立刻把暗示的观念转化为行动的冲动。在这种情况下，一个有着明确的身份与性格的个人已经消失了，他融入群体中，成为了一个再也不受自己意志控制和支配的玩偶"②。事实上，群体对个人的影响也不是绝对的，个人也有自己的理性判断和独立自主性，但是勒庞所揭示的个人在群体影响下的无意识被感染和从众性是实际存在的一种规范效应。

初级群体和次级群体对传播效果的影响主要表现为每个个体接受者都会受到周围的家庭成员、亲戚、朋友以及社会关系的直接和间接影响。个人对大众传播媒体的注意形式和反应形式，反映出他的社会关系网络。

罗杰斯研究创新的扩散过程时，发现了社会群体规范的重要影响作用。以前，创新的扩散过程被认为是传者流向受者的单向传播过程。罗杰斯则强调了人际传播影响的双向过程：人们分享信息，根据双向反馈赋予他们所交流的信息以意义，理解他人的观点并相互影响。③

拉扎斯菲尔德与卡茨的研究也揭示了受众群体和群体规范对于传播效果的影响，他们指出，"表面上的个人观点和态度其实体现了社会属性"。研究表明，人们倾向于归属与他们原有意见相同的群体。通过群体讨论，意见会被强化，或者至少更加清晰。群体无论在心理上还是在社会上，都会在意见改变过程中起到威慑作用。④

群体关系的规范效应还体现为群体示范和群体炫耀效应。比如，在大众化媒体上

---

① 郑杭生.社会学概论新修[M].3版.人民大学出版社,2003.
② 〔法〕古斯塔夫·勒庞.乌合之众[M].冯克利,译.中央编译出版社,2005.
③ 〔美〕简宁斯·布莱恩特.媒介效果：理论与研究前沿[M].石义彬,译.华夏出版社,2009.
④ 转引自〔美〕约瑟夫·克拉珀.大众传播的效果[M].段鹏,译.中国传媒大学出版社,2016.

播放奢侈品广告,其目的不完全是让所有受众消费,而是通过这一宣传,使得买不起奢侈品的消费者也对这一奢侈品品牌有所认知,从而间接提高了品牌的认知度和在社会关系中的炫耀性价值。

(二) 意见领袖的两级传播效果理论

关于媒体传播效果的社会关系影响因素的重要理论是拉扎斯菲尔德的两级传播理论,该理论通过社会学实证方法证明了群体人际关系影响的重要性。传播中的人际沟通对选民投票行为起着关键的引导作用,而其中人际关系中具有较高的信任度和归属感的"意见领袖"发挥着重要的影响作用。

1940年5月到11月期间,保罗·拉扎斯菲尔德与贝雷尔森、哈泽尔·哥迪特等人在俄亥俄州伊里县对1940年美国总统大选中的选民投票行为进行了调查,史称"伊里调查",期望可以验证媒体在改变个人投票意向中起到的独特作用。他们选取了600名受访对象,调查结果发现,在选举宣传之后,有53%的受访对象强化了原有的观念,有26%的受访对象从支持某个党派转换为"没有决定",或者从"没有决定"转化到支持某个党派,只有5%的人直接发生了态度转变。①

1944年,拉扎斯菲尔德等出版了题为《人民的选择:选民如何在总统选战中做决定》的研究报告,该报告强调人际接触,特别是意见领袖发挥着比大众传播更积极的影响作用。这是因为,传播的信息首先通过大众传播影响了意见领袖,并通过二次人际传播对大众产生影响。② 这一观点表明,大众传播效果并非巨大,需要经过两级传播才能发挥其综合影响,而且这一影响是有限的。

按照克拉珀的总结,说服性大众传播对态度产生的是强化效果而非转变效果,其中,既有倾向和选择性因素、受众所属群体和群体规范、传播内容的人际扩散、意见领袖的作用以及大众媒体的属性等是影响传播效果的中介因素。意见领袖起到持续和强化作用,人们更可能被意见领袖而非大众传播影响。这些意见领袖与他们的追随者同属一个群体,但是更多地接触大众媒体,因此可以成为传播者和解释者。③

三、群体社会类型影响理论

社会中的个人具有差异性,也会受到各种社会关系群体的影响,但是个人也不完全是没有共同属性的一盘散沙。事实上,社会群体都是基于不同的性别、年龄、职业、教育经历及社会身份而具有一定的共同类型化属性的。这些不同类型的受众群体,在接

---

① [美]约瑟夫·克拉珀.大众传播的效果[M].段鹏,译.中国传媒大学出版社,2016.
② Lazarsfeld P F, Berelson B, Gaudet H. The people's choice: How the voter makes up his mind in a presidential campaign [M]. Columbia University Press, 1944.
③ [美]约瑟夫·克拉珀.大众传播的效果[M].段鹏,译.中国传媒大学出版社,2016.

受传播信息的过程中,基于自我身份认同及类型结构特征的影响而具有较为一致的接受效果。

心理学家约翰·特纳(John Turner)和亨利·泰弗尔(Henri Tajfel)提出了一个群体影响模式,即"社会认同模式"。该模式指出,社会群体是拥有共同社会身份,或认为同是属于一个社会类型的两个或者两个以上的人。① 群体身份认同影响了我们对于传播效果的另外一种解释,那就是,我们的认知反应部分受到了我们自我身份的影响,一个人会努力按照所属的社会类别的相关规范行事,并从其赞赏和认同的群体中获得一种社会身份感。②

早期的大众传播理论将受众视为一群无组织、无规则的"乌合之众",但事实上,他们是由严格区分的各个群体构成的,其中每个群体都有其自身的价值观、主张和利益,群体是按照其所共享的意义来对媒体内容加以阐释的。就个人而言,同一群体中的其他成员对他们的影响要比媒体大得多,群体成员以相似的方式使用媒体,通过互动的方式共同形成媒体信息的意义。③

媒体使用的结果取决于受众群的文化建构,斯坦利·费什提出了"阐释共同体"(interpretative communities)的概念来解释媒体受众的类型属性,并认为,接受文本讯息的读者是掌握可用于书写文本和建构文本特征的共享阐释策略的,他们形成了不同的群体,掌握共享阐释策略的读者构成了特定的阐释共同体,不同群体的阐释策略不同,因而文本的意义会因为不同读者的不同阐释而有差异性。④

受众的类型化效果被用于传媒实践的一种做法就是分众化传播策略,也被称为受众细分,即按照受众的不同类型将媒体传播渠道进行类型划分,如青少年报刊、老年报刊或妇女报刊,电视的不同专业化频道等。此外,受众类型也是内容的分级制度和广告的营销策略等方面的重要参考依据。

四、知识沟理论

通常来说,传播媒介的不断发展和知识信息的广泛扩散与传播,能够惠及各个阶层和群体,并提高他们的信息及知识素养,缩小知识信息差距,从而实现社会信息平等。1970年,美国学者蒂奇诺、凯瑟琳·多诺霍、克拉丽丝·奥利恩(Clarice Olien)的"知识

---

① 转引自〔美〕沃纳·赛佛林,小詹姆斯·坦卡德.传播理论:起源、方法与应用[M].郭镇之,徐培喜,等译.5版.中国传媒大学出版社,2006.

② 同上.

③ 〔美〕斯蒂芬·李特约翰,等.人类传播理论[M].史安斌,译.9版.清华大学出版社,2009.

④ 任虎军.从读者经验到阐释社会——斯坦利·费什的读者反应批评理论评介[J].四川外语学院学报,2005(1):43-46.

沟"(knowledge gap)理论命题则否定了这个假设。① 他们在一系列实证研究的基础上发现,大众传播的信息传达活动无论对社会经济地位高者还是社会经济地位低者都会带来知识量的增加,但由于社会经济地位高的人获得信息和知识的速度大大快于后者,因此随着时间的推移,最终结果是两者之间的"知识沟"不断变宽,差距不断扩大。这里的"知识"(knowledge)与中文中知识的含义略有不同,在蒂奇诺等的研究中,知识沟主要是指社会群体之间在公共事务和科学新闻方面的知识差异。② 图 7-5 是 A. M. 松伯格为"知识沟"假说绘制的模式图。图中横轴表示时间,纵轴表示获得的知识量。

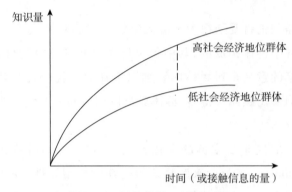

图 7-5 "知识沟"假说的模式图

蒂奇诺等归纳了导致"知识沟"扩大的如下因素:

(1)传播技能(communication skills)。受教育程度高的人具有较大的阅读量和较强的理解能力,这有助于他们对于公共事务或科学新闻等知识的获取。

(2)信息储备(stored information)。不同的群体通过大众媒体或者其他各类渠道获得的知识信息的预先储备情况不同,从而影响到人们在获取信息后对其理解和解释的能力。有更多知识信息储备的人更容易理解新出现的知识信息。

(3)相关的社会交往(relevant social contact)。不同社会教育背景下的人的社交圈有较大的不同,城市社区和具有较高受教育水平和社会地位的人群具有更广的社交范围和更多机会来接触各类新鲜事物和信息,由此增加了与他人讨论公共事务话题的机会。对医生、农民等群体的研究发现,那些积极的、社会整合程度较高的个体更专注于创新,其接受创新的速度也更快。

(4)选择性接触。不同类型的群体选择接触的媒体不同,会造成一定的差异性。克拉珀的研究也证实,人们喜欢接触与既有意见和兴趣一致的传播内容,而避免不一致

---

① Tichenor P J, Gonohue G A, Olien C N. Mass media flow and differentiated growth in knowledge[J]. The Public Opinion Quarterly, 1970, 34(2): 159.

② 张国良.20 世纪传播学经典文本[M].复旦大学出版社,2003.

的内容。①

（5）媒体的目标市场(media target markets)。媒体一般都会迎合受众的兴趣和口味,大多数公共事务和科学新闻以印刷媒介形式传播,而社会地位较高者,使用印刷媒介的情况较多。②

关于知识沟形成的影响因素问题,罗杰斯在1976年的研究中认为,传播的影响不仅反映在知识水平上,还有可能涉及态度和行为的差距。此外,知识沟不仅仅是大众媒体的力量所致,也应包括人际传播效果以及大众传播和人际传播结合的效果等"传播效果沟"。③ 也有学者认为,知识沟反映更多的是个人兴趣与社会兴趣,而社会经济地位则是次要的因素。④

知识沟理论进一步揭示了传播效果的差异性和社会系统的影响机制,表明了不同受众类型和所处社会地位及环境对其信息接受产生的重要影响,这也提示我们在传播效果分析中,不仅要关注传播过程结构因素,还要关注受众群体的社会经济因素。"知识沟"理论提出后,随着信息化社会的发展,社会经济结构的不平等带来了信息技术的利用和接受的差异,并带来了"信息沟"和"数字鸿沟"障碍,这种差异还表现为地区沟甚至国际信息沟,这也成为研究的新领域。

第六节 创新扩散的采纳效果理论

创新的扩散传播是社会中的新技术、新产品、新思想、新应用被认知、采纳、决策、验证的创新应用、市场化及大众化过程,这一过程对于新观念的传播、发明创造的推广、新产品和服务的营销、技术扩散,特别是新媒体营销都是非常重要的理论和实践命题。创新是否被采纳,既与创新本身有关,更与创新的传播策略和传播形态有密切关系。因此,分析创新的传播效果对于完善创新推广和应用,推进创新的采纳效果具有重要的理论及实践应用价值。

一、创新的模仿理论

人类通过人际传播来实现认知、情感、态度上的不断社会化模仿和养成,不仅提高了生存技能,也塑造了其人格特质及个人素养。法国社会心理学家塔尔德是第一位系

---

① 转引自〔美〕约瑟夫·克拉珀.大众传播的效果[M].段鹏,译.中国传媒大学出版社,2016.
② 张国良.20世纪传播学经典文本[M].复旦大学出版社,2003.
③ 〔英〕丹尼斯·麦奎尔,〔瑞典〕斯文·温德尔.大众传播模式论[M].祝建华,译.2版.上海译文出版社,2008.
④ 〔美〕沃纳·赛佛林,小詹姆斯·坦卡德.传播理论:起源、方法与应用[M].郭镇之,徐培喜,等译.5版.中国传媒大学出版社,2006.

统分析扩散现象的学者。他认为模仿是社会存在的基本前提,发明和模仿是基本的社会行为,发明经过静悄悄的模仿而得到传播之后,也被称为社会进化。① 他认为:"我们的问题是要了解为什么在同时产生的百种不同的新想法中,可能只有十个会被传播开来,而九十个都会被人遗忘。"对这一问题的回答,塔尔德提出了两个看法:一是模仿的逻辑规律——人们在众多新想法或者产品中选择其中一个进行模仿是因为被模仿物与外部环境相适应,并且可以带来具体的回报。例如,农民采用新发明的杂交玉米种子是因为这种种子可以带来丰厚的利润回报。另一个则是模仿的非逻辑规律——人们选择模仿一个新事物,不是因为它与个体所处的外部环境相适应,而是因为它所表征的权力与地位。例如,人们模仿一种时尚潮流,不是因为它的审美价值,而是模仿人借模仿获得了物品所表征的上流社会的名人身份。②

和模仿行为的"本能论"相对立的是社会学习理论的观点。这一观点的提出者最初以米勒和多拉德为代表,他们以"强化理论"来说明人类模仿行为的产生。20世纪60年代后,班杜拉结合人类的认知过程来研究人类的模仿行为,认为和人类的许多其他行为一样,模仿不是先天的、本能的,而是在后天的社会化过程中逐渐习得的。他发现,先前理论的缺失之处在于忽略了重要的社会性因素,即人和人之间的相互影响过程。据此,班杜拉对攻击行为、性别角色差异、亲社会行为等进行了深入研究,在模仿研究领域作出了自己的贡献。③

二、创新扩散理论概述

对于创新扩散领域的观察、研究和重要的传播学理论模式的形成,经历了一个从特定领域的创新扩散到一般创新模式的不断发展过程。早期的创新扩散注重分析如农业创新领域的扩散等,包括社区推广杂交玉米种子的研究项目,后来罗杰斯也加入了这一项目。④

创新扩散后来逐步扩展到了更为广泛的领域,从计划生育到公共卫生、从健康传播到市场营销、从观念传播到技术采纳和接受等,逐步成为普适性扩散模型、标准化受众分类和概念模式化扩散过程。罗杰斯与帕梅拉·休梅克(Pamela Shoemaker)在 1962 年合作出版的《创新的扩散》一书中系统研究了"创新扩散理论"(innovations diffusion theory)。该理论在过去的 40 多年里被不断修订完善,该书也成为政策扩散、科学传播、农业推广、产品营销、创新决策以及技术采纳等领域的经典文献来源。

---

① 〔法〕加布里埃尔·塔尔德,特里·N. 克拉克.传播与社会影响[M].何道宽,译.中国人民大学出版社,2009.
② Tarde G. The laws of imitation[M]. Henry Holt and Company, 1903.
③ 薛可,余明阳.人际传播学[M].同济大学出版社,2007.
④ 〔美〕E. M. 罗杰斯.创新的扩散[M].唐兴通,等译.5 版.电子工业出版社,2016.

三、扩散的四大要素

按照罗杰斯的界定,扩散指的是创新在特定时间段内,通过特定的渠道,在特定的社群中传播的过程。其中,传播被视为一种包含信息和新观点的特殊活动,具体指的是参与者为了相互理解而发布和分享信息的过程。因此,这一传播过程既包含有计划的传播,也包含自发性传播。[1]从上述对扩散的界定中我们可以梳理出创新扩散的四大要素,即创新、沟通渠道、时间和社会体系。

第一,创新是一个广义的概念,其中包括技术创新、观念创新乃至技术集群等方面,此外还包括再创新的信息,再创新是指创新在用户使用及实现过程中发生的改变或者修改。[2]

第二,沟通渠道是指信息从一方传递到另一方的手段和方法。其中,大众传播是最有效的受众认知创新的渠道,人际沟通渠道是说服受众采用新观点的最有效途径。[3] 这一点也进一步验证了拉扎斯菲尔德的两级传播效果理论。

第三,时间是创新扩散过程中的第三个要素,包括三个方面:

(1)创新决策时间段,即决策过程的耗时长度,有些人需要数年才能采用一个创新,而有些人会迅速接纳并执行。创新决策是从接触到采用或拒绝创新的行为。创新决策过程是指个人或决策单位从认知创新到对此创新形成采纳或拒绝态度的过程,包括采用或反对该创新、执行该创新、确认自己的态度,具体过程共包括五个阶段,即认知、说服、决策、执行和确认。

张明新和叶银娇通过对新媒体使用的实证分析认为,创新的决策的采纳过程除了这个五个阶段,还包括采纳后的持续使用问题,采纳并不意味着使用,尤其是持续性使用。在用户作出采纳决策后,纷繁复杂的采纳后行为应引起关注,尤其是中辍行为(discontinue)。中辍行为中重要的一种行为是间歇性中辍(intermittently discontinue),即一种创新采纳行为——个体或用户决定采纳并使用某种创新后,在一段时间(数周以上但少于半年)内中止了使用,但后来又再次使用该项创新,甚至反复循环的中止后再采纳的行为。他们通过分析中美两国2012—2013年的调查数据发现,在美国成年网民中,Facebook的间歇性中辍者占四成,而持续性采纳者不足三成;我国城市网民对BBS、博客、微信、电子书、平板电脑的采纳,间歇性中辍者占二到四成,持续性采纳者从三成到

---

[1] 〔美〕E. M. 罗杰斯.创新的扩散[M].唐兴通,等译.5版.电子工业出版社,2016.
[2] 同上.
[3] 同上.

六成不等。可见,在传播新技术的扩散中,间歇性中辍是一种普遍现象。[1]

(2)相对体系中的其他成员、个体或团体的创新采用时间。在特定体系中,某些个体或团体比其他成员更早具备采用创新的能力。受众具有不同的创新精神,先驱者往往更加关注采纳新观点,大众则较晚采用。

(3)通过对某体系中某时间段该体系成员采用某创新的比例来衡量该体系对创新接受程度,这个比例就是采用率,即创新被体系内成员采用的速度。对体系内的创新成员数进行时间维度分析,会发现它们呈"S"曲线分布。有些扩散非常迅速,有些则非常缓慢。[2]

第四,社会体系是指一组需要面对同样的问题、有着同样的目标的群体集合。一个社会体系的成员可以是个体、非正式小组或者组织系统。其中,体系的社会结构、体系规则、意见领袖及推广人员、创新决策的类型、创新结果等都会对创新的体系内扩散产生重要影响。[3]

四、创新决策过程

创新决策过程包括个人或其他决策单位经历的五个阶段。(1)认知阶段:知道创新的存在,并了解它的功能;(2)说服阶段:对创新形成喜欢或不喜欢的态度;(3)决策阶段:作出接受或拒绝的选择;(4)执行阶段:将创新投入使用;(5)确认阶段:对此前采用的创新决策寻求进一步的确认,如果出现与先前矛盾的信息,可能会更改之前的决策。[4] 这五个阶段构成了一个创新决策周期,其中,创新的认知率比创新的采用率上升快,早期采用者的采用周期比后期采用者更短。[5] 五个阶段的具体内容如下。

第一,在认知阶段,影响认知的主要因素包括过去的实践、需要和问题意识、创新性意识和社会系统准则等。在创新决策过程中,人们会对创新进行知识了解,这些知识包括三类,即知晓性知识、如何使用的知识和原理性知识。[6] 在认知阶段,与了解较晚的人相比,对一项创新了解较早的人的特征是:受过更多的正规教育,具有较高的社会地位,更多地受到大众传播渠道的影响,与创新推广人员接触更多,更多参与社会活动,见识也更广。[7]

---

[1] 张明新,叶银娇.传播新技术采纳的"间歇性中辍"现象研究:来自东西方社会的经验证据[J].新闻与传播研究,2014(6):78-98.
[2] 〔美〕E.M.罗杰斯.创新的扩散[M].唐兴通,等译.5版.电子工业出版社,2016.
[3] 同上.
[4] 同上.
[5] 同上.
[6] 同上.
[7] 同上.

第二，说服阶段是一个心理层面的态度形成阶段。选择性认知非常重要，个人会寻求对创新的评估信息，这涉及假设能力、反省思考能力和规划未来的能力，人们会思考：如果我接受了这项创新，将会怎样？

第三，在决策阶段，个人会在态度上作出到底是采纳创新还是拒绝创新的选择。由于创新的结果不可预测，因此大多数个体并不愿意立刻接受创新，而是先通过实验的方式对创新结果进行检验。因此，创新机构的示范效应至关重要，特别是意见领袖的参与，能加速创新过程，并进一步推动个体接受和采纳创新。[1] 拒绝决策从另外一个角度来说就是创新抵制。创新抵制主要因为个人感知到的知觉风险，以及改变原有习惯的风险。[2]

第四，执行阶段就是把创新付诸行动的过程，创新推广人员的角色变成了技术支持提供者。对于团体组织来说，执行的问题可能会更加棘手，因为实施者和决策者通常不是同一群人。此外，再发明会发生在执行阶段，很多再发明会提高创新的采用率。

第五，在确认阶段，个人或其他决策单位如果接触到与该项创新相冲突的信息，他会通过寻求其他信息来对已作出的决策给予肯定，或者改变先前的接受或拒绝的决定。他会努力避免不和谐状态，其中终止是在已经接受了创新之后又决定拒绝它，终止的两种类型是取代终止和醒悟终止。创新机构扮演着特殊的角色，即为决定采纳创新的人提供保障与支持，使创新得以延续。

在创新决策过程中，传播方法和手段起着重要的作用。传播渠道包括大众媒体和人际沟通。在认知阶段，大众媒体以及世界性沟通渠道较为重要，而在说服阶段，人际沟通和本地性沟通渠道更为重要。大众媒体对于早期采用者的重要性大于后期采用者，对于早期采用者来说，世界性沟通渠道比本地性沟通渠道更重要。[3]

五、创新的采用率和认知属性

创新的采用率是指社会体系成员接受创新的相对速度，通常以某段时间内（如一年）接受创新的总人数来衡量。创新的采用率有五个影响因素，即创新的决策类型、创新的认知属性、创新的沟通传播渠道、创新的社会体系特征以及推广人员的努力程度。其中，创新的决策类型包括个人抉择式、集体表决式和权威式。相对而言，个人作决策比组织和团体更快速，参与决策的人数越多，接受创新的速度越慢。创新的认知属性是创新采用率的重要测度指标。从创新抵制角度来看，创新认知包括因使用中的一些

---

[1] 魏文欢.罗杰斯"创新扩散"理论评析[J].传播与版权,2018(10):11-12.
[2] 转引自简兆权,苏苗苗,邓文浩.基于创新扩散与创新抵制理论的共享经济信任机制[J].管理现代化,2020(1):12-15.
[3] [美]E.M.罗杰斯.创新的扩散[M].唐兴通,等译.5版.电子工业出版社,2016.

障碍因素的影响而对于创新采取一种抵制态度。创新抵制障碍包括使用障碍、价值障碍、风险障碍、传统障碍和印象障碍五种形式。如果创新型产品或服务，与消费者的先前经验等相悖，人们就会产生心理性障碍（包括传统障碍和印象障碍），从而影响创新扩散。①

罗杰斯研究发现，有49%—87%的创新采用率差异可以用创新的五大认知属性来解释，包括相对优势、可兼容性、复杂性、可试性和可观察性。②

第一，相对优势是指创新相比被其取代的旧有观念和技术优越的程度，一般通过经济利益、社会声望或其他方式来衡量。③ 经济因素是指接受某项创新需要付出的成本。具备价格优势以及给客户提供补助金或其他激励措施，会增加其相对优势。此外，接受创新的动机之一是赢得社会地位，如对创新性的流行服装、发型乃至乘用车的采用等。④

第二，兼容性是指创新和目前的价值体系、过去的经验以及潜在采用者的需求相一致的程度。兼容性越高，对预期采用者来说其不确定性越低，同时也更切合采用者的需要。⑤

在和社会价值与信仰体系兼容方面，创新需要与当地的文化传统和习俗兼容。创新不但要和根深蒂固的文化价值兼容，还要和已经被接受的因以往的经历形成的观念兼容，个人不能接受一个完全陌生的创新，除非是艺术创新。1994年，莉亚·利夫鲁（Leah Lievrouw）和贾尼斯·波普（Janice Pope）研究发现，艺术创新扩散采用率的高低要视作品风格的独特性而定，艺术风格兼容性低反倒令人们产生新奇感，从而增强了接受效果。此外，如果某人在接受创新方面有过消极的、不愉快的经历，就会对后来的创新接受产生排斥。创新还要能够与个人的需求兼容，通常潜在的采用者或许并不会意识到自己的需求，因此，创新推广过程中的传播也非常重要。创新的命名也会影响采用者对其兼容性的感知和采用率。如美国汽车品牌"Nova"，在西班牙语中的含义是"无法行走"。⑥

第三，复杂性是指理解和使用某项创新的相对难度，某项创新的复杂性与它被接受的比例成反比。如家用电脑明显的复杂性对其在20世纪80年代早期的推广率产生负面影响，随着操作日益简便，到2002年，其使用者比例已经上升至全美家庭的50%。⑦

第四，可试性是指创新在有限的基础上被实验的程度。个人试用检验了创新是否

---

① 转引自简兆权，苏苗苗，邓文浩.基于创新扩散与创新抵制理论的共享经济信任机制[J].管理现代化，2020(1):12-15.
② 〔美〕E. M. 罗杰斯.创新的扩散[M].唐兴通，等译.5版.电子工业出版社,2016.
③ 同上.
④ 同上.
⑤ 同上.
⑥ 同上.
⑦ 同上.

符合自己的需求,以消除不确定性。创新的早期采用者比晚期采用者更能觉察到可试性的重要性。① 越容易在低成本或低风险条件下试用创新产品,扩散就越快。如对于眼部激光手术一类的产品,由于人们难以在现实环境下试用,其扩散受到阻滞。数码摄像机可以在商店里试用,所以这一问题就不太突出。②

第五,可观察性。这是指创新成果能被其他人看到的程度。一项创新如果很容易被人观察其外在表现或描述其特定功能则容易被采纳。如计算机技术分为硬件和软件方面,这其中硬件方面就是可观察的,而其系统软件及相关配置方面的创新就不是很好观察。③

在对创新认知属性的分析中,除了罗杰斯提出的认知属性五分法,还有其他学者进行了进一步研究,如拉里·罗森(Larry Rosen)和米歇尔·韦尔(Michelle Weil)分析了回避技术现象的人口特征和心理特征。其中比较重要的特征包括:年龄、技术恐惧症、电脑技能培训以及收入。④ 此外,还有学者基于新技术特别是信息系统应用的接受意愿问题,从其他角度进行了分析,如弗雷德·戴维斯(Fred Davis)1989年研究用户如何接受并使用信息系统时提出的技术接受模型(technology acceptance model)理论。⑤ 该理论认为在组织中影响个体是否接受信息技术的因素是对技术的有用性和易用性的感知,这两个因素决定个体的使用态度和行为意向。感知有用性是指个体主观上认为使用某一技术或系统对其工作绩效的提高程度,感知易用性是指个体主观感受到的使用某一技术或系统的难易程度。这两个因素可以被看作罗杰斯所列出的兼容性和复杂性要素。

与此同时,创新认知中的风险感知也是一个重要因素。与采用创新产品相联系的风险越大,扩散就越慢。风险包括经济的、身体的、社会方面的风险以及产品更新或替代性风险。风险感知取决于三个因素:创新产品无法产生预期效果的可能性;不能产生预期效果造成的后果;可修复性、修理成本和其他问题。比如,许多消费者想要获得激光治疗手术带来的好处,也认为其成功率非常高,但是,他们也因了解到手术失败会有严重的和不可恢复的后果而不敢使用。有些数码设备属于持续技术创新类产品,这类产品功能改进快,价格不断降低,有些人就会认为过早购买花费太多,或者认为自己买了一个即将过时的产品。⑥ 比如,以前普遍热销的数码照相机,在手机拍照替代功能出现后成了消费者手中"扔了可惜,留着无用"的"白象产品"(white elephant)。

---

① 〔美〕E. M. 罗杰斯.创新的扩散[M].唐兴通,等译.5版.电子工业出版社,2016.
② 〔美〕德尔·I. 霍金斯,等.消费者行为学[M].符国群,等译.8版.机械工业出版社,2003.
③ 〔美〕E. M. 罗杰斯.创新的扩散[M].唐兴通,等译.5版.电子工业出版社,2016.
④ 段鹏.传播学基础:历史、框架与外延[M].中国传媒大学出版社,2020:383.
⑤ Davis F D. Perceived usefulness, perceived ease of use, and user acceptance of information technology [J]. MIS Quarterly, 1989, 13(3): 319-340.
⑥ 〔美〕德尔·I. 霍金斯,等.消费者行为学[M].符国群,等译.8版.机械工业出版社,2003.

六、创新性及采用者分类

在扩散领域,创新性是指个人或其他采用者单位比体系中其他成员更早接受创新的程度。为了说明不同采用者的创新性类别,罗杰斯等 1962 年通过对成功的创新扩散案例进行分析提出的创新接受曲线对采用者进行了类型划分。这个曲线呈 S 形正态分布,见图 7-4。

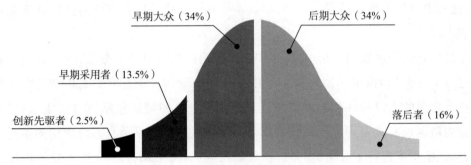

图 7-4 以创新性为基础的采用者分类①

在这个正态分布曲线构成五个区域,代表了创新采用者的五种类型,分别是创新先驱者、早期采用者、早期大众、后期大众和落后者。其中,创新先驱者占总数的 2.5%,早期采用者占 13.5%,早期大众占 34%,后期大众占 34%,落后者占 16%。②

罗杰斯认为,这五类采用者各自具有明显的特征:具有冒险精神的创新先驱者,是新思想纳入系统的把关人;早期采用者具有一定的创新意识,是潮流引领者、系统成员效仿的榜样和意见领袖;早期大众是经过深思熟虑的创新追随者,也是扩散链中的重要一环;后期大众一般比较谨慎多疑,不轻易接受创新,只有系统内大多数成员接受了创新他们才会跟随,来自公众的压力也会促成他们决策;落后者是最后接受创新的群体,他们几乎不受舆论影响,对事物的看法比较保守偏狭,对创新持怀疑和抵制态度。③

1969 年,巴斯把采用者划分为创新者和模仿者(后四类采用者)两部分。其中,创新者(主要集中在扩散的早期阶段)采取创新行为,独立于社会系统中的其他成员,受大众传媒等外部因素的影响;模仿者受社会系统中创新者行为的影响而加以模仿,并且模仿发生的可能性随着采用者的增多和社会系统压力的提升而不断增加。④ 罗杰斯还用"临界大多数"的概念来说明,当体系中接受创新的人数达到某个数量时,其后的创

---

① [美]E. M. 罗杰斯.创新的扩散[M].唐兴通,等译.5 版.电子工业出版社,2016.
② 同上.
③ 同上.
④ 转引自孙冰等. 创新扩散研究的演化路径和热点领域分析——基于科学知识图谱视角[J].现代情报,2018(6):144-156.

新自然会自行被大家接受。①

张明新等对创新采用者动态过程中的采用进行了进一步细分,指出,在某个特定时点上,一种创新的采用者包括三大类:现采用者、前采用者和非采用者。用户对一项创新的采用包括持续性采用、间歇性中辍、抗拒性前采用、休眠性前采用、抗拒性不采用和休眠性不采用六种类型。②

影响不同类型的采用者接受创新的因素主要包括社会经济地位、个性、价值观以及传播行为和方式。其中,早期采用者比后期采用者的社会经济地位高,具有更强的移情能力、更少的教条主义以及更强的抽象思维和逻辑推理能力,并具有更高的智商,乐于接受改变,更善于应对不确定性和风险,对社会创新和科学抱有积极欢迎的态度,宿命感程度较低,在教育、职业等方面都有很高的热情和抱负;在传播行为和方式方面,相对于后期采用者,早期采用者广泛参与社会活动,人际网络有较强的连接性,有更多的渠道接触各类媒体或其他信息,并且会积极主动地搜寻信息,拥有更多创新知识,并且多为意见领袖。③

我国学者分析认为,创新扩散类型分析与我国网民的演变过程相吻合,能够解释我国互联网扩散的过程。在我国,早期采纳互联网的人群大多拥有大学本科及以上学历,网民多是70后城镇居民,学历与收入较高,聚集于计算机、科研教育、商业等行业。随着互联网的扩散,80后与90后成为互联网使用的主要人群,更多的农村居民、较低学历和较低收入群体开始接触和使用互联网,网民的职业也变得更为多元。随着互联网的扩散,互联网的大众化趋势愈加突出。④

七、创新扩散网络

在创新扩散过程中,人际交往网络具有重要的影响作用,其中主要包括人际网络中意见领袖的作用和人际网络属性特征。

(一) 创新扩散中意见领袖的作用

拉扎斯菲尔德及其同事认为,意见领袖对于选民投票有重要影响作用,并提出了两级传播理论模式。⑤ 在罗杰斯看来,在创新扩散的认知和说服阶段,存在不同的信息来

---

① 〔美〕E. M. 罗杰斯.创新的扩散[M].唐兴通,等译.5版.电子工业出版社,2016.
② 张明新,叶银娇.传播新技术采纳的"间歇性中辍"现象研究:来自东西方社会的经验证据[J].新闻与传播研究,2014(6):78-98.
③ 〔美〕E. M. 罗杰斯.创新的扩散[M].唐兴通,等译.5版.电子工业出版社,2016.
④ 吴世文、章姚莉.中国网民"群像"及其变迁——基于创新扩散理论的互联网历史[J].新闻记者,2019(10):20-30.
⑤ Lazarsfeld P F, Berelson B, Gaudet H. The people's choice: How the voter makes up his mind in a presidential campaign [M]. Columbia University Press, 1944.

源和渠道,意见领袖不仅依靠大众媒体作为信息来源和渠道成为中介性角色,还具有许多重要的特质,是创新在社会体系中采用率高低的决定性因素。

意见领袖分为单一型和多重型,多重型意见领袖针对不同主题都能够发挥作用。意见领袖一般具有社会地位高、受教育程度高、非常关注大众媒体上的信息、具有世界公民性、与创新推广人员接触频繁、创新性强等特征。①

戴安娜·克兰在分析知识在科学共同体中的扩散过程时,探讨了其中作为"无形学院"(invisible colleges)的科学共同体中"意见领袖"的特征:"他们通过采用这个领域早期的创新,来刺激这个领域的生长,这些思想被这个领域的成员广泛地运用,由最多产的科学家(基于这些思想)所完成的新工作,在这一领域变得更有影响"。②

(二)人际扩散网络分析

创新扩散网络的性质不同,也会影响扩散的采用率。沟通分为同质性沟通和异质性沟通。同质性沟通是指沟通的两个个体之间具有相似性,这种相似性包括信仰、受教育程度和社会地位等方面的相似性。异质性沟通是指两个相互沟通的人,他们的背景相异。在人际扩散网络中,大多数沟通属于同质性沟通,高度同质性沟通意味着创新只能在社会精英之间流传,无法扩散到非精英群体之中。而在人际扩散网络的异质性沟通过程中,跟随者则需要寻求意见领袖的支持。③

除了网络性质之外,人际网络传播结构也对创新扩散有影响,传播结构是指系统内模式化传播信息流过程中各种不同的构成元素。沟通网络互动的密切程度和个人的创新性有密切的正向关系。沟通网络的信息交换程度与信息的相似度、同质性呈负相关,低相似度的异质性连接("弱连接")在创新信息传递中扮演着重要角色。

罗杰斯的早期创新扩散理论的一些假设没有涉及新媒体环境下的扩散机制问题。社交媒体的网络结构设计大大减少了陌生人之间的传播成本。在社交媒体中,一些内容可在短期内制造出大规模的"病毒"传播。张竞文在此基础上进一步提出了一个新的模型。该模型描述了扩散过程中三个重要的行为,即注意、接纳和再传播。当面对海量信息的时候,一部分信息首先获得人们的注意力,人们进而决定是否接纳这些信息,在接纳的同时又决定是否将这些信息再传播给其他人。再传播行为可以被理解为个体将一个新事物分享给另一个个体的行为,这种行为在网络媒介中通常是通过转发信息或者直接推荐信息实现的。④

---

① 〔美〕E. M. 罗杰斯.创新的扩散[M].唐兴通,等译.5版.电子工业出版社,2016.
② 〔美〕戴安娜·克兰.无形学院——知识在科学共同体的扩散[M].刘珺珺,顾昕,王德禄,译.华夏出版社,1988.
③ 〔美〕E. M. 罗杰斯.创新的扩散[M].唐兴通,等译.5版.电子工业出版社,2016.
④ 张竞文.从接纳到再传播:网络社交媒体下创新扩散理论的继承与发展[J].新闻春秋,2013(2):25-33.

第八章 传播研究方法

第一节 传播学元理论范式概述

一、传播研究的元理论范式

随着传播研究的日趋多元化和理论的不断丰富,建构规范化的传播研究元理论范式成为重要议题。如何研究并提出理论问题涉及传播学的元理论(meta theory)指引问题。按照理查德·韦斯特的观点,元理论是指如何发展理论的理论。如前文所述,传播学研究的元理论包括三种,即普遍规律取向、规则取向和系统取向。其中,普遍规律取向是指用普遍规律来解释现实世界的事件,认为理论应该遵循条件格式并且具有普遍性的元理论框架;规则取向认为传播行为是由规则控制的,而不是规律,人们选择适合规则,控制他们的互动;系统取向认为理论应该描述某一现象的系统特征,人们具有自由意志但是有时又受到系统条件的限制。①

哈贝马斯从社会结构的工作、互动和权力三个维度,提出了研究范式的元理论范式。他认为,工作维度是技术利益,可以采用实证分析方法;互动是实践性利益,可以采用历史性和阐释性分析;而权力涉及解放性利益,需采用自我反思性批判手段。② 因此,传播研究主要包括三种研究范式,即实证研究、解释研究和批判研究。③ 后两种研究也可以统称为主观阐释范式。因此,传播研究范式大致可以分为实证主义和阐释主义两种,其具体实践形式就是经验学派和批判学派。

实证主义和阐释主义两种范式分别是客观科学观察范式和主观建构阐释范式。按

---

① 〔美〕理查德·韦斯特,林恩·特纳.传播理论导引:分析与应用[M].刘海龙,译.2版.中国人民大学出版社,2007.
② 〔美〕斯蒂芬·李特约翰,等.人类传播理论[M].史安斌,译.9版.清华大学出版社2009.
③ 支庭荣,张蕾.传播学研究方法[M].暨南大学出版社,2008.

照格里芬的观点,前者是发现普遍规则,后者是建构阐释规则。为了说明实证主义理论与阐释主义理论的不同评估标准,他将两者进行了比较分析,详见表8-1。

表8-1 实证主义理论与阐释主义理论的评估标准①

实证主义理论	阐释主义理论
数据的解释	理解人类
预测未来事件	价值澄清
相对简单	满足审美诉求
可验证的假设	群体共识
实用性	变革社会

二、经验学派与批判学派的范式实践

传播学研究发源于修辞学传统,并从具有文史特质的报学研究演进到运用现代社会科学开展的实证分析,以及通过哲学批判进行的文化研究,呈现出研究范式的多元性特征。

早期的传播研究范式并不成熟,研究过程中基于研究者立场、研究侧重点及主流学派差异等因素,形成了所谓的批判学派和经验学派。1941年,拉扎斯菲尔德发表了一篇题为《论传播学中的管理研究和批判研究》的论文,首次提出了这两种研究之间的分歧与对立。1985年在夏威夷召开的国际传播学年会,以"典范对话"为主题,首次形成两大学派共同探讨的局面。②

吴予敏认为,传播学的诞生源于媒介与人的关系的异化,一方面寻求精致化管理控制,另一方面又寻求反控制,导致传播学经验学派(也称管理学派)与批判学派知识视角的对峙。③

传播学的经验学派又被称为"经验—功能学派""行政学派""管理学派"等。拉斯韦尔(特别在他的后期研究中)和拉扎斯菲尔德作为典型的结构功能—行为主义研究范式的代表,研究方法注重实证分析,并且基于现存社会的合理性预设的功能主义价值取向。④ 传播学批判学派是相对于美国传播学的经验主义主流学派而言的。就后者而言,它既是一个方法论的概念,又在很大程度上代表了一定的社会观和传播观。

对于这两个学派都没有特别的衡量标准,只依据研究方法、内容、指导思想的差异

---

① 支庭荣,张蕾.传播学研究方法[M].暨南大学出版社,2008.
② 陈力丹.谈谈传播学批判学派[J].新闻与传播研究,2000(6):33-38.
③ 吴予敏.传播学知识论三题[M]//张国良,黄芝晓.中国传播学:反思与前瞻.复旦大学出版社,2002.
④ 陈力丹.传播学的三大学派[J].东南传播,2015(6):36-41.

进行大致划分,主要区别表现在:"对所谓的经验或者管理研究者而言,有关经济与政治机构(有时也包括社会和文化机构)的结构、权力集中化、支配—依赖关系特征以及既得利益的诱因等问题,都在研究之外。批判研究探讨并集中研究政治与经济不平衡关系的变化,并认为它们是重大变化的先决条件。换言之,管理研究者集中研究微观的、问题导向的课题,而不是比较宏观的政治与经济影响,批判研究着眼于体制层面,从政治与经济影响角度解释现象。"①

如前所述,传播学分为七个学派,即修辞学派、符号学派、社会文化学派、社会心理学派、批判学派、现象学派、控制论学派。这其中现象学派、社会文化学派及批判学派是偏向解释性的,而控制论学派和社会心理学派则强调其客观研究取向。现象学派似乎试图在客观与主观之间开辟出第三种道路,荷兰阿姆斯特丹自由大学哲学系教授冯·皮尔森(Van Peursen)就认为,德国哲学家黑格尔的体系中蕴含着人类意识发展的三个阶段,即主观精神、客观精神和绝对精神,而现象学是一种对绝对精神的追求。②

第二节 传播研究的问题确定与方法选择

一、研究问题的提出

传播学是理论研究,但不是说传播研究可以在概念体系中循环和推导。事实上,传播学关注的是社会化和实践应用性的现实问题,这些问题看似一种常识或者经验性知识,实际上正是传播学的理论来源。除此之外,传播问题也是在继承前人研究的基础之上提出的,因此,文献研究必不可少。

传播研究的问题有多种来源,但是这些问题大部分都会在文献中找到研究的渊源。文献研究是传播研究必不可少的步骤。从某种意义上来说,没有文献研究也就难以确定所研究问题的继承性、合理性、科学性和创新性。

文献研究包括文献的收集、文献分析和文献综述等几个方面。其中,通过文献分析可以发现研究主题的如下内容:对关键概念和变量的定义;对概念和变量的测量与研究方法;人们对于相关论题的概括;相关论题的经典研究;对所运用的方法的研究;应避免的错误研究。③ 在文献研究中,核心问题是进行文献综述(literature review)。文献综述有两个目的,即概括研究(了解研究现状)和评价研究(提出新的问题)。④

文献综述不是简单地罗列研究文献并进行无关痛痒的点评和摘引。在文献综述的

---

① 〔美〕迈克尔·辛格尔特里.大众传播研究:现代方法与应用[M].刘燕南,等译.华夏出版社,2000.
② 〔荷〕冯·皮尔森.文化战略[M].刘利圭,蒋国田,李维善,译.中国社会科学出版社,1992.
③ 〔美〕约翰·C.雷纳德.传播研究方法导论[M].李本乾,等译.3版.中国人民大学出版社,2008.
④ 〔美〕利贝卡·鲁宾,等.传播研究方法:策略与资料来源[M].黄晓兰,等译.4版.华夏出版社,2000.

过程中,应对研究问题和假设的文献来源、相关文献的研究方法、已有研究的理论框架以及现有研究的不足和缺陷进行客观、全面、准确的分析和评价,从而指出目前研究可能的理论价值与应用意义、研究目标和实施策略。①

二、研究设计与方法选择

研究问题是一个获取科学知识和验证逻辑的设计过程。沃尔特·华莱士(Walter Wallace)于1971年提出,研究过程就像一个循环过程。他将其称为"科学环"(wheel of science),这个循环包括理论、假设、观察、经验概括再到理论这几个阶段。这个过程没有终点,既包括通过理论进行演绎建立假设,并进行理论检验,也包括从观察出发,通过经验归纳理论。②

传播研究中不同的学者基于不同的学术背景、理论继承模式和研究侧重点,形成了具有较大差异的研究方法。在社会科学史上,形成了许多似乎是必须二者择其一的对立的思潮、范畴和方法,如科学主义(自然主义)和人文主义(主观主义)的对立,整体主义和个人主义的对立,主观的、价值的理解和客观的、因果的说明之间的对立,定量的方法和质化(定性)的方法之间的对立,学科分工与科际整合(还有所谓一体性方法)之间的对立等。③ 但是,传播学研究涵盖了这些对立的研究范式,并且呈现出一种多元化理论学术图谱。

在方法选择上,根据不同的研究对象采用不同的方法论,分别为人的行为研究即传者和受众行为的研究、媒介物(Media Artifact)的研究、信息内容研究。其中,传者和受众行为研究就是分析传播主体的行为特征以及传播对受众认知、情感、态度和行为的效果影响,主要是心理学和社会学研究。媒介物的研究是从技术生态角度分析媒介形态的影响,主要是文化、历史、结构主义和生态学研究,如麦克卢汉、英尼斯和梅罗维茨等的研究。信息内容研究就是分析传播什么内容的内容分析研究。④

格里芬认为,传播学的七个学派传统具有不同的研究方法特征,其中社会心理学派是最客观的,而现象学派似乎是阐释性最强的,这些研究传统从实证性理论逐渐过渡到阐释性理论。⑤

上述研究传统也反映出研究过程中不同的方法论,概括来说,主要分为两大类,即量化研究方法(quantitative methods)和质化研究方法(qualitative methods),这两种方法

---

① 〔美〕约翰·C. 雷纳德.传播研究方法导论[M].李本乾,等译.3版.中国人民大学出版社,2008.
② Wallace W L. The logic of science in sociology[M]. Aldine Publishing Company, 1971.
③ 朱红文.社会科学方法[M].科学出版社,2002.
④ 〔美〕奥格尔斯.大众传播学:影响研究范式[M].关世杰,等译.中国社会科学出版社,2000.
⑤ Griffin E. A first look at communication theory[M]. 5th ed. McGraw-Hill, 2003.

也分别代表了上述元理论建构中所分析的两种研究范式。

这两类研究方法也并非泾渭分明,事实上,在研究过程中,也会将两者混合使用,这被称为混合的研究方法(triangulation),即研究问题时采用两种及以上的方法。如默顿、拉扎斯菲尔德等采用的焦点小组访谈(focused group interview)就被作为量化分析之前的研究方法加以应用,将质化和定量、参与性观察与深度访谈、内容分析与个人传记、专题小组研究与焦点访谈结合起来进行研究。其中包括在特定情景下(如收听某个广播节目、观看一场演出等)收集调查对象有关他们的情景定义的资料,通常用一种开放式方式提问,以便获得有待研究的媒体信息的高度自主的资料。焦点小组访谈催生了有关说服的假设,后来被霍夫兰在就军事训练影片的效果问题对军队成员所做的实验中进行了检验。默顿在二战期间就军事训练影片的效果问题,对军营中的士兵采用了焦点小组访谈方法。该方法至今还是商业调查研究和传播效果研究中的一种重要方法。[①]

当然,一旦混合了两种不同的研究方法必然带来认识论、本体论和价值论的矛盾,从而难以获得研究的一致性观点。[②] 事实上,研究过程中混合方法的使用还会导致传播研究中的伦理冲突。这是因为,美国传播协会的传播伦理信条明确规定:"所有的研究作为客观的、科学的研究,应该以规范的方式进行;在设计、开展研究以及汇报研究成果的过程中不应该存在偏见——应该尽可能地客观。"[③]

第三节 传播学的量化研究方法

一、量化研究概述

量化研究方法也称实证研究方法,更适用于实证主义和经验主义的研究范式,主要包括抽样调查、内容分析和实验研究,是在20世纪初美国五大社会科学(经济学、社会学、心理学、政治学、人类学)形成的强势背景下,汲取它们的研究成果而逐渐形成的研究方法论。

量化研究倾向于主要运用自然科学的方法论手段,认为社会科学主要是描述性的而不是规范性的科学,要求把科学知识与对科学知识的道德评价区分开来,以便对社会和人类行为的各个方面进行客观的研究。这一方法是一种纯理论分析,通常用于了解和预测传播行为,而非针对媒体运营问题。这并不是说理论研究与媒体运营不相干,而是说它通常不及应用研究那么迫切。在研究中,主要以探讨现象或者议题之间的关系

---

① [美]E. M. 罗杰斯.传播学史:一种传记式的方法[M].殷晓蓉,译.上海译文出版社,2012.
② [美]理查德·韦斯特,林恩·特纳.传播理论导引:分析与应用[M].刘海龙,译.2版.中国人民大学出版社,2007.
③ 转引自[美]约翰·C. 雷纳德.传播研究方法导论[M].李本乾,等译.3版.中国人民大学出版社,2008.

为主,如是 A 影响了 B,还是 C、D 与 E 一起能够更好地解释 B。①

传播学的量化研究或实证分析,要求研究必须是客观的(不能掺杂个人喜好或者为特定利益服务)、系统的(不能为取得某种结果而操纵研究)、以假设为前提的(假设建立在资料收集之前,以决定研究结果应该是什么)、累积的(应该是增加已有的知识,而非孤立的研究)、公开的(研究可公开接受检验)和可辩驳的(可公开接受挑战和校正)。②

量化方法并不是研究社会现象的唯一方法,它本身也存在着严重的缺陷,具体表现为以下几点。第一,社会现象和人的行为无限复杂,而可观察、可测定、可量化的经验材料是有限的,尤其是作为社会实践主体的人的理性和精神活动,在许多情况下并不能单纯地用经验材料加以说明。③ 社会科学研究人的行为,而人的行为太复杂了,难以像物理学一样发现其一成不变的自然规律。④ 因此,现象学派强调人与物器不同,后者没有思维意识,人是追寻意义的动物。研究人类社会的工作是要了解人们协商行动的原则及他们协商的过程。人的意图及行动不能被视为一种因果关系,假若人们的行动没有展现出某些特有的状态,研究者就很难了解他们的意图。⑤ 第二,量化研究所依赖的方法主要是问卷调查或控制实验。前者仅仅具有"概率论意义上的科学性",并不具备自然科学的精确和严谨;就后者而言,在有限的实验控制条件下得出的结论,说明不了丰富多彩和复杂的社会现实。第三,量化研究所依赖的主要是个人或小群体层面的经验材料,在研究微观现象方面有一定的效用,但在考察社会的历史过程以及宏观社会结构方面略显不足。第四,尽管量化方法论者主张用"纯客观"的态度来研究,但学者们都有各自的文化背景、社会价值和意识形态,这使得他们的学术立场或多或少都具有特定的倾向性。

二、传播的量化研究设计

传播学的量化研究一般遵循问题假设和实证验证导向,具体包括提出问题、进行相关研究综述、确立假设、确定变量概念和定义、数据收集和数据统计分析等几个主要步骤。下面对问题假设、变量的概念性和操作性定义、变量测量进行介绍。

(一)问题假设

科学的起点是问题,科学研究的起点则是假设。理查德·韦斯特等认为,"理论通

---

① 〔美〕迈克尔·辛格尔特里.大众传播研究:现代方法与应用[M].刘燕南,等译.华夏出版社,2000.
② 同上.
③ 郭庆光.传播学教程[M].2版.中国人民大学出版社,2011.
④ 张鹂.道亦有道:关于星空与人世法则的思考[M].北京师范大学出版社,2010.
⑤ 李少南.传播学在中国的一些观察.张国良,黄芝晓[M]//中国传播学:反思与前瞻.复旦大学出版社,2002.

常来自反映研究者世界观的前提假设"①。针对传播现象所提出的问题需要将其转化为研究主题(research proposition),对问题进行概念化精确陈述。比如,如果我们分析劝服策略问题,可以精确陈述为劝服条件与态度改变问题。研究主题指的是关于一个特定问题的相关概念的特征或两个以上概念或变量关系的假设性陈述。其中需要包括至少两个变量,并将这两个变量通过假设关系联系起来,作为可以检验的研究问题提出来。如果没有明确的假设关系陈述,就难以把握后续的实证验证和概念化操作过程。当我们要分析电视节目中的暴力问题时,如果我们笼统地讨论这一问题,就难以把握其核心概念关系。因此可以将问题陈述修改为:电视节目中的暴力内容出现的频率与犯罪行为之间是否有关系。假设是对建立在变量间假设关系基础上的一般化事件的一种预期。②

在建构研究主题的过程中,需要根据假设对相关变量进行学术确认,假设关系中最常见的关系变量就是自变量和因变量。其中,自变量(independent variable)是指研究者主动操纵,而引起因变量发生变化的因素或条件,因此自变量被看作因变量的原因。因变量(dependent variable)是指在研究过程中由自变量决定其变化的因素。因变量是改变自变量后观察到的结果。如为研究摄像角度是否会影响主持人的可信度,拍摄了较低、较高和水平不同机位的三个版本,测试观众的感受。在这里,摄像角度就是自变量,因变量就是主持人的可信度。③

此外,还要考虑自变量 X 对因变量 Y 的影响。如果 X 通过影响变量 M 来影响 Y,M 既是 Y 的原因,又是 X 的结果,在 X 与 Y 之间起连接作用,则称 M 为中介变量(mediator variable)。如大众传播的效果影响研究中的中介变量之一是意见领袖,因为意见领袖是受众态度变量中的原因,又是传播内容影响受众态度的间接结果,在传播内容和受众效果之间起到了连接作用。在用户使用新媒体行为的研究中,使用意愿也是一个中介变量,因为它是用户使用行为的原因,也是新媒体推出后产生劝服效果的因变量。自变量和因变量的关系需要在假设关系中明确识别出来,如我们提出"在美国,说话人与听者之间的距离比亚洲人更远一些"这样的假设,这其中的自变量和因变量分别是"说话人的国籍"和"与听者的距离"。④

(二) 变量的概念性和操作性定义

概念性定义是指用来描述变量的术语。例如,沟通能力的概念性定义是"一个有效

---

① 〔美〕理查德·韦斯特,林恩·特纳.传播理论导引:分析与应用[M].刘海龙,译.2版.中国人民大学出版社,2007.
② 〔美〕约翰·C.雷纳德.传播研究方法导论[M].李本乾,等译.3版.中国人民大学出版社,2008.
③ 同上.
④ 同上.

的交流者"。操作性定义是指用来描述我们观察或测量变量的程序。沟通能力的操作性定义是"利用传播能力评估方法测量所得到的分数"①。

概念性定义是物理学家珀西·布列兹曼(Percy Bridgman)在1927年提出来的。他认为,科学家的主要任务应该是探讨有关科学概念的精确定义标准,概念就等于一组操作,如长度、时间、空间、速度、物质等概念,若没有特定的操作,其意义就会变得模糊而难以固定,因而也就没有了意义。②

传播研究规定了概念之间的假设关系,但是理论一般是普遍的、抽象的,研究假设虽然比较具体,但也是用抽象概念表述的,获取有价值的反映抽象定义内容的具体指标,是研究客观可靠的条件。因此,问题及假设的变量关系必须转化为专业学术概念并使其具有可观察性和可测量性,这就是概念进行向量化的操作性定义的过程。

操作性定义也被称为构念(construct)。一个构念的界定必须以能够加以测量为原则,同时,为了有效开展研究,可将构念放入某种理论架构,以探讨其与架构中其他构念之间的关系。③ 如在经济社会地位与知识获取的关系中,经济社会地位和知识差距就是知识沟理论中的重要构念。

操作性定义非常注重概念变量的测量数据的表述,这要比抽象化表述更为精确、客观。例如,罗伯特·利伯特(Robert Liebert)和罗伯特·巴伦(Robert Baron)在对侵犯行为的研究中曾得到这样两种结果:第一,"儿童观看暴力电视节目将导致其攻击行为增多";第二,"儿童在实验室中观看攻击别人的3分钟短片后5分钟内,他们会按动按钮给隔壁房间的儿童施加疼痛的刺激"。由此看出,第二种表述更精确一些,尽管第一种表述中包括根据实际数据推理得到的结论。④

因此,操作性定义是转化概念关系,建构假设变量的重要环节,这些被转化的概念具有可操作性,也就是可以测量和观察。因此,这些概念就变成了具有赋值特征的变量。操作性定义一般有三种形式,包括受控自变量(研究者引进实验中加以控制)、测定赋值变量(不是研究者引进和控制的,但是得到了细致的观察和测量)和直接分类变量(通过对于可观察的信息特征的简单鉴定和分类对概念进行操作性界定)。⑤

(三) 变量测量

传播研究是通过收集变量数据来分析其变量关系从而验证假设是否成立的操作过

---

① 〔美〕利贝卡·鲁宾,等.传播研究方法:策略与资料来源[M].黄晓兰,等译.4版.华夏出版社,2000.
② 高剑婷.操作主义可操作吗?——对操作性定义理论的历史梳理与个案分析[J].云南大学学报(社会科学版),2010(4):90-93.
③ 杨国枢,文崇一,吴聪贤,李亦园.社会及行为科学研究法(上下册)[M].13版.重庆大学出版社,2006.
④ Liebert R M, Baron R A. Short term effects of television aggression on children's aggressive behavior[M]// Murray J P, et al. Television and social behavior. National Institute of Mental Health, 1972.
⑤ 〔美〕约翰·C.雷纳德.传播研究方法导论[M].李本乾,等译.3版.中国人民大学出版社,2008.

程,在这一过程中,需要将可观测的定义变量进行数据化计量和观测。

1. 测量的效度检验与信度检验

测量首先需要确认其准确性和可靠性,这是获得科学数据结果的前提和必要条件。评估测量的科学性的两个方面是效度验证与信度验证。在变量测度设计的过程中,为了测量调查对象在一个理论变量上的真实值,需要通过两个标准来检验测度项的质量。首先是效度标准,即一个测度项反映了理论变量吗?其次是信度标准,即一个调查对象能否对一个测度项做出可靠的回答?多个调查对象对同一测度项的理解是否一致?[1]

效度是测量结果与实际研究对象特质的吻合程度。效度针对的是测量的目标,考察测量能否发挥其功能,以正确反映所测量对象的本质特征。[2] 效度衡量的是实验在多大程度上真正测试了它所需要测试的东西。为了测定效度,研究者需要找到一些外部证据来证明其正确性,比如,通过专家委员会对测量的价值进行判定。[3] 影响效度的因素主要包括测量题项及构成情况、测量实施的规范化问题、测量对象的合作和适应情况、测量标准化和相关性问题、测量样本问题等。[4]

效度分为内在效度和外在效度。内在效度是指一项研究的资料和结论的有效性;而外在效度是指这种研究的结论的普遍有效性。[5] 具体而言,内在效度是指研究者对被测量事物的测量程度。有效的和可信赖的手段可以增强研究的内在效度,如我们假设电视暴力增加了观众对暴力的恐惧,就需要证明这种恐惧是由电视引起的,而非居住的社区引起的,这就是内在效度。[6] 内在效度的检验方法包括内容效度、准则效度(校标效度)和建构效度(理论效度)。其中,考察内容效度旨在系统检查测量内容的适当性,并依据对概念的了解去鉴别测量内容是否反映了概念的内容;准则效度是指对同一概念可以使用多种测量工具,并取得了测量方式和校标的一致性的检验方式;建构效度是指了解测量工具是否反映了概念和命题的内部结构,如果不同指标的测量都反映了理论所假设的关系,那么这些测量就具有建构效度。[7]

外在效度是指样本能够代表它所源出的整个总体的情况。当研究者的结论无法推及总体时,则称结论缺乏外在效度。[8] 如果研究的结论能够推广到没有被调查的广泛范围的对象之中,且同样适用,则表明其外在效度较高。

---

[1] 徐云杰.社会调查设计与数据分析——从立题到发表[M].重庆大学出版社,2011.
[2] 杨国枢,文崇一,吴聪贤,李亦园.社会及行为科学研究法(上下册)[M].13 版.重庆大学出版社,2006.
[3] 〔美〕约翰·C.雷纳德.传播研究方法导论[M].李本乾,等译.3 版.中国人民大学出版社,2008.
[4] 杨国枢,文崇一,吴聪贤,李亦园.社会及行为科学研究法(上下册)[M].13 版.重庆大学出版社,2006.
[5] 袁方.社会研究方法教程(重排本)[M].北京大学出版社,2014.
[6] 〔美〕迈克尔·辛格尔特里.大众传播研究:现代方法与应用[M].刘燕南,等译.华夏出版社,2000.
[7] 袁方.社会研究方法教程(重排本)[M].北京大学出版社,2014.
[8] 〔美〕迈克尔·辛格尔特里.大众传播研究:现代方法与应用[M].刘燕南,等译.华夏出版社,2000.

信度(reliability)是指对某一事物进行重复测量能够获得相同结果的程度。[①] 信度就是测量结果值的可靠性,反映了测量手段的可重复性、稳定性或一致性。通过问卷进行测量的信度标准在于测量中其内部各题项之间是否吻合,两次测量的分数是否前后一致。[②]

信度测试是通过信度系数(reliability coefficient)来表示的,这个系数表示一种相互关系,它所测量的是事物之间的相关性和一致性的程度。系数范围从0(无信度)到1(完全可靠)。具有真正一致性的信度应该在0.80到0.89之间。按照美国心理学会的要求,信度系数低于0.6的测试不应当用于研究分析。[③]

信度分为外在信度和内在信度。外在信度是指对相同的测试者在不同时间测得的结果的一致性,再测信度是外在信度最常用的重复检验法(用两次测量结果间的相关分析或差异的显著性检验方法来评价量表信度的高低)。内在信度是指对一组问题测量的是否为同一个概念,以及组成量表题项的内在一致性程度。常用的检测方法是克隆巴赫系数(Cronbach's alpha),这是一种项目之间的相关汇总统计,用以估算一组量表的总体方差及每一项目的单独方差的贡献。[④]

效度与信度共同决定了测量的质量,但是两者还是有区别的。信度仅指测量结果一致性的可靠程度,不涉及测量所得是否正确。信度可以通过考察一个测量的内在一致性加以评定,但是,考察内在一致性却无法揭示这个测量是否指向了正确的方向。[⑤] 比如,测量大学生的学术水平,我们通过设计科学的试卷测试了学生的真实可靠的成绩,这表示测试的信度较高,但是,这个成绩不一定代表了学生的真实学术水平(效度水平)。

因此,信度是效度的一部分,效度高的研究一定是一个有较高信度的研究,信度是效度的必要条件,信度低,效度不可能高。同时,信度是效度的不充分条件,信度高不一定效度也高。没有效度的测量,即使它的信度再高,这样的测量也是没有意义的。

2. 测量的四种类型尺度

对不同概念的数据测量需要使用不同的测量尺度,数据测量依数量化程度由低到高,一般可分为定类测量、定序测量、定距测量和定比测量四个层次。[⑥]

(1)定类测量(normal scale),也称列名水平,是对测量对象类型的鉴别,是测量层

[①] [美]迈克尔·辛格尔特里.大众传播研究:现代方法与应用[M].刘燕南,等译.华夏出版社,2000.
[②] 杨国枢,文崇一,吴聪贤,李亦园.社会及行为科学研究法(上下册)[M].13版.重庆大学出版社,2006.
[③] [美]约翰·C.雷纳德.传播研究方法导论[M].李本乾,等译.中国人民大学出版社,2008.
[④] [美]迈克尔·辛格尔特里.大众传播研究:现代方法与应用[M].刘燕南,等译.华夏出版社,2000.
[⑤] [美]约翰·C.雷纳德.传播研究方法导论[M].李本乾,等译.3版.中国人民大学出版社,2008.
[⑥] 同上.

次中最低的一种,也是其他各层测量的基础。定类测量以类别或数字标记来区别事物的属性的不同情况。如性别、民族、出生地等。

(2) 定序测量(ordinal scale),也称次序水平,是按照事物的特征或属性进行的排列。如文化程度用大学、中学和小学来区分时就构成定序测量。如在知识沟理论中将受众按照不同的受教育程度、经济收入等进行的排序。定序测量只能区分次序而不能确定距离。如文化程度在定序层次只有高低之分,不能判定各文化程度之间的间隔大小。

(3) 定距测量(interval scale),也称区间水平,是对测量对象之间真实差距的鉴别。定距测量的尺度除了具有定类尺度和定序尺度的特征外,其测量值之间的距离也是有实际意义的。定距测量的量可以进行加减运算,是用来进行比较的。

(4) 定比测量(ratio scale),也称等比尺度,是测量事物特征之间的比例的方法。它是最高层次的测量,除具有定类测量、定序测量和定距测量的特征外,所使用的数量必须代表从自然原点开始计算的一段距离,如身高、体重、价格、收入、花费在看电视上的时间、每篇社评的字数等,因此,要求具有实在意义的真正零点。[①] 如测量年龄,其真正零点就是刚出生的瞬间,因此可以说20岁是10岁的2倍。

参考相关资料进行整理,对比了四类测量类型,详见表8-2。

表 8-2 四类测量类型对比表[②][③]

测量类型	特征和表示方式	运算形式	举例
定类测量	相互排斥且可辨识的类别;采用标记编号或类别编号	等于或不等于(或属于不属于),不能进行数值运算	如身份证编号,印刷媒体的分类
定序测量	大小或高低顺序类别;表现为数值、字符、文字等形式	区分等级顺序,可用大于或等于来表示	如受众的受教育程度划分
定距测量	尺度上的各单位相等;属于数值差	可进行加减运算	如温度、公元纪年等
定比测量	零是起点;属于比率值	可进行加减乘除所有基本运算	如甲和乙每天使用微信的时间

3. 测量的工具

传播学的测量很多是为获取态度行为和信息评价等方面的数据,测量的主要工具有瑟斯顿量表(Thurstone Scale)、李克特量表(Likert Scale)、格特曼量表(Guttman Scale)

---

① 支庭荣,张蕾.传播学研究方法[M].暨南大学出版社,2008.
② 杨国枢,文崇一,吴聪贤,李亦园.社会及行为科学研究法(上下册)[M].13版.重庆大学出版社,2006.
③ 支庭荣,张蕾.传播学研究方法[M].暨南大学出版社,2008.

以及语义差异量表等。

瑟斯顿量表是根据其创制者瑟斯顿(L. L. Thurstone)的名字命名的,主要测度人们对量表中一些问题陈述的态度。调查者根据调查对象给出的每个选项分值,计算出各个选项的态度倾向。李克特量表不仅反映问题陈述的明确看法,还提供了对该问题陈述的认同程度,或任何形式的主观或客观评价。这是一种定序测量方式,一般采用五个回应等级。[①] 格特曼量表是由路易斯·格特曼(Louis Guttman)制定的量表,包括一系列针对一个主题的陈述,根据语气强烈程度进行排序,并依据受试者认同的陈述数量来计算得分。[②]

语义差异量表是1957年由查尔斯·奥斯古德、乔治·苏吉等提出的[③],量表的目的在于测量事物概念的语义含义,后来被用来研究态度和传播效果。量表用一组成对的具有正反两极含义的形容词来测量一个概念在受试者心目中的具体评价含义,在每一个形容词和其反义词之间约有7个区间,例如,在感受评价"总统"这一概念时,可以在以下区间中进行选择评价:"道德高尚的;__;__;__;__;__;__;__;道德败坏的"[④]。语义差异量表对于态度的测量有重要意义。态度由认知(信息点)、情感(评估,例如喜欢或不喜欢)、行为倾向和行为组成。态度被部分定义为效果或评价,因此,从测量意义到测量态度的情感组成,是很容易跨过的一步。[⑤]

三、传播量化研究策略

研究策略是根据传播研究的对象、特征和目标,确定采用哪种研究方法的研究设计决策。量化研究的方法很多,其中主要是社会学的调查方法和心理学的实验方法,另外,基于传播内容的统计分析也形成了传播研究的内容分析方法。

对研究策略的选择需要考虑到研究方法的适用性问题。比如,调查方法一般适用于对一些特定的、难以轻易召集的目标群体的研究;也适用于对感知、意愿等比较高层次的心理变量的测量;此外,还适用于有很多自变量而因变量不多(一般不多于三个)的理论模型,在这种情况下实验方法比较难以应用;最后,如果一个模型的自变量主要是人的心理变量,调查方法是合适的,相反,如果自变量是一个东西的几个重要属性(比如价格、产品设计变量、系统设计变量),则实验方法比较合适。[⑥]

---

① Likert R. A technique for the measurement of attitudes [J]. Archives of Psychology, 1932, 22(140): 55.
② 〔美〕理查德·韦斯特,林恩·特纳.传播理论导引:分析与应用[M].刘海龙,译.2版.中国人民大学出版社,2007.
③ Osgood C E, Suci G J, Tannenbaum P H. The measurement of meaning[M]. University of Illinois Press, 1957.
④ 〔美〕理查德·韦斯特,林恩·特纳.传播理论导引:分析与应用[M].刘海龙,译.2版.中国人民大学出版社,2007.
⑤ 〔美〕迈克尔·辛格尔特里.大众传播研究:现代方法与应用[M].刘燕南,等译.华夏出版社,2000.
⑥ 徐云杰.社会调查设计与数据分析——从立题到发表[M].重庆大学出版社,2011.

从传播研究角度而言,研究人们对于信息、议题或事件的态度与意见时比较适合采用调查方法,而分析人们的行为模式与反应,则适合采用观察法和实验研究法,实验方法重点研究人及其行为,关注操纵和控制人的行为,从而发现信息与行为变化的因果关系。① 实验法的应用基于行为模式反应的心理态度和评价,在这个过程中,调查法可以作为其中的辅助手段。

（一）社会调查法

社会调查法狭义上是指问卷调查,具体是指根据理论模型设计调查问卷,对目标群体进行抽样,对样本进行测量,并对结果进行分析的方法。② 广义上,除了问卷调查,社会调查还包括访谈调查。访谈调查既可以作为质化研究的一种解释性研究方法,也可以作为量化研究的一种收集数据的方法,区别主要是看这一方法是用作数据分析还是用于开放式资料收集。如在质化研究过程中,当参与式观察太费时间且费用太高,或者协商后仍然无法进入研究场地,或者研究对象的行为不适于进行观察时,会采取深度访谈法来获取采访对象的观点和看法。③

但是,在访谈法应用方面,有一些错误的认识。比如,研究者在写一份结构性问卷之前,对受访者进行一些开放式的访谈,或者在结构式的问卷中加入一个开放式的问题,以便获取一些无法预知的答案,这常常被误认为质化(定性)研究,但实际上这是定量研究的改进方式,并不属于质化研究。④

访谈调查是指调查者通过和受访对象面对面地交流来了解受访人对于问题的态度和看法的一种研究方法。根据研究问题的性质、目的或对象的不同,访谈具有不同的形式。按照访谈过程的标准化程度,可将它分为结构性访谈和非结构性访谈。结构性访谈采用详细、精确的问题、列表,与之相对,非结构性访谈则允许调查对象在没有详细问题引导的情况下,表达他们对调查问题的看法。⑤

社会调查法用于传播研究有着悠久的历史,如拉扎斯菲尔德等组织的"伊里调查"提出了两级传播理论。此外,调查法也成为媒体与广告界的一个了解受众反馈意见、分析效果以及获得广告投放参考等的重要途径。一般来说为了满足客观性要求,社会调查都是由第三方调查机构来组织,具有营利性目的,但较为中立。早期的受众调查主要是报纸读者调查,如美国广告商于1914年联合组织了"美国发行稽核局"来调查报纸发行量。英国广播公司在1941年就进行了二战期间广播节目的听众调查,了解听众对节

---

① 〔美〕迈克尔·辛格尔特里.大众传播研究:现代方法与应用[M].刘燕南,等译.华夏出版社,2000.
② 徐云杰.社会调查设计与数据分析——从立题到发表[M].重庆大学出版社,2011.
③ 〔美〕迈克尔·辛格尔特里.大众传播研究:现代方法与应用[M].刘燕南,等译.华夏出版社,2000.
④ 同上.
⑤ 〔美〕约翰·C.雷纳德.传播研究方法导论[M].李本乾,等译.3版.中国人民大学出版社,2008.

目的情况,二战后英国广播公司将反应指数(reaction index)作为电视节目质量的衡量标准。[①]

在美国,从事视听率调查的专门机构有尼尔森公司、阿比特隆公司、伯奇报告公司等;进行报刊读者调查的著名机构有西蒙斯公司等。另外,美国还有专门从事民意测验和市场调查的著名的盖洛普公司、哈里斯公司等。随着媒体的数字化及融合发展,受众调查也进入了"样本组与大数据融合"的发展阶段。

1. 调查设计

调查法如果是问卷调查,首先需要设计问卷。一个问卷需要包括三类问题,即理论模型中的变量、辅助变量和人口统计学特征。其中,一个测度心理态度的变量(也称为理论构件)一般需要三个或者三个以上的测度问题(测度项)来测量。这些测度项目的设计需要符合信度效度原则。[②]

如果进行访谈调查,需要考虑与问卷调查同样的信度效度及抽样的代表性问题。在传播学领域,焦点小组调查是较为普遍采用的一种方式,它是针对与一个小规模群体以及研究者有关的主题展开的定向的或自由的讨论形式。一个焦点小组一般由6—12人组成,成员经过筛选而成为与主题相符的特定样本,研究过程中采用程序化措施确保访谈交流处于可控过程,包括设置观察设施、准备讨论事项、主持会议等。[③]

2. 确定目标群体和抽样

目标群体是研究模型想要应用的范围。确定目标群体后需要选择抽样方法。抽样过程中,研究对象的全部单位称为"总体",由从总体中抽取出来、实际进行调查研究的那部分对象所构成的群体称为"样本";说明总体数量特征的指标叫"总体指标",从样本的统计计算中得到的指标叫"样本指标"。

抽样分为随机抽样和非随机抽样。随机抽样虽然具有一定的客观性,但是如果目标群体分布范围很广,操作起来就很困难。因此,随机抽样也需要考虑样本分布情况,采用分层抽样、系统间隔抽样等方法。与此同时,有些调查不可能采用随机抽样法,比如你要分析毒品贩子销售毒品时的沟通策略,就不能可能在报纸上做广告邀请毒品贩子进行抽样访谈。非随机抽样是按照人们的主观意图或取样的方便从总体中抽取一部分单位来进行的调查。非随机抽样方法主要有:判断抽样、定额抽样、偶遇抽样和滚雪球抽样等。通过非随机抽样获得的样本指标不具有推断总体的可靠性。在传播学研究中,一般都采用随机抽样作为正式调查的抽样形式,而非随机抽样一般用于正式调查前

---

① 王兰柱,等.中国电视节目评估:理论与实践[M].中国传媒大学出版社,2007.
② 徐云杰.社会调查设计与数据分析——从立题到发表[M].重庆大学出版社,2011.
③ 〔美〕迈克尔·辛格尔特里.大众传播研究:现代方法与应用[M].刘燕南,等译.华夏出版社,2000.

的试调查,以便为修正问卷设计、进行正式调查打好基础。

样本抽样一般多用于网站填表、手机客户端填表、电子邮件联络、发放纸版问卷以及面对面访问等方式。此外,很多收视率调查公司还用仪器记录作为收集电视观众数据的一种方法。1979年,美国西雅图的公共电视台 KCTS 采用名为 VOXBOX 的电子装置在当地 200 户家庭样本中测量观众对节目的意见和看法,还选用了焦点小组访谈法进行补充研究。① 此外,针对用户的网络媒体利用行为,很多公司也开展了相关调查,如美国的 InterSurvey 就是一家网上调查服务公司。该方法还可以实现在线测试节目质量,可以真实反映家庭收视环境,简化测试过程。②

抽样调查的样本量确定也是一个重要问题,样本量过大费时费力成本过高,样本量过小则会导致误差较大,外部效度过低,同时,也并非样本量越大越准确,而是样本的置信度越高越准确。确定样本量的问题的实质是确定一个能够满足研究者对调查精度要求的最小样本数。如美国的盖洛普民意测验以 1500 人的样本,代表美国的全部人口;尼尔森公司以 1170 个家庭样本,代表全美有电视机的家庭。③ 样本量的确定需要考虑三个主要因素,即研究精确度中可容忍的误差水平、研究目标所需要的置信度以及调查结果与所期望的百分比结果。其中,5 个百分点(正负 2.5 个百分点)的误差范围被认为是适当水平;置信度一般至少为 95%;期望值的百分比一般最保守的标准是 50%。通过综合计算这三个要素可以预估多大的样本量最合适。④

3. 统计分析

收集样本后对有关样本资料进行统分析,统计采用两种基本类型,即描述统计(descriptive statistics)和推断统计(inferential statistics)。

描述统计方法是应用统计指标、统计表、统计图等方法,对资料的数量特征及其分布规律进行测定和描述,以发现其相关规律和特征。描述这些趋势的形式是用各种数字表示的统计量,如平均数、百分比、标准差、相关系数等。

在测算分析集中趋势方面,主要描述总体或样本组的平均趋势。平均值是将各个数值求和后除以数值个数得到的数,一个代表性样本的均值近似于总体均值。除了测算集中趋势,还需要了解变异和离散趋势,这需要测定数据与均值之间的差距有多大,其中涉及极差、方差和标准差。极差就是数据中最大值和最小值之差,方差和标准差是测算离散趋势最重要、最常用的指标。

方差是各个数值与平均值之差的平方的平均值,标准差则是每个数值与平均值之

---

① 王兰柱,等.中国电视节目评估:理论与实践[M].中国传媒大学出版社,2007.
② 同上.
③ 张隆栋.大众传播学总论[M].中国人民大学出版社,1996.
④ 〔美〕迈克尔·辛格尔特里.大众传播研究:现代方法与应用[M].刘燕南,等译.华夏出版社,2000.

间的平均距离,标准差是方差的算术平方根。方差通过平方的方式,为距离均值更远的观测案例取值赋予更大的权重,因此,对于分布中的观测案例取值离中心位置的偏离程度更加敏感,也具有一定的观测优势。但是,作为对离差进行平方的结果,方差的单位也就变成了原始数据测量单位的平方。比如,以元为单位测量收入,其方差的单位就是元的平方,测量单位的改变导致了方差解释的不便。因此,为了让测量单位回到初始数据具有的单位,就将方差进行开平方并取整的平方根,这就是统计学上的标准差。[1]

数据构成了分布曲线,呈现出研究对象的各种特征。分布曲线形态各异,其中众数、中位数和平均数揭示了数据分布的一些重要特征。众数指的是一个变量的分布中出现频次最多的那个取值或类别;中位数指的是将一个变量的一组取值按从小到大的顺序依次排列后分布的中点处所对应的那个取值;如前所述,平均数或均值的计算方法是一个变量在每个观测案例上的取值之和除以对应的观测案例数。[2] 数据分布一般包括非正态、偏态和标准正态曲线。前两者属于偏离中心的分布状态;正态分布中,众数、中位数和平均数是完全重合的。[3]

描述统计还包括关联测度。关联测度也是相关分析,是描述数据关系的一种方法。相关性就是分析两个变量的一致性的程度。相关性分为正相关和负相关。正相关中,一个变量增加后,另一个变量随之增加。皮尔逊相关分析中,根据变量数据形成的"散点图"显示的正相关性状态画出一条"最佳拟合"直线,被称为"回归线"。负相关则是指当一个变量值增大时,对应的另外一个变量随之减小。相关系数是通过计算它们的相关系数的平方得到的判定系数。在传播学研究中,这样的分析很多,比如分析智商和看电视的时间的相关性:一个人的智商越高,他看电视的时间就越少。[4]

变量之间的因果关系表明了它们之间的高相关性,但是,相关性并不一定显示它们之间必然存在一定的因果关系。如自 20 世纪 50 年代以来,不断有资料表明吸烟和肺癌这两者之间存在很强的相关性,但是并没有确实的证据表明吸烟增加了患肺癌的可能性,因为缺乏排除可能存在的干扰因素(比如基因构成)的有说服力的统计分析结果。[5] 即使能够假设相关变量 X 和 Y 之间存在某种因果关系,也难以分析是 X 影响了 Y,还是 Y 影响了 X。此外,通常考虑的变量不止两个,而且变量之间的关系受很多因素影响,因此,相关分析不能作为因果关系解释的依据。为了确认变量之间的因果关系,

---

[1] 王颖吉.传播与媒介文化研究方法[M].北京大学出版社,2017.
[2] 同上.
[3] [美]理查德·韦斯特,林恩·特纳.传播理论导引:分析与应用[M].刘海龙,译.2 版.中国人民大学出版社,2007.
[4] 同上.
[5] 王颖吉.传播与媒介文化研究方法[M].北京大学出版社,2017.

研究者必须采用实验方法或者历史方法,历史方法需要长时间的测量。①

推断统计是通过概率数字来分析变量关系是否偶然发生,并用样本特征来推断总体特征的统计方法。基于样本数据得到的结果会受到抽样误差的影响,因此,样本数据结果不能直接当作总体特征。统计推断要做的就是在排除抽样误差的情况下,根据样本统计量推断总体参数。总体参数(一般用希腊字母表示)与样本统计量(一般用英文字母表示)相对应,样本统计量简称统计量,是指由从某一总体中抽取的部分个体所组成的样本在某一测量特征上的数值特征,统计量是对样本特征的概括性描述。②

在分析样本的过程中,如果发现看电视较多的人比看电视少的人,对暴力的恐惧感更强,那么,我们是否就可以得出结论认为看电视的多少和恐惧感相关?或许这是随机发生的事情。为了论证其相关性,需要假定变量之间没有关系,这就是零假设的检验。如果零假设被拒绝,则可以得出结论,变量之间存在一种关系,否则就不能确认这一假设的正确性。在这个过程中,可以分析随机事件的小概率模式。如果事件随机出现的次数不超过 5%,则可以称之为小概率事件或者不可能事件,这个部分也被称为临界域。如果检验的统计量落在这个区域,则表明发现了"显著性差异",这个差异或关系排除了偶然性,表明数据拒绝零假设。③

分析样本特征是否具有总体特征的方法之一是参数检验。描述总体统计特征的指标称为参数。参数检验是指当总体分布已知(如总体为正态分布),根据样本数据对总体分布的统计参数进行推断。其中代表性的方法就是 t 检验,该方法用于将均值进行比较,检验统计的显著性。相关性 t 检验可以观测相关与零相关之间是否存在显著差异,找到显著差异后,通过类似方法可以计算相关性,研究者可以据此确定影响的大小。④

当对两个以上的均值进行检验的时候,t 检验就不适用了,因而,方差分析(Analysis of Variance, ANOVA)的方法被引入推断分析。方差分析从观测变量的方差入手,研究诸多控制变量中哪些变量对观测变量有显著影响。为了对一个自变量的多个均值进行比较,可以使用单因素方差;如果是多元变量分析,则需要采用因子方差分析,以检验其自变量之间的主效应和交互效应。

除了参数检验外,还有一种不对总体分布或总体参数作出假设的随机统计方法,就是非参数检验。这种方法也被称为"任意分布"统计。非参数检验是在总体方差未知

---

① 〔美〕理查德·韦斯特,林恩·特纳.传播理论导引:分析与应用[M].刘海龙,译.2 版.中国人民大学出版社,2007.
② 王颖吉.传播与媒介文化研究方法[M].北京大学出版社,2017.
③ 〔美〕理查德·韦斯特,林恩·特纳.传播理论导引:分析与应用[M].刘海龙,译.2 版.中国人民大学出版社,2007.
④ 同上.

或知之甚少的情况下,利用样本数据对总体分布形态等进行推断的方法。卡方检验就是统计样本的实际观测值与理论推断值之间的偏离程度。实际观测值与理论推断值之间的偏离程度决定卡方值的大小:卡方值越大,二者偏离程度越大;反之,二者偏离越小;若两个值完全相等,卡方值就为0,表明理论值完全符合实际值。

(二) 内容分析法

受众调查是针对人的研究策略,而在这一研究中,难免有些不可测量的问题。因此,社会科学研究还需要找寻更加客观的观察与测量样本,而内容分析就是这样的一个研究策略。它是一种系统,客观,定量收集、描述和分析媒介内容的方法,其目标是将信息内容与传播过程的其他部分如信息来源、渠道、接受者进行结合,从而提出变量关系假设和理论的方法。

1952年,贝雷尔森在其著作《内容分析:传播研究的一种工具》中曾下过一个经典的定义:"内容分析是一种对于传播内容进行客观、系统和定量地描述的研究方法。"[①]

内容分析法与文献计量分析研究有很多相似之处,但是内容分析法的应用目的与文献计量分析有一定差异。文献计量分析法主要利用数理统计方法处理篇章之间的定量关系,得出的结论偏重概率规律;内容分析法则主要利用符号分析方法处理篇章内部符号群之间的关系,得出的结论偏重逻辑规律。[②] 关于内容分析法的应用目的,王石番认为,主要包括检视传播内容本质、探究内容表达形式、分析传播来源特质、探究传播者相关信息、检测受众的特性和验证传播内容的效果几个方面。[③]

(1) 检视传播内容本质。通过内容分析可以描述、追溯和对比分析传播内容特定主题发展的趋势、踪迹和内涵差异。如美国学者格伯纳分析发现,在其他电视节目中的暴力内容没有增加的情况下,儿童卡通片中的暴力内容却在增加。[④]

(2) 探究内容表达形式。通过内容分析,可以揭示宣传技巧,衡量传播内容的可读性,发现体裁特征。如拉斯韦尔通过对第一次世界大战期间针对德国进行宣传的传单进行内容分析,揭示了其中使用的说服宣传策略,包括分裂敌人、打击敌人士气、控诉敌人的野蛮暴行等。[⑤]

(3) 分析传播来源特质。通过内容分析可以甄别团体与人物的形象,获取政治、经济及军事情报。如斯图亚特·肖瓦尔特(Stuart Showalter)分析了美国杂志上越南战争

[①] Belelson B. Content analysis in communication research[M]. Free Press, 1952.
[②] 叶鹰.文献计量法和内容分析法的理论基础及软件工具比较[J].评价与管理,2005(3):24-26.
[③] 王石番.传播内容分析法:理论与实证[M].台湾远流出版社,1995.
[④] 〔美〕理查德·韦斯特,林恩·特纳.传播理论导引:分析与应用[M].刘海龙,译.2版.中国人民大学出版社,2007.
[⑤] 〔美〕E. M. 罗杰斯.传播学史:一种传记式的方法[M].殷晓蓉,译.上海译文出版社,2012.

中的人物形象。① 朱迪·梅尔勒（Judine Mayerle）和戴维·拉里克（David Rarick）分析了1948年到1988年四十年来，美国黄金时间段播出的电视剧中的教育工作者形象。② 20世纪60年代，我国媒体报道了大庆油田和铁人王进喜的相关内容，日本据此进行媒体内容分析，获取了油田的位置、开发时间、产量等情报信息。③ 拉斯韦尔利用图书馆里的各国报纸进行宣传分析，发现了德国宣传机构在描述犹太人危险性的现象，准确预测了即将到来的大屠杀。④

（4）探究传播者相关信息。通过内容分析，可以鉴识传播者来源及特征，测定个人和群体的心理状态。如威廉·佩斯利（William Paisley）运用内容分析法识别在绘画、文学和音乐领域的无名传播者，从而为鉴别匿名作品的作者或者为作者有争议的情况提供一种识别方法。⑤

（5）探测受众的属性特征。通过内容分析，能够推测传播媒体的内容主题或风格与受众对象之间的相互影响关系，探测媒体内容在多大程度上受到了受众群体对象特征（特别是受众的态度、价值观、兴趣及文化类型等方面）的影响，以及受众兴趣和需求类型如何影响了媒体的内容导向。如美国20世纪40年代报道和描述离婚事件的新闻和小说显著增加，通过对其分析发现，这与当时美国离婚案件迅速增多和公众对于离婚产生的子女抚养及心理调适等诸多问题的关注有很大关系。⑥ 也有学者分析了电影主题和图书阅读之间的关系，发现电影会激发观众对相关主题图书的阅读兴趣。⑦ 此外，玛莎·沃尔芬斯泰因（Martha Wolfenstein）与内森·莱茨（Nathan Leites）采用弗洛伊德与荣格心理学方法，比较了美国、英国和法国的电影内容差异，将电影视作文化群体的心理表现，强调电影反映出不尽相同的文化模式，他们从"民族性格"与"文化模式"理论角度出发，将电影作为群体的共同心理，从而分析民族文化的深层结构。⑧

（6）验证传播内容的效果。内容分析可以揭示注意焦点，描述传播对态度行为的影响，比较传播内容与真实世界，建立媒介效果研究的起点。如议程设置理论就是结合内容分析和调查分析提出的媒介影响效果理论。

---

① Showalter S W. American magazine coverage of objectors to the vietnam war[J]. Journalism & Mass Communication Quarterly, 1976, 53 (4): 648-688.

② Mayerle J, Rarick D. The image of education in primetime network television series 1948-1988 [J]. Journal of Broadcasting & Electronic Media, 1989, 33 (2): 139-157.

③ 曾忠禄.情报背后的情报——日本利用公开信息获得大庆油田情报的秘密[J].情报杂志,2016(2):7-11,6.

④ 〔美〕E. M. 罗杰斯.传播学史：一种传记式的方法[M].殷晓蓉，译.上海译文出版社,2012.

⑤ Paisley W J. Identifying the unknown communicator in painting, literature and music: The significance of minor encoding habits[J]. Journal of Communication, 1964, 14(4): 219-37.

⑥ 王石番.传播内容分析法：理论与实证[M].台湾远流出版公司,1995.

⑦ 〔美〕里奥·汉德尔.好莱坞如何读懂观众[M].向勇，雷龙云，译.华文出版社, 2014.

⑧ 罗易扉.看事物的方式：欧美人类学语境中的电影研究取向[J].重庆大学学报(社会科学版). 2021,27(3): 79-87。

根据王石番的总结,内容分析法主要包括如下步骤:形成研究问题与假设;界定母群体;抽取样本;建构类目;界定分析单位;建立量化系统;执行预测,建立信度;依照定义,将内容进行编码;分析资料;下结论并解释等。① 结合王石番的观点,下文将内容分析研究的主要步骤整理如下:

1. 形成研究问题,确定研究方向

在研究中需要根据不同的研究目标形成具体研究问题,建构假设。主要研究目标包括描述讯息特点、推论传播讯息的先前过程、推论讯息效果等。②

(1) 通过描述讯息特点,可以发掘传播内容的注意焦点、探究传播内容的趋势、比较传播内容的差异。如果是单一来源的讯息,基本的比较类型有不同时间段的比较、不同情况的比较(外在环境变化节点)、不同受众的比较等三类。如不同受众是指媒体针对不同的对象采用不同的讯息内容,比如有些媒体的地方节目和国际节目,内容就有差异。还可以进行不同来源信息内容的比较,以测定传播者的差异性。另外,可以设定固定标准以分析传播的品质,如娱乐新闻取向还是严肃新闻取向的标准分析。

(2) 推论传播讯息的先前过程,主要是为了分析讯息内容以推测传播者的想法、价值观、动机和意图等。要想分析传播讯息与受众动机、人格和意向的关系,就需要获取独立的和非内容资料的确凿证据。分析一般包括比较资料与独立来源证据、检验符号与行为的其他形式的间接关系、推论事件与符号的关系。

(3) 推论讯息效果,主要包括揭示注意焦点、描述传播对态度和行为的影响、比较媒介内容与真实世界、建立媒介效果的研究起点等方面的问题。当然,不能假定效果的因果关系一定存在,内容分析的确认还需要受众的其他证据来加以佐证,可以结合实验研究法进行研究。③

2. 建构类目

建构类目就是进行分析对象内容的分类。建构类目需要遵循问题导向、穷尽项目、定义互斥、相互独立、单一分类、可操作性强、功能效率佳、信效度佳等原则。一般可以将类目按照内容的实质和形式分为说什么(says what)类目和如何说(how it is said)类目。④

说什么类目包括主题(subject)类目、方法(method)类目、特性(trait)类目、主角(actor)类目、权威(authority)类目、来源(origin)类目、目标(target)类目、标准(standard)

---

① 王石番.传播内容分析法:理论与实证[M].台湾远流出版公司,1995.
② 同上.
③ 同上.
④ 同上.

类目、取向(orientation)类目、价值(value)类目。①

在说什么类目中,主题类目用以探究传播内容属于什么议题;方法类目探究内容的行动特征;特性类目探究人物、机构的特征描述,如候选人的年龄、职业、家庭情况等特征;主角类目是传播事件中的主导角色分析;权威类目用以对引用内容的来源的明确性和权威性进行分析;来源类目是对传播的来源地的分析;目标类目是指谋求特定诉求对象的传播内容的分析;标准类目是对内容属性的分析,如强弱、是否道德等;取向类目是对表达主题的态度分析,也显示内容的倾向性,如赞成、中立还是反对,积极还是消极,正面报道还是反面报道;②价值类目用以分析传播内容蕴含的抽象意义和语义功能,如主权、民主、法治等。

如何说类目主要包括传播体裁(type of communication)类目、叙述形式(form of statement)类目、强度(intensity)类目、策略(device)类目。其中,传播体裁类目是传播的文本方式,如文学、新闻、论文等不同类型;叙述形式类目是表述形式的结构及属性特征,如将叙述形式分为事实叙述、偏好叙述、认同叙述等;强度类目是表达的强弱,可以从内容符号的强度层次进行分析,也可以通过报道量、栏目设置及其他呈现方式进行分析;策略类目是分析运用的修辞方法和技巧。③

类目建构不仅仅进行内容分类和设定选择目标,严谨的类目体系还需建立一个较为科学的指标分析体系,如格伯纳就是通过发展出一套暴力指标(violence index)作为分析电视节目内容的类目系统,并配合观众的意见调查,从而提出了培养理论。

3. 确定记录单元与编码

与文献计量法侧重处理篇章不同的是,内容分析法的主要处理对象是媒体的符号群单元。④ 记录单元就是内容分析对象的可统计计量的最小单元,常用的记录单元包括单字或符号、主题性语句、人物、句子或段落、篇章、时空单位等。在确定记录单元的过程中,还需要充分考虑内容的形式与内在特征的统一问题,特别是针对主题性语句,需要分析其内容的背景、脉络,并采取谨慎态度进行选取。记录单元确定后,需要与类目进行匹配。因此,在这一过程中需要严格按照统一标准进行单元与类目的科学归类,记录单元与类目归类过程,剔除那些容易造成分歧的分类项目。记录单元与类目要统一进行系统编码,并为相关记录单元编号。编码者一般需要3—6人,通过培训来熟悉类目及其定义、规则和记录单元。编码一般需要设计编码表,对类目进行定义,并制定统

---

① 王石番.传播内容分析法:理论与实证[M].台湾远流出版公司,1995.
② 同上.
③ 同上.
④ 叶鹰.文献计量法和内容分析法的理论基础及软件工具比较[J].评价与管理,2005(3):24-26.

一的测量尺度。①

4. 样本抽取

为了提高分析效率,降低研究成本,需要对总体分析对象(population)进行样本抽取,并估计结果的准确性和精确性。总体分析对象主要包括媒介机构、媒介议题(日期)以及媒介内容三种。其中,媒介机构可以根据地理区域、出版类型、预存立场、规模或重要性、所有权或控制形态、出版或播放时间类别选取;媒介议题则范围广泛,一般依时间因素和分布形态进行选取;媒介内容方面,则根据报纸的篇幅、位置、版面、图片使用来选择,广播电视节目则以时间长短、播报顺序、声调、声音、配音、图像等为选择对象。② 样本选择数量与抽样调查的样本确定原则类似。

5. 资料分析与推论

资料分析与推论主要进行的是频次数分析(frequency analysis)、关联分析(correlation analysis)和列联分析(contingency table analysis)。其中,频次数分析主要涉及绝对次数、相对次数。绝对次数就是样本中某一事物出现的次数,相对次数是样本中不同对象的百分比分布。此外,还有容量测量,包括栏目高度、时间、空间等测量单位。关联分析是分析两个类目变量的相关性,采用的测量尺度包括定类测量、定序测量、定距测量和定比测量,分别分析其类别、顺序、差距比例等。如议程设置理论就将公众议题与媒介议题进行定序测量,鉴定其相关性。列联分析是从讯息符号同时存在的形态推论出来源的相关网络。列联分析假定符号、概念、想法在概念上密切相关,统计上也相互关联。③

内容分析较多采用的分析方法有三种。一是计词法,即通过关键词(记录单位)进行统计。二是概念组分析。如果研究使用的单词过于简单,使用主题作为计量单位不容易划定界限,就可以将与研究内容有关的关键词分为几组,每组代表一个概念,同时也是理论假设的一个变量。这样的方法记录单位仍然是单词,但是分析时的变量却是概念。比如,我们假设,当社会处于经济衰退、犯罪率高的时期,人们往往把犯罪问题和经济问题相联系;如果社会处于经济增长、犯罪率高的时期,则往往将犯罪问题与社会价值观联系起来。我们将越轨行为、经济、价值三个变量作为概念组,分别将一些相关主题的单元词并入其中。第一步是收集不同经济时期,登载在五年(或更长时间)内主要报刊上的相关文章,统计其中单词出现的次数。如果前面的假设成立的话,则应该看到,在经济衰退时期,多数文章把越轨行为与经济相联系,在经济增长时期,多数文章把越轨行为与价值观相联系。第三种分析方法是语义强度分析。计词法注重量的分析,

---

① 王石番.传播内容分析法:理论与实证[M].台湾远流出版公司,1995.
② 同上.
③ 同上.

语义强度分析则从质的方面给予解释,首先给出单词的"强度权"显示其差别,比如强度权是由单词的语义决定的,如"爱"比"喜欢"加权数高。区分单词强弱可以区分人们态度的强弱。①

目前,资料分析逐步进入了计算机辅助统计分析阶段,已经有诸多辅助统计分析软件系统,包括文本分析(text analysis)、文本挖掘(text mining)、内容分析(content analysis)、文本管理(text management)、数据分析(data analysis)等,功能各有侧重。②

内容分析法的局限性在于:(1)只能得出内容信息较为表层、直接的效果方面的发现,无法做出因果关系结论,如可以得出报纸中涉及反转基因食品言论的数量,但无法揭示这些言论对于人们产生了怎样的影响;(2)很难找到具有代表性的传播案例,有些素材难以获得;(3)一项内容分析的结果通常不能被用于不同范畴的其他研究,比如研究暴力内容,界定暴力的范畴差异性很大,编码的主观性会影响外在效度。③

(三) 实验研究法

传播活动的研究涉及诸多个体心理和社会心理的观测和分析,这一过程难以在自然环境下实现,因此,需要采用实验研究法。实验研究是指在控制其他影响因素的情况下,研究者探究其操控变量的效应,实验的目的是建立因果关系。④ 实验研究重点关注操纵和控制人的行为,并将变量进行限制性条件控制,因此,也被称为"控制实验"方法。

美国社会心理学家戴维·迈尔斯(David Myers)称这种模拟场景的实验方法类似于航空学中的风力甬道实验。航天动力学工程师并非在复杂多变的自然环境中对飞行物进行观察,而是构建一个可以掌握的虚拟场景,这样就可以控制风力条件,就特定条件下的特定结构问题的影响进行观察。⑤

实验研究包括实验室实验(laboratory experiment)和实地实验(field experiment)两种。实验室实验通过在一个特定的实验室模拟一个日常活动的环境,提供相关实验设备,邀请被试者参与实验。实地实验是指在现实生活中进行的只控制部分条件的实验。

实验法的程序一般包括七个步骤:实验设计;实验变量的确定;实验对象安排;三个实验观测步骤,即包括前测、实验刺激与后测;结果分析。主要的环节如下:

1. 实验设计

主要包括确定研究问题的性质和研究目标,提出并陈述研究假设,安排实验对象,确定采用的实验方式及具体的实施模式。

---

① 袁方.社会研究方法教程(重排本)[M].北京大学出版社,2014.
② 邱均平,邹菲.关于内容分析法的研究[J].中国图书馆学报,2004(2):6.
③ 〔美〕约翰·C.雷纳德.传播研究方法导论[M].李本乾,等译.3版.中国人民大学出版社,2008.
④ 同上.
⑤ 〔美〕戴维·迈尔斯.社会心理学[M].侯玉波,等译.人民邮电出版社,2006.

由于实验对象是人,因此,实验对象的选择和组配直接影响研究的效度和信度。一般来说,实验会将实验对象进行分组,即接受自变量作用的实验对象构成"实验组",不接受自变量作用的实验对象构成"控制组"。

在实验设计过程中,需要考虑采用哪种实验方式。在实验室研究中,人们被从自然环境中分离出来,以便更多的变量(如噪声、是否有其他人在场或者环境本身等)可以得到控制。美国耶鲁大学的霍夫兰在研究劝服与态度改变的过程中,就主要采用了实验室方法。但有时候人们离开他们的日常社会环境,或者他们知道自己被观察,可能导致研究结果失真。①

实地实验的一个最明显的优点是其真实场景,其结果更容易被推广到现实生活的情境中。这被称为外部效度(external validity),即特定的研究情境下的结果能够被推广到该情境以外的可靠程度。当一个研究结果可以被推广到其他情境和人群中时,这个研究就具有较高的外部效度。但是,这种研究对一些潜在变量的控制程度比较低。②

桑德拉·鲍尔-洛基奇和乔尔·格鲁贝(Joel Grube)在1984年进行的研究就采用了实地实验方法。他们制作了时长为一个半小时的电视节目,名为"伟大的美国价值观测验",并邀请艾德·阿斯纳(Ed Asner)和桑迪·希尔(Sandy Hill)担任该节目的主持人,在华盛顿东部的三城地区由三大电视网同时播出。播出前还在电视和杂志上进行了大量宣传预告。与此同时,他们将80英里外的亚基马城作为控制组进行了节目遮盖。该实验验证了大众媒体的强大效果。③

为了更好地表述实验过程,目前已经形成了一套符号标记系统来标记实验中的主要术语概念。如"O"(Observation)表示实验观察,如果进行多项观察,就给"O"添加下标,如"O_1""O_2",表示观察的先后次序;"X"(Experiment)表示实验处理变量;"M"(Matching)表示组配,是对样本进行配对分组;"R"(Random)表示随机化(随机分组或随机抽样)。

实验过程也有不同的实施模式,一般采用前测-后测控制组设计(使用一个实验组和控制组),但是由于编码潜在的前测敏感化,可以采用所罗门四组设计(使用三个控制组,测试前测的影响)和后测控制组设计(不使用前测的实验)。④

在实验过程中需要遵守如下伦理规则:(1)知情同意,即被试必须自愿参加,不能胁迫,在保证实验结果客观真实的前提下,尽量让被试知道参加的实验包含的基本内

---

① [美]迈克尔·辛格尔特里.大众传播研究:现代方法与应用[M].刘燕南,等译.华夏出版社,2000.
② [美]泰勒,佩普劳,希尔斯.社会心理学[M].谢晓非,等译.10版.北京大学出版社,2004.
③ [美]沃纳·赛佛林,小詹姆斯·坦卡德.传播理论:起源、方法与应用[M].郭镇之,徐培喜,等译.5版.中国传媒大学出版社,2006.
④ [美]约翰·C.雷纳德.传播研究方法导论[M].李本乾,等译.3版.中国人民大学出版社,2008.

容;(2)事后说明,即对研究目的和研究步骤的一些细节进行解释,被试应该有机会提出问题并表达他们的情感;(3)最小风险,即将被试可能面临的潜在风险降至最低,如保护隐私、应激反应的伤害保护等。[1]

2. 实验变量的确定

实验变量是实验过程中变动的因素。其中,在实验过程中实行的措施叫自变量,也称"实验刺激";在实验过程中由自变量决定其变化的因素叫因变量。当使用两个及以上的自变量时,该实验被称为因子设计,当一个变量被分为不同水平时,被称为变量因子。[2] 如霍夫兰与沃尔特·韦斯(Walter Weiss)为了测试信息来源对受众态度的影响,将内容相同的关于原子弹的文章作为实验自变量,分为两组,一组提示文章为美国某著名原子科学家所写,另一组则说成苏联《真理报》的社论。他们通过给予实验刺激,来观察因变量结果。他们发现,提示作者是美国科学家的一组中引起的态度改变(同意该文意见)为用《真理报》作为来源的四倍。[3]

在实验过程中,也会有其他一些因素影响实验的结果,一般包括"外扰变量"和"中介变量"两类。外扰变量是指自变量之外的一切可能影响结果的因素,如实验环境和被试年龄、性别、身体机能等可识别因素;中介变量是指介于自变量和因变量之间的一切对实验结果发生作用的内在因素,这些因素无法直接辨识,需要通过线索去推知。心理实验中影响实验结果的中介变量包括动机、性格、态度、人格等因素。[4]

3. 实验观测与分析

实验观测与分析,即在实验过程中对实验对象的观察与测定,以及提出结论。实验观测就是在实验过程中对实验对象的观察与测定。具体包括:(1)前测(pre-test),即刺激因素(自变量)未发生作用之前对现象(因变量)的观测,包括实验前对实验组与控制组的相关指标进行测定;(2)实施实验处理(experiment),包括让特定的自变量出现并发挥作用;(3)后测(post-test),即刺激因素(自变量)发生作用后对现象及其变化(因变量)的观察,包括实验后对实验组和控制组的相关指标进行复测。

观察数据作为依据,可以分析和确定自变量和因变量之间的关系是否成立及相应的函数表达式。实验会产生不同的效应,需要分别进行分析。相较于控制组,实验组的变化是实验刺激引起的。实验效应为0,说明实验刺激对实验对象没有影响;实验效应不等于0,说明实验刺激对于实验对象有影响。

---

[1] [美]泰勒,佩普劳,希尔斯.社会心理学[M].谢晓非,等译.10版.北京大学出版社,2004.
[2] [美]约翰·C.雷纳德.传播研究方法导论[M].李本乾,等译.3版.中国人民大学出版社,2008.
[3] Hovland C I, Weiss W. The influence of source credibility on communication effectiveness[J]. Public Opinion Quarterly, 1951(15): 635-650.
[4] 杨国枢,文崇一,吴聪贤,李亦园.社会及行为科学研究法(上下册)[M].13版.重庆大学出版社,2006.

多因子变量还需要分析其主效应和交互效应,主效应是指自变量独自对因变量产生的效应,交互效应是自变量一起对因变量产生的效应。①

第四节 传播学的质化研究方法

一、质化研究概述

传播学的质化研究又称定性研究,一般是指在自然环境下,通过与研究对象的互动,采用多种数据收集方法对社会现象进行整体性研究,以获得解释性理解的研究,也被称为解释性研究方法(interpretative approach)。该方法更适用于阐释的或批判的研究范式,主要包括系统分析方法、文化研究方法、访谈方法、个案研究、民族志研究、扎根理论研究、文本分析法等。"质化研究有时也将统计数据作为参考,但是统计数据在试图回答研究问题的过程中,大多处于次要地位。"②

迈克尔·辛格尔特里认为,"定性研究是一种试图从个人自身角度出发,了解事物对个人所具意义的一种系统化研究"③。该类研究首先是自然环境下的研究过程,同时,还试图理解人类行为的意义。有些具有控制性环境因素的研究不应被简单认定为定性研究。如采用焦点小组研究法研究消费者对营销广告的看法和意见,就不是真正意义上的定性研究,因为它不是在自然环境下进行的,而且分析对象是人为组成的。④

美国学者苏珊·斯特罗姆(Susan Strohm)解释了这一研究方法的主要意义。她认为:社会是人类经验的一部分,并非外在于人类经验而存在;现实是内在的,被我们的思维所塑造(甚至创造);社会现实是一个象征世界,我们不能像研究物质一样来研究或者理解它;我们也无法将自己与研究对象完全分开,我们无法分辨什么是"客观现实",因为"事实"和我们所"知晓"的东西、与我们的价值观和见解错综复杂地交织在一起。为此,解释性研究者将注意力集中于被研究者的主观经验,以及被研究者为自己的行为和他人的行为所赋予的意义。直接了解来自研究者与研究对象拥有的相似经验,来自研究者对研究对象的"移情",换言之,了解他人的最佳方法是"穿上他们的鞋子走一段路"⑤。

有学者认为,质化研究的哲学基础是我们观察到的科学现象,意义由研究者赋予,而非客观存在。质化研究强调研究者深入社会现象,通过亲身体验了解研究对象的思

---

① [美]约翰·C.雷纳德.传播研究方法导论[M].李本乾,等译.3 版.中国人民大学出版社,2008.
② 同上.
③ [美]迈克尔·辛格尔特里.大众传播研究:现代方法与应用[M].刘燕南,等译.华夏出版社,2000.
④ 同上.
⑤ 同上.

维方式,在收集原始资料的基础之上建立"情景化的"、"主体间性"(intersubjective)的意义解释。① 意义的表达根植于研究的目的,研究者的背景、历史、风俗语言和社会阶层等。目的在于诠释(interpretation),以动态研究为主,而非以静态量化为主。重质不重量,不关心是否具有代表性。重访谈,而非数据。研究问题的个别性、特殊性,据此发现问题,而非研究问题的普遍性和代表性。② 质化研究者强调在"参与"和"对话"中"共同建构"意义。③ 由此可见,质化研究中的参与性研究深受符号互动论的影响。

质化研究与实证研究的研究步骤不完全一致,这是由于两者的研究策略和研究手段有一定的差异。量化研究是预先假定一种概念关系并通过实证手段获取数据来验证这一假设,而质化研究并不一定提前设定一个假设关系,或者说质化研究的假设关系是预设的一种前提,研究中更多是对问题进行阐释和归纳分析,资料主要作为一种分析证据。其中的资料收集和处理来源主要包括文本类(媒体内容如文字、图像或视音频、日记、书信)、会话类(访问、小组座谈、交流观察)、案例类(个案、事例)、行为类(日常活动、习俗、仪式、事件)等。

与此同时,随着质化研究的规范化发展,资料的编码和处理也日益程序化和科学化,并借助一些计算机辅助质化研究软件(Computer Assisted Qualitative Data Analysis,CAQDA)进行处理和分析,如 NVivo、MAXQDA、Kwalitan 等。④

研究资料难以进行量化处理,而是进行定性分析,主要的分析方式有类属分析、因果分析、系统分析和情境分析四类。⑤

第一,类属分析是对研究对象的基本特征进行分类,通过细节描述说明研究对象群体的特征,一般用于社会调查报告。

第二,因果分析是运用形式逻辑中的"穆勒五法"⑥,即求同法、求异法、求同求异法、共变法和剩余法,来分析定性资料,找出研究对象的因果关系。约翰·穆勒(John Mill)提出这一方法,因其注重分析事物现象间的联系事例,建基于排除非相关联系,并以演绎思想为补充因果归纳方法,穆勒五法在科学假说的构建和确证中有着重大作用。⑦

第三,系统分析是把研究对象看作一个系统,运用系统理论分析对象的系统结构、功能、动态平衡等。如当代社会学研究社会组织与结构时,就是采用功能分析,将其作

---

① 陈向明.质的研究方法与社会科学研究[M].教育科学出版社,2000.
② 支庭荣,张蕾.传播学研究方法[M].暨南大学出版社,2008.
③ 陈向明.质性研究的新发展及其对社会科学研究的意义[J].教育研究与实验,2008(2):14-18.
④ 夏传玲.计算机辅助的定性分析方法[J].社会学研究,2007(5):148-163.
⑤ 朱红文.社会科学方法[M].科学出版社,2002.
⑥ Mill S. A system of logic[M]. Routlege, 1905.
⑦ 张大松,孙国江.论穆勒五法的方法论特征与价值[J].华中师范大学学报,2001(6).

为一种说明模式,形成了所谓结构—功能主义学派。它假定一个动态系统的存在,认为系统的每一部分都具有一个功能,系统的结构和功能相互依存,对维持系统的动态发展必不可少。

第四,情境分析是通过实地观察,对资料进行分析,找到一般性说明的模式。一般有六种寻找模式的方法,即频率、程度、结构、过程、原因、结果。①

二、主要研究方法

质化研究的主要研究方法包括参与观察法、文本分析法、个案研究等。这些方法中事实上也包含了一些常常被讨论的具体方法和理论,如文献研究法、访谈法、民族志研究、扎根理论等。而且事实上,在很多研究过程中,质化研究通常会将这些方法结合起来应用。

传播的文化研究学派多采用质化研究的方法。文化研究学派的主要方法有两种。一种是文本分析法,这里的文本仅指我们正在分析并确信其属实的传播者的讯息或言辞。文本分析属于修辞学批评的领域,即使用一流的和权威的规范去解释和评价传播活动。② 第二种是民族志方法,即采用质化研究的方法对受众的解读模式进行考察。如戴维·莫利采用这一方法揭示了在家庭观看电视的自然环境中,家庭成员就观看电视发生的互动,以及成员之间的节目选择决策权的不平等分配和文化资本的影响等难以通过实证研究分析的文化现象。③

(一) 参与观察法

参与观察法(participant observation method)也称为田野调查或实地调查,就是实际参与到研究对象的自然环境现场中,与研究对象接触,共同生活或者参与活动,通过观察、交谈、记录等非侵入(nonintrusive)方式来获取研究资料的一种方法。

参与观察的特点之一是自然、直接和真实性。这种方法的特点是"站在不刻意却又感兴趣的访客立场仔细记录人们的言行举止,以发现他们如何诠释他们的世界"。如米德提出了符号互动的理论,他主张应采取参与式观察方法研究这一理论。④ 符号互动理论认为,需要通过对真实生活情景的观察收集资料,在真实的背景中研究人,而不是在实验室里或用问卷来研究。布鲁默说:"它(符号互动论)相信必须通过真实的经验世界的直接研究,而不是对世界的模仿研究、对预先设置的模型的研究、对分散的观察中

---

① 朱红文.社会科学方法[M].科学出版社,2002.
② 〔美〕约翰·C. 雷纳德.传播研究方法导论[M].李本乾,等译.3 版.中国人民大学出版社,2008.
③ 〔法〕阿芒·马特拉,米歇尔·马特拉.传播学简史[M].孙五三,译.中国人民大学出版社,2008.
④ 〔美〕埃姆·格里芬.初识传播学:在信息社会里正确认知自我、他人与世界[M].展江,译.北京联合出版公司,2016.

获得的图景的研究来确定问题、概念、研究方法和理论计划。对符号互动论来说,通过直接的、详细的和探索的研究就可以发现和了解经验的社会世界的本质。"①

参与观察的特点之二是资料来源的丰富性。参与观察能够捕捉隐性知识、将隐含线索加以记录,从而获得更为丰富全面的非文字资料。参与观察可以避免问卷调查和文献研究中难以了解的研究问题,并借此提出假设。与此同时,这一方法也为进一步归纳概念和假设提供了资料来源。

参与观察研究包括提出观察问题和研究计划,选择环境与观察对象、进入环境、在真实事件中取样、保存记录与观察资料、进行解释性数据分析、退出研究环境等几个部分。

可以通过两种方式进入实地观察。一种是体验式观察,就是研究者参与到群体活动中,并收集资料,但是他们要隐瞒自己的研究者身份。这一方法的争议点是可能引发明显的道德问题,研究者无法保护他人隐私,并且导致对人际关系的潜在伤害。另一种是作为观察者的参与者即研究者需要告知自己的身份。这两种方式各有利弊,当研究者倾向于成为一名充分的参与者的时候,阐释就变得主观。

在参与观察研究中,被大量采用的方法是民族志研究方法(ethnography method)。该研究方法早期主要为文化人类学等领域采用,后来成为一种具有传播学研究特色的参与观察研究方法。20世纪70年代后期,民族志的研究聚焦于电视受众研究。夏洛特·布伦斯登(Charlotte Brunsdon)和莫利在1978年对英国电视节目《举国上下》的研究有一定的代表性。研究中,观察人员会在较长时间内参与到人们的生活之中,收集相关资料并描述人们的行为,集中关注人们在日常生活中如何运用合理的说法向他人介绍生活实践的常识。②

参与观察的相关资料需要进一步进行整理和分析,从而为形成概念体系和框架提供基础。在资料分析过程中,逐步形成了一些资料归纳和分析的理论方法,其中就有著名的扎根理论(grounded theory)。该理论是1967年芝加哥大学的巴尼·格拉泽(Barney Glaser)和哥伦比亚大学的安塞尔姆·施特劳斯(Anselm Strauss)两位学者共同发展、提出的一种分析方法。这一方法是在自然环境下,利用开放性访谈、参与式观察等方法,进行深入细致和长期的研究,从中归纳出概念和命题,广泛、系统地搜集原始数据和资料。这种质性研究方法在经历开放式编码、主轴编码和选择性编码三个阶段的基础上,寻找反映现象的核心概念,概括出理论命题,并回到资料和类似情景中接受检验。

扎根理论是由经验资料建立的理论,其主要特点不在于它的经验性,而在于它从经

---

① 转引自胡荣.符号互动论的方法论意义[J].社会学研究,1989(1):95-102.
② [美]约翰·C.雷纳德.传播研究方法导论[M].李本乾,等译.3版.中国人民大学出版社,2008.

验事实中抽象出了新概念和新思想,是一个向下扎根,再向上生长的理论性抽样过程。向下扎根意味着扎根于经验事实的土壤之中;向上生长意味着依据经验事实,向上生长出相关的理论。① 理论性抽样是指在已成型或正形成的理论(概念)基础上,进行的样本选取过程,目的是概念本身更清晰,概念之间的关系更清楚,抽样对象是与用来建构理论的那些概念相关的事件。②

此外,解释现象学分析(interpretative phenomenological analysis)作为现象学中解释取向的重要方法,近几年在社会心理学等领域日趋流行,它由英国伦敦大学的心理学教授乔纳森·史密斯(Jonathan Smith)提出。与扎根理论类似,解释现象学分析也是一种自下而上扎根于资料的方法,基本思路是访谈、收集资料并接受从研究调查中系统地发展起来的新理论。它与扎根理论都认为研究应该是一个动态的过程,强调研究者应悬搁先定的假设和框架,通过对资料的分析并结合对自身的反省,深入探讨现象的意义。相较而言,扎根理论为帮助研究者对社会现象进行深入的描述与分析,结合其宣称的从资料中产生理论的目的,提供了一整套系统的细节性程序。解释现象学分析则对于深入探究个体对其经验赋予意义的活动感兴趣,试图使用一种双重解释(double hermeneutic),即个体尝试为他们的世界赋予意义,研究者则为个体赋予意义的活动赋予意义,来理解个体的生活世界。③

参与观察法也有一些局限性,罗杰斯就认为,"参与观察法需要长时间观察才能获取数据。同时,也限定了研究人员只能专注于相对小的社会体系进行研究,如一个小村落,他们的数据仅限于自身能够观察到的现象,研究成果却很难普及推广"④。

(二) 文本分析法

使用文本分析法(text analysis)一般是为了探讨讯息特征及其导致的特定效果,分析讯息影响力的原因,检验讯息是否达到了优秀的标准。探讨这些问题并不完全是寻求一种普适的规则范式,而是试图充分理解某一独特事件或个人的一种个案研究。⑤

具体来说,文本分析法是对文献及符号内容的特质、符号来源及语义之间的关系及文本修辞运用的社会影响的批判阐释性分析方法。因此,这一研究方法与文献研究、修辞学、符号学、话语分析学等研究有着密切的关系。

1. 文献研究

从文献研究(document analysis)的角度看,文本分析是一种通过对文献进行分析、

---

① 支庭荣,张蕾.传播学研究方法[M].暨南大学出版社,2008.
② 文军,蒋逸民.质性研究概论[M].北京大学出版社,2010.
③ 潘威.扎根理论与解释现象学分析的比较研究[J].西华大学学报(哲学社会科学版),2010(3):112-116.
④ [美]E.M.罗杰斯.创新的扩散[M].唐兴通,等译.5版.电子工业出版社,2016.
⑤ [美]约翰·C.雷纳德.传播研究方法导论[M].李本乾,等译.3版.中国人民大学出版社,2008.

阐释、理解并提出相关观点的方法。文献研究主要应用于历史研究和学术回顾性研究，与此同时，迈克尔·辛格尔特里指出，"文献研究是理解事物对其他人意义的一种方法。研究者可能有兴趣发掘文献对文献作者的意义、对所针对者的意义、对其问世时阅读文献者的意义，以及对今天阅读该文献者的意义"①。此外，文献研究还可以为我们确定作者身份提供证据。

2. 修辞学

为了评价传播艺术与效果的关系，我们需要从文本的修辞性角度分析其讯息的表达策略。通过研究演讲文本来分析一些传播实践活动的影响力，如小马丁·路德·金（Martin Luther King, Jr.）1963 年 8 月 28 日在林肯纪念堂前发表的演说《我有一个梦想》，是一个非常有价值的文本范例，从中可以发现传播应该如何通过文本建构其影响力，而这就是一种修辞学意义上的文本分析。修辞学传统是亚里士多德开创的，现代人使用这些范畴去组织修辞学分析就被称为"新亚里士多德学派"，其中包括如下几个方面的修辞学规范，即创造、组织、风格、演说和记忆。这一方法被应用于很多演讲文本的分析之中，成为组织讯息批判分析的有效途径。②

3. 符号学

从符号学角度来分析文本结构，是为了解释文本、作者与意义之间的关系，以及文本背后的意义呈现问题。文本体现着作者的精神、态度和价值观，分析文本就能找到其作者的立场和倾向性，探索意义的不同解读方式和文本中所隐藏的意识形态力量。

符号学研究主要从阐释学角度，分析文本符号结构与意义解构层次等问题，并重点关注了文本的创作与阐释主体意义的建构问题。符号学也从文化批判角度，对文本背后的控制因素进行分析。文化符号学的一条主导线索，即对文化文本的深层结构和思想文化的意识形态问题的关切。如法国阿尔都塞的意识形态分析和福柯的话语权理论等。③

符号学已经成为意识形态批判的基本方法。法国学者罗兰·巴尔特借助语言学，抽取普遍结构与模式、意义生成方式，以此进行符号学研究，作文化意指分析和人类心智的一般分析。文化意指（含蓄地意指）分析本质上是意识形态研究和修辞学研究。符号学固有的特征是社会集体性，而意识形态则是一种集体意识和集体表象，是一种意指形式。因此，意义得到集体的认同，就成为意识形态。④

---

① ［美］迈克尔·辛格尔特里.大众传播研究：现代方法与应用［M］.刘燕南，等译.华夏出版社，2000.
② ［美］约翰·C.雷纳德.传播研究方法导论［M］.李本乾，等译.3版.中国人民大学出版社，2008.
③ 丁和根.大众传媒话语分析的理论、对象与方法［J］.新闻与传播研究，2004(1)：37-42.
④ 屠友祥.罗兰·巴特与索绪尔：文化意指分析基本模式的形成［J］.西北师大学报（社会科学版），2005(4)：7-14.

4. 话语分析学

文本分析也包括广义的会话的分析,即话语分析(discourse analysis),包括人际沟通会话、社会功能话语、文化语境话语等层面。其中,人际沟通层面的话语分析研究包括有互动分析和相关分析。我国语言学家杨信彰将话语分析的主要方法归纳为结构分析法、认知分析法、社会文化分析法、批评分析法和综合分析法五大类。[1]

1952年,美国结构主义语言学家泽里格·哈里斯(Zellig Harris)发表《话语分析》一文,第一次使用了这一术语。他通过分析关于生发水的广告,探讨了解释句子与句子之间关系的规则,以及语言与文化、文本与社会情景之间的关系等问题。[2]

话语分析被倾向于看作对语境中语言如何用于交际所做的研究。米歇尔·哈利迪(Michael Halliday)在论述语言学的定义时曾经说过,"语言学是一门研究人们如何通过'使用语言'交换意义的学问"。如果我们能接受这种说法,那就能把话语分析看作"一门具体研究人们如何通过'使用语言'即通过真实的话语活动交换意义的学问"。[3]

话语分析的基本范畴是分析人际沟通中以口语表达为主的语用意义问题,但随着对话语分析的认识不断拓展,分析对象延伸到了文化及传播的文本话语领域,如以荷兰语言学家图恩·梵·迪克(Teun van Dijk)为首的一批学者,研究新闻报道的结构、制作和理解,并分析各种话语类型(教科书、新闻报道、对话)所表现出的认知现象、种族歧视现象等。[4] 他还指出,不能简单地把话语视为一种语言使用形式,话语应该包括三个方面,即"语言使用、思想传递和社会情景中的交际"。"话语分析不仅要了解话语的表达层,还要深入意义和动作层,考察语言的功能以及语言使用者的编码和解码过程,注意社会文化语境的认知的作用。"[5]

(三) 个案研究

个案研究(case study)也称为案例分析,是一种集中探寻单独事件、个体或基本社会单位的方法。该方法被用作一种解释性研究方法,主要聚焦于寻找有助于解释和理解案例的主题和情节。[6]

1870年,美国哈佛大学法学院首次使用这一方法,以训练学生科学掌握法律原理和原则。个案研究还包括对于个人的观察研究,如弗洛伊德基于对临床个案患者的心理观察与治疗而提出精神分析理论。严格意义上来说,个案研究不完全是以质性和量

---

[1] [美]詹姆斯·保罗·吉.话语分析入门:理论与方法[M].杨信彰,导读.外语教学与研究出版社,2000.
[2] 黄国文.语篇分析的理论与实践——广告语篇研究[M].上海外语教育出版社,2001.
[3] 转引自朱永生.话语分析五十年:回顾与展望[J].外国语(上海外国语大学学报),2003(3):43-50.
[4] 徐赳赳.话语分析二十年[J].外语教学与研究,1995(1):14-20.
[5] [美]詹姆斯·保罗·吉.话语分析入门:理论与方法[M].杨信彰,导读.外语教学与研究出版社,2000.
[6] [美]约翰·C.雷纳德.传播研究方法导论[M].李本乾,等译.3版.中国人民大学出版社,2008.

性研究来划分的。① 因为个案研究采用综合研究手段针对典型案例进行解剖、分析,其中也会采用一些定量研究手段。但是,个案研究相对来说是自然主义的、描述性的和典型性的,因此带有质化研究性质。

个案研究在传播学研究中,具有重要的地位,这体现在四个方面:第一,传播活动和现象具有实践性,个案研究能对这些实践进行观察、分析,从中提炼出理论、原理。怀特以伊利诺伊州一位报纸新闻编辑为对象进行的"把关人"研究,就是典型的个案研究。他发现报纸编辑在选择新闻的过程中具有主观性,会有意去掉那些不合他口味的次要新闻。由此怀特基于个案提出了把关人理论,该理论至今仍然被广泛引用。②

第二,个案研究可以为理论解释提供素材和启发,已经建构了一个理论模式,也可以将各种个案分析成果串联起来形成重要的研究佐证。罗杰斯就认为,"扩散研究的范式为不同的案例提供了可以连贯的概括手段"③。他的创新扩散理论就是在积累了大量案例的基础上,进行了理论归纳和模型建构,同时再将案例作为重要的分析论证材料,说明理论假设的合理性和科学性。

第三,个案研究能够基于现实场景和真实活动发现其中蕴含的问题,这些问题通过模式分析,能够提出假设,启发一些运用其他方法的研究。许多实证研究基于个案分析发现问题,进行概念化操作,从而验证研究的普遍性和科学性。

第四,个案研究成果还具有应用推广性实践价值。从典型的个案可以类推出一般规律,并且对人们有很大启发,这些成果还可以被推广。④

个案研究的材料收集具有多元合一性特征。至少可以使用四种资料来源:一是文档,包括信件、备忘录、会议记录、日程表、历史记录、小册子等;二是访谈,包括问卷式访谈、深度访谈等;三是直接观察和参与式观察;四是物品,包括技术设备、仪器、工具、家具等。⑤

罗伯特·殷(Robert Yin)认为,为了解决案例研究资料的信度和效度问题,资料收集需要遵循三大原则。⑥ 一是使用多种资料来源。多个数据来源可以帮助研究者检测提供的资料的信度和效度。这是一种三角互证法,即运用包括资料来源、访谈人员来源以及不同的资料收集途径三个角度,来相互验证资料和实际情况的相符程度。⑦ 二是建立个案研究数据库。数据库为独立检验原始资料提供了依据。三是组成一系列数据

---

① 文军,蒋逸民.质性研究概论[M].北京大学出版社,2010.
② [美]迈克尔·辛格尔特里.大众传播研究:现代方法与应用[M].刘燕南,等译.华夏出版社,2000.
③ [美]E.M.罗杰斯.创新的扩散[M].唐兴通,等译.5版.电子工业出版社,2016.
④ 文军,蒋逸民.质性研究概论[M].北京大学出版社,2010.
⑤ 支庭荣,张蕾.传播学研究方法[M].暨南大学出版社,2008.
⑥ [美]罗伯特·K.殷.案例研究:设计与方法[M].周海涛,等译.重庆大学出版社,2004:106.
⑦ 支庭荣,张蕾.传播学研究方法[M].暨南大学出版社,2008.

链。这是一个证据链,类似于司法调查的程序和理念。① 数据链可以使每个案例的结论都能够有准确可靠的资料来源作为证据。

在资料分析方面,罗伯特·殷曾提出至少有类型匹配、解释建构和时间序列分析法三种广义的分析策略。其中,类型匹配策略,也称模式对比(patttern-matching),是指将一个实际发生的类型和某个或者多个被预测的类型进行匹配。如果个案研究的资料分析显示这些模式结果没有出现,便意味着最初提出的假设可能有问题。② 解释建构策略就是研究者建构一种对于现象的原因的解释,如,拟出一个关于某个过程或结果的初始理论陈述,并将这个陈述与最初的发现相比较,修正陈述。③ 在时间序列分析中,研究者把资料中的一系列观点与假设的理论趋势或其他类似趋势进行比较分析。④

当然,个案研究方法也有明显的局限性,本特·弗利维布热格(Bent Flyvbjerg)提出了个案研究方法的局限性:(1)通用的和理论的知识比通过个案研究得出的具体的、实践的知识更有价值;(2)个案研究的偏狭性导致无法促进科学性理论的发展;(3)个案研究更有助于提炼假设,其他方法有益于假设验证和理论建构;(4)个案研究中存在一种研究者预设的先入为主的验证偏见,因此,难以总结和发展出普遍的命题和理论。⑤ 迈克尔·辛格尔特里也指出,"以直觉、轶事及小样本来解释事物却会带来特殊的问题,我们难以把握何时该相信这些解释,它们并不遵循允许进行客观检验的规则"⑥。

---

① 文军,蒋逸民.质性研究概论[M].北京大学出版社,2010.
② 戴元光.传播学研究理论与方法[M].复旦大学出版社,2003.
③ 支庭荣,张蕾.传播学研究方法 [M].暨南大学出版社,2008.
④ 戴元光.传播学研究理论与方法[M].复旦大学出版社,2003.
⑤ Flyvbjerg B. Five misunderstandings about case-study research [J]. Qualitative Inquiry, 2006(12): 219-245.
⑥ 〔美〕迈克尔·辛格尔特里.大众传播研究:现代方法与应用[M].刘燕南,等译.华夏出版社,2000.

主要引用和参考文献

1. 〔美〕E. M. 罗杰斯.传播学史:一种传记式的方法[M].殷晓蓉,译.上海译文出版社,2012.
2. 〔美〕E. M. 罗杰斯.创新的扩散[M].唐兴通,等译.5版.电子工业出版社,2016.
3. 〔美〕埃姆·格里芬.初识传播学:在信息社会里正确认知自我、他人与世界[M].展江,译.北京联合出版公司,2016.
4. 〔加〕埃里克·麦克卢汉,弗兰克·秦格龙.麦克卢汉精粹[M].何道宽,译.2版.中国大百科全书出版社,2021.
5. 〔美〕奥格尔斯.大众传播学:影响研究范式[M].关世杰,等译.中国社会科学出版社,2000.
6. 〔英〕奥利弗·博伊德-巴雷特,克里斯·纽博尔德.媒介研究的进路[M].汪凯,刘晓红,译.新华出版社,2004.
7. 〔美〕保罗·莱文森.数字麦克卢汉:信息化新千纪指南[M].何道宽,译.2版.北京师范大学出版社,2014.
8. 〔英〕丹尼斯·麦奎尔.大众传播理论[M].徐佳,董璐,译.6版.清华大学出版社,2019.
9. 〔英〕丹斯尼·麦奎尔,〔瑞典〕斯文·温德尔.大众传播模式论[M].祝建华,译.2版.上海译文出版社,2008.
10. 〔加〕哈罗德·伊尼斯.传播的偏向[M].何道宽,译.3版.中国大百科全书出版社,2021.
11. 〔加〕哈罗德·伊尼斯.帝国与传播[M].何道宽,译.3版.中国大百科全书出版社,2021.
12. 〔美〕简宁斯·布莱恩特.媒介效果:理论与研究前沿[M].石义彬,译.华夏出版社,2009.
13. 〔丹麦〕克劳斯·布鲁恩·延森.媒介融合:网络传播、大众传播和人际传播的三重维度[M].刘君,译.复旦大学出版社,2012.
14. 〔美〕莱斯莉·A. 巴克斯特,唐·O. 布雷思韦特.人际传播:多元视角之下[M].殷晓蓉,等译.上海译文出版社,2010.
15. 〔法〕雷吉斯·德布雷.媒介学引论[M].刘文玲,译.中国传媒大学出版社,2013.
16. 〔美〕理查德·韦斯特,林恩·H. 特纳.传播理论导引:分析与应用[M].刘海龙,译.2版.中国人民大学出版社,2007.

17. 〔美〕林文刚.媒介环境学——思想沿革与多维视野[M].何道宽,译.2版.中国大百科全书出版社,2019.

18. 〔美〕马克·耐普,约翰·戴利.人际传播研究手册[M].胡春阳,黄红宇,译.4版.复旦大学出版社,2015.

19. 〔美〕马克斯韦尔·麦库姆斯.议程设置:大众媒介与舆论[M].郭镇之,徐培喜,等译.2版.北京大学出版社,2018.

20. 〔加〕马歇尔·麦克卢汉.理解媒介:论人的延伸(55周年增订本)[M].何道宽,译.译林出版社,2019.

21. 〔美〕迈克尔·E.罗洛夫.人际传播:社会交换论[M].王江龙,译.上海译文出版社,1997.

22. 〔美〕迈克尔·辛格尔特里.大众传播研究:现代方法与应用[M].刘燕南,等译.华夏出版社,2000.

23. 〔英〕尼克·史蒂文森.认识媒介文化:社会理论与大众传播[M].王文斌,译.商务印书馆,2001.

24. 〔美〕欧文·戈夫曼.日常生活中的自我呈现[M].冯钢,译.北京大学出版社,2008.

25. 〔美〕乔治·米德.心灵、自我与社会[M].霍桂桓,译.北京联合出版社,2013.

26. 〔美〕斯蒂芬·李特约翰,等.人类传播理论[M].史安斌,译.9版.清华大学出版社,2009.

27. 〔英〕斯图亚特·霍尔.编码,解码[A]//罗钢,刘象愚.文化研究读本[M].中国社会科学出版社,2000.

28. 〔美〕威尔伯·施拉姆,威廉·波特.传播学概论[M].何道宽,译.2版.中国人民大学出版社,2010.

29. 〔美〕沃尔特·李普曼.舆论[M].常江,肖寒,译.北京大学出版社,2018.

30. 〔美〕沃纳·赛佛林,小詹姆斯·坦卡德.传播理论:起源、方法与应用[M].郭镇之,徐培喜,等译.5版.中国传媒大学出版社,2006.

31. 〔德〕伊丽莎白·诺尔-诺依曼.沉默的螺旋:舆论——我们的社会皮肤[M].董璐,译.北京大学出版社,2013.

32. 〔美〕约翰·C.雷纳德.传播研究方法导论[M].李本乾,等译.中国人民大学出版社,2008.

33. 〔美〕约翰·R.霍尔,玛丽·乔·尼兹.文化:社会学的视野[M].周晓虹,徐彬,译.商务印书馆,2002.

34. 〔美〕约瑟夫·克拉珀.大众传播的效果[M].段鹏,译.中国传媒大学出版社,2016.

35. 〔美〕约书亚·梅罗维茨.消失的地域:电子媒介对社会行为的影响[M].肖志军,译.清华大学出版社,2002.

36. 〔美〕朱莉娅·伍德.生活中的传播[M].董璐,译.4版.北京大学出版社,2009.

37. 陈力丹.精神交往论——马克思恩格斯的传播观[M].修订版.中国人民大学出版社,2016.

38. 陈先红.现代公共关系学[M].2版.高等教育出版社,2017.

39. 陈向明.质的研究方法与社会科学研究[M].教育科学出版社,2000.

40. 戴元光.传播学研究理论与方法[M].复旦大学出版社,2003.

41. 戴元光,邵培仁,龚炜.传播学原理与应用[M].兰州大学出版社,1988.

42. 单晓红.传播学:世界的与民族的[M].云南大学出版社,2003.

43. 董璐.传播学核心理论与概念[M].2版.北京大学出版社,2016.

44. 董天策.传播学导论[M].四川大学出版社,1995.

45. 段京肃.传播学基础理论[M].新华出版社,2003.

46. 范东生,张雅宾.传播学原理[M].北京出版社,1990.

47. 郭庆光.传播学教程[M].2版.中国人民大学出版社,2011.

48. 教军章,刘双.组织传播——洞悉管理的全新视野[M].黑龙江人民出版社,2000.

49. 李彬.传播学引论[M].高等教育出版社,2013.

50. 李正良.传播学原理[M].中国传媒大学出版社,2007.

51. 刘笑盈.国际新闻史:从传播的世界化到全球化[M].中国广播电视出版社,2018.

52. 刘笑盈.中外新闻传播史[M].3版.中国传媒大学出版社.2017.

53. 吕斌.人际信息交流——原理与技能[M].南京大学出版社,1994.

54. 彭怀恩.人类传播理论Q&A[M].风云论坛出版社有限公司,2003.

55. 邱泽奇.社会学是什么?[M].北京大学出版社,2002.

56. 沙莲香.传播学:以人为主体的图像世界之谜[M].中国人民大学出版社,1990.

57. 邵培仁,陈兵.媒介战略管理[M].复旦大学出版社,2003.

58. 邵培仁.传播学[M].3版.高等教育出版社,2015.

59. 孙旭培.华夏传播论:中国传统文化中的传播[M].人民出版社,1997.

60. 王石番.传播内容分析法:理论与实证[M].台湾远流出版公司,1995.

61. 王颖吉.传播与媒介文化研究方法[M].北京大学出版社,2017.

62. 王岳川.后现代主义文化研究[M].北京大学出版社,1992.

63. 文军,蒋逸民.质性研究概论[M].北京大学出版社,2010.

64. 吴文虎.传播学概论[M].武汉大学出版社,2000.

65. 肖东发.中国图书出版印刷史论[M].北京大学出版社,2001.

66. 熊源伟,余明阳.人际传播学[M].中山大学出版社,1991.

67. 薛可,余明阳.人际传播学[M].同济大学出版社,2007.

68. 杨国枢,文崇一,吴聪贤,李亦园.社会及行为科学研究法(上下册)[M].13版.重庆大学出版社,2006.

69. 尹韵公.尹韵公自选集[M].学习出版社,2009.

70. 袁方.社会研究方法教程[M].北京大学出版社,2014.

71. 张国才.组织传播理论与实务[M].厦门大学出版社,2002.

72. 张国良.传播学原理[M].复旦大学出版社,1995.

73. 张国良,黄芝晓.中国传播学:反思与前瞻[M].复旦大学出版社,2002.

74. 张国良.20世纪传播学经典文本[M].复旦大学出版社,2003.

75. 张国良.新闻媒介与社会[M].上海人民出版社,2001.

76. 张隆栋.大众传播学总论[M].中国人民大学出版社,1993.

77. 张咏华.媒介分析:传播技术神话的解读[M].2版.北京大学出版社,2017.

78. 郑超然,程曼丽,王泰玄.外国新闻传播史[M].中国人民大学出版社,2000.

79. 中国社科院新闻研究所世界新闻研究室.传播学(简介)[M].人民日报出版社,1983.

80. 周晓明.人类交流与传播[M].上海文艺出版社,1990.

81. Altman I, Taylor D A. Social penetration: The development of interpersonal relationships[M]. Holt, Rinehart and Winston, 1973.

82. Bandura A. Social foundations of thought and action: A social cognitive theory[M]. Prentice-Hall, 1986.

83. Baran S J, Davis D K. Mass communication theory: Foundations, ferment, and future[M]. Thomson, 2003.

84. Barron J A. Freedom of the press for whom? The right of access to mass media[M]. Indiana University Press, 1973.

85. Belelson B. Content analysis in communication research[M]. Free Press, 1952.

86. Berger C R. Communicating under uncertainty[M]// Roloff M E, Miller G R. Interpersonal processes: New directions in communication research, Sage, 1987: 39-62.

87. Berlo D K. The process of communication: An introduction of theory and practice[M]. Holt, Rinehart and Winston, 1960.

88. Birdwhistell R L. Kinesics and context: Essays on body motion communication[M]. University of Pennsylvania Press, 1970.

89. Brown P, Levimon S C. Politeness: Some universals in language usage[M]. Cambridge University Press, 1987.

90. Bryant J, Oliver M B. Media effects: Advances in theory and research[M]. 3rd ed. Routledge, 2009.

91. Burgoon J K. Nonverbal signals[M]// Knapp M L, Miller G R. Handbook of interpersonal communication. 2nd ed. Sage, 1994: 344-390.

92. Dominick J R. The dynamics of mass communication[M]. 2nd ed. Random House, 1987.

93. Festinger L A. A theory of cognitive dissonance[M]. Stanford University Press, 1957.

94. Fulk J, Schmitz J, Steinfield C W. A social influence model of technology use[M]// Fulk J, Steinfield C W. Organizations and communication technology. Sage, 1990: 117-139.

95. Gerbner G, Gross L, Morgan M, Signorielli N. Living with television: The dynamics of the cultivation process[M]// Bryant J, Zillman D. Perspectives on media effects. Lawrence Erlbaum Associates, 1986: 17-40.

96. Goffman E. The presentation of self in everyday life[M]. Doubleday & Company, Inc., 1959.

97. Griffin E. A first look at communication theory[M]. 5th ed. McGraw-Hill Companies, 2003.

98. Hall E T. The hidden dimension[M]. Doubleday & Company, Inc., 1966.

99. Hall E T. The silent language[M]. Doubleday & Company, Inc., 1959.

100. Herzog H. What do we really know about daytime serial listeners? [M]// Lazarsfeld P F, Berelson B, Stanton F N. Radio research. Duell, Sloan and Pearce, 1944: 3-33.

101. Hovland C, Janis I, Kelly H. Communication and persuasion[M]. Yale University Press, 1953.

102. Langer S K. Philosophy in a new key: A study in the symbolism of reason, rite, and art[M]. 3th ed. Harvard University Press, 1957.

103. Lasswell H D. The structure and function of communication in society[M]// Bryson L. The communication of ideas. Institute for Religious and Social Studies, 1948: 37-51.

104. Lazarsfeld P F, Berelson B, Gaudet H. The people's choice: How the voter makes up his mind in a presidential campaign[M]. Columbia University Press, 1944.

105. Leech G N. Principles of pragmatics[M]. Longman Group Ltd., 1983.

106. Littlejohn S W, Foss K A. Theories of human communication[M]. 10th ed. Waveland Press, Inc., 2010.

107. McLuhan M, McLuhan E. Laws of media: The new science[M]. University of Toronto Press, 1988.

108. Miller K. Organizational communication: Approaches and processes[M]. 3rd ed. Peking University Press, 2004.

109. Murray J P, et al. Television and social behavior[M]. National Institute of Mental Health, 1972.

110. Noelle-Neumann E. The spiral of silence: Public opinion—our social skin[M]. University of Chicago Press, 1984.

111. Osgood C E, Suci G J, Tannenbaum P H. The measurement of meaning[M]. University of Illinois Press, 1957.

112. O'Sullivan T, Hartley J, Saunders D, Montgomery M, Fiske J. Key concepts in communication and cultural studies[M]. Routledge, 1994.

113. Peirce C. Logic as semiotic: The theory of signs[M]// Innis R E. Semiotics: An introductory anthology. Indiana University Press, 1985: 99-112.

114. Rogers E, Dearing J. Agenda-setting research: Where has it been, where is it going? [M]. Communication Yearbook, 1988.

115. Sanders K R, Kaid L L, Nimmo D. Political communication yearbook[M]. Southern Illinois University Press, 1984.

116. Schramm W, Roberts D F. The process and effects of mass communication: Psychological studies of opinion change[M]. University of Illinois Press, 1971.

117. Sibert F, Peterson T, Schramm W. Four theories of the press: The authoritarian, libertarian, social responsibility, and soviet communist concepts of what the press should be and Do[M]. University of Illinois, 1956.

118. Stohl C. Organizational communication: Connectedness in action[M]. Sage, 1995.

119. Tarde G. The laws of imitation[M]. Henry Holt and Company, 1903.

120. Trevino L K, Daft R L, Lengel R H. Understanding managers' media choices: A symbolic interactionist

perspective[M]// Fulk J, Steinfield C W. Organizations and communication technology. Sage, 1990: 71-94.

121. Tucker A W. A two-person dilemma[J]. Readings in Games and Information, 1950(1): 1.

122. Wallace W L. The logic of science in sociology[M]. Aldine Publishing Company, 1971.

123. Wright C R. Functional analysis and mass communication revisited[M]// Blumler J G, Katz E. The uses of mass communications: Current perspectives on gratifications research. Sage, 1974: 197-212.

教师反馈及教辅申请表

北京大学出版社本着"教材优先、学术为本"的出版宗旨,竭诚为广大高等院校师生服务。

本书配有教学课件,获取方法:

第一步,扫描右侧二维码,或直接微信搜索公众号"北大出版社社科图书",进行关注;

第二步,点击菜单栏"教辅资源"—"在线申请",填写相关信息后点击提交。

如果您不使用微信,请填写完整以下表格后拍照发到 ss@pup.cn。我们会在 1—2 个工作日内将相关资料发送到您的邮箱。

书名		书号	978-7-301-	作者	
您的姓名				职称、职务	
学校及院系					
您所讲授的课程名称					
授课学生类型(可多选)	☐ 本科一、二年级 ☐ 高职、高专 ☐ 其他_____			☐ 本科三、四年级 ☐ 研究生	
每学期学生人数	_____人			学时	
手机号码(必填)				QQ	
电子信箱(必填)					
您对本书的建议:					

我们的联系方式:

北京大学出版社社会科学编辑室

通信地址:北京市海淀区成府路 205 号,100871

电子邮箱:ss@pup.cn

电话:010-62753121 / 62765016

微信公众号:北大出版社社科图书(ss_book)

新浪微博:@未名社科-北大图书

网址:http://www.pup.cn